傅　瑩 Fu Ying ◆著
張　利利 Zhang Lili ◆訳

異国の地にて
傅瑩元大使講演録

When I Was There
Selected speeches of Fu Ying

翰林書房

目次
Contents 目录

序言 ——————— 10
Foreword 序言

自序 ——————— 19
Preface 自序

[講演編]
演讲 | SPEECHES

多彩なる世界を迎えよう ——————— 27
オーストラリア国立大学卒業式での講演

2004年7月29日　キャンベラにて

Embrace a Colourful World
Speech at the Graduation Ceremony of Australian National University

迎接多彩的世界
在澳大利亚国立大学毕业典礼上的演讲

変化の途上にある世界と中国 ——————— 45
オーストラリア大学長委員会年会での講演

2004年11月8日　シドニーにて

The Changing World and the Changing China
Speech at AVCC Dinner

变化中的世界与中国
在澳大利亚大学校长委员会年会上的演讲

芸術作品から現代中国を知る——————— 63
中国20世紀版画と現代陶磁品展開幕式での講演
2005年6月24日　キャンベラにて

Understanding Modern China Through Its Art
Speech at the Opening of the Chinese Exhibition: Selected Prints of the 20th Century and Contemporary Ceramics

从艺术作品中了解现代中国
在中国20世纪版画与当代陶瓷展开幕式上的演讲

心で芸術を感受しよう——————— 75
中国身体不自由者芸術団「私の夢」オーストラリア巡回公演
記者会見会場での挨拶
2005年7月21日　シドニーにて

Appreciate the Art with Your Heart
Opening Remarks at the Press Conference of "My Dream" Tour of Australia by the China Disabled People's Performing Art Troupe

用心灵感受艺术
在中国残疾人艺术团"我的梦"澳大利亚巡演新闻发布会上的开场致辞

外部環境の変化からみる
我が国外交における新しい挑戦——————— 85
北京大学国際関係学院での講演
2005年9月5日　北京にて

New Diplomatic Challenges for China in a Changing World
Speech at the School of International Studies, Peking University

从外部环境的变化看我国外交面临的新挑战
在北京大学国际关系学院的演讲

中国の過去と現在について——————— 121
ニューサウズ・ウェールズ歴史賞授賞式での祝辞
2005年11月14日　シドニーにて

A Story of China, Past and Present
The 2005 NSW History Awards Address

讲讲中国的过去和现在
在新南威尔士州历史奖颁奖仪式上的致辞

200年以上前のプレゼント ──────── 149
大英博物館『英国挿絵』展覧会開幕レセプションでの挨拶
2007年5月30日　ロンドンにて

A Gift Over 200 Years Old
Remarks at the Reception Commencing the Exhibition of *British Illustrations* at the British Museum

一份两百多年前的礼物
在大英博物馆《钦藏英皇全景图典》展开幕招待会上的致辞

中国の新型工業化への道と
イギリスの役割 ──────── 159
マンチェスター市政府ホールでの講演
2008年3月31日　マンチェスターにて

China's New Path to Industrialisation and the Role of Britain
Speech at the Manchester Town Hall

中国的新型工业化道路与英国的作用
在曼彻斯特市政厅的演讲

中国と西欧の間の氷を砕く ──────── 191
「氷を砕く青年団」活動開始セレモニーでの講演
2008年5月1日　ロンドンにて

Break the Ice Between China and the West
Speech at the Launching of "Young Icebreakers"

中西交往，破而后立
在"青年破冰者"活动启动仪式上的演讲

災害から立ちあがった大いなる愛と粘り強き意志 ———— 207
四川省地震災害による犠牲者への追悼式での講演
2008年5月21日　ロンドンにて

Survive the Disaster with Love and Strength
Speech in Memory of the Victims of the Sichuan Earthquake

灾难中的大爱与坚强
在四川地震灾区死难者哀悼仪式上的演讲

お茶の香りから伝わる友情 ———— 219
「中国茶文化展」開幕式での挨拶
2008年6月3日　ロンドンにて

Enjoy Your Tea and Friendship
Remarks at the Opening of Chinese Tea Exhibition

茗香传友谊
在"中国茶文化展"开幕式上的致辞

世界は中国を理解しつつある ———— 231
「箸クラブ」成立15周年祝賀晩餐会での講演
2008年9月11日　ロンドンにて

A Long Journey of Greater Understanding
Speech at the 15th Anniversary Celebration of the Chopsticks Club

世界正在认识中国
在筷子俱乐部15周年庆祝晚宴上的演讲

「ポスト・オリンピック」時代の中国と西欧との関係 ———— 243
チャタム・ハウスでの講演
2008年10月20日　ロンドンにて

Post-Olympic China and Its Relations with the West
Speech at Chatham House

"后奥运"时代的中国与西方关系
在英国皇家国际事务研究所的演讲

金融危機の下の中国と世界 ———— 267
イートン校政治学会での講演
2009年4月20日　ウィンザーにて

China and Its Relations with the World Amidst the Financial Crisis
Speech at the Political Society of Eton College

金融危机下的中国与世界
在伊顿公学政治学会的演讲

シェークスピアを記念するに当たって ———— 283
シェークスピア生誕記念昼食会での挨拶
2009年4月24日　エイヴォン湖畔のストラトフォードにて

From Shakespeare to Cultural Exchanges
Toast at the Luncheon of Shakespeare Birthday Celebrations

从纪念莎翁说开去
在莎士比亚诞辰纪念午宴上的致辞

中国は強国なのでしょうか？ ———— 301
オックスフォード・ユニオンでの講演
2009年4月29日　オックスフォードにて

Is China a Power?
Speech at the Oxford Union

中国是强国吗？
在牛津学联的演讲

中国の為に喝采 ———— 325
中華人民共和国成立60周年記念祝賀レセプションでの講演
2009年9月24日　ロンドンにて

A Time for Celebration
Speech at the Reception to Celebrate the 60th Anniversary of the PRC

为中国喝彩
中华人民共和国60周年国庆招待会演讲

気候変動と中国 ——— 333
ロンドン・スクール・オブ・エコノミクスでの講演
2009年12月2日　ロンドンにて

Climate Change and China
Speech at the London School of Economics and Political Science

气候变化与中国
在伦敦政治经济学院的演讲

より深く中国への理解を ——— 357
英語連盟での講演
2009年12月10日　ロンドンにて

Understanding China
Speech at the English-Speaking Union

更好地了解中国
在英语联盟的演讲

ロンドンとの別れ ——— 379
離任レセプションでの講演
2010年1月26日　ロンドンにて

Farewell to London
Speech at the Farewell Reception

道别伦敦
离任招待会演讲

［文章編］
文章 | ARTICLES

オリンピックの聖火は永遠に ——— 395
『The Times』掲載　2008年4月5日

The Times　The Olympic Torch Is Undimmed
《泰晤士报》　奥运之火生生不息

オリンピック聖火リレーの後に考えたこと ——— 403
『The Sunday Telegraph』掲載　2008年4月13日

The Sunday Telegraph　Reflections on the Torch Relay
《星期日电讯报》　奥运火炬传递后的思考

中華民族の血脈に流れる団結精神 ——— 419
『ガーディアン』紙掲載　2009年7月13日

The Guardian　Unity Is Deep in Our Blood
《卫报》　团结流淌在中华民族的血脉里

ホークス先生を偲ぶ ——— 427
『ガーディアン』紙掲載　2009年9月23日

The Guardian　Remembering David Hawkes
《卫报》　忆霍克思先生

「X・ファクター」——— 439
『ザ・サン』紙掲載　2009年11月5日

The Sun　The X Factor Factor
《太阳报》　"英国偶像"

［対談編］
访谈 | INTERVIEWS

中国と世界の美しい関係のスタート ——————— 449
イギリス第4チャンネル・ニュース番組での会見
2008年5月8日

The Start of a Beautiful Relationship Between China and the World
Interview with Channel 4 News

中国与世界的美丽新起点
英国第四频道新闻电视采访

中国は協力するために来たのです ——————— 463
BBCテレビ局アンドリュー・マー氏との対談
2009年3月29日

China Comes for Cooperation
The Andrew Marr Show of BBC One

中国为合作而来
BBC电视一台安德鲁・马尔访谈

中国の新しき物語 ——————— 477
FT(『ファイナンシャル・タイムズ』紙)との昼食会にて
2010年1月30日

China Is a New Story
Lunch with the FT

中国是个新故事
与FT共进午餐

講演技術に関する
いくつかの体験について ——— 523
中華人民共和国駐イギリス大使館の座談会での講話
2009年6月16日　　ロンドンにて
On Speech Techniques 关于演讲技巧的几点体会

跋文(エピローグ) ——————— 543
Epilogue 跋

あとがき ————— 549
For the Japanese edition 在彼处日文版后记

序言
Foreword 序言

Ambassador Fu Ying has led an extraordinary life: from her experience as a young girl, sent out to rural China as part of the Cultural Revolution to her distinguished diplomatic career, where she has been one of China's most articulate messengers of the nation's promise. And in this book of speeches, the reader will find an advanced understanding of the opportunities and challenges facing China and the rest of the world.

I firmly believe that to understand the world today, you have to understand the rapid pace of globalisation, its effects and China's very significant place within it.

As I sit down to write this foreword, news reaches me that China has just become the second largest economy in the world. Unthinkable to many just a couple of decades ago. Yet, this news will no doubt feel dated by the time you pick up this book: that's how fast events develop and breaking news becomes received wisdom.

When you understand this, you can reap the benefits of this rapid change. Fu Ying appreciates this and so too should leaders and nations across the globe.

Ambassador Fu has dedicated herself to introducing and opening up China to the rest of the world. And she does so equipped with a willingness to engage and learn from others alongside an acute awareness of the many lessons other nations can learn from China.

傅莹大使的人生颇不平凡：豆蔻年华时经历"文化大革命"，在中国农村"上山下乡"；后来在外交事业上成绩斐然，成为最能清晰地传递中国声音的使者之一。在这本演讲录中，读者可以深入了解中国乃至整个世界所面临的机遇和挑战。

我坚信，要了解当今世界，就要先了解全球化的快速进程，了解它的影响力以及中国在这个进程中举足轻重的地位。

当我坐下来写这篇序言时，获悉中国刚刚成为世界第二大经济体。在几十年前，这是很多人所无法想象的。不过，你读到这本书时，这则新闻肯定已经成了旧闻——事情发展就是这样迅速，突发新闻很快就会变得人尽皆知。

你若明白了这一点，就可以从这种疾速的变化中获益。傅莹充分意识到了这一点，世界上其他国家和领导人也应该深有体会。

傅莹大使一直致力于把中国介绍给全世界，并向全世界敞开中国的大门。她乐于与别国交流并向别国学习，同时亦清晰地意识到，其他国家也可以从中国那里获益良多。

傅瑩大使の人生は平凡なものではなかった。青春時代に「文化大革命」を体験し、中国の農村へ「下放労働」をさせられた。その後、外交では、優れた業績を積み重ね、中国の声を最も明確に伝えられる使者の一人となっている。この講演録を通して、読者は中国そして世界全体が直面しているチャンスと挑戦の可能性を深く理解できるだろう。

　今、現在の世界を理解する為には、先ずグローバル化の迅速なプロセスを理解し、その影響力とプロセスの中での中国の重要な位置もまた理解しなければならないと私は信じて疑わない。

　ちょうどこの序文を書こうとしたその時、中国が世界第二位の経済国になったという情報を耳にした。何十年も前には、誰も想像だに出来ないことであった。しかし、読者の皆さんがこの講演録を読んでいる時には、この最新情報はもはや古いものとなっていることだろう。物事の発展はこのように急速なものであり、降ってわいたようなニュースでもあっと云う間に誰でもが知るものとなるのである。

　この点を理解できたら、このような急速の変化から有益なものを得ることが出来るだろう。この点について、傅瑩は十分承知している。他国の指導者も自ら体験しているはずである。

　傅瑩大使は長年にわたり世界に対し中国の紹介に力を尽くしてきており、世界に対し中国の扉を開いてきたのである。彼女は積極的に他国との交流を行い、他国に学び、他国もまた中国から有益な多くのものを得られることを明らかに認識している。

When I was Prime Minister, I could see the accelerating pace of China's continued emergence as a major power. I gave speeches about China, I understood it analytically. But I did not feel it emotionally and therefore did not fully understand it politically.

Since leaving office I have visited many times. People ask me, sometimes out of fear, what the future holds in a world where power is shifting East. I see it as an enormous opportunity that can only enrich our own lives. Take the Beijing Olympics: that breathtaking showcase of what China is capable of was arguably 21st-century China's greatest exercise of engagement with the outside world. Those Games were evidence of China's willingness to open up and to move forward as part of our global community.

The moment of the Games that made the biggest impression on me came during an informal visit just before the Games to one of the new Chinese Internet companies, and in conversation with some of the younger Chinese entrepreneurs.

These people, men and women, were smart, sharp, forthright, unafraid to express their views about China and its future. Above all, there was a confidence, an optimism, a lack of the cynical, and a presence of the spirit of get up and go, that reminded me greatly of the U.S. at its best and any country on its way forward.

These people weren't living in fear, but looking forward in hope. And for all the millions still in poverty in China, for all the sweep of issues—political, social and economic—still to be addressed, that was the spirit of China during this festival of sport, and that is the spirit that will define its future.

The great engagement legacy of the Beijing Olympics was that ignorance and fear of China is steadily declining as the reality of modern China becomes more apparent to the rest of the world.

在我担任英国首相时，我看到了中国作为主要大国持续而迅猛的发展。我曾作过关于中国的演讲，对这个国家有理性的认识。但是，我从未带着个人感情去感受它，因此，在政治上，我对它的了解还不甚充分。

卸任以来，我曾多次出访。人们有时不无担忧地问我，如今世界重心东移，未来究竟会怎样？我把这看作是一次巨大的契机，它只会令我们的生活更加丰富多彩。就拿北京奥运会来说：那场激动人心的盛典显示了中国的能力，可以说是21世纪的中国与外部世界交融所作的最大努力。奥运盛会表明了中国对外开放和作为全球共同体的一分子向前发展的意愿。

就在北京奥运会之前不久，我曾到中国的一家新兴网络公司进行了一次非正式访问，还和一些年轻的中国企业家进行了交谈，我对北京奥运会最深刻的印象便是在这次访问期间形成的。

这些年轻人，无论男女，都很聪明、机敏而直率，敢于表达自己对中国和中国未来的看法。最重要的是，他们充满信心，乐观向上，不见愤世嫉俗之戾气，却充满十足干劲之朝气，这让我想起了鼎盛时期的美国，也想起了所有正在前行之中的国家。

这些人没有活在忧惧之中，而是满怀希望地向前看。虽然中国还有数千万贫困人口，还有政治、社会、经济等等很多问题有待解决，但在这场体育庆典中闪耀的正是那种精神，那种决定中国未来的精神。

北京奥运会为中外交往留下了巨大的财富，外界对中国的无知和恐惧正在逐渐减少，一个真实的当代中国已经更加清晰地展现在世人面前。

私はイギリス首相時代、中国が主要な大国として位置しつづけ、急速に発展するのをこの目にして来た。私はかつて中国に関する講演を行い、中国に対して理性的な認識を持っている。私は個人的感情を持って接したことは一度もないので、政治上での理解から言えば、まだまだ不充分だと思う。

　首相を辞して後、私は何度も外国を訪問した。人々は、世界の中心が東に移り、一体未来はどうなるのだろうかと、折にふれ心配そうに聞いてくる。私は、一つの大きな契機になるのではないかと見ている。これにより、我々の生活は更に豊かで多彩になるのではないかと思っている。北京オリンピックを例に取ってみたい。人々の心を震撼させるような祭典は、見事に中国の能力を示したのである。21世紀の中国は世界との交流・調和の為に、最大の努力を払ったと言える。オリンピックの成功は、中国が対外開放において、グローバル共同体の一国として前進しようとした願望を示したものであった。

　北京オリンピック開催の少し前に、私は中国の新興のネットワーク会社を非公式訪問し、中国の若い企業家と交流をしたことがあった。私の北京オリンピックの最も深い印象と言えば、この交流によって形づけられたものではないかと思われる。

　これらの若者達は、男女を問わず、いずれも聡明で頭の回転が速く、中国と中国の未来について自分の意見を率直に伝えたのである。最も重要なのは、彼らが自信に満ち溢れ、楽観的で向上心を持ち、世間に対し恨みがましいことを少しも言わず、やる気満々の活気に溢ていたのである。それは私に、最盛期のアメリカだけでなく、あらゆる発展途上にある国々を思い出させた。

　若者達は、憂いと恐れの中に生きているのではなく、常に希望を抱えて前進している。中国にはまだ数千万人の貧困人口があり、政治、社会、経済などにおいては解決しなければならない諸問題が数多くある。にもかかわらず、北京オリンピックというスポーツの祭典の中でその精神は輝き、中国の未来を明るいものにしている。

　北京オリンピックは、中国の外国との交流にとって巨大な財産を残した。世界の中国に対する無理解と恐れは次第に減少しつつある。現代中国の真実の姿が、はっきりとした形で世界の人々の前に現れたのである。

The problem for the West is that China often thinks of itself as a developing nation, and it is a developing nation, but it is also today a world power. And here is my very crude theory of international relations: when people in the West look at a developing nation, they say, "Isn't that nice—that poor developing nation—how can we help?" But when they look at another nation and they say, "That's a power," then they say, "What does that mean for us?" And this is the dual situation: China is a developing nation; it is also a power. And so, when I was asked yesterday by someone, "Do people in the West regard China as a threat?" the answer is some, possibly. But for most people in the West, they just ask, "What does it mean?"

For centuries, the power has resided in the West, with various European powers including the British Empire and then, in the 20th century, the U.S. Now the West must come to terms with a world in which the power is shared with the Far East. I wonder if we quite understand what that means, we whose culture (not just our politics and economies) has dominated for so long. It will be a rather strange, possibly unnerving experience for some. Personally, I think it will be incredibly enriching. New experiences, new ways of thinking liberate creative energy.

Essentially what I'm saying, and what Ambassador Fu has been saying for many years, is that we should not fear the new and unfamiliar. People and nations excel when they're willing to learn from and respect each other. That is the way of the 21st century and that is the way China and the West must engage. Reading this book and knowing this extraordinary woman, you'll find that Fu Ying has been working on this for many years.

Tony Blair

Former Prime Minister of the United Kingdom

西方世界遇到的问题是,中国总是将自己看作发展中国家。的确,它是发展中国家,但现在它也是一个世界强国。关于国际关系,我有一个粗浅的理论:西方人看到发展中国家时会说,"这难道不好吗——那个贫困的发展中国家——我们能帮上什么忙呢?"但是他们看到另一个国家并且认为"那是个强国",这时他们会说,"那对我们来说意味着什么?"这就是中国所面临的两难境地——它既是发展中国家,也是强国。所以,当昨天有人问我,"西方人把中国当成威胁吗?"我的回答是"也许有些人的确如此",但对大多数西方人而言,他们只会问:"它对我们来说意味着什么?"

几个世纪以来,西方一直占据支配性的地位,其中包括很多欧洲强国,比如大英帝国;到了20世纪,美国也强盛起来。现在,西方国家必须接受这样一个事实:如今世界上是远东与西方共享权力。我在想,我们在文化上(不只是政治和经济上)已经占据主导地位这么久,是否能够真正理解那意味着什么?对某些人来说,这将是个非常陌生、甚至可能会令人不安的体验。但我个人觉得,它将推动新经验、新思维解放创造力,极大地丰富我们的世界。

我所说的,以及傅莹大使多年来一直在讲的,最根本的一点就是,我们不必害怕新生的和陌生的事物。愿意相互尊重、相互学习的国家和人民必会出类拔萃。这是21世纪的发展方向,也是中国和西方交往的必由之路。读一读这本书,认识一下这位非凡的女性,你会发现,傅莹已经在这条路上前行了很多年。

托尼·布莱尔
英国前首相

西欧世界が当面している問題は、中国がいつも自分を発展途上国だとみていることである。中国は、確かに発展途上国である。しかし、現在では中国は世界の一つの強国でもある。国際関係について、私は一つの皮相な理論を持っている。西欧の人は発展途上の国を見ると、こう言う。「発展すればいいではないか——あの貧困の発展途上国家——なにかお役に立つことを致しましょうか」。しかし、「あれは強国」だと思う時、「我々にとって何かを意味しているだろうか」と言う。これこそ、他でもなく中国の直面している二つの難しい立場である。即ち、中国は発展途上国でありながら、強国でもあるのだ。従って、昨日ある人から受けた「西欧人は中国を脅威と見なしているのだろうか」という質問に対する私の答えは、「或る人達はそう思っているかも知れない」。しかしながら、西欧人の大多数は「それが私達にとって何かを意味しているのだろうか」としか聞かないのである。

　何世紀も、西欧はずっと支配的立場を占めてきた。その中に、ヨーロッパの多くの強国も含まれていた。たとえば、大英帝国である。２０世紀に入ると、アメリカも強大になり始めた。西欧の国々は、今世界は極東と西欧が権力を二分している、という事実を受け入れなければならない。西欧の国々は、文化（政治と経済だけではなく）の面でも、既に主導的地位を占めてから、余りにも長い時間を経ている。これはそもそも何を意味しているのかについて、正しく理解すべきではないかと思っている。ある人々にとっては未知のことであり、さらに人々を不安にさせる体験となるかも知れない。しかし、私個人が思うのは、新しい経験を推進し、新しい発想が創造力を生み、我々の世界を最大限に充実させるのではないだろうかと。

　私が述べたこと、そして傅瑩大使が長年にわたり強調してきた、最も重要な点は、我々は新しい物事や未知の物事などを恐れる必要が無いということである。お互いに尊重しあい、学び合おうとする国と国民は、必ず大きな成果を得るだろうと信じている。これは21世紀の発展の方向であり、中国と西欧との交流において必ず通らねばならない道筋でもある。皆さんは本書を読んで、この非凡な女性を知り、彼女はこの道を既に長く歩んで来たことをきっと知るだろう。

トニー・ブレア
イギリス元首相

Preface 自序

The first decade of the 21st century saw a steady rise of China's position in the world. This has placed China under a global spotlight with scrutiny from the world over as never before. The impact of China's rise has been felt in Western countries wherever one goes, from being woken up by a Made-in-China alarm clock in the morning, to the television they watch in the evening. Someone living in a Western society is likely to be surrounded by products made in China all day long. But what kind of country is China? Why is it so different? And how can it generate such explosive productivity? These questions are often baffling, if not downright mysterious, to Westerners.

Soon after the birth of the People's Republic, China was subjected to a Western blockade. And for a long time during the Cold War, China and the West were on opposite sides of the "Bamboo Curtain." Some of China's actions at times did not help matters either and it was only towards the end of the Cold War when the international environment improved sufficiently that China was able to embark on the path of reform and opening up. This has led to more than 30 years of growing dialogue and interdependence between China and the West. The thick barrier of icy suspicion that used to separate the two sides has started to thaw. However, the wave of China-bashing in the lead-up to the 2008 Beijing Olympics once again revealed widespread understanding deficits and prejudice towards China in Western countries.

在21世纪的头十年，中国的国际地位快速上升，外界对中国的关注和关心也前所未有地随之上升。在西方社会里，中国的影响已经无处不在，从清晨床头的闹钟开始，到夜间观看的电视，普通人每天都在同"中国制造"打交道。而中国是一个什么样的国家？为什么中国的制度如此不同？为什么这个国家能迸发如此强大的生产力？这些问题对许多西方人来说，如同一个解不开的谜。

新中国在成立后不久就遭到西方世界的封锁，在冷战中的大部分岁月里被视为"竹幕"背后的国家。我们自己的一些极"左"做法也加深了相互的隔绝。中国的改革开放是在冷战后期逐渐改善的国际环境中开始的。三十多年来，中西交往逐渐增加，经济依存度不断深化，隔阂的冰层也开始慢慢融化。但是，围绕北京奥运会在西方世界发生的对中国的打压，在一定意义上再次揭示了对中国的不了解和偏见的广泛存在。

21世紀になっての10年間に、中国の国際的地位が急速に高くなるにつれて、外部世界の中国に対する注目や関心もかつてなかったほど高くなった。西欧社会において、中国の影響は隅から隅まで及んでいる。朝、ベッドのかたわらの目ざまし時計から、夜楽しむテレビまで、人々は毎日「中国製」と付き合っているのである。そもそも中国はどのような国だろうか。何故中国の制度は、このように西欧との違いが多いのだろうか。何故この国からはこのような凄まじい生産力が生まれるのか。こうした疑問は西欧の人々にとって解こうにも解くことのできない謎のようである。

　新中国は、成立後まもなく、西欧世界の封鎖に見舞われ、冷戦の殆どの時期にわたり、「竹のカーテン」の背後にある国家だとみなされていた。更に、中国自身の「極左」のやり方も西欧との溝を深くした。中国の改革開放は冷戦後期、国際関係が徐々に改善されつつある中から始まったのである。30数年来、中国と西欧との交流が次第に増し、経済依存度もどんどん深まって、その溝の氷がじわじわと溶けていったのである。しかし、北京オリンピックを巡って、西欧世界で発生した中国に対する攻撃的圧力は、ある意味で、中国への無理解や偏見が広く存在していることが明らかにしたのである。

During my terms as China's Ambassador to Australia and subsequently to the United Kingdom, I was often troubled by the fog of stereotyping that stubbornly shrouds China's image in Western countries. It is not only hurting China's image, but has also hindered the deepening of relations between China and some Western countries, making our relations vulnerable at any sign of trouble, and it was these issues that I addressed in my speeches.

A nation's image and soft power is mainly built up through its own efforts and progress. China is not perfect. There are many problems waiting to be resolved as we move ahead with our reforms. However, there is sometimes frustration in China that our efforts and progress often go unappreciated and the myriad of challenges we face poorly understood. This may also be attributed to China's unique historical and cultural traditions, a political configuration easily distinguishable from that of the West, and even the language barrier.

Therefore, we need to work even harder to project a true image of China and send our message to the world, calmly and in plain language, just like "the spring drizzle moistening the parched earth." Chinese ambassadors around the world are working very hard in this respect and many splendid pieces have been collected, compiled and published. Of course, we cannot expect to dispel the fog with one speech, or ten speeches, or even a hundred of them, but it is a must-do if we are ever to help shape a world of harmony in diversity.

I feel a little uneasy about this book coming out, since speeches are often made by invitation and prepared in a hurry, down to the last minute, to say nothing of my belief that I was often not an expert on the issues I tried to address. So there will inevitably be flaws and inaccuracies. Besides, most speeches included were prepared in English in the first place and their translation may seem not "Chinese" enough to native Chinese speakers. Nevertheless, thanks to encouragement from my seniors, friends and colleagues, I still wish to publish this collection, in the hope that this humble effort will encourage more like-minded people to move towards greater understanding between China and the West.

我在澳大利亚和英国担任大使期间，常常为笼罩在中国形象上的那层拨不开的偏见迷雾所困扰，这不仅对中国的形象造成损害，也对双边关系的深入发展构成潜在障碍，一遇到风吹草动就会暴露出双方关系的脆弱。所以我在演讲中重点针对这些问题。

一个国家形象的改善和软实力建设主要靠自身的努力和发展，中国还不完善，有许多问题要在深化改革的过程中去解决。但像中国这样，取得很多成绩却得不到外界认可，面临许多挑战也得不到充分理解，有时难免让人感到失望。这与中国历史文化的独特、在政治制度上与西方的不同乃至语言障碍都不无关系。

因此，我们更需要主动地介绍自己，尤其要以一种平和的心态和平常的语言，以"润物细无声"的方式来传递我们的信息。中国的驻外大使都在积极主动地做着这方面的工作，其中不少优秀演讲也已整理成册。当然，不能指望一次、十次甚至一百次的演讲就能把这层迷雾拨开，但是我们必须朝着这个方向不断努力，塑造和而不同的外部环境。

本书的面世让我颇为忐忑。因为演讲往往带有随机性质，有时甚至仓促拟就，鉴于我对谈到的一些问题缺乏全面的了解和专业的研究，难免有不妥当抑或不准确之处。大部分讲话原文是英文，中译文有时显得不顺当。但是，在领导和许多朋友、同事的鼓励之下，我愿意出版这部集子，以鼓励更多有心人沿着中西沟通的道路前行。

私は、オーストラリアそして英国の全権特命大使として赴任していた期間中、中国のイメージに覆われていた偏見と暗雲がどうしても吹き払えないことに、常に困惑した。また、これらの偏見などにより、中国のイメージが損なわれるだけでなく、双方の関係を発展することにも、潜在的な妨げとなっていたのである。それ故、いざ何か風が起こると、双方の関係の脆弱性が露呈する。私は講演を行う時、重点的にこれ等の問題に対応してきた。

　一国のイメージの改善及びソフト・パワーの構築は、主として中国自身の努力と発展によるものである。中国は未だ不完全であり、多くの問題は改革を深化させる中で解決しなければならない。しかし、中国の多くの実績が世界から認められず、多くの挑戦に対しても充分な理解が得られないでいる。これには失望せざるを得ない時がある。その原因は、中国の独特な歴史や文化や西欧の国々と異なる政治制度及び言語と無関係ではないと考える。

　従って、我々はもっと積極的に自らを紹介していく必要がある。とりわけ、平常心とふだんのことばを以て「物潤しは細かく聲なし」というようなやり方で我々のことを伝えて行くべきではないかと思う。このような仕事を、中国の外国駐在大使達は皆、積極的に行っている。その中の、優れた講演は既に冊子に纏められ公開されている。勿論、一回、十回あるいは百回の講演では、暗雲を吹き払うことはできないが、我々はその目標を目指して絶えず努力し、互いの相違を認めて調和する国際環境を造らなければならない。

　本書の出版について、些かの不安を持っていた。なぜなら、講演にはいつも臨機応変の要素があり、時に慌ただしく原稿作りをしなければならないような事情もあった。私が触れた問題に関して周到なる調査と専門的研究の不足により、内容の把握に不正確な点あるいは妥当でない点があったのではないかと思っているからである。講演原稿の大部分は元々英文であったが、中文訳では滑らかさが足りないのではないかと心配していたものの、私の上司や多くの友人、同僚からの励ましの言葉を頂いたこともあり、あえて本書の出版を覚悟した次第である。それによって、東西交流の為に弛まなく道を歩んでいる有志の皆さんにとって何かお役に立つことが少しでもあれば幸いに思うのである。

講演編

演讲 | SPEECHES

多彩なる世界を迎えよう
オーストラリア国立大学卒業式での講演

2004年7月29日　キャンベラにて

Embrace a Colourful World
Speech at the Graduation Ceremony of Australian National University
Canberra, 29 July 2004

迎接多彩的世界
在澳大利亚国立大学毕业典礼上的演讲
堪培拉，2004年7月29日

Professor Ian Chubb,
Young Ladies and Gentlemen,

It is an honour and pleasure for me to be invited to speak on this occasion and to share this important moment of your life.

In my four months as Ambassador of China to Australia, I have made more than 20 speeches. But this is probably the most difficult one for me.

This is because, firstly I am too old to know what is on the mind of young people like you, and secondly it is not easy to find things you do not know about.

Even talking about China is difficult, as in this information age, there is so much that has already been said about China.

If you log onto the Internet and type "China" into Google, you will get 63 million search results, whilst you get 38 million for "US." (Laughter)

Having consulted with Professor Ian Chubb, I thought I would start by sharing with you how I came to see a different world.

伊恩·查布教授，年轻的女士们、先生们：

能够受到邀请来这里演讲，并借这个机会分享你们人生中如此重要的时刻，我感到非常荣幸，也很高兴。

作为中国驻澳大利亚大使，我在上任后的四个月里发表过二十多次演讲，但是，今天这场演讲也许是最困难的。

一是，我年纪大了，不大拿得准像你们这样的年轻人关心什么；二是，要讲些你们还不知道的东西恐怕也很困难。

甚至，连谈中国都不那么容易，因为在当今的信息时代，关于中国，人们已经讲得很多了。

如果你现在在谷歌搜索引擎上输入"China（中国）"，你将得到6300万条结果；而输入"US（美国）"的检索结果是3800万条。（笑声）

我征询了伊恩·查布教授的意见，想从自己接触多样世界的经历谈起。

イアン・チャブ教授
皆様

　お招きを戴き、ここで講演させて戴くことを感謝致します。皆さんの人生の大切なひとときを分かち合う、この機会に恵まれたことは、非常に光栄であり、また嬉しく存じます。

　私は、駐オーストラリア中国大使として赴任して4か月の間に、20回以上の講演を行って参りましたが、今回の講演は、恐らく私にとって一番難しいかも知れません。

　何故かと申しますと、第1に、私はもう年ですので、皆さんのような若い人たちが何に関心を持っているのか見当がつかないことです。第2は、皆さんの知らないことを述べるのは不都合ではないかと心配しているからです。

　更に中国についての話題をお話することは、そんなに容易なことではありません。現在は情報化時代なので、中国についての話は、既にたくさん語られていて、皆さんは、もう耳にタコができていらっしゃるのではないでしょうか。

　皆さんがグーグルで「China（中国）」を検索すると、6300万項目を見ることができるでしょう。それに対して、「US（アメリカ）」を検索すると、3800万項目しか出てきません（笑）。

　私はイアン・チャブ教授の御意見を聞かせて戴いたので、今日は、自分自身の体験して来た多様な世界についてお話しをしたいと思います。

When I was young, China was in the midst of the Cultural Revolution. Schools were closed and all the young people were sent to the countryside to do menial labour for "re-education." Those days were tough, but the harsh country life gave me tenacity and a sense of tolerance.

After the Cultural Revolution, I finished my university studies and then started my diplomatic career. That was a time when China was just opening up to the outside world.

I remember the visual shock the first time I went to Europe. The colourful way people were dressed was a sharp contrast to the customary blue jacket I was used to seeing everyone wear in China.

Before leaving home, my mother gave me a piece of blue woollen cloth which she treasured. I had it tailor-made into a suit and was excited at having such a high-quality outfit. But when I walked down the corridor of the UN building in Geneva, I was mistaken for a boy. Although this was annoying, I did enjoy the pleasant surprise of seeing a different world.

What impressed me most was the art in the West, especially the oil paintings and sculptures. I found the details in the classical realist portraits and the strong emotions expressed by the impressionists striking. They really touched me.

我年轻的时候，中国正处在"文化大革命"时期。学校关闭了，年轻人都上山下乡，从事体力劳动，接受再教育。那段乡下生活的日子很艰苦，但也给予了我坚韧和宽容。

"文化大革命"之后，我上了大学，毕业后开始了外交生涯，那正是中国开始对外开放的年月。

我还记得第一次到欧洲时感受到的视觉冲击——欧洲人绚丽多彩的衣着和我在中国惯常看到的千篇一律的蓝色衣服形成强烈的对比。

离家前，母亲送给我一块她珍藏的藏蓝色毛哔叽料子，我用它做成西服套装，为有了这么高档的一身衣服而兴奋不已。然而，当我穿着它走在日内瓦联合国大楼里时，却被误认为是个男孩儿，颇为恼人。不过，接触到一个不同的世界还是令我感到新奇和欣喜。

让我印象最深的是西方的艺术，尤其是油画和雕塑。无论是古典写实主义肖像画的生动细节，还是印象派绘画中表达的强烈情感，都给人以心灵的震撼，让我受到触动。

私の若い時代は、丁度中国が「文化大革命」の時期でした。学校は閉鎖され、若者たちは農村に下放され、肉体労働に従事して再教育を受けました。非常に辛い歳月でしたが、忍耐力と寛容の心を養うことが出来ました。

　「文化大革命」のあとで、私は大学に進学し、卒業後、外交生涯が始まりました。その時の中国は対外開放政策が実施されたばかりの時期でした。

　私は、記憶にはっきりと残っておりますが、初めて欧州を訪問した際、視覚的なショックを受けました。欧州の人々の色とりどりで華やかな服装は、私が見慣れた中国人の紺一色の服装とは強烈なコントラストをなしていたからです。

　家を出発する前、母親から長年大切にして来た紺色のサージをもらい正装を作りました。私は、こんな高級な正装を初めて持つことができたことが嬉しくてたまりませんでした。けれども、私がこの洋服を着て、ジュネーブ国連機構のロビーを歩いたところ、思いもかけずに悔しい思いをしました。私は男性と間違われたのです。しかし、違う世界を知ったことは、私にとって、新鮮で、喜びの心持ちで一杯でした。

　私に、もっとも深い印象を残したものは、西欧の芸術でした。特に、油絵と彫刻です。古典的写実主義による肖像画の生き生きとした細部の表現にせよ、印象派絵画の強烈な感情表現にせよ、心がふるえ、しばらく静めることができませんでした。

The emphasis is very different in Chinese paintings, which are not usually rich in colour, or realistic to the finest details. They are mostly simple, with strokes of ink to highlight the features of landscapes, structures or figures.

I tried to understand why this is so, by reading and talking to people, and harvested many interesting insights, including some deep underlying philosophical differences.

For example, freedom is a very important concept in Western societies and cultures. It is about being completely free to achieve one's desire. It was the slogan of the French Revolution and is an important component of Western values. Of course, political upheavals were long besetting social reorganisation in the name of freedom, and it is the framework of the rule of law gradually taking shape in modern industrialisation that defines the limits of freedom lest it explodes into anarchy.

Long before the French Revolution, the concepts of freedom were studied and written about by Laozi, the founder of Taoism in China about 2,500 years ago. He believed that freedom could only be achieved by growing out of all desires, in other words, to give up on desires. Man would be free only when he is without any desire at all.

中国绘画的特点则不同。例如，中国画往往色彩不是很浓重，也不那么写实，通常比较简约、写意，重在用笔墨线条突出风景、建筑或人物的特征。

我尝试通过阅读和与人交流去理解中西文化不同之处的缘由，得到一些有趣的启发，其中也包括一些深层次的哲学上的差异。

例如，在西方社会和文化中，"自由"是一个非常重要的概念，它指的是不受约束地去实现个人欲望。"自由"是法国大革命的口号，是构成西方价值观的重要成分。当然，在自由口号下的社会整合也伴随着长期的政治动荡，是现代工业化过程中逐渐形成的法治框架对自由予以限制，避免了无政府主义的泛滥。

在中国，2500年前，道家创始人老子的研究和论述中也包含了"自由"的概念，这比法国大革命要早很多。在他看来，超越所有的欲望，人才能获得真正的自由；换句话说，要放弃欲望，无欲才自由。

中国の絵画の特徴とは全く違うのです。たとえば中国画の色彩は往々にして濃くなく、それほど写実的でもなく、一般的に、表現が簡素で写意的なものが多く、筆の中心は流れるような線によって風景を強調し、人物の特徴を描き出します。
　私はかつて本を読んだり、人との交流を通じて中国と西欧の文化における相違とそのなりたちを探ろうとしました。その結果、面白い啓発を受け、その中には奥深い哲学的な差異も含まれています。
　たとえば、西欧の社会と文化においては、「自由」というものは、非常に重要な概念を持っています。「自由」は人々が束縛されずに欲望が実現して行くという意味を指しています。いわゆる「自由」は、フランス革命のスローガンであり、西欧の価値観を構成する重要な要素です。勿論「自由」という、このスローガンの下での社会整備も政治的激動と共に長期に行われ、現代工業化の過程から次第に形成された法治的枠組みが自由に制約を与えた故に、無政府主義の氾濫を免れたのです。
　中国は、道家の創始者である老子についての研究や論述によれば、2500年前、すでに「自由」の概念も入っており、「自由」という概念が生まれたのは、フランス革命より遥かに早かったのです。老子の「自由」とは、すべての欲望を超越して、初めて人々は真の自由を獲得できる、というものです。言いかえれば、欲望を放棄し、無欲になってこそ初めて人間は自由になれる、ということです。

这种对"自由"的理解在中国文化中有着深远的影响，也是许多艺术家的指导思想。

中国画大多思想性更强，是要表达一种思绪或者意境，中国美学家朱良志教授专门做过这方面的解析。例如13世纪画家钱选的《秋江待渡图》，我很喜欢这幅画，画面很宽，中心很大的空间几无一物，从勾勒出水波的寥寥线条和周围的轮廓可以看出，那是一片辽阔的江面，对岸的山峦伸向远方。江上隐约漂着一只几乎静止的摆渡船，而岸边树下待渡的人却伸长脖子翘首以盼，那份焦急跃然纸上。

这幅画的重心似乎正是那茫茫秋江，江面空阔，小舟缓缓，与焦急的等待者形成了一静一动的鲜明对比。画中隐含的寓意似乎是，物质欲求是多么微不足道，这是否正是作者想表达的自由观？

This concept of freedom has had a long influence in the Chinese culture and was the guiding principle for many artists.

Chinese paintings are more philosophical, and seek to express ideas and emotions. Professor Zhu Liangzhi, a Chinese aesthetician, made an in-depth analysis on the subject. A case in point is my favourite painting *Qiujiangdaidutu*, or literally, *Waiting to Cross the River on an Autumn Day*, by Qian Xuan from the 13th century. It is a huge painting with a big space in the centre with practically nothing. The shapes around and some strokes indicating water waves show it is about a wide river, on the far side of which some mountains fade into the distance. You can see a ferryboat, hardly moving though, halfway across and people waiting very anxiously under the trees on the bank with long stretched necks.

The focus of the painting seems to be the emptiness of the vast, foggy river and the ease of the tiny, slow boat, which offer a vast contrast to the anxiety of the waiting men. It looks like it is telling people how unimportant material desires are. I wonder if it also shows the artist's outlook on freedom.

自由に対するこうした理解が、中国の文化に深遠な影響を与え、また多くの芸術家の思想の本流にもなっております。
　多くの中国画には強い思想性が現れています。いわば、ひとつの心情あるいは境地の表現です。中国の美学家の朱良志教授は専らこの面での解析を行いました。たとえば、私の好きな作品であります、13世紀の画家銭選の『秋江待渡図』ですが、画面の幅が広く、まん中は人物や物などが殆どなく、数本の筆の運びで水の流れとその周囲を描くことによって、広々とした川の景色が目の前に現れています。川の対面の岸の背景に、遠方へ繋がっていく山々、水面にはうっすらとほとんど静止しているかのような一艘の渡し舟が漂っており、両岸の樹の下では、首を長くして待ちわびている人々が描かれているという画です。
　この作品では、茫々たる秋江と、その広大な水面と悠々とした小さな渡し舟、待ちわびている人々という画面により、静と動の対照が形成されています。画に潜んでいる寓意は、物質への欲求というものは、なんと微々たるものではないかというものです。結局のところ、作者が表現しようとしたものは、「自由」観ではないでしょうか。

However, modern life is quickly changing the people's way of thinking. If you go to China now, you will find that both the blue woollen jackets and the waiting men on the river bank have long become history.

By opening to the outside world, the Chinese people have not only begun to see different cultures, but also started to integrate with the world.

In 1978, Mr. Deng Xiaoping, a wise leader of China, led the country into an unprecedented campaign to introduce a market economy. The reform and opening up unleashed such enthusiasm for economic development, that it has completely transformed China in the last 25 years. In 2003, the GDP of China reached 1.4 trillion US dollars, which is more than three times that of Australia. But with our population of 1.3 billion, this gives a per capita GDP of only 1,000 US dollars. While this is only 3%-4% that of Australia's, it is already a significant historical improvement in China's context.

We are now the world's number one producer of many important merchandise. One in every two cameras produced in the world is made in China and so is one in every three television sets and air conditioners. We are also the largest producer of programme-controlled switchboards, cell phones, DVD players and many other manufactured and agricultural products.

然而，现代生活正迅速改变着人们的思维方式。如果你现在去中国就会发现，毛哔叽套装和悠然秋江边的待渡客都成了历史。

对外开放让中国人不仅开始接触不同的文化，也开始与世界融合。

1978年，中国睿智的领导人邓小平引领人民走上了前所未有的开拓市场经济的道路。改革开放释放了中国人民对经济发展的巨大热情。25年来，中国发生了翻天覆地的变化。2003年，中国的GDP达到1.4万亿美元，是澳大利亚GDP的3倍多。中国有13亿人口，人均GDP只有1000美元，是澳大利亚人均GDP的3%—4%，但是对于中国来说，这已是颇具历史意义的重大进步。

现在，在很多重要商品的生产上，我们都是世界第一。世界上生产的每两台照相机中，就有一台由中国制造，每三台电视机和空调中就有一台是在中国生产，我们还是程控交换机、手机、DVD播放机和很多其他工农业产品的最大制造国。

しかしながら、現代生活では人々の考え方は速く変化しつつあります。もしも今あなたが、中国に行ったら気が付くだろうと思いますが、サージの正装の姿や悠々とした川辺で渡し舟を待っている客などはもはや過去の歴史となっています。

　対外開放のお蔭で、中国人は異なる文化に接触することが出来るようになったばかりではなく、世界にもとけ込んでいくようになりました。

　1978年、中国の優れた指導者鄧小平は人民を導き、未だかつて経験したことのない市場経済を開拓していく道を歩み始めました。この改革開放により、中国人民の経済発展に対する凄まじい情熱が放たれたのです。ここ25年で中国には天地をひっくりかえす程の巨大な変化がありました。2003年、中国のGDPは1.4万億米ドルに達し、オーストラリアの3倍となりました。しかし、中国の人口は13億人ですので、一人当たりの平均GDPは、たったの1000ドルとなり、オーストラリアの一人当たりの平均GDPの3％ないし4％しかありません。しかしながら、中国にとっては、歴史的な意味を持つ大きな進歩となったのです。

　現在、中国の多くの重要商品の生産は世界一となっております。世界全体で、生産されたカメラの2台に1台は中国製であり、テレビと空調の3台に1台は中国製となっています。我々は、プログラム制御の交換台、携帯電話、DVDプレヤー及び多くの工業や農産品などの面では、世界最大の生産国であります。

China's foreign trade is worth more than one trillion US dollars, ranking third in the world.

China has also grown into a huge market with 80 million Internet users, and the number of cell phone users now exceeds 300 million. China has also become the largest Asian market for tourism, with over 20 million Chinese citizens travelling overseas last year.

If you are looking for jobs, this information may help you to see which way the wind is blowing. And if any of you are thinking about working with China, you must be wondering how our two nations are getting along.

Although we are not lovers, we do get along very well.

Confucius said, "A man matures in his thirties," and this is probably equally true for our relationship. After 32 years of diplomatic relations, our two countries have become closer in our cooperation as partners.

Our bilateral trade is growing at high speed. Last year, when Australia's trade with most of its other major partners fell or remained at the same level, its trade with China grew by 30%. This was partially due to the large number of students and tourists coming from China.

中国的对外贸易超过1万亿美元，排名世界第三。

中国已成为一个拥有8000万网民的大市场，手机用户现在超过3亿。中国还成为亚洲旅游最大的市场，去年就有2000多万中国公民出境旅游。

如果你们正在找工作，这些信息也许有助于了解风向。如果你们在考虑与中国合作的话，一定想知道我们两国相处如何。

尽管中澳不是亲密恋人，但我们的确相处和睦。

孔子说过，"三十而立"，也许这同样是对两国关系的真实写照。建交32年以来，我们两国形成了日趋紧密的合作伙伴关系。

中澳两国间的贸易飞速发展。去年，当澳大利亚与大多数其他主要合作伙伴的贸易出现下降或维持原状时，与中国的贸易增长了30%，这其中也包括大量中国留学生和游客来澳学习和旅游所作出的贡献。

中国の対外貿易は既に1万億米ドルを超え、世界の第3位となっています。
　中国は既に8000万人のインターネット・ユーザを擁する大市場であり、携帯電話を持つ者は現在3億人を超えています。中国はアジアの観光旅行の最大の市場でもあり、昨年1年間だけで、海外への旅行者数は2000万以上になりました。
　もしあなたがたが就職活動をするならば、これ等の情報は役に立つのではないでしょうか。あなたがたが中国との協力関係を持ちたいという考えがあるならば、中国とはどう付き合って行けば良いのかを、きっとお知りになりたいのではないでしょうか。
　中国とオーストラリアは親密な恋人関係ではありませんが、私たちの関係は間違いなく睦まじいものだと確信しております。
　孔子曰く、「三十にして立つ」と。この表現は両国関係そのものを映し出しているのではないでしょうか。国交を樹立して32年が経ち、我々両国は協力のパートナーとして日増しに緊密な関係を持つようになりました。
　中国とオーストラリア両国の貿易は、急速なスピートで発展してきました。昨年、オーストラリアは他の主なパートナーとの貿易が下降或は現状維持というような時期に、中国との貿易は30％も増加をみたのです。その中には、中国人留学生と観光旅行客が大量にオーストラリアに赴いたことが含まれ、大きな貢献をしたのです。

Our economies are very complementary. For example, Australia has rich reserves of energy and mineral resources, whilst China has a growing demand for these resources; Australia also has a mature agriculture industry, especially the strong dairy sector to which China is becoming an expanding market as the living standard of our people rises.

Australia has many excellent scientists who are making constant progress in their research and China has a huge manufacturing sector with great potentials eager to work with you to adopt and implement these new scientific discoveries and technologies. Your strong service sector, such as education, tourism, finance and legal consulting, can also find a market in China.

One good example of our cooperation is the design of the Beijing Olympic Swimming Centre. A joint team of engineers including those from Australia and China won the bid with a masterpiece blue architecture titled Water Cube. It is highly distinctive in shape and structure. Its smart and sophisticated design is regarded as a wonder of physics. Construction for this project started at the end of last year and I am sure it will become a huge attraction in Beijing when it is completed.

我们两国的经济具有较强互补性。例如，澳大利亚有丰富的能源和矿藏，而中国对此非常需要。澳大利亚农业发展成熟——特别是奶制品业，而随着中国人民生活水平的提高，中国对奶制品的消费需求日趋增大。

澳大利亚有优秀的科学家，他们在各自的领域不断取得进展，而中国庞大的制造业发展空间广阔，渴望与贵国合作去应用这些新的科学发现和技术。贵国发达的服务业，诸如教育、旅游、金融和法律咨询，也能在中国找到市场。

我们两国合作的一个绝好例子是北京奥林匹克游泳中心的设计。由澳大利亚和中国的工程师等共同组成的团队竞标成功。这个蓝色结构的经典之作被称为"水立方"，无论是外观还是构造都非常独特，它精巧、别致的设计被视为物理学的奇迹。这项工程去年底已经开工，我相信，它竣工后将成为北京景观的又一大亮点。

我々両国の経済は補完性の強いものです。たとえば、オーストラリアの豊富なエネルギーや鉱山資源が、中国にとっては必要です。オーストラリアは、特に乳製品などの農業の発展が非常に進んでおります。そして、中国人民の生活水準の向上と共に、乳製品に対する消費の需要が日増しに増加しています。

　オーストラリアには大勢の優れた科学者がおります。彼らは、それぞれの領域において不断の成果を絶えず積み重ねております。中国は厖大な製造業があり、且つその発展の余地が遥かに大きく、貴国との協力を通じて、新たな科学の発見と技術の応用を願っています。貴国の教育・観光・金融及び法律諮問などの進んでいるサービス業も、中国という市場にしっかりと根ざすことができるのではないでしょうか。

　我々両国の協力に絶好の例があります。それは北京オリンピック水泳館の設計です。その水泳館の完成はオーストラリアと中国の合同技術者の陣容が入札できたその賜物であります。このブルーの構造物の傑作は「水立方」と称され、外観構造の何れも独特なものを持つ、精巧極まる設計で、物理学の奇跡であると見られているのです。この工事は昨年暮れ、着工しました。竣工した暁には、北京の景観に、大きく輝くものが現われるに違いないと確信しております。

作为年轻的一代，你们有很多新的机会，而你们的挑战也在于此——如何发现、抓住这些机会并从中获益。

　　我个人的经验是，保持开放的心态，永远不要一成不变地看待事物，在任何年纪都不要自以为是，认识和了解差异是探索真实世界的起点。希望你们像我当年一样，作好准备，去迎接多样和丰富多彩的世界。

　　谢谢！

Being the new generation, you are faced with many new opportunities and your challenge is how to recognise, appreciate and benefit from these opportunities.

My experience is that one should be always open-minded and ready to adopt new perspectives when looking at things, and never at any stage in your life take everything for granted. Realising and understanding differences is the starting point of learning about the real world. I hope you will be as prepared as I was to embrace a different and colourful world.

Thank you.

若い世代の皆さんは新しいチャンスに恵まれているのではないでしょうか。このチャンスをいかに見つけ、それを捉えるか、そしてその中から利益を得ること、これはあなたたちの挑戦ではないでしょうか。

　私個人の経験からすれば、心を開放して、常にすべての物事は変わらないことはないという現実をもって、いつまでも傲慢な心を持たず、異なるものへの探究と理解は真実の世界について学ぶ出発点です。過去の私と同じように、しっかりとした準備を行い、多様で豊かな輝かしい世界を迎えようではありませんか。

　ありがとうございました。

変化の途上にある世界と中国
オーストラリア大学長委員会年会での講演

2004年11月8日 シドニーにて

The Changing World and the Changing China
Speech at AVCC Dinner
Sydney, 8 November 2004

变化中的世界与中国
在澳大利亚大学校长委员会年会上的演讲
悉尼，2004年11月8日

The Australian Vice-Chancellors' Committee (AVCC) was formed at a conference of Australia's then six universities, held in Sydney in May 1920, with the aim of advancing higher education through voluntary, cooperative and coordinated action. The organisation became Universities Australia in 2007, representing Australia's 39 universities in the public interest, both nationally and internationally.

澳大利亚大学校长委员会是澳大利亚大学联盟的前身，于1920年5月在悉尼由当时六所大学召开的一次会议上成立，其宗旨是通过开展志愿、合作、协同的活动推动教育的发展。澳大利亚大学联盟于2007年成立，以公共利益为出发点，在国内外代表澳大利亚39所大学。

オーストラリア大学連盟の前身。1920年5月、当時シドニーで6大学により第一回会議が開催され設立。主旨は、ボランティア・協力等の活動を通じて、教育の発展を推進するものである。オーストラリア大学連盟は2007年設立、公共利益を目的として、国内外においてオーストラリア39の大学からなるものである。

Professor Di Yerbury[1],

Professor Gerard Sutton[2],

Mr. John Mullarvey[3],

Ladies and Gentlemen,

One rule for diplomats is to avoid speaking in front of academics, because diplomats don't like to engage in debates, but academics are professional critics. My husband is an anthropologist, which I hope could keep me safe today. (Laughter)

I have 25 minutes to talk about a big topic: the Changing World and the Changing China. I thought I would take a shortcut to cover the topic by giving you a beginning and then directly jumping to the end.

Let me start by the year 1979. China was a typical shortage economy. Most consumer goods, including food, were rationed on a monthly basis. It was also the year I was taking my first overseas posting to Romania. I received RMB 500 in "clothing subsidy" from the Foreign Ministry. At today's exchange rate, it would be less than 100 Australian dollars. I spent half of them and gave the rest to my mother as a token of gratitude from a grateful daughter.

1. President of AVCC from 2004 to 2005　2004—2005年任澳大利亚大学校长委员会主席

2. Vice President of AVCC at the time and President from 2006 to 2007　时任澳大利亚大学校长委员会副主席，2006—2007年任主席

3. Chief Executive Officer of AVCC at the time　时任澳大利亚大学校长委员会首席执行官

迪·耶伯里教授[1]、杰勒德·萨顿教授[2]、约翰·马拉维先生[3]、女士们、先生们：

对外交官而言，有一条不成文的忠告——不要在学术界人士面前演讲，因为外交官不喜欢与人争执，而学界人笃信真理越辩越明。我丈夫是一位研究人类学的学者，希望因为这层关系，我可以安全过关。（笑声）

我的演讲时间是25分钟，要讲的题目很大：变化中的世界与中国。我想取个巧，就是讲个开头，然后直奔结尾。

我的目光落在1979年。当时中国还处在物资紧缺的年代，粮食等主要消费品靠定量配给，按月发放票证。也正是这一年，我第一次接受外派，去驻罗马尼亚使馆工作。我从单位领到500块钱置装费赴任，按照今天的汇率不足100澳元。我花了一半，把另外一半留给母亲，算是女儿的一份心意。

ダイ・エベリィ教授[1]
ジエラルド・サットン教授[2]
ジョン・マラベイ先生[3]
皆様

　外交官にとって文書にはない一つのルールがあります。それは学術研究者の前では講演しないというものです。なぜなら、外交官は論争があまり好きではないからです。しかし、学術研究者は真理究明の為、論争を好み、物事をはっきりさせたがります。ただ私の主人は、人類学の研究者ですので、きっと今日は無事に終了出来るでしょう。（笑）
　私の講演時間は25分間ということですが、題目は「変化しつつある世界と中国」です。このテーマは大きすぎるので、一つ手抜きでもしようかと思っています。話の冒頭部分が終わり次第、すぐに結論部分へと飛んでいきたいと思います。
　はじめに、1979年という年に目を向けたいと思います。その当時、中国は物資の欠乏がひどく、食料など主要な消費物質が配給制であった時代でした。月毎に食糧券が発給されました。ちょうどこの年に、私は、仕事で初めて海外の大使館へ派遣されました。ルーマニア大使館でした。私は、そこから500元の服飾手当を戴きました。現在のレートで換算すれば100豪州ドル足らずでした。私はこの500元の半分を使い、あとの半分は、娘からのささやかな気持ちとして、母親に残しました。

---

1. 2004〜2005年、オーストラリア大学長委員会主席。
2. 2006〜2007年、当時のオーストラリア大学長委員会副主席。2006〜2007年、主席就任。
3. オーストラリア大学長委員会首席執行官。

1979年是国际政治风云突变的一年。撒切尔夫人当选英国首相，不久便与里根总统一起，领导了一场席卷西方的市场革命；也是这一年，苏联入侵阿富汗，被看作是这个超级大国走向衰落的开端。1979年，霍梅尼领导的伊朗革命取得成功，标志着现代伊斯兰复兴运动兴起；也正是在这重要的1979年，中国这个世界人口最多的国家以一种前所未有的动力和决心开始了改革开放的进程。

25年过后回头看，那个年份发生的几个似乎并不相关的事件，竟然如此深刻地改变了今天的世界。

今天，"铁幕"早已不复存在，国家之间不再彼此对立，世界秩序的重塑首度摆脱了民族国家间的"大战"，美、中、俄、日、澳等国都成为合作伙伴。市场经济被广为接受，真正意义的全球化形成了。中国第一次有了一个相对友好的外部环境，可以心无旁骛地追求发展，再一次站在了工业化的门槛上。

1979 was an interesting year in the history of international politics. It was in that year that Mrs. Thatcher was elected Prime Minister of the United Kingdom and she soon joined President Regan in leading a market revolution that swept across the Western world. In the same year, the Soviet Union invaded Afghanistan. It was seen as the beginning of the decline of that superpower. It was also the year of the Iranian revolution led by Ayatollah Khomeini, which signalled the resurgence of the modern Islamic movement. It was also in this important year that China, with the biggest population in the world, unleashed its reform and opened to the outside world with a momentum and determination never before seen in its long history.

Those events did not seem to have much relevance to each other 25 years ago. But many of the profound changes we see today can be traced back to them.

Today, the "iron curtain" no longer exists and countries are not blocked against each other. For the first time, the world order is being reshaped without a major war amongst nation states. And countries like the United States, China, Russia, Japan, and Australia have become partners for cooperation. With the market economy model being extensively accepted, the world is in a full-fledged globalisation drive. For the first time, China has a relatively friendly external environment for it to focus on its development. Once again, China is at the threshold of industrialisation.

1979年は国際政治が激動した一年でした。サッチャー夫人がイギリス首相に就任して間もなく、レーガン大統領と共に西欧で巻き起こされた市場革命を導いたのです。まさにこの年、超大国ソ連がアフガニスタンに侵入したことは、衰退の道への始まりであると見なされていました。1979年、ホメイニが指導したイラン革命は成功をおさめました。それは、現代イスラム運動の復活を象徴していたのです。この重要な1979年に、世界最大の人口を擁している中国は、その長い歴史に類を見ない勢いで決意を以て、改革開放の道を歩み始めたのです。

　25年を経過した今、当時を振り返って見ると、その年に発生した幾つかの事は、現在、かかわりが無さそうに見えますが、実際は今の世界に変化を及ほしたのです。

　今日、「鉄のカーテン」はすでに存在しません。国家の間には障害物がありません。初めて、世界秩序の再編が民族国家間の「大きな戦争」に至らずに行われたのです。アメリカ・中国・ロシア・日本・オーストラリア等の国は何れも協力のパートナーとなり、市場経済は、広範囲に受け入れられ、真の意味でグローバル化が形成されました。中国は初めて、相対的に良好な外部環境に恵まれるようになりました。憂慮なく発展を進めて行き、再度工業化発展への入り口に辿りついたのです。

1979年以来的25年中，中国的巨变有目共睹。告别了那段混乱和迷狂的政治动荡，中国故事的主题不再是阶级斗争和抵御外来侵略，而是如何发展经济，提高每一个普通人的生活水平。生活富裕了，物资丰富了，我女儿这一辈人不愿再听那些关于物资紧缺的老故事了。

我想用六个数字来说明当前中国在世界上的位置：

——中国的外国直接投资额居发展中国家首位；

——中国外汇储备居世界第二；

——中国是世界第三大市场；

——中国是世界第四大出口国；

——中国累计对外投资总额位居世界第五；

——中国是世界第六大经济体。

In 25 years, China has come a long way from where it was in 1979. Gone are the chaotic and fanatic upheavals of class struggle or preparation against foreign invasion. The theme in China now is of developing its economy and improving the living standards of its ordinary people. Life is much better off and supplies are no longer in scarcity. My daughter and her generation have no interest in my no-longer-relevant stories of the shortages.

Let me use six figures to illustrate the current status of China in the world.

—China ranks first among developing countries in terms of foreign direct investment.

—China has the world's second largest foreign exchange reserve.

—China is the third largest market in the world.

—China is the fourth largest exporting country in the world.

—China is the fifth biggest investor in the world.

—China is the world's sixth largest economy.

1979年以降の25年間に、中国が大きく発展したことについては、御承知の通りです。一時期の混乱と迷走した激動の政治を経た中国の歴史の主題はもはや階級闘争や外国からの侵略に対する防衛ではなくなり、如何に経済を発展させていくか、如何に一般の人々の生活水準を高めていくかについてです。生活が豊かになり、物質が豊富になることです。私の娘世代の人々は、物がなかった頃についての古臭い話はもはや聞きたくないでしょう。

　私は六つの数字を使って、世界における中国の現在の状況についてご説明したいと思います。

　中国の外国への直接投資額は発展途上国の第一位である。

　中国の外貨貯蓄高は世界第二位である。

　中国は世界市場として第三位である。

　中国は世界の輸出国として第四位である。

　中国の累計対外投資総額は世界第五位である。

　中国経済は世界の第六位である。

China's economy is closely plugged into the world. For example, Boeing got the first order for ten 707s from China in 1972. Now it has gained a 60% share of the Chinese market. Seventy per cent of Boeing aircraft sold around the world carry vertical tail fins made in China. China's foreign trade has already topped one trillion US dollars and its average tariff level has dropped to 11% after its entry into the World Trade Organization. China now produces 40% of the world's air conditioners and 50% of the world's TV sets and refrigerators.

Although China's GDP has grown many folds in the meantime, its per capita GDP of 1,100 US dollars is still only in the league of medium and low income countries. For a big country like China, there is still great potential for economic growth.

People are wondering how long China will keep its rapid development. In the past 25 years, China maintained a growth rate of over 9%, perhaps only paralleled by Japan and ROK in their 20 years of high growth between the 1960s and 1980s. By comparison, China is endowed with a bigger domestic market, abundant supply of human resources and ever-deepening reform measures. Most importantly, given its size, China's industrialisation would probably need a longer period. Therefore, it is widely believed in the business community that China could maintain a relatively high-speed growth for another 25 years.

中国经济与世界关系紧密。看看波音公司，它从1972年与中国签下第一批10架波音707客机订单以来，已经获得了60%的中国市场，全世界70%的波音飞机都装上了在中国生产的垂直尾翼。中国对外贸易额超过1万亿美元，中国加入世贸组织后平均关税水平下降到11%。今天的中国生产着全世界40%的空调、50%的电视机和冰箱。

25年间，尽管中国的GDP翻了好几番，但人均GDP 1100美元只相当于世界的中低等水平，经济发展还有很大的潜在空间。

人们在问：中国的快速发展能持续多久？过去25年，中国经济的平均增长率在9%以上，恐怕只有日本和韩国上个世纪60至80年代间的纪录可以与之媲美。相比之下，中国的发展拥有更加广阔的国内市场、源源不断的劳动力资源和不断深化的改革开放作依托；最重要的是，中国之大决定了它的工业化进程需要一个更长的时期，因此经济界普遍认为，中国再持续25年的相对高速增长是有希望的。

中国経済は、世界と緊密な関係を持っています。ボーイング社を例に見てみましょう。ボーイング社は1972年に、中国と10機のボーイング707旅客機の注文の契約をおこなって以来、(ボーイング社は)既に中国市場の60％のシェアを獲得しました。世界の70％のボーイング機には、中国が生産した垂直尾翼が装備されているのです。中国の対外貿易額は1万億米ドルを超えました。中国がWTOに加盟した後、平均関税の水準が11％までに下がっています。今日の中国は、世界の40％の空調、50％のテレビと冷蔵庫を生産しています。
　25年の間、中国のGDPが何倍も増えましたけれど、一人の平均GDPは1100米ドルにしかならず、世界の中か低レベルに止まっており、経済発展には依然として潜在的余地が残されています。
　「中国の高度発展は、今後どれ位持続して行けるのでしょうか」と皆さんは思われるかもしれません。過去25年間、中国経済の平均成長率は9％以上でした。これに匹敵できるのは、おそらく、1960年代から1980年代の日本と韓国しかないかも知れません。比べてみると、中国の発展は、最も広い国内市場、無尽蔵の労働力、更に絶えず深化していく改革開放政策、というような固い基盤が支えているのです。一番重要なのは、中国の広さより、工業化の進展が長い期間続いて行く需要があることです。従って、経済界の一致した認識ですが、中国は、あと25年間にわたって高度成長が継続して行くのではないかと、見込んでいます。

Having said that, I do not deny that there are serious challenges: the gap between income growth in the rural and urban areas, corruption amongst some government officials and environmental pollution, to name a few. But to meet the challenges, the government is laying greater emphasis on the quality of development instead of only pursuing a high growth rate. The objective of the government is to achieve coordinated economic, political, cultural and social development, and address the imbalances of development between the urban and rural areas and between different regions in China.

The fast changes in the economy and social structure have further shifted the priority of governments at all levels to the social and human dimension for greater security and well-being of the Chinese public.

There is also growing access to information, with over 600 million telephone users, including 300 million cell phone subscribers and 87 million Internet users. Every week, 780 million emails are sent. And although there are a great number of newspapers, many people rely on the Internet as their primary source of information.

但另一方面，不能否认我们还面临着严峻的挑战，比如城乡收入增长的差距、某些政府官员腐败的现象、环境污染的问题等等。中国政府关心的已不再是单纯的经济增长速度，而是发展的质量，政策的着眼点是努力实现经济、政治、文化、社会的全面协调发展，解决城乡间、地区间发展失衡的问题。

经济和社会结构的巨变促使政府政策的重心进一步向社会民生一方倾斜，各级政府将人民的安全和福祉作为工作的重点。

中国人接触信息的方式也更加丰富便捷，中国的电话用户超过6亿，包括3亿移动电话用户；网民达到8700万，每周发送电子邮件达到7.8亿封。尽管各类报纸不计其数，很多人的信息却主要是从互联网上获取的。

しかし、一方では決して否定できませんが、私たちは依然として厳しい課題に直面しているのです。たとえば、都市と農村における収入増加の格差、政府役人による腐敗現象、環境汚染の問題などです。中国政府が関心を持っているのは、もはや単なる経済成長の速度ではなく、むしろ発展の質であり、政策の着眼点は、経済・政治・文化・社会という全面的な調和のある発展を実現させる為に、都市と農村、地域間のアンバランスな発展等の問題を解決する努力をしなければならないことにあります。

　経済と社会構造の大きな変化は、政府の政策の優先度を社会と人民の生活の方へ移していく力となっており、政府の各級レベルの機関は人民の安全と福祉を仕事の重点として励んでいます。

　中国人が情報に接する方法もより多様であり、速くなっています。電話の使用は3億の携帯電話の人口を含めて、既にユーザーが6億人を超えました。インターネット・ユーザーは8700万人に達し、毎週のメールの受送信数は7.8億通に上っています。各種の新聞はその数が数えきれないほどです。多くの人々の主な情報源は、やはりネットによって得たものです。

Political restructuring is gradually moving forward in China. Direct elections, for example, have been introduced in rural China at grass-root level. Scrutiny by the media and the general public enables better-developed policies and greater transparency.

With its development, China is also contributing to the region and the world. In 2003, for the first time, China became the largest buyer from Asian countries. In the newly published *World Economic Situation and Prospects* by the United Nations, China and the United States were named as the two major engines for world growth. The world is talking about the rise of China. But we in China are keenly aware that the rise will be a long, challenging process. When compared with Australia, our per capita GDP is less than 4% of yours.

Australia is regarded in China as an important partner for cooperation. When President Hu Jintao visited Australia last year, he said, "China views our relations with Australia from a strategic perspective." We aim to build up our political trust, develop comprehensive cooperation and work together with Australia to maintain peace and stability in the region.

中国走的是循序渐进式的政治体制改革道路。例如，基层直选正在农村推广，媒体与普通百姓的舆论监督有助于政策制定的合理性和透明化。

中国的发展对地区和世界的贡献正日趋鲜明地体现出来。2003年，中国成为亚洲国家的头号出口市场。前不久联合国发表的《世界经济形势与展望》报告将中国和美国并列为世界经济增长的两大引擎。全世界都在谈论中国崛起。但是，我们自己非常清楚地意识到中国的崛起将走一条艰巨而漫长的道路。目前中国的人均GDP不足澳大利亚的4%。

中国将澳大利亚视为重要的合作伙伴。去年，胡锦涛主席访澳时说，中国政府从战略的高度看待中澳关系。我们主张不断加强中澳政治互信和全面合作，并共同维护地区的和平与稳定。

中国が歩んでいるのは、秩序を守り慎重に進展していく、というような政治体制の改革の道です。たとえば、末端組織の直接選挙は農村で広がっています。メディアと庶民の世論監督は政策制定をより合理的、より透明性にする為の役割を果たしています。

　中国の発展が地域や世界の為に貢献できることは日毎に明らかです。2003年、アジア諸国の中で中国は、輸出市場としてトップとなっています。最近、国連が発表した『世界経済情勢と展望』によると、中国はアメリカと並んで世界経済の成長における二大エンジンになると報告されております。世界は、中国の台頭について論じております。しかし、私たち中国人は、中国の台頭は、その道がとても険しく、きわめて長くなることを、常に明白に認識しております。なぜならば、当面、中国の一人当たりの平均GDPはオーストラリアの4％にも満たないからです。

　中国はオーストラリアを重要な協力のパートナーとして見ています。胡錦涛国家主席は、昨年、オーストラリアを訪問した折、中国政府は、高度な戦略的立場から中豪関係を大切にしたいと述べ、私たちは中豪関係における政治的相互信頼及び全面的協力関係を絶えず強化し、しかも、地域の平和と安定を共同で維持して行くことを主張しておりました。

I have recently accompanied the Chief of Staff of the People's Liberation Army General Liang Guanglie during his visit to Australia. On our visits to military camps and installations in Sydney and Darwin, I noticed that we share common views on the security situation in the region and on the need to combat terrorism, as well as on promoting development.

Our two economies are very complementary. Australia is rich in energy, mineral resources and knowledge. China on the other hand, has a massive and fast-growing manufacturing sector. So our cooperation will work to the benefit of the two peoples.

Education is one important area of cooperation where China would like to see further expansion of our cooperation in higher learning and on-campus research. We are pleased with the successful results of the shadowing programme[4], which is now in its fourth round. I understand many of the universities represented here have already set up relationships with universities in China. There are still many more waiting for your outreach. I hope you will explore further and set up more linkages.

我不久前陪同中国人民解放军总参谋长梁光烈将军在澳大利亚进行访问，我们一起参观了悉尼和达尔文的军营和装备。我注意到，中澳在地区安全形势、打击恐怖主义和促进发展上有很多共识。

我们两国经济互补性很强，澳大利亚在能源、矿产资源以及知识资源方面很有优势，而中国的优势在于高速发展的庞大制造业，我们之间的合作可以惠及两国人民。

教育是中澳合作的一个重要领域，中国愿意促进与澳大利亚的高等教育和在校研究的合作。我们高兴地看到第四期大学校长跟班考察项目[4]的丰硕成果。我知道，在座的很多校长所代表的大学已与中国的大学建立了联系。中国还有更多所大学，希望你们可以进一步探索，与它们建立更多的联系。

4. The China University Administrators' Shadowing Programme, a reciprocal programme established under the formal agreement between AVCC and the China Education Association for International Exchange "中澳大学校长跟班考察项目"，由澳大利亚大学校长委员会和中国教育国际交流协会合作建立

最近、私は中国人民解放軍総参謀長の梁光烈氏のオーストラリア訪問期間中、お供をし、シドニーとダーウィンの兵営と装備を見学しました。その間、私は中豪の間は、地域安全の状勢やテロリズムへの対応そして発展の促進などの面で、多くの共通認識を持っていることを、実感しました。

　私たち両国は経済的に補完性が強いと思います。オーストラリアはエネルギー源、鉱産物及び知識の資源が豊かです。一方、中国においては、急激に発展している厖大な製造業があります。従って、我々両国が協力しあえば、両国民はその恩恵を受けることができるでしょう。

　教育は中豪協力の重要な領域です。中国は、オーストラリアとの高等教育と学校現場での研究協力を促進することを願っております。私たちは第四期大学長考察プロジェクト[4]で収められた数多くの成果をみて、これ以上の喜びはありません。多くのご列席の学長の大学は中国の大学と既に友好な絆を持っております。中国にはまだまだ多くの大学がありますので、諸先生方におかれましては、より一層探究願い、連携をお持ち戴けば、幸いに存じます。

---

4. オーストラリア大学長委員会と中国教育国際交流協会との共同交流項目の一つ。

Last year in Sydney, President Hu Jintao witnessed the signing of the agreement on mutual recognition of university degrees. We hope we can take one step further and move into mutual recognition of university credits. This would enable more students from both countries to benefit from the exchange programmes and I understand that a number of universities are already working on it.

Before I left China, Vice Minister of Education Zhang Xinsheng asked me to encourage inter-university cooperation on packaged programmes for training, research and production. We have had some success in this area, which helped introducing agricultural and industrial technologies into China. But now, an industrialising China has a great need for technologies. This is also a new opportunity for Australian research institutions.

I have been here for eight months and I am feeling very lucky to be appointed the Ambassador to Australia at a time when our relations are growing with such momentum. I see my role as helping to advance China-Australia relations in all fields. But I cannot fulfil my task without your support, so the Chinese Embassy and I are always here ready to assist you and work with you to promote our friendship and cooperation.

Thank you.

去年，胡锦涛主席出席了在悉尼举行的两国学历证书互认协议的签字仪式。我们希望可以更进一步，实现两国高校学分的互认，这必定能够惠及更多参加交换项目的两国学生。据我所知，很多大学已经在着手这方面的工作了。

在我离开中国之前，教育部副部长章新胜对我说，希望能帮助推动高校之间就产学研一揽子项目开展合作。我们在这方面已有一些成功的经验，从澳大利亚引进过农业和工业技术。目前，中国正进入工业化阶段，需要大量引进技术，这也是澳大利亚研究机构的新机遇。

我来到澳大利亚已有八个月的时间，能在中澳关系发展蒸蒸日上的时候担任驻澳大使，我感到非常幸运。我的任务就是帮助加强中澳两国在各方面的联系，但如果没有诸位的支持，完成这个任务就无从谈起。中国大使馆和我本人也非常乐意协助诸位在促进中澳友谊和合作中发挥作用。

谢谢。

昨年、胡錦涛主席はシドニーで開催された両国の学歴証書相互認定協議の調印式に出席いたしました。私たちは、さらに一歩進んで両国の高等教育の単位における相互認定も実現できればと願っております。これは、両国の留学生が更に多くの交流のプロジェクトに参加するのに有利ではないかと思うからです。私の知る限り、多くの大学は既にこのような方向に向かって進んでおります。

　私が赴任する前、章新勝教育副部長（副大臣）が私に、大学間の研修と研究における一括プログラムの協力を促進してほしい、と要望されました。オーストラリアから、かつて農業と工業の技術を導入したことがあり、私たちは、この面では既に成功体験を持っております。中国は、工業化の段階に入っており、大量の技術の導入も必要ですので、貴国の研究機関にとっても新しいチャンスになるのではないでしょうか。

　私はオーストラリアに赴任して既に8か月が経ちましたが、中豪関係の発展が日増しに向上しつつある、このような勢いのある時期に駐オーストラリア大使に任命されたことは、非常に幸運なことであると感じております。私の任務はなによりも中豪両国関係があらゆる方面で発展するよう、力を尽くすことです。しかし、諸先生方のご支援がなければ、この任務を完成することはできません。中国大使館と私は、諸先生方が中豪両国の友情と協力を促進する為に御努力なされることに対し、いつでも悦んでお手伝いさせて戴き、また、共に努力していきたいと思っております。

　ご清聴をありがとうございました。

芸術作品から現代中国を知る
中国20世紀版画と現代陶磁品展開幕式での講演

2005年6月24日 キャンベラにて

Understanding Modern China Through Its Art

Speech at the Opening of the Chinese Exhibition:
Selected Prints of the 20th Century
and Contemporary Ceramics

Canberra, 24 June 2005

从艺术作品中了解现代中国
在中国20世纪版画与当代陶瓷展开幕式上的演讲

堪培拉，2005年6月24日

Ms. Harriet Elvin[1],

Ladies and Gentlemen,

I am very happy to open this two-part art exhibition from China, namely: Contemporary Chinese Ceramics and Selected Chinese Prints of the 20th Century.

On behalf of the Chinese Ministry of Culture and the Chinese Embassy in Australia, I wish to thank you for your support and for joining us today for the opening.

Ceramics is an important part of China's time-honoured civilisation, and was introduced to Europe and other parts of the world through the Silk Road. However, the world may not be aware of the modern developments in Chinese ceramic art.

These 50 pieces on display are a perfect blend of modern ideas and traditional Chinese art. Some may appear very Oriental to you, but to us, they look quite Western. That also reflects what is happening in China, where one can feel the fast steps of modernisation nourished by our long history, our deep-rooted traditions, and modern accomplishments of industrialisation.

1. Chief Executive Officer of the Cultural Facilities Corporation in Canberra　堪培拉文化设施公司首席执行官

哈里雅特·埃尔文女士[1], 女士们、先生们：

我很高兴能为来自中国的两部分展览揭幕，即当代中国陶瓷展与20世纪版画精选展。

我谨代表中国文化部与中国大使馆，对大家来参加此次活动表示诚挚的感谢，感谢你们的支持。

陶瓷是中国古老文明的重要组成部分，经由丝绸之路传入欧洲和世界各地，但中国现代陶瓷艺术的发展尚不完全为世人所了解。

这次展出的50件作品将一些现代观念与中国的传统艺术形式完美地融合在一起。有的在你们看来也许非常东方，但是在我们中国人看来却相当西方。这也是对当今中国的一个很好折射：在中国，你可以时刻感受到在深厚的历史和传统滋养下吸纳工业化元素快速前进的现代化步伐。

ハリエット・エルビン様[1]
ご来場の皆様

　本日、中国20世紀版画と現代陶磁品展の開幕式を挙行出来ますことを大変嬉しく存じます。

　私は謹んで中国文化部及び中国大使館を代表して、この度のイベントに御参加戴いた皆さんに厚くお礼を申し上げます。そして、皆さんのご支持に対し、感謝申し上げます。

　陶磁は、中国の重要な古い文明の一つであり、シルクロードを経由して欧州と世界各地に伝えられましたが、中国の現代陶磁芸術の発展については、未だ世の人々に十分に知られていないのが現状ではないかと思います。

　この度の50の展示品には、現代思想と中国の伝統芸術の形式とが完璧に融合されております。作品の中には、皆さんから見ると、とても東洋的に思われるものもあるかも知れません。けれども、私たち中国人から見ると、逆にそれが西欧的なものと思えるのです。これは、現在、中国で起きていることを、見事に反映しているのではないでしょうか。あなたがたが、もし中国にいらっしゃったならば、古き、奥深き歴史と伝統文化に馴染んだ中で、工業化を吸収した中国が、現代化の発展へ急速に邁進していることを、時々刻々に感じ取ることが出来るでしょう。

1. キャンベラ文化施設会社の首席執行官。

展览的第二部分是中国版画精选，它们记录了中国版画在整个20世纪的演进历程。上个世纪是中国历史上最动荡不安的年代，世纪初就以外国列强对中国野蛮入侵和占领拉开序幕。很多珍贵的艺术品在兵燹中遭到洗劫，流失海外。

我还记得13岁的时候参观了山西的云冈石窟，看到那里很多大尊的佛像都没有头部，令人痛心；而在我33岁的时候有机会在纽约大都市艺术博物馆参观，才看到了这些佛像的头部——也就是说，我整整花了20年的时间才看到了云冈石窟佛像的全貌。

The second part of the exhibition is a selection of Chinese prints, which reflect the evolution of this form of art in China throughout the 20th century—the most turbulent period in our history. China entered the century with the pain of brutal invasion and occupation by foreign powers. This resulted in many of our valuable artworks being looted and taken abroad.

I remember that at the age of 13, I visited the Yungang Grottoes in China's Shanxi Province and sadly found many large statues of Buddha with their heads missing. Only 20 years later, was I able to complete my homage to the Yungang Buddhas, when I saw the heads of the statues in the Metropolitan Museum of Art in New York.

展覧会の第二部は、中国の版画作品です。これ等の傑作には、20世紀における中国版画の進化のプロセスが刻まれているのです。前世紀は中国にとって歴史上最大の激動と不安の時期でした。外国の列強が中国に対して野蛮な侵略と占領をおこなったことから始まったのです。その結果、大量の貴重な芸術品が混乱の中で、略奪され、海外に流失したのです。

　私の記憶に鮮明に残っておりますが、13歳の頃、私は山西省の雲岡石窟を見学しました。数多くの大仏像の何れにも頭部がないという惨状を見て、心が痛んで堪えられませんでした。そして33歳の時に、私はニューヨークのメトロポリタン美術館を見学する機会に恵まれました。その時になって初めて、これらの仏像の頭部に出会うことができました。つまり、丸20年の歳月を費やして、やっと私は、雲岡石窟の仏像の全貌を見ることが出来たのです。

With the fall of the Qing Dynasty and the end of China's dynastic history, Western ideas of democracy and science poured into China. And this had a strong influence on our intellectuals and the works of artists. However, China soon suffered heavy loss of life and wealth from Japanese invasion. A strong patriotism prevailed among works of art during that particular chapter of history.

The first few decades after the founding of the People's Republic of China saw a new period of development for China's modern art. However, the isolation China was subjected to in the 1950s-1970s, as well as domestic political turmoil once impeded the greater development of Chinese art. It was the success of reform and opening up and economic development in the late 20th century that offered unprecedented opportunities to the artists and art collectors.

随着中国最后一个王朝清朝的覆灭，西方民主和科学的思想涌入中国，对中国知识分子和艺术家的作品产生了巨大的影响。但是不久，中国遭受日本侵略，生灵涂炭。所以这一时期的艺术作品反映了强烈的爱国主义情感，这在当时的艺术创作中占据了主导地位。

中华人民共和国建立以后的几十年间，中国现代艺术经历了新的发展时期。但是，从20世纪50年代到70年代，中国在世界上受孤立的状态和国内的政治动荡曾经妨碍了中国艺术更加全面地发展。20世纪后期中国改革开放的成功和经济的发展才给艺术家和艺术收藏家带来了空前的机遇。

中国の最後の王朝である清朝の滅亡とともに、西欧の民主主義と科学思想がどっと中国に入ってきました。中国の知識人や芸術家の作品は、それらの外来思想から大きな影響を受けました。しかしその後直ぐに中国は日本の侵略を受け、人民は地獄の苦しみを体験しました。従って、この時期の芸術作品には、強烈な愛国主義の感情が反映され、当時の芸術の主流ともなったのです。

　中華人民共和国成立後の数十年間に、中国の現代芸術は新しい発展のための試練を迎えました。しかし、1950年代から1970年代まで、中国は世界から孤立した状態と国内の政治的激動により、中国芸術をさらに発展させることが出来なかったのです。20世紀後期になって、中国の改革開放の成功及び経済発展のお蔭で、やっと芸術家や芸術品の収蔵家たちはかつてない機会に恵まれました。

The prints on display today lead you through the last 100 years of China's history. The pieces are selected from huge collections of excellent art works.

Before concluding, I want to share some thoughts with you about the rattling in the media lately about China and some reporters' obsession with the fallacy of "thousands of Chinese spies in Australia."

I have been asking: Why are some of the Australian media and even politicians so easily taken in by these lies about China? Why can't they bother to think if it were at all making any sense for China to send that many spies to a country of some 20 million people, or to work so hard to develop its economy only to better afford espionage? Why are they so biased against China?

I am not sure I have the answer. But one of the reasons may be the lack of knowledge about China, its history, and the changes that have taken place there over the last 30 years.

本次展出的版画将带您穿越中国近百年的历史，展出的作品是从大量优秀的艺术作品中精挑细选出来的。

在结束致辞之前，我想和大家分享一下我对媒体上最近对中国一些非议的看法，有记者对所谓"中国向澳大利亚派遣数千间谍"的说法津津乐道。

我在想，为什么一部分澳大利亚媒体，甚至包括一些政界人士，会如此轻易地被这些关于中国的谎言所欺骗？为什么他们不能稍微思考一下——比如说中国有什么必要向一个两千多万人口的国家派遣如此多的间谍？难道中国如此努力发展经济就是为了供养间谍吗？为什么他们对中国存有如此之深的偏见？

我不确定自己能够找到这些问题的答案，一个可能的原因是对中国缺乏了解，对中国历史、对中国近30年来的变化缺乏了解。

今回の展覧会に出展された版画作品は、多くの秀作の中から更に精選されたものであり、皆さんはこれ等の作品を鑑賞することによって、前世紀の中国の歴史を縦覧することができるはずです。

　ご挨拶を終えるにあたって、最近のメディアや報道関係の中国への非難について、私の見解を皆さんと共有したいと思います。いわゆる「中国はオーストラリアへ数千人のスパイを派遣した」という説に、とても興味津々の新聞記者の方がいらっしゃるようです。

　これについて、私が思うには、何故政界も含めてオーストラリアの一部のメディアは、これらの虚言にそんなに容易に騙されるのでしょうか。何故もう少し考えを及ぼすことが出来ないのでしょうか。中国は2000万人ほどの国家であるオーストラリアに対してこれほど多くのスパイを派遣する必要があるのでしょうか。中国の経済発展の努力はスパイを養うためなのでしょうか。何故、彼らの中国に対する偏見はこんなに深いのでしょうか。

　私はこれらの問題の回答が見付かるかどうか判りませんが、中国に対する理解が欠落していることがその原因の一つではないかと思います。つまり、彼らは中国の歴史やここ30年の変化に対する理解が欠けているからではないかと思われます。

For example, despite all the many discussions about China's human rights in Australia, few people here know that China has had a human rights movement for over 100 years and that the movement has always been plugged into the fortunes of the nation. Human rights were the banner under which intellectuals early last century tried to amend the legal system of the Qing Dynasty that had long outlived their usefulness. After 100 years of unwavering efforts, respect and protection of human rights was incorporated into the Chinese Constitution in 2004.

There may be many shortfalls in China and there will be continuous efforts for improvement. But if some people think that human rights are simply not respected in China at all today, they are nothing but naive. No government can successfully exercise governance in a country the size of China without paying all due respect to the rights of its people or doing what it can to meet their needs.

So, I hope the exhibition would offer you a glimpse of the remarkable changes of modern China, in both its art and the life of its people. I expect to see more cultural and art exchange programmes on both sides, which will be essential to promoting understanding between our two peoples.

比如说，在澳大利亚经常有关于中国人权状况的讨论，但是没有多少人了解中国人权运动的百年历史，而这个浪潮从来都是与中华民族命运的起伏息息相关的。早在上个世纪初，中国的知识分子就在人权旗帜的感召下提出要改良落后的清朝律法。经过100年的不懈努力，2004年，尊重和保障人权被写入了中国宪法。

中国还有很多不足，我们会一直努力改进。但如果有人认为人权在今日中国完全得不到重视和尊重，那就太幼稚了。一个政府如果不尊重人民的权益，不设法满足人民的需求，那么它是不可能成功地治理一个如中国这般庞大的国家的。

所以我希望此次展览能够让大家看到现代中国在艺术上以及人民生活上所发生的巨大变化。我也希望看到中澳双方能有更多的文化和艺术交流项目，这将对加深两国人民的相互理解起到举足轻重的作用。

たとえば、オーストラリアでは、中国の人権状況を巡ってたえず討論会が行われていますが、中国の人権運動についての百年の歴史はほとんど知らないようです。実際は、人権の歴史は中華民族の運命と密接な関係があるのです。早くも20世紀の初めに、中国の知識人たちは、人権というスローガンの下で、立ち遅れた清朝律法に対して改良を行わなければならないと提唱しました。100年にわたる弛みのない努力を経て、2004年、人権の尊重と保障に関する条項が中国の憲法に記載されました。

　中国には勿論、足りない点が多く、絶えず努力し、改善をして行かなければなりません。しかし、未だ今日の中国で、人権が尊重されていないというような見方をする人がいるとすれば、それはあまりにも単純すぎるのではないでしょうか。中国のような厖大な一国の政府が、人民の権益を無視し、人民の要求に応じていく為に全力を尽くさずして、果たして一国を順調に治めることが出来るでしょうか。

　だからこそ、皆様には、今回の展覧会を通じて、芸術そして現代中国の生活上で起きた大きな変化を十分見ていただきますよう、切に希望しております。また、中豪双方が、文化や芸術の面で、もっと多くのプロジェクトで交流できるよう祈念すると共に、そのことが両国国民の相互理解を深めるために、重要な役割を果たせるに違いないと確信しております。

心で芸術を感受しよう
中国身体不自由者芸術団「私の夢」オーストラリア巡回公演
記者会見会場での挨拶

2005年7月21日 シドニーにて

Appreciate the Art with Your Heart

Opening Remarks at the Press Conference of "My Dream" Tour of Australia by the China Disabled People's Performing Art Troupe

Sydney, 21 July 2005

用心灵感受艺术

在中国残疾人艺术团"我的梦"澳大利亚巡演
新闻发布会上的开场致辞

悉尼，2005年7月21日

First of all, let me thank you for coming today to the launch of "My Dream" Tour of Australia by the China Disabled People's Performing Art Troupe. I hope the short video of the performance has given you a taste of what we are launching.

This is not the first time Chinese art performances have come to Australia. We are giving special attention to this troupe due to its unique nature. I fully agree with what was said earlier by my Telstra friend, that disability is not inability.

In 2002, I had an opportunity to watch a performance by this troupe in China and I was stunned by their performance. It made me wonder whether music can only be appreciated by listening, whether colours can only be understood by vision and whether light can be felt in a world of darkness.

首先，我要感谢各位参加今天的中国残疾人艺术团"我的梦"澳大利亚巡演新闻发布会。希望前面播放的短片已经使大家对我们所推介的演出有了大概的了解。

中国各类艺术团来澳大利亚演出不是第一次了，但是我们对此次演出给予特别关注，因为这个艺术团不同寻常。我完全同意澳大利亚电讯公司的朋友刚才所说的，残疾并不意味着能力的残缺。

2002年，我在中国有机会观看这个艺术团的演出，被他们的表演深深感动，我感叹：难道音乐只能通过听觉来感受？难道色彩只能通过视觉来理解？难道在黑暗的世界里真的无法体会到光明？

本日、皆様には中国身体不自由者芸術団「私の夢」オーストラリア巡回公演の記者会見に御参列戴き、心より感謝いたします。事前にダイジェスト版ビデオを御覧になり、今回の公演に対してご理解いただければ、嬉しく存じます。
　中国の芸術団がオーストラリアで公演を行うことは、今回初めてのことではないのですが、この度の公演は特に注目されるものではないかと思います。何故ならば、この芸術団は普通のものではないからです。先程、オーストラリア電信電話会社の友人の仰った通り、身体不自由というのは、能力の欠陥という意味ではありません。
　2002年、私は、中国でこの芸術団の公演を鑑賞する機会に恵まれ、その素晴らしさに深く感動し、同時に感嘆しました。音楽は果たして聴覚のみで感受するものでしょうか、色彩は視覚のみで理解できるものなのでしょうか、そして暗闇の世界では、「光」を感じることは本当にないのでしょうか、と。

"我的梦"打开了通往另一个世界的一扇窗，让我们了解到艺术团演员们的内心。虽然他们与我们有这样或那样的不同，但仍然能够以艺术方式诠释自己的梦想，令人不可思议。所以，我今天非常高兴与澳大利亚电讯公司一道举办这个推介活动。

我要感谢澳大利亚电讯公司对艺术团澳大利亚巡演给予的大力赞助，感谢澳大利亚中国工商业委员会和中国国际航空公司的支持，也要感谢澳大利亚西太银行和并力电器对此次悉尼演出的赞助。这里我还要特别提到，此次演出得到了澳大利亚残疾人团体和联邦、州政府的大力支持。

中国残疾人艺术团成立于 18 年前，在中国享有盛誉，许多演员都获得过国家级奖项，他们经过艰苦训练、克服了许多困难才达到这样的艺术水平。艺术团每个演员成功的背后都有一个故事，他们是中国六千多万残疾人顽强生活和奋斗的代表。

The performance of "My Dream" opens a window to another world, in which a group of people, who, though different from us in one way or another, can artistically interpret their dreams in a marvellous way. So, I am very pleased today to launch this programme together with Telstra.

We are grateful for Telstra's generosity in sponsoring the troupe's Australian tour, and I would also like to thank ACBC[1] and Air China for their contributions to the tour. Our appreciation also goes to Westpac and Bing Lee for their sponsorship for the Sydney show. I need to mention here that this tour is strongly supported by the disabled community here in Australia as well as by the federal and state governments.

This art troupe has been highly regarded in China since its founding 18 years ago. Many of the performers have won national rewards and have achieved their artistic level after going through very hard training and overcoming many difficulties. Every artist in the troupe has a story behind his success, which only goes to highlight the life and fight of the 60 million disabled people in China.

1. Australia China Business Council

「私の夢」は、違った世界への窓を開け、芸術家たちの真髄を、人々に理解させました。不思議なことですが、彼らは正常の人間と比べて何かと不便がありますが、芸術という形で自分の夢を果たし、解釈することが出来るのです。その意味で、今日のイベントを、オーストラリア電信電話会社と共に主催できることを心より慶びたいと思います。

この度、芸術団のオーストラリア巡回公演に対して多大なご支持ご支援を戴いたオーストラリア電信電話会社、オーストラリア中国工商業委員会及び中国国際航空会社、オーストラリア西太平洋銀行及び並力電器に、心より厚くお礼を申し上げます。ここで、私は特に感謝しなければならないのは、オーストラリア身体不自由団体及び連邦と州政府から、力強いご支持を戴いたことです。本当にありがとうございます。

身体不自由者中国芸術団が18年前、設立されて以来今日まで、この芸術団は中国で高い名声を博しています。芸術団の多くの芸術家たちは、国家レベルの賞を受賞されています。彼らは、並々ならぬ厳しい訓練を経て多くの困難を克服したからこそ、今日のような芸術水準に到達したのです。芸術団の一人一人の成功の背後には一つ一つの物語があり、中国の6千万人以上身体不自由者の生活の中に沁み込んでいる粘り強い努力奮闘の「証し」を表しているのです。

China, as a developing country, is confronted with many challenges. One of them is to improve the conditions of the disabled and provide them with equal social opportunities. The activities of this art troupe not only offer the Chinese people high-level artistic enjoyment, but also play an important role in gathering support for the troupe's cause in the country.

Currently, China is carrying out a nationwide debate on the amendment of the Law on the Protection of Disabled Persons. Many people have advanced suggestions about how to better safeguard the rights and interests of this community. We are also undertaking a national survey on the disabled community to understand their exact number, geographical distribution, causes of disability, living conditions, rehabilitation, education, employment, and so on.

The first survey was done in 1987 based on which many improvements were made. However, there have been many changes since then and it is necessary for us to consider new measures to make new improvements.

中国作为一个发展中国家，面临着很多挑战，其中之一就是改善残疾人的生活状况，为他们提供平等的社会机会。残疾人艺术团在中国不仅为人民带来高水平的艺术享受，也为赢得社会对残疾人事业的支持发挥了重要作用。

目前，中国正在就修改《残疾人保障法》展开全国性的讨论，社会各界提出了许多更好地保障残疾人权益的意见。我们还在对残疾人进行全国普查，主要是调查具体人数、分布、致残原因、生活条件、康复、教育和就业等情况。

第一次普查是1987年完成的，在此基础上做了很多改进工作。但是过去的十多年中国发生了很多变化，我们必须考虑采取新的措施进一步改进残疾人的状况。

中国は、発展途上の国として数多くの課題に直面しています。その中の一つは、身体不自由者の生活状態を如何に改善すべきか、彼らに平等な社会生活をどのように提供すればよいのか、等々です。中国の身体不自由者芸術団は、人民にハイレベルの芸術の享受を与えたばかりではなく、社会の身体不自由者事業への支援の為にも重要な役割を果たしました。

　当面、中国では『身体不自由者保障法』の修正案についての討論が全国規模で行われ、社会各界からは不自由者権益をよりよく保障する提案が多く集められています。私たちはまた身体不自由者を対象にして全国規模の調査を行いました。調査の主な内容には、人数・住いの所在地・身体不自由になった原因・生活状況・リハビリでの回復状況・教育及び就職事情などがありました。

　上記のような第1回調査は1987年に行いました。この調査結果に基づいて多くの改善措置を取り且つ実施しました。しかし、過去10数年の中国の変化があまりにも大きいので、不自由者の現状を更に改善する為に、新しい改善措置を考えなければなりません。

澳大利亚有300万残疾人,他们享有非常好的社会支持。例如,我注意到在每个公共场所都有方便残疾人的盲道和坡道等。再比如,你们在法律法规上有多种措施避免对残疾人的就业歧视等。我认为,在这个领域,中国有很多方面可以向澳大利亚学习。

此次艺术团来访的主要目的:一是向大家献上精彩的东方艺术,让人们了解残疾人的才艺;二是促进澳大利亚人民对中国和中国人民的了解;三是与澳大利亚残疾人进行交流,相互学习。

此次巡演将于9月24日开始,直到10月8日结束。艺术团将在悉尼、堪培拉、布里斯班、阿德莱德、墨尔本和珀斯进行七至八场演出。

今天,我们要向你们——并且通过你们——向澳大利亚公众宣布残疾人艺术团的巡演。我保证,每一位观众都会对演出终身难忘。

谢谢。

Here in Australia, you have three million people in the disabled community who enjoy good social support. For example, I noticed that in every public place, there are aids for the disabled, ranging from textured paths to ramps. There is also great support in terms of law and regulations against job discrimination. I believe there is a lot we can learn from Australia in this area.

The objectives of the art troupe's tour of Australia are firstly, to offer an excellent Oriental art show to the people and enhance their awareness of the talents of disabled people; secondly, to promote understanding amongst the Australian people about China and the Chinese people; thirdly, to carry out exchanges with the Australian disabled community and learn from each other's experiences.

The tour will last from 24 September through 8 October. The troupe will be giving seven or eight performances in Sydney, Canberra, Brisbane, Adelaide, Melbourne, and Perth.

Today, we want to announce their tour to you and through you to the Australian public. I can assure you and everyone who attends the show that you will never forget it.

Thank you.

オーストラリアには300万人の身体不自由者がおります。彼らは優れた社会の支援を受けています。たとえば、全国の公共施設には、必ず視覚不自由者のためのブロックや車いすのための通路などが整っています。また、法律上、彼らの就職における差別があってはならない等、の条例が細かく記載されています。このような領域で、中国は貴国に学ばなければならない点が数多くあると思います。

　この度の芸術団の貴国訪問の目的は、一つには、皆様に素晴らしい東方芸術を捧げることを通じて身体不自由者の才能を世に知っていただくこと、二つめは、オーストラリアに中国及び中国人民に対する理解を深めていただくこと、三つめは、貴国の身体不自由者との交流を通じて、お互いに学び合う、ということにあります。

　今回の巡回公演は、9月24日から10月8日にかけて行われますが、その間、シドニー・キャンベラ・ブリスベン・アデレード・メルボルン・パースを巡回する予定です。

　本日、身体不自由芸術団の貴国巡回公演を、皆様、或いは皆様を通じて、オーストラリアの国民の皆さんへ宣言いたします。公演を御覧になった観客の皆様の一人一人がきっと一生忘れられないものを得られんことを心より祈念致します。

　ありがとうございました。

外部環境の変化からみる
我が国外交における新しい挑戦

北京大学国際関係学院での講演

2005年9月5日 北京にて

New Diplomatic Challenges for China in a Changing World

Speech at the School of International Studies, Peking University
Beijing, 5 September 2005

从外部环境的变化
看我国外交面临的新挑战

在北京大学国际关系学院的演讲
北京，2005年9月5日

Among all the collected pieces, this is the only Chinese speech (excerpt) made in China. 本篇是收录的唯一一篇国内中文演讲（节选）。

本講演の原稿は、この講演録の唯一の中国語原文であり、内容は抜粋である。

I cherish this valuable opportunity to discuss with you—the young intellectuals present here today—a topic that many are interested in at this moment.

I

Let's start with the changes in China's external environment.

The foremost change of them all is the result of China's own historical transformation in terms of its overall strength, its international image and the growth of its interests.

In the year 2000, one back-cover story of the *Time Magazine* was titled "Made in China" and a third of the page was covered with a picture of the globe labelled "Made in China."

Coming into the new century, China has obviously come onto the radar screen of international studies. Every business meeting in Australia will bring the subject of China onto the table, such as "How to Feed the Hungry Dragon." Every international relations seminar will include topics related to China, such as "How to Deal with the Rising Dragon."

My 20-year-plus diplomatic experience tells me that China is now playing a significant role in the economic, political and security affairs of the world.

这是一个许多人都在思考的问题，我很高兴有机会与今天在座的年轻的知识精英们讨论。

一、首先谈谈我国外部环境的变化。

（一）中国外部环境最大的变化是由中国自身变化所引发的。中国的实力、形象和利益正在发生历史性的转变。

2000年，《时代周刊》有一篇封底文章题为"中国制造"，三分之一的版面是一个大地球，上面标着"Made in China"（中国制造）。

进入21世纪，中国因素全面进入国际问题研究的视野。在澳大利亚，凡工商界研讨必谈中国："如何喂饱饥饿的龙"；凡国政界研讨也必谈中国："如何应对腾飞的龙"。

我从事外交工作二十多年，深深体会到我们国家开始在世界经济、政治和安全事务中拥有举足轻重的分量。

これは多くの人々がよく考えている問題です。本日、若い優秀な皆さんと共に、この問題について討論を行うチャンスが得られることを心から嬉しく思います。

　Ⅰ．先ずは我が国にとっての外部の変化についてお話して見たいと思います。

　（1）中国の外部環境の最大の変化は、中国自身の変化によって引き起こされたものです。中国の実力、国際的イメージ、利益の増大が、歴史的な変化をもたらしました。

　2000年に、『タイムマガジン』誌の表紙裏に「中国製」というテーマの文章が掲載されました。その版面ですが、3分の1は大きい地球で、地球の上に「Made in China」（中国製）と表示されています。

　21世紀に入ってから、中国の要素は、国際問題研究の視野に全面的に入り込んでいます。オーストラリアでは、あらゆるビジネスの会議で、必ず中国の話題が出て来ます。「腹ペコの龍には、どうすればそのお腹を一杯にさせられるのか」とか、また、国際関係の会議なら、「昇り龍の中国にどう対応すればよいのか」などの中国の話題になります。

　20数年の外交の仕事に従事して来た私は、その中で深く体得したことは、我が国は世界の経済・政治及び安全保障関係の中で益々重要な役割を果たすようになっていることです。

Most significantly in the economic field, China is an important driving factor. Though its GDP accounts for only 4% of the world's economic aggregate, as a dynamic and sizable driving factor, China's contribution to the growth of world economy was up to 20% last year. In 2004, China's import and export ranked third in the world. Its great demand for resources is directly influencing global market in terms of energy and resources production, trading prices and investment flow.

As a result, its political influence is also rising. China is participating more broadly and deeply in international relations and major world affairs. Many countries are now putting their relationship with China at a more important place.

In the security field, China doesn't belong to any military alliance, nor does it intend to join any. It keeps to its own principles and positions. But being an important party in major security affairs, both internationally and locally, China is being carefully studied in terms of its military development and its defence policies.

最明显的是在经济上，中国成为拉动世界经济的一个重要因素。我国的GDP在世界经济总量中占的比重虽然还只有4%，但在世界经济增长中是一个巨大且充满活力的成分，去年对世界经济增长的贡献率达到20%。我们2004年的进出口总额排在世界第三的位置上。中国大量的资源需求调动和影响着全球市场，直接影响到国际能源和资源生产、交易价格和投资方向。

经济分量的加重反映到了政治影响力上，中国成为国际交往和处理重大事件的重要参与者，在许多国家外交布局上的位置明显前移。

在安全问题上，中国不属于任何一个军事集团，也无意加入。我们有自己的原则和主张，同时也在一些地区和国际重大安全问题上有重要利益。因此，中国的军备发展和国防政策都成为外界重点研究的对象。

一番著しいのはやはり経済の面で、既に中国は世界経済を牽引する重要な要素を持っていることです。我が国のGDPは世界経済全体の４％にしか過ぎませんが、世界経済の成長に対する貢献は、昨年20％までに達しました。2004年の輸出入総額は世界第3位に並んだのです。中国の大量の資源需要は、直接的に全世界の市場に影響を及ぼし、更に国際エネルギー源や資源生産及び取引価格と投資方向などに及んでいます。

　経済の加重は、政治的影響力に反映されています。中国は、重大事件の処理においても、ますます広範囲に、深く国際関係と関わってきているのです。そのため、多くの国々との外交上において中国の地位が、明らかに重要な部分を占めているのです。

　中国は安全保障の分野では、如何なる軍事同盟にも属さないばかりか、それに加入する意志も持っておりません。私たちは、自らの原則と主張を持っています。世界の地方の重大な安全保障問題において、重要な国となっています。そのために、中国の軍備発展と国防政策は、世界から研究の対象として重要視されているのです。

这些变化给我们带来的正面影响是主要的，给了我们更多资源和更大空间，可以更好地实现国家发展的战略目标，更多地为世界和平和发展作出贡献。但挑战也是存在的，比较突出的是对"中国威胁"担心的上升。尤其在美国和欧洲一些国家，有些人对我们的社会制度缺乏认同感，因此封堵或者遏制中国的主张仍然有市场。

（二）我们外部环境第二个大的变化源于中美关系。

美国的GDP是排在其后五个国家的总和；军费占世界的一半，是其后27个国家的总和；美国在军事科学技术上也遥遥领先。冷战之后和平与发展成为世界主流，但是美国似乎更热衷于利用军事手段来保持自己的优势地位。

These changes overall have positive impacts on China, affording us more resources and a greater scope to realise our strategic objectives of development and to contribute more to world peace and progress. However, they also bring about challenges, especially rising concerns of "China Threat." In the US and Europe, some people disagree with China's social system, and therefore, the idea of blocking or containing China still sells.

The second major change in China's external environment originates from the Sino-US relationship.

America's GDP equals the sum total of the next five biggest economies, and its military expenditure is equivalent to the next 27 countries combined, or half of the world's total. Moreover, its military science and technology leads the world by a large margin. After the end of the Cold War, peace and economic development became the name of the game, but it seems that the US still prefers military means to keep its edge in the world.

これらの変化は、私たちに前向きな影響を与えました。より多くの資源、より広い空間が与えられ、更に国家発展の戦略的目標を実現させ、世界平和とその発展に貢献することが出来ました。しかし、新しい課題も同時にもたらしました。とりわけ、「中国脅威論」の心配がますます上昇しています。特にアメリカやヨーロッパ地域の国々では、我が国の社会制度への理解が乏しく、そのため中国を妨害したり封じ込めようとする考え方がまかり通っています。

（2）我々の外部環境の第二の変化は中米関係によるものです。

　アメリカのGDPは2位以下の5ヶ国の合計に匹敵し、また軍事費は世界の半分を占めアメリカの次に続く27ヶ国の合計に匹敵します。更にアメリカは軍事科学技術でも、高い水準で世界のトップに立っています。冷戦の終結後、平和と発展は世界の主流となっていますが、しかし、アメリカは軍事手段を利用して優位を保とうしているように思われます。

美国是有能力干扰中国发展的国家，同时又十分需要中国保持经济活力，中美关系从来没有像今天这样复杂，双方的利益从来没有像今天这样密切交织。应该看到，中美在世界上并无大的利害冲突。对美国来说，尽管它拥有绝对优势，但是它也认识到自己对世界事务没有绝对的控制力，与中国这样的国家合作对于应付共同挑战是必要的。美国当前以反恐为首要任务，对国际关系以反恐划线；中国随着在境外的人员和物资交流不断增加，也需要加强全球反恐合作。中美不处于必然冲突的轨道上。

但是，中美在政治理念上的不同、在经济利益和安全方式上的分歧是一个现实存在，关键是如何把握和处理。

The Sino-US relationship has never been as complicated as it is today and the interests of both sides have never been so intermingled together. While the US is powerful enough to disrupt China's development, one of its bigger interests is to see China continue its economic dynamism. It should be noted that there is no major conflict of interests between us in the world. In spite of its overwhelming advantage, the US knows that the world is not under its own control. So partnership with countries like China is important to meet the common challenges. Now, the US places the war on terror on the top of its agenda and draws a line with it between friends and foes. China also needs greater international counter-terrorism cooperation to ensure the security of its citizens and trade overseas. There is no reason to believe that China and the US are on an inevitable colliding course.

It is nevertheless true that there exist differences. China and the US have different ideologies, economic interests and approaches to security. The question is how to put things in perspective and handle them well.

アメリカは、中国の発展に対して十分妨害できる力がある一方、中国が経済の活力を維持してくれることも望んでいます。言わば、中米関係は、かつて今ほど複雑な関係がなく、また双方の利益も、かつて今ほど緊密では無かったのです。大切なことは、中米は、世界の中で大きな利害衝突を起こさないということなのです。アメリカからすれば、絶対的優勢は保っているものの、もはやその絶対的なコントロールが世界に対して及ばないことを認識しており、それだからこそ、中国のような国と協力して、共に挑戦していく必要があることを充分承知しているはずなのです。

　現在、アメリカは、テロに対する戦いを何より重要な任務としており、国際関係としても、反テロを敵味方の境界線にしています。中国としても海外での人及び物質的な交流の増大と共に、世界の反テロに対して協力を強化することも必要です。従って、中国とアメリカは必然的な衝突に至ると考える理由は全くないということです。

　しかし、中米の間には、政治的理念に相違があり、また経済利益と安全保障へのアプローチにおいても違いがあることは事実です。重要なのは、それをどう把握し、どのようにうまく処理していけばよいのか、ということなのです。

For example, to us Chinese, the issue of Taiwan concerns national unity, a primary national interest. But to the US, it is perceived as a regional security matter, and at stake is America's interest in the region. The challenge is how to balance these uneven interests. In this respect, China has made an effort to convince the US of the danger of "Taiwan independence" and the US has clearly stated its position against "Taiwan independence." There we strike a balance.

However, there are still differences between us on political matters, and our trade and financial frictions won't evaporate any time soon. America, deep down in its consciousness, is afraid that China will someday challenge its hegemonic supremacy. These problems will keep China company for a long time to come, and they pose some serious challenges to China's diplomacy as the country continues to forge ahead.

The third major change is the restructuring of the international architecture.

The global configuration formed after WWII has faded away. Countries are realigning their relationship according to the emergence of new forces and new interests, which serves China's development well. Most countries in the world engage each other in cooperation. China also finds itself in a position to play a bigger part in world affairs.

例如，中美在台湾问题上分歧很大。对中国来说，这是一个涉及民族统一的大事，关系到国家根本利益；在美国看来则是地区安全问题，涉及到美国的地区利益。双方需要在这两个不等量的利益之间找到一个平衡点。我们一直向美国说明台湾独立的危害性，美国确立了反对"台独"的立场，反映了这样一个平衡点。

但双方在一些政治问题上的分歧的确存在，在贸易和金融等方面的摩擦也不会停止。从更深层次上看，美国担心中国未来挑战其地位，是霸权心态作祟，中美之间的这些问题将长期伴随中国的成长过程，是必须认真应对的重要外交课题。

（三）第三个大的变化是国际格局的调整。

二战以后形成的国际格局彻底终结了，国与国之间的关系在根据新的力量和利益进行调整。形势对我国的发展是有利的，一是世界上大部分国家的关系都进入以合作为主导的轨道；二是中国在新的调整中居于一个可以发挥影响的地位。

たとえば、私たち中国人にとって台湾問題は、民族統一に関する一大事であり、国家の根本的利益に関わっている問題です。しかし、アメリカにとっては、地方の安全保障の問題であって、地方の利益に対する関心でしかないのです。つまり、両国にとっての課題は、互角ではない利害関係の中で、どのようにしてバランスを取っていくかなのです。この点で、中国はアメリカに対し、「台湾独立」の危険性について納得してもらうよう努力した結果、アメリカが「台湾独立」に対して反対の立場を確立した事は、このようなバランスを正しく反映したと言えるでしょう。

　しかし、双方は幾つかの政治問題に関しては、未だに食い違いがありますし、貿易と金融等の面での摩擦はすぐには解決しないでしょう。アメリカの深層意識まで見ますと、将来中国が、アメリカの地位を脅かす存在になるのではないかと心配しています。このような心配は覇権主義によるものではないでしょうか。我々にとって、中米間のこれらの問題は、中国の成長と共に、長期にわたって真剣に対応しなければならない重要な外交的な課題であると考えられます。

（3）三つ目の大きな変化は国際構造の再編成です。

　第二次世界大戦以後、世界の国際構造は徹底的に崩壊しました。国と国の関係は、新たな力量と利益によって、再編成されてきました。実はこのような情勢は我が国の発展にとっては有利になりました。一つには、世界の大多数の国の国際的しくみは協力という方向へ向かっているからです。二つめには、中国が国際問題でより重要な役割を果たすようになってきたからです。

中国国际地位的上升使我们在国际格局中的力量和利益观念发生着变化。上世纪70年代，中国领导人毛泽东提出"三个世界"划分的理论，不仅回答了我们对世界的看法问题，也解决了我们自己的世界定位，即：属于第三世界，是发展中国家。现在我们仍然坚持发展中国家的定位，但是中国在以更快的速度发展，这是一个现实，将来我们还要达到更高的水平。如何界定和说明自己一方面属于发展中国家、另一方面又拥有较强的综合国力这种多重性的国际身份？如何反映新的国力和国际关系变化？如何保持与大多数发展中国家的平等关系？这些都是回避不了的问题。

（四）第四个变化是现代科学技术的快速发展和全球化对世界经济发展的促进。新技术、新材料、新理念带来生产、生活方式的新变化。我就不展开来讲了，你们都是专家。

还可以列举很多对我们的外部环境产生影响的变化。这些变化的共同特点是，它们都仍然处于"现在进行时"，都是动态的和相互影响着的。

As an emerging nation, China's outlook on its own strength and interests in the world is changing too. In the 1970s, the Chinese leader Mao Zedong proposed the theory of "Three Worlds," which not only explained how we saw the world, but also defined China's international position, that is, a developing country of the "Third World." Now, we still see ourselves as a developing country, growing faster and heading toward a higher level though. We have to define our developing country status and present our case to the world as a developing country with considerable strength in light of the new circumstances of China and the world, and figure out a way to convince other developing countries that China is still "one of us." These are musts in our to-do list.

The fourth change is brought about by the fast progress of modern science and technology, and the positive influence of globalisation on the world economy. New technologies, new materials and new ideas have changed the ways we work and live. I will not elaborate since you are all experts in this field.

The list of changes is long and there is one thing in common: they are all in the present continuous tense, dynamic and interacting.

中国の国際的な地位の向上により、国際構造上の力量と利害に変化が生じました。1970年代、中国の指導者である毛沢東が「三つの世界」の理論を提起したことは、世界に対する我々の見方を表明したばかりではなく、我が国自身の世界における位置付けも定義しました。すなわち、中国は、第三世界に属し、発展途上国であるということです。現在でも、我々は依然として発展途上国でありますが、より速いスピードで発展しており、更に高いレベルに向かっています。発展途上国である一方、比較的強い総合力を有しているという多重な国際的立場について、この両者をどのように区別し説明していくのか、また、新たな国力を国際関係の変化の中で如何に反映していくのか、さらには、大多数の発展途上国との平等関係を如何に維持していったらよいのか？これらは何れも我々にとって避け難い問題であると思われます。

　（4）四つ目の変化は、現代の科学技術の急速な発展とグローバル化が世界経済の発展に与えた顕著な影響によってもたらされたものです。新技術、新材料、新理念により、生産や生活方式における新しい変化がもたらされました。皆さんは、これらの分野の専門家ですので、ここでは省略させて戴きます。

　この他、私たちの外部環境に与えた影響と変化についてのたくさんの例があるのですが、総じて、これらの変化に共通する点があります。それは、何れも「現在進行形」の状態であり、ダイナミックで互いに影響し合っているということです。

II Now let's explore the new challenges that China's diplomacy is facing.

China's diplomacy today is operating in a totally different environment and is influenced by many multi-layered and dynamic factors. China's political resources and international influence are changing, so are our ability and limitations to solve problems. It is a time of great opportunities and challenges and it is important for us to learn how to convert the latter into the former, not vice versa.

Since the founding of the People's Republic of China, we have never been as proud of our country as today. One quotation from Chairman Mao has encouraged Chinese diplomats for decades, to "let China grow into a tree in the woods of the world of nations." Today, China is not just any tree in the woods—it's growing into a big one.

But this doesn't mean we can now be complacent. China's economy may be huge and growing rapidly, but its GDP per capita is still low. While China's influence on the world is rising, so is its dependence on the international system.

二、中国外交面临的新问题。

我们今天的外交是在一个全然不同的环境中操作，我们面对的许多问题都是多重性和动态的，我们的政治资源和影响力、处理和应对挑战的条件和局限，都不是固定不变的常项。再好的机遇把握不好都可能成为挑战，再大的挑战把握好了都可以成为机遇。

新中国成立以来，我们从没有像今天这样扬眉吐气。记得毛泽东主席有一句话，一直让中国的外交官热血沸腾和孜孜以求："让中华民族跻身于世界民族之林"。今天，我们何止是跻身于世界民族之林，中华民族要长成林中的大树了。

但是我们并不是可以为所欲为了。尽管我国的实力和经济总量在快速增长，但是人均算下来就没有多少了。我国对世界的影响有上升的一面，对国际体系的依赖性也在增加。

Ⅱ. 中国外交の直面している新しい課題について

　今日の中国外交は、全く異なる環境の中で行われ、直面している多くの課題の何れもが多層でダイナミックな要因によって影響されています。中国の政治的な資源と国際的影響力は変化しており、我々の問題解決能力と限界も同様に変化しています。今が素晴らしいチャンスと挑戦の時であります。また、後者をどのようにして前者に変化させうるかが重要な時であり、逆は真ではないのです。

　新中国成立以来、私たちは、今日ほど祖国を晴れがましく誇りに思う時は無かったのではないでしょうか。毛沢東主席の「中華民族を世界民族に立ち並ばせよう」という言葉がありますが、中国の外交官たちは何十年もそれを目標として、倦まず弛まず努力を続けて参りました。今日に至って、私たちは、世界民族の一員として立ち並んだだけではなく、既に中華民族という大樹となったのです。

　しかし、我々は自己満足している訳ではありません。中国の経済は巨大かもしれなく急速に成長しているかもしれません。しかし、その一人当たり国民総生産は、依然としてまだ低いのです。確かに、我が国の世界への影響力は高まっているかもしれません。しかし、その反面、国際的なシステムへの依存性も高まっております。

China's current economic growth, especially in the coastal areas, mostly relies on extensive import and export. Goods, capital, technologies, and personnel are flowing in and out of China on an enormous scale. During a visit to Yiwu, Zhejiang Province, I was told that over 5,000 foreigners were living and doing business in Yiwu and the town exported goods to more than 200 countries and regions. Of the 400 million ties sold in the world every year, 250 million are made in Zhejiang Province. In the long run, China will rely heavily on international markets and will be very sensitive to changes in the world economy and world market.

China also depends heavily on the import of strategic resources. We have to import 36% of the oil, 47% of the iron ore and considerable quantities of mineral resources such as bauxite and copper, as well as timber that our economy needs. The numbers will continue to rise and this is a fragile aspect of China's model of development, which we must not ignore.

中国现在形成的是一种大进大出的经济模式，沿海成功的高速发展基本上是靠进出口拉动的。我们与世界各国之间进行着大规模的物资、金融、技术和人员的流动。我去浙江义乌参观时，了解到那里有5000多名常驻的外国商人，向200多个国家和地区出口商品。全世界每年消费的4亿条领带中，2.5亿条是在浙江生产的。在相当长的时期内，我国发展对国际市场的依赖都是巨大的，因此对国际经济和市场的变化将十分敏感。

我们在战略性资源上对境外来源的依赖也很大。我国石油需求的36%、铁矿砂需求的47%以及相当部分的铝土、铜等很多种矿产资源和木材的需求都要在境外解决。从我国的发展阶段看，这些数字会继续上升。因此，必须看到中国发展方式脆弱的一面。

現在、中国、とりわけ沿岸地域においての、経済成長は、大部分が広範な輸出入に頼ったものです。我が国と世界各国との大規模な物資、金融、技術と人々の流入、流出によるものなのです。私が浙江省の義烏市を見学した時、そこには5000人以上の外国駐在のビジネスマンがおり、そこから200以上の国と地域へ商品の輸出を行っていることを知りました。毎年、世界全体の4億本のネクタイの年間消費の内、2.5億本が浙江省で生産されています。結局のところ、我が国の発展は、国際市場への依存が巨大であり、そのため、国際経済とその市場の変化に対しては将来的にも非常に敏感にならざるを得ないのです。

　中国は、戦略的な資源についても、海外からの輸入に大きく頼らざるを得ません。中国の石油需要の36％、また鉄鋼石の需要の47％及びボーキサイトや銅などの多くの種類の鉱物資源と木材の相当部分の需要は何れも輸入によって解決されねばなりません。我が国の発展段階から見れば、これらのデータは引き続き上昇して行くと考えられます。従って、中国の発展方式に潜んでいる脆弱面を認識しなければなりません。

当然，这种依存是双向的。世界经济对中国经济发展、对中国市场扩大的需要也在上升。在当今世界，研究经济发展趋势时，不仅需要观察美国经济的势头，也需要看中国发展的方向。去年温家宝总理宣布中国要进行宏观经济调控，全球经济界为之震动，连国际股市都有反应。这被称为世界经济的"叫醒电话"，成为世界承认中国为重要经济体的标志性事件。以澳大利亚为例，近年经济形势好，GDP 增长 2%—3%，澳经济界认为其中 1 个百分点是中国的需求拉动的。我们需要澳大利亚的铁矿砂，年进口量很快将达到上亿吨，如果供应不上，我们的一些钢厂就要断粮，就要影响总体发展。但是如果我们不买，这些矿石就形不成价值。

另外，中国对世界安全的依赖性也在上升，全球的市场安全、航道安全对我们都至关重要，将来我国在这方面的关注及与相关国家的合作需求必然会上升。

Of course, such reliance goes both ways. The world economy is also relying more on China's economic development and its growing market demand. When studying the world's economic trend, one needs to look at not only the US but China as well. Last year when Premier Wen Jiabao announced macro-control over China's economy, business communities around the world listened and the repercussions were seen in stock markets worldwide. That "wake-up call" for the world economy is a symbol of the world's recognition of China as one of the important economies. Take Australia for example. Its GDP has been growing by 2%-3% in recent years. Local business communities attribute one percentage point to China's voracity for iron ore, which will soon reach 100 million tons a year. If the iron ore supply falls, some of China's iron and steel mills will have to stop operation and thus hurt the economy. On the other hand, if China were not buying the iron ore, the Australians would have a hard time finding a replacement.

China is also relying more on the security of the world, especially that of international markets and waterways. Our attention paid to the security issue and our cooperation with other countries in this respect will definitely rise in the future.

勿論、これらの依存性は双方向であります。世界経済は、中国の経済発展に依存しており、またその市場拡大の需要の上昇にも依存しています。現在、経済発展に関する趨勢について研究する場合、米国の状況を観察する必要もある一方で中国の発展方向を観る必要もあります。昨年、温家宝総理が、中国はマクロ経済のコントロールを行わなければならない、と宣言したことは、世界の経済界を震撼させ、世界の株式市場も大きくこれに反応しました。これは世界経済の「目覚ましコール」と称され、世界が中国を重要な経済国として認めた象徴的な出来事でした。オーストラリアを例にあげてみましょう。近年、オーストラリアの経済状況は良好であり、GDPは、２％～３％で成長しています。オーストラリアの経済界によれば、その中の１％は中国の需要のおかげによるとのことです。中国にとってオーストラリアの鉄鋼石の輸入量が年間１億トン近くに達するのです。もしも供給が落ちれば、中国の幾多の鉄鋼工場が操業停止に追い込まれ、すぐさま全体の経済発展に影響を及ぼすでしょう。しかし、もし我々の需要がなければ、これらの鉄鋼石は何の価値も持たなくなるでしょう。

　中国はまた、世界の安全への依存性もますます強くなりつつあります。世界全体の市場の安全や航海上の安全については、我々にとって非常に重要であり、将来、我が国は、この面で諸外国との協力の必要性が必ずや強まるに違いありません。

III

Against such a background, the objectives and tasks of China's diplomacy are going through a transition.

Firstly, in terms of the missions and objectives of China's foreign policy, we need to build on peace in our neighbourhood and beyond, and promote cooperation as widely as possible. As Chinese President Hu Jintao often says, China will stick to its path of peaceful development. Our relations with the rest of the world have to be guided by dialogue and cooperation.

To extend China's strategic window of opportunity, we need to overcome challenges from both the outside and the inside. It is a test of our ability to adapt to the new environment and new demands as soon as possible, to identify and understand our interests with great precision, and to make good use of our resources.

China's rise is a big event to all Chinese, and an unprecedented development for the world. The developed countries took over 200 years to industrialise at a heavy cost of resources and human suffering in many countries. They only managed to bring modern life to one billion or so people. By the mid-21st century, China's population may reach 1.5 billion, and its industrialisation will be larger in scale but shorter in span. Therefore, it will undoubtedly bring huge impacts to the world. It's no wonder that the world gets concerned or even worried.

三、在这样一个大变化的背景之下，中国外交的任务和内容在发生变化。

一是外交的任务和目标，在维护周边和世界和平的基础上，需要最大限度地促进国际合作。胡锦涛主席常讲，中国要始终不渝地坚持和平发展的道路。我们与外界的关系要以对话、合作为主导。

中国要延续自己的战略机遇期，有外部的挑战，也有我国自身的挑战，关键在于能不能尽快适应新的环境和需求，准确判断和认识自己的利益，有效利用资源。

中国的崛起不仅对中华民族是一件大事，对世界也是一件前所未有的大事。发达国家实现工业化花了两百多年时间，耗费了世界大量资源，也给许多国家带来过痛苦。回过头来看，他们不过使十多亿人实现了现代化的生活方式。我们国家到本世纪中叶人口可能达到15亿，这么大的规模、在更加浓缩的时间内进行的工业化进程，给世界带来的冲击是可想而知的。因此，世界关注中国，甚至担心中国，是一点都不奇怪的。

Ⅲ. 大きな変化を背景に、転機を迎える中国外交の任務と内容

第1に、外交の任務と目的は、周辺地域と世界の平和を維持することによって、国際協力の促進を最大限に行う必要があります。胡錦涛主席の言うように、中国は終始一貫して平和発展の道を堅持しなければなりません。世界との関係は、対話と協力によって導かれなくてはなりません。

中国の戦略的チャンスを広げるためには、外部と内部の両方からの挑戦を克服しなければなりません。一番大切な事は、出来る限り早く、新しい環境と需要に適応し、自身の利益を正確に判断・認識し、資源を有効に利用できるかどうかにかかっています。

中国の隆盛は、中華民族だけではなく世界にとっても前代未聞の大きな出来事です。先進国は工業化を実現させる為に、200年以上の時間を費やしました。工業化のために大量の資源が消費され、多くの国の人々に被害をもたらしました。振り返って見ると、これらの国々は、たかだか10億人余りの人に近代化の生活様式を与えただけでした。21世紀半ばまでに、中国の人口は15億人に達するでしょう。そして、工業化の規模は、より大きく、期間はより短くなるでしょう。その結果、間違いなく巨大な衝撃を世界にあたえることでしょう。それゆえに、世界は中国に関わらざるを得なくなり、更には心配せざるを得なくなるのです。

So it's important for China to create a more stable and secure external environment in which cooperation, instead of restriction or obstruction, prevails. It's our responsibility to engage the world and explain our intentions, to let the world see China as it is and win us understanding and acceptance.

Secondly, our diplomatic work needs to be more proactive. Will China be constructive or destructive to the existing system? It is what concerns the established powers most. So we should take the initiative more often to shape our environment and image.

Before the People's Republic, China's diplomacy was largely decorative in defending its own interests, let alone playing any major role in the world. We were forced to cede territory and dilute our sovereignty once and again. For a long time after the People's Republic was founded, its external environment was still not encouraging and China had little manoeuvring space in diplomacy. However, despite the many limitations, the leaders of then China, such as Mao Zedong and Zhou Enlai, managed to make the most of China's independent foreign policy.

对我国来说，重要的是要塑造一个更加稳定的合作环境，也就是说，在保障安全的基础上，我们需要更进一步，要形成一个能与我国合作的外部环境，而不是限制甚至是遏制我们的环境。中国人需要不断向世界说明自己的意图，宣介我国的真实情况，让世界认识我们、接纳我们。

二是中国在向更加主动的外交转换。

中国将是一个建设性的还是破坏性的新成员？这是现存体系内的国家普遍关心的问题。这就意味着中国外交的主动性要大大提高，需要更主动地去塑造我国的环境和形象。

新中国成立之前，中国基本上是弱国无外交，割地让权，受尽欺辱。建国后很长时间内，我国的国际环境并不好，回旋余地不大，毛泽东、周恩来那一代领导人在有限的时空内，把中国的独立外交发挥到了极致。

我が国にとって重要なのは、もっと安定し、安全な環境を構築していかなければいけないことです。制限され抑制される環境ではなく、我が国との協力ができる外部環境を形成することです。中国人は世界に向けて、自分の意図について粘り強く説明していく必要があり、我が国のありのままの姿を知ってもらい、世界から理解と賛同を得る必要があります。
　第2に、中国はもっと主体的外交へ転換しなければなりません。
　中国は、新メンバーとして、現存体制に対しはたして建設的になるのか、それとも破壊的になるのか、どちらになるのでしょうか。これは、現存の既成勢力が最も普遍的に寄せている関心であり、中国外交の主体性を大いに高め、もっと主体的に我が国の環境とイメージを作らなければならないことを意味しています。
　新中国成立以前、中国外交は、全く装飾的で何の役割も果たせず、そのため何度も領土を割譲し、屈辱を受けてきました。建国後の非常に長い間、我が国の国際環境は依然として思わしいものではなく、外交を操るような余地も殆どありませんでした。しかし、そうした多くの制限にもかかわらず、当時の中国の指導者であった毛沢東や周恩来は、中国の独立外交政策を最大限に活用したのです。

现在我国的外交资源大大增加了，可以主动去做很多事情。最近十多年里，我国外交的主动性明显提高，例如在联合国、在周边积极参加多边对话合作，推动东亚机制进程，参与创建上海合作组织等等。促成六方会谈也是一个很典型的例子。

然而，总体上看，开展主动性外交对中国仍是个新课题，需要一个学习的过程。关键是要在国际关系中把握"利"与"势"的平衡。什么是"利"？就是实现国家安全和发展战略目标的各种需求。什么是"势"？就是国际基本潮流，代表着世界的走向和人心的向背。如孟子曰："得道者多助，失道者寡助"，这个道理对我们自己也是适用的。

在这方面，民众的理解和支持特别重要，国民的心态不能浮躁，不能从自卑摆向自傲。我们的年轻一代一定要多看看历史，想想我们的国家是怎么走过来的，珍惜我国的机会，心里装着历史的一代才能担当起民族未来的重任。

Now with much greater resources, there is so much we could do. In the last decade and more, we have become more and more active. For example, we actively participate in multilateral dialogue and cooperation at the UN and in our neighbourhood by promoting East Asian partnership and co-founding the Shanghai Cooperation Organisation. The six-party talks is also a good case in point.

But generally speaking, proactive diplomacy is still a new topic for China and there is a lot to learn. The key is to balance the "interest" and the "trend" in international relations. Here "interest" means the various needs for achieving our strategic goal of national security and development. "Trend" means the main direction the world is heading for and the will of the people in the world. As the ancient Chinese thinker Mencius said, "A just cause gains much support, and an unjust one gains little." This also applies to ourselves.

To achieve our objectives, the support and understanding of the public are very important. It is essential that the Chinese public keep their patience and modesty. There is no need to feel ashamed of who we are, and no room for arrogance at all. The younger generation of China should read more about our history to understand how China has come this far, and cherish all the more the opportunities opening up for us. Only a generation with history in heart can live up to the responsibilities of our nation's future on their shoulders.

今現在、我が国の外交資源は大いに増加し、主体的に多くの仕事ができるようになりました。この十数年で我が国の外交の主体性は著しく高まりました。たとえば、国連や周辺地域では多国間対話や協力に積極的に参加することを通じて、東アジアでの協力を推進したり、上海協力機構の創建にも参加しました。6ヵ国協議の促進もその典型的な例です。

　しかし、全体から見れば、主体的外交を展開することは、中国にとって依然として新しい課題であって、学ぶ点が多々あります。大事なことは、国際関係の中で、「利」と「勢」とのバランスを把握することです。「利」とは、国家安全と発展への戦略目標を達成するための様々な需要を指しています。「勢」とは、世界の動きの大きな流れと世界の人々の意志を指しています。古代の中国の思想家である孟子が言う如く、「道得る者は助けられるが多し、道失う者は助けられるが少なし」と。この道理は我々に対しても当てはまります。

　我々の目標を達成するためには、民衆からの理解と支持がとても大事なことです。中国国民は、忍耐と謙虚さを維持することが非常に重要です。しかし、国民は、自分自身を恥じる必要はなく、また、傲慢である必要もありません。中国の若い世代は、中国がどのように歩んできたのかという歴史を大いに勉強し、チャンスを大事にし、歴史における一世代として民族の未来への重任を担うことを心に銘記すべきです。

三是我们在向大外交转化。

现在外交的内涵大大扩展了，不再局限于政治安全领域，对外交往的工作涉及从中央部委到各个省市、各个部门。我国进入全方位对外交往的时代。对外政策和外交工作涉及到的问题非常广泛，比如说，入世谈判是外交，纺织品贸易是外交，买不买波音飞机、买不买大豆柑橘都成了外交中关注的问题。还有，中国公民在境外是否安全？中国企业和文化产品如何走出国门？我们可以引进哪些新的科技知识？可以说，凡是我们国家在当前发展中需要的，外交都要参与其中，中国正在形成大外交的局面。在这个新的背景之下，使馆工作服务于大外交存在思维向行为转化的问题，需要提高服务意识。我们也有协调和管理的任务，但主要是通过加强服务来实现。

Thirdly, our diplomacy is going multi-dimensional. The content of diplomacy has expanded beyond the political and security fields, and involves various government departments at all levels. China has entered a stage of all-around international contacts. Foreign policies and foreign affairs are relevant to many issues, such as WTO accession negotiations, textile trade, Boeing jets, soybeans, oranges, the safety of Chinese nationals overseas, Chinese enterprises and cultural products going global, and introducing new technologies into China. It is fair to say that today, everything much needed for China's development is an issue of concern for our diplomacy. A multi-dimensional diplomacy is taking shape in China. As a result, our embassies need to work out how to translate the new thinking into actions to better serve this multi-dimensional diplomacy. We need to be more like a service provider. Of course, our portfolio also includes coordination and administration, but better service is the key to success.

第3に、我々の外交は、多次元に変化していることです。

現在、外交は、内容が大いに拡大しています。もはや今までのような政治や安全の領域に止まらず、対外交流の組織範囲は中央の各部・委員会から各省・市及び各部門までに広がっています。即ち、我が国は全面的な対外交流の時代に入りました。対外政策と外交事務は数多くの問題に関連しています。たとえば、WTO加盟に関する交渉、繊維製品の貿易に関する取り決め、ボーイングのジェット機の購入問題、大豆や柑橘類の輸入問題、また海外における中国公民の安全問題や、中国企業や文化的な品をどうやって海外へ送り出すのか、どのような新しい科学技術・知識を導入すれば良いのかなどです。言わば、今日、中国の発展に必要とされるあらゆることは、我々の外交に関わる問題なのです。今、中国では多次元外交が形成されつつあるのです。これに伴い、我々の大使館は、何とかしてこの新思考をうまく行動に活かし、多次元外交をしていかなければなりません。我々の任務は、調整と実行していくことですが、しかし何よりもサービス提供者として、サービスの向上に務めることを通じてこの多次元外交を実現させていかなければなりません。

IV

Now we come to China's international image.

You may have read that recently, some state-owned enterprises have encountered setbacks in their overseas mergers and acquisitions. One example is CNOOC's[1] failed bid for Unocal Corporation due to political reasons in the US. Not long ago, stories appeared on some US and European media about so-called Chinese "spies." The rumours were described as if they were real. We find many new bottles for the old wine of "China Threat."

These reports sell well in certain parts of the world because in those countries some people still want to believe in them. The Western media is just catering to such taste. An Australian radio station invited an American professor to talk about China. She told the audience that China sent many sleeper agents to America and European countries, who infiltrated into all kinds of institutions and led normal lives, but would be immediately activated once instructions came. It is ridiculous that many people did believe such paranoia. Maybe that's how suspicions were exchanged between the US and the Soviet Union during the Cold War.

四、中国的形象问题。

大家一定注意到最近我们一些国有企业在境外并购受阻，比较典型的是中海油在美国并购优尼科的项目由于政治上的干扰而失败。不久前，在美欧国家的媒体上出现炒作中国间谍问题的文章，说得危言耸听，"中国威胁论"再次以各种新的版本传播。

这些舆论之所以能够大行其道，还是因为有人信呀，西方媒体炒作这些东西是迎合一些受众的心理。在澳大利亚，一家广播电台邀请了一位美国教授介绍中国，她讲，中国向美欧等国家派出了大量的人员，潜入各种机构，这些人平日正常生活，一旦有命令，就须立刻进入状态——如此荒唐的说法也有人相信。也许冷战时美苏间就是如此相互猜度的。

1. China National Offshore Oil Corporation

Ⅳ.中国の国際的なイメージの問題について

皆さんがご存知の通り、最近国有企業の海外での買収合併が阻止に見舞われました。典型的な一例として、中国海上石油はアメリカでユノカル石油会社の買収合併が政治的妨害を受けたことにより失敗したというものがありました。欧米のメディアには、中国人スパイ等についての派手なニュース記事が現れ、人々を脅かすような「中国脅威論」が再び各種の新たな紙面で喧伝されています。

これらのニュース記事の売れ行きが良いのは、これらの国々では、依然としてそういったことを信じたがる人々がいるということです。西欧のメディアは、ただそのような人々の好みに合わせているだけのことです。オーストラリアのあるラジオ局で、一人のアメリカ人の教授を招いて中国について話してもらうことがありました。彼女の話では、中国は欧米諸国へ大量の潜行スパイを派遣して、あらゆる公共施設に潜伏させている。これらのスパイたちは、普通の生活をしているが、いざ命令が下ると直ぐさまスパイ活動に入っていくと語っていましたが、このような馬鹿げた妄想を信じてしまう人が多いことは誠に残念でなりません。多分、冷戦時代に米ソの間で、このような相互不信が横行していたからでしょう。

In the last two decades, we have made great efforts to promote friendship and understanding at the government level. National leaders and ministers of most countries have visited China and been informed about our country. Their views are also relatively balanced. But the bias amidst the public still runs deep and their stereotypes of China formed during the Cold War still refuse to retire.

China's international image is a complicated issue. For one thing, there are fundamental ideological differences between China and the long established industrial powers of the modern international system. There are also value gaps between the East and the West, and between socialism and capitalism. Some countries, therefore, find it difficult to accept China's political image.

二十多年来，我们在政府的层面做了大量的国际友好工作，大部分国家的领导人或者部长都来过中国，因此，各国政府方面对中国是有了解的，看法也相对客观。但是在公众层面，对中国的偏见仍然很深，冷战时对中国形成的陈旧观念远远没有消除。

中国的国际形象是一个很复杂的问题。首先，我国与近代国际体系中长期处于主导地位的发达国家在意识形态上存在根本性差异，在价值观上也存在东方和西方以及社会主义和资本主义的不同。因此，它们对接受我国的政治形象存在障碍。

過去20年間、私たちは政府レベルで、国際友好活動を推進するための多大な努力を払ってまいりました。大部分の国の指導者と大臣が中国を訪問され、中国のことについて知るようになりました。従って、各国の政府は、中国に対して理解が深まり、とらえ方も相対的に客観的になりましたが、一般大衆は、中国に対して依然として偏見が深く、冷戦時代に形成されたステレオタイプがまだまだ残っています。

　中国の国際的なイメージは、複雑な問題があります。第1に、現代の国際体制の中で、長期にわたって主導的地位にある先進国と我が国との間には根本的なイデオロギーの違いがあります。東洋と西欧及び社会主義と資本主義との間の価値観のギャップもあります。従って、我が国の政治的なイメージを受け入れることが困難な国々もかなりあるといえます。

For another, the outside world knows little about China's changes and development. Language is a big barrier and many cultural products that reflect our reform and opening up are yet to go beyond our borders. To make things worse, some Chinese expatriates, driven by personal displeasure or ambition, have taken advantage of their physical presence in the West by publishing loads of biased articles and books abroad, which, unfortunately, have become a major source of information about China for many foreigners.

And the bias of Western media workers gets in the way of their coverage of China, too. I have met many journalists in Australia and found some of them deeply biased against China. I remember one whose family came from Eastern Europe. She practically knew nothing about China but was full of discontent with China.

第二，外界对我国发展变化的了解很有限。语言的不同成为沟通的很大障碍，反映改革开放的大量文化产品没有能够传播到国际上去，倒是一些怀有个人目的或恩怨的人利用栖身国外的便利条件，大量发表充满个人成见的文章、书籍，反而成为境外了解中国的信息来源。

第三，西方媒体人对中国的偏见干扰他们对中国报道的平衡性。我在澳大利亚与许多媒体人打交道的时候，感觉到他们当中有的人个人偏见相当深，记得遇到一位来自东欧的记者，她对中国完全不了解，却满怀负面情绪。

第2に、外国では我が国の変化や発展に対する理解が限られています。言語の違いは深い溝の主な原因であり、また我が国の改革開放を反映した多くの文化的な品が世界へ広がっていないからです。もっと悪いことには、国外に追放された者たちが個人の不満や野心から西欧に滞在しているという物理的位置を利用して、多くの偏見に満ちた記事や書物を発表しており、不幸にもこれらが外国人にとって中国を知る主要な情報源になっているのです。

　第3に、西欧のメディア関係者の中には、中国に対して偏見を持っている者もいるので、バランスのとれた中国報道を妨害しているのです。私はオーストラリア滞在中、多くのメディア関係者と会いましたが、彼らの中には中国に対してかなり深い偏見を持った方もいました。東欧から来た記者に会った時のことを覚えておりますが、彼女は中国の事情に対する理解が皆無に近いのにもかかわらず、中国に対してマイナス思考でいっぱいでした。

Image-shaping is a big challenge and an urgent task. The "political bubble" in the international perception of China will hinder our cooperation in the world. It can also be abused by professional anti-China activists. A lot needs to be done, and it is not going to be easy. In recent years, some big cultural activities organised abroad, such as Chinese Culture Year in France, Chinese Culture Festival in the US, or the upcoming Chinese Culture to Australia, have done us a great service. What we need is more efforts and greater patience over the long haul, to encourage more Chinese cultural products to go global.

Public diplomacy is a tough challenge for diplomats, especially when dealing with the Western media, which can be very tricky. In China's modern education, more international elements are being introduced and students are encouraged to express their ideas. I am hopeful that China's future generation of diplomats will be better equipped to work with the media.

塑造形象是我国当前面临的一个很大挑战，也是很紧迫的任务。外界对中国看法上存在的这种"政治泡沫"对我们的国际合作构成干扰，也给了那些以反华为生的人以机会。在这方面我们要做的工作很多，难度也是相当大的。最近几年在国外组织的一些大型文化活动效果比较好，比如在法国的"中国文化年"、在美国的"中国文化节"、计划在澳举办的"中国文化澳洲行"等等。我们需要继续有大的投入和耐心，持之以恒地做工作，推动中国文化产品走出去。

公共外交对我们外交官的个人素质也是很大的挑战，比如说，与西方媒体打交道风险是比较大的。中国现代教育融入了很多国际元素，重视对学生表达能力的培养。我很希望将来的外交新一代在与媒体打交道方面具备更好的能力。

イメージ作りは、大きな挑戦であり、緊急を要する任務でもあります。外部世界の中国に対する国際的な理解となっている「政治的偏見」は、我々の国際協力を妨害するばかりではなく、反中国活動家に悪用される機会を提供することにもなります。この面で、私たちがしなければならない仕事はたくさんあり、なおかつ難しいことです。近年、外国で開催された大型の文化イベントはよい効果をもたらしています。たとえば、フランスで行われた「中国文化年」、アメリカで開催された「中国文化祭」、またオーストラリアで計画中の「中国文化豪州の旅」などです。我々にとって必要なことは、長期間さらに努力し、粘り強く忍耐し、中国の文化的な品をもっと多く世界へ送り出すことです

　文化広報外交は、我々外交官にとって骨の折れるチャレンジとなっています。特に、西欧のメディアとのやり取りには大きなリスクがあります。中国の現代教育には多くの国際的要素が取り入れられ、強い表現能力を備えた学生を養成することが重視されています。私は、将来の外交官世代は、メディアとの付き合いの面で、更に優れた能力を備えるよう心から期待しております。

中国の過去と現在について
ニューサウズ・ウェールズ歴史賞授賞式での祝辞

2005年11月14日 シドニーにて

A Story of China, Past and Present

The 2005 NSW History Awards Address
Sydney, 14 November 2005

讲讲中国的过去和现在
在新南威尔士州历史奖颁奖仪式上的致辞
悉尼，2005年11月14日

I want to start by saying how impressed I am by the seriousness with which Australians approach history. In every state and city I visit, there is always a museum—or many of them—recording local history. Even at Port Arthur, great care is taken in preserving one of the darkest periods of the exiles. In Australia, history is not only stored in museums, but also a presence in daily life. In Adelaide, for instance, almost everybody can tell how the city was originally designed with extraordinary foresight and imagination and how it grew over the many years.

In China, we often say, history is a mirror for our guidance. For us, Chinese history is so long and multi-faceted that it leaves us with many memories, sometimes glorious and sometimes painful.

Xi'an, the capital of Shaanxi Province, together with Athens, Rome and Cairo, is regarded as the four major ancient capitals of the world. It has a history of over 3,000 years, with 13 dynasties having their capitals there over a period of about 1,100 years. In ancient times Xi'an was called Chang'an, which means, literally, long lasting peace and security. The city witnessed many major events in China's history. Every brick, every object unearthed in that historic city can tell us a fascinating story. The Shaanxi History Museum there has a collection of over 370,000 items.

首先，我想说的是，澳大利亚人对待历史的认真态度给我留下了非常深刻的印象。我所到过的每一个州、每一座城市都有一座或者好几座博物馆记录着当地的历史，就连亚瑟港最黑暗的流放史也被悉心地保存了下来。在澳大利亚，历史不仅收存于博物馆内，也存在于日常的生活中。比如，在阿德莱德，几乎每个人都能讲述这座城市最初设计者富有想象力和前瞻性的规划，以及这座城市不断变化成长的历史。

我们中国人常说，以史为镜，可以知兴替。中国的历史漫长而复杂，留下许许多多的回忆，既有辉煌的过去，也有伤痛的往昔。

陕西省省会西安与雅典、罗马、开罗并称世界四大古都，有3000多年的历史，曾有13个朝代在此定都，绵延约1100年。西安古名为长安，字面意思为"长久的和平与安定"。这座历史古城见证过中国许多重大的历史事件，这里出土的一砖一瓦都能向我们讲述一个精彩的故事。位于西安的陕西历史博物馆藏品超过37万件。

先ず最初に、私の感想を申し上げたいと思います。それはオーストラリア人の歴史に対する真剣な態度に対して、私は深い感銘を受けたということです。私の訪問した州、都市にはそれぞれ必ず一カ所または何ヵ所かの、その地の歴史を記録した博物館があったからです。アーサー港の流刑者たちのもっとも暗黒な時代の歴史でさえも大事に保存されていました。オーストラリアでは歴史が博物館だけではなく、日常生活の中にも記録されているのです。たとえば、アデレードでは、人々はほとんど皆、この都市についての最初の計画やその計画の想像力と先見性、また、この都市のたゆまぬ変化や成長の歴史について語ることができます。
　中国では、「歴史を鑑みにして栄枯盛衰を知る」とよく言われます。私たちにとって、中国の歴史は悠久で多面的であり、大いに回顧すべきものがあり、また、輝かしい過去もあれば、辛い過去もありました。
　陝西省の省都西安は、アテネ、ローマ、カイロと並んで世界の四大古都と呼ばれています。西安は3000年以上の歴史を持ち、かつて13の王朝が代々ここを都と定め、約1100年間続きました。西安は古くは「長安」と呼ばれ、文字通り「末長い平和と安定」の意です。この歴史の古城は中国幾多の重大な歴史事件の目撃者です。ここから出土した一つ一つの瓦やレンガは、何れも素晴らしい物語を語ってくれるのです。西安にある陝西省歴史博物館には37万点の収蔵品が納められています。

The Palace Museum (Forbidden City) in Beijing features more than 1,000,000 historical relics, with more than 30,000 pieces of jadeware, 40,000 ancient paintings, 350,000 ancient pieces of porcelains, and 15,000 pieces of bronzeware. More than 10,000 items date back to ages before Christ. The collection is so extensive that only 20,000 items are on display now. The palace itself is China's largest national treasure.

In our dynastic history, the imperial order was built on the legitimacy of the power of emperors, who wielded absolute power as the "Son of Heaven." One can find in our history an almost never ending cycle from stability to chaos and from boom to bust. The ruling order was constantly strengthened dynasty after dynasty, until it became so sophisticated and consolidated that no attempts at reform could shake it apart. Budding capitalism and modern economic practices could hardly elbow their way to the mainstream. From 221 BC, when Qin Shi Huang, the first emperor, united the warring states, to the end of the last emperor's rule in 1912, China had over 20 dynasties and more than 400 emperors, of whom only one was female.

北京故宫博物院（紫禁城）内珍藏了100多万件历史文物，包括3万多件玉器、4万卷古画、35万件古瓷器以及1.5万尊青铜器，其中有1万多件的历史可以追溯到公元前。故宫中的藏品非常丰富，目前展出的只是其中的2万件，故宫建筑本身就是中国最大的国宝。

在中国历史上，王朝以皇权为中心，皇帝以天子自居，拥有至高无上的权力。中国历史呈现出从安定到动乱、由盛入衰、周而复始的循环。随着朝代更迭交替，统治体系越来越发达，越来越稳固，虽经过多次改革，仍然难以撼动其根基，资本主义萌芽和现代经济活动难以成为主流。从公元前221年秦始皇统一六国到1912年末代皇帝退位，中国历经了二十多个朝代，产生了四百多位帝王，其中只有一位女性。

北京の故宮博物院（紫禁城）には、玉器が3万余点、古画が4万巻、古磁器が35万点、青銅器が1.5万点を含めて、凡そ100万点余りの歴史文物が収蔵されています。その内、1万余点の文物の歴史が、紀元前まで遡ることができます。故宮の収蔵品は豊富多彩で、常時展示されているのはわずか2万点しかありません。また、故宮という建築物自体も中国の最大の国宝です。

　中国の歴史において、王朝は皇権を中心とし、皇帝は自分が天子として、最高権力をふるっていました。中国の歴史というのは、安定から動乱へ、栄枯盛衰の繰り返しでした。王朝の交代と共に、統治体制は、益々発達し、益々安定していったのです。その間、幾多の変革がありましたが、依然として、その土台を揺るがすことはなく、資本主義の芽生えや現代経済の動きが主流となることは難しかったのです。紀元前221年、秦の始皇帝が六国を統一した時から、1912年にラスト・エンペラーが退位するまで、中国は20余りの王朝を経験し400人余りの皇帝を生み出しましたが、その中で、女帝はたった一人しかいませんでした。

The years between 1840 and 1945 were a period of frequent foreign invasions and great suffering. China suffered hundreds of invasions by foreign powers in a century's time and was compelled to sign hundreds of unequal treaties. More than three million square kilometres of Chinese territory was lost.

China had too much chaos and warfare. Its culture bloomed during periods of prosperity but was all too soon ruined and even destroyed by social upheavals. The greatest cultural calamity in the meantime occurred in 1860 when the Anglo-French forces invaded Beijing and perpetrated an appalling cultural looting rarely seen in human history. Yuan Ming Yuan, one of the largest imperial palaces in the world, the most magnificent palace in Beijing, 3.5 million square metres large and built over a period of 150 years during the reign of five emperors, was sacked and then torched to smoking ruins. Hundreds of thousands of cultural relics were plundered, many of them still sitting in museums such as the British Museum and the Palace of Fontainebleau, and in private hands across Europe and America.

从1840年到1945年，中国经历了一段饱受外国侵略的血泪史。一百多年的时间里，中国遭受了列强的数百次侵略，被迫签订了几百个丧权辱国的不平等条约，先后失去三百多万平方公里土地。

连绵的战火让中国人民饱受动荡之苦，社会的发展孕育出的文化繁荣，转眼就在社会的动荡中被破坏乃至毁灭。这期间最大的文化劫难发生在1860年，英法联军闯入北京，进行了人类历史上罕见的、骇人听闻的文化掠夺。圆明园，这座北京最辉煌的皇家园林，也是世界上最大的帝王宫苑之一，占地350万平方米，历经150年五代帝王的兴建，被劫掠一空后付之一炬。成千上万的文物遭劫掠，其中很多如今陈列在大英博物馆、枫丹白露宫以及欧美其他一些博物馆内，还有很多为私人收藏。

1840年から1945年までの間、中国は外国からの侵略による苦しみをいやというほど受けました。100年余りの間に、中国は列強の数百回の侵略を受け、何百という屈辱的な不平等条約に調印させられ、前後して、300万平方キロメートル余りの国土を失いました。

　連綿と続く戦火の中で、中国人民はこの世の辛酸を嘗めました。社会の発展が育んだ文化の繁栄が、社会の激動の中で一瞬にして破壊されました。この間の最大の文化的災難は、1860年に発生しました。英仏連合軍が北京に侵入して、人類歴史上類を見ないショッキングな文化物の略奪を行いました。圓明園、それはこの北京の最も輝かしい皇家園林で、また世界の最大規模でもある皇帝の皇宮公園の面積は350万平方メートル、150年間に5代の皇帝を経て建設されたものですが、略奪後、焼き払われてしまいました。奪い取られた何千何万の文物の一部分が今も大英博物館やフォンテーヌブロー宮殿および他の欧米の博物館内に陳列されています。また、個人にも多く収蔵されているのです。

另一个重大的损失发生在二战期间，20世纪30年代出土、有五十多万年历史的五个完整的"北京人"头骨出于安全考虑从北京转移，途中被日军截获，自此下落不明。

　　中国人自古以来就非常珍视祖先的遗物，这份珍视超越了政治立场和宗教派别，涌现出很多国人于战火中保护文物的动人故事。

　　从1931年到1945年，中国遭受日本大规模侵略。从1933年起，中国军民发起了一场前所未有的文物保护行动。他们不畏日本飞机的狂轰滥炸，把三万多箱珍贵文物从北京安全转移到了四川——当时的抗日大后方。战争结束后，这些文物又运回了北京和南京。如此大规模的文物大迁徙，途中竟然没有一件文物损毁或遗失，堪称奇迹。

Another major loss happened during WWII. Five complete skulls of the Peking Man excavated in the 1930s and dating back over half a million years were shipped out of Beijing due to security concerns, but were intercepted halfway by the Japanese military and have never been seen again.

Chinese are born lovers of things left behind by their forebears, regardless of political or religious beliefs. There are many moving stories of Chinese people protecting cultural relics during war times.

From 1931 to 1945, China was under a massive invasion from Japan. From 1933 onwards, a group of Chinese soldiers and civilians carried out an unprecedented mission to preserve Chinese cultural relics. They braved Japanese air raids and moved over 30,000 crates of precious cultural relics to the home front of Sichuan Province. After the war, the treasures were shipped back to Beijing and Nanjing. It is nothing short of a marvel that despite the massive scale of the operations, none of the relics were damaged or lost, not a single piece.

もう一つの重大損失は、第二次世界大戦期間中におこりました。1930年代に出土した、50万年余りの歴史のある、完璧な5個の「北京人」の頭蓋骨が安全の為、北京から海上移送される途中、日本軍に奪い取られ、その後の行方が不明となったのです。

　中国人は古くから、祖先から残されたものを非常に大事にして来ました。このような文物を大事にする心は、政治的立場や宗教の派閥を遥かに越えているものであり、戦火の中で、自己犠牲も惜しまずに文物を保護し、守って来た感動的な物語が沢山あります。

　1931年から1945年まで、中国は日本の大規模な侵略に見舞われました。1933年以後、中国のある軍民グループは前代未聞の中国の文化遺産保護の任務を実行しました。彼らは、日本の飛行機の爆撃をものともせずに3万余箱の貴重な文化遺産を北京から、当時、安全地域の抗日根拠地である四川省へ安全に移送したのです。抗日戦争後、これらの移送された大量の文化遺産は、北京と南京へ海上輸送で戻されました。奇跡的と言うべきですが、文化遺産のこのような大規模移送にあたり、途中で損傷を受けたり、紛失したものはなんと1件もなかったことです。

In the civil war between 1946 and 1949, both the Communist and Kuomintang (KMT) forces avoided fighting on historical sites, which saved the historical heritages in Beijing, Nanjing and Xi'an—the three foremost ancient capitals of China, from the destruction of war.

What we value most are the intangible assets of history; that is, experiences, lessons, thoughts, and ideals that figure prominently for the continuation of China as a nation.

I will focus on three of the many valuable legacies of the Chinese nation.

The first legacy is the concept of "Great Unity" so entrenched in Chinese people's minds.

Though the Qin Dynasty, the first of many to come that unified China as we know it, lasted only 15 years, its founder, Qin Shi Huang, is regarded as one of the greatest emperors in Chinese history. He unified the warring states, set common standards for weights and measures, currency, written language, and law. He exercised effective governance by law and put in place an administrative structure of the country that ensured national unity. He started construction of the Great Wall and had post roads built connecting different parts of China. It was the first time that Chinese people living across the vast land truly had formed the bond of one and the same nation.

在1946年到1949年的内战中，国共两党的军队都避开了历史古迹，古都北京、南京和西安的历史遗存都没有受到战火的摧残。

比起这些文物和古迹，我们最珍视的还是历史留下的无形财产，这些经验、教训、思想与理想对中华民族的存续意义重大。

在这些丰富的宝贵遗产中，我想重点讲以下三点：

首先是深入人心的中华民族"大一统"观念。

中国历史上第一位皇帝是秦始皇。尽管秦王朝在一统天下之后只存续了15年，但秦始皇仍被认为是中国历史上最伟大的帝王之一。从统一六国，到统一度量衡、货币、文字和法律，到推行法家政策和郡县制，再到修筑长城和连接全国的驿道，他的这些举措，使生活在这片广袤土地上的人民，第一次感受到国家的凝聚力。

1946年から1949年までの内戦中、国民党と共産党の両方の軍隊は何れも歴史的遺跡での戦闘を避けたため、古都の北京、南京及び西安の歴史的遺産は戦火による破壊から守られました。

　これらの文物と遺跡に比べ、私たちが最も大切にしたのは、やはり歴史が残した無形財産です。すなわち、歴史から凝縮された経験、教訓、思想と理想は中華民族の存続にとって著しい意義があるからです。

　このような豊富で貴重な遺産について、私は以下の3つを重点として申し上げたいと思います。

　先ず最初に、中華民族の心の奥深くに沁み込んでいる「大統一」と言う観念です。

　中国歴史上、最初の皇帝は秦の始皇帝です。秦の王朝は、天下統一後、たったの15年間しか存続できませんでした。しかし、始皇帝は、中国史上最も偉大な帝王の一人であるとみなされています。六国の統一から、度量衡、通貨、文字そして法律の統一、また、法家の政策と郡県制の推進、更には万里の長城の建設、全国交通の連結の宿場造りまで、彼のこれらの措置により、この広大な国土で生活する中国人たちは、初めて国家という凝集力を痛感したのではないでしょうか。

Over the 2,200 years since the Qin Dynasty, China was broken apart several times but was always restored to unity. The concept of "Great Unity" is deeply embedded in the consciousness of the Chinese people and is held higher than any political or personal aspirations. We Chinese are convinced that whoever attempts to break up the country or the nation will be condemned by history. China has 56 ethnic groups. Each of the 56 groups considers itself a member of the Chinese nation and sees others as siblings of the same family.

This year marks the 80th anniversary of the establishment of the Beijing Palace Museum and it has a twin sister in Taiwan. When Chiang Kai-shek and the KMT forces retreated in defeat to Taiwan, they selected more than 650,000 pieces from around 1.8 million cultural relics in the collection of the Beijing Palace Museum and shipped them by air or sea to Taiwan. Most of the remaining were returned to Beijing because of time and transport restrictions. (These included bronzeware and stoneware, most of which is several thousand years old—and heavy, with the heaviest weighing more than a ton.)

自秦朝以来的2200年里，中国曾几次遭遇分裂，但终究归于统一。"大一统"的理念已经深深植根于中国人民心中，不受任何政见或个人意志的左右。中国人深信，任何企图分裂国家、分裂民族的人都必将被历史唾弃。中国有56个民族，但我们都把自己当成中华民族的一分子，都把彼此看作中华大家庭中的一员。

今年是北京故宫博物院成立80周年，而在台湾，还有一个故宫博物院，二者同宗同源。当年蒋介石集团战败撤退到台湾时，从北京故宫博物院的180万件藏品里挑选了65万件，空运或海运至台湾。由于时间和交通的限制，剩余的大多数藏品回到了北京。（其中大多数青铜器和石器都有好几千年历史，由于重量的关系都留了下来，最重的一尊达一吨以上。）

秦朝廷以来2200年の間、中国はかつて何回も分裂に見舞われましたが、遂に統一されました。「大統一」という理念は既に中国の人々の心の中に深々と根を下ろし、如何なる政見や個人的な願望に左右されることはありません。中国の人々は、国家の分裂・民族の分裂を図ろうとする如何なる者も必ずや歴史によって糾弾されると確信しています。中国は56の民族を擁していますが、私たちは皆、自分を中華民族の一員であり、お互いに中華という大家族の一員として見なしているのです。

　今年は、北京故宮博物院が設立されて80周年を迎えます。そして、台湾にももう一つの故宮博物院があります。二つは同族同源ではないでしょうか。当時、蒋介石らは敗北して台湾へ撤退した際、北京故宮博物院の180万件の収蔵品から65万件を選んで、空路或は水路で台湾へ運んでいこうとしました。結局、時間や交通の制限のため、残り多数の収蔵品が北京に戻されました。(その中の多数は青銅器と石器で何れも何千年もの歴史を持ち、重量のあるものでした。最も重いものは1トン以上ありました。これらの文物は重量の関係で、運ぶことができなかったのです。)

Today, the collections from the Forbidden City are kept separately in Beijing and Taipei. For example, Emperor Qianlong had a Buddhist scripture written in gold ink to celebrate his mother's birthday. There were 108 books of them, now 96 in Beijing and 12 in Taipei. Emperor Qianlong also had in his study three masterpieces by calligrapher Wang Xizhi, his son Wang Xianzhi and his nephew Wang Xun, two of which are in Beijing[1] and the other in Taipei[2].

The twin museums are even arranged along similar lines. They connect the feeling and culture of China like a link between the two sides of the Taiwan Straits. Every year, the two sides of the Taiwan Straits carry out many exchanges around these cultural relics. The research and protection of national treasures by both sides is an important part of cross-Straits cooperation.

Regardless of the politics and unpleasant memories, people on both sides of the Taiwan Straits all aspire to see the splendour of the two palace museums.

现在，紫禁城的藏品被一分为二，分别保存在北京和台北的故宫博物院内。例如，乾隆皇帝为母亲祝寿特颁旨御制的金书共108函，96函收藏于北京，12函收藏于台北。乾隆曾在其书房珍藏了书法家王羲之及其子、侄的三幅稀世墨宝，现其中两件存于北京[1]，一件存于台北[2]。

两个故宫博物院布局也极为相似，就像一条纽带连接着海峡两岸的情感和中华民族的文脉。每年，海峡两岸都会以这些文物为主题举行大量交流活动，国宝的研究和保护成为两岸合作的重要内容之一。

不管政局怎么变化，也不管有过多少不愉快的回忆，海峡两岸的人们都盼望一睹两个故宫博物院的风采。

1. *Zhongqiutie* by Wang Xianzhi and *Boyuantie* by Wang Xun 王献之的《中秋帖》和王珣的《伯远帖》

2. *Kuaixueshiqingtie* by Wang Xizhi 王羲之的《快雪时晴帖》

紫禁城のもともとの収蔵品は現在、半々に分けられて、それぞれ北京と台北の故宮博物院に保存されています。たとえば、乾隆皇帝が母親の誕生祝いの為に、特別に頒布した金文字で書かれた仏教教典の108冊のうち96冊は北京に、12冊は台北に収蔵されています。乾隆帝はまた書道家の王羲之及びその息子や甥の貴重な書を3幅、自分の書斎に秘蔵していました。現在、その内の2幅^{1}は北京に、1幅^{2}は台北に保存されています。

　2カ所の故宮博物院は建築のデザインと配置が酷似しています。一つの絆のように台湾海峡を挟んだ両岸で中華民族の感情と文化が繋がっているのです。毎年、台湾海峡の両岸でこれらの文物を主題として、それぞれが多くの交流のイベントを行っています。国宝の研究や保護が両岸の協力における重要な内容の一つとなっております。

　政治状況にどんな変化があっても、また過去に幾多の不愉快な思いがあっても、やはり、海峡の両岸の人々は、両博物院の素晴らしさを楽しめることを待ち望んでいるのではないでしょうか。

1. 王献之『中秋帖』と王珣『伯遠帖』。
2. 王羲之『快雪時晴帖』。

Taiwan has been an integral part of China since ancient times. China has exercised effective rule over Taiwan since the Han Dynasty 2,000 years ago. In the 1620s, Taiwan was invaded by Dutch colonists, but only to be recovered some 30 years later. In 1895, Japan occupied Taiwan, on the premises of an unequal treaty with the Qing Court. For 50 years, Taiwan was under Japanese occupation, but was returned to China in 1945 according to the Cairo Declaration and the Potsdam Proclamation. The current situation is a legacy of the civil war after the KMT fled to the island in 1949.

More than half a century has now passed, but our cultural and emotional ties have never been broken. Most people from both sides recognise the oneness of Chinese culture, and several million people travel between Taiwan and the mainland every year. Taiwan also regards the mainland as its major trading partner and economic hinterland. The cultural and emotional bond of the Chinese nation was forged in history and is here to stay. It cannot be severed just because some politicians wish it.

台湾自古以来就是中国不可分割的一部分。自汉朝以来的两千多年里，台湾一直由中国进行有效统治。17世纪20年代，荷兰殖民者侵占台湾，三十多年后，中国将其收复。1895年，日本迫使清廷缔结不平等条约，从此开始了对台湾长达半个世纪的占领。1945年，根据《开罗宣言》和《波茨坦公告》，台湾回归中国版图。1949年，国民党战败，逃至台湾，导致了目前的局面。

半个多世纪过去了，两岸的文化和情感联系从未间断，两岸人民大多认同中华文化的统一性，每年，两岸同胞互访都达到数百万人次。台湾亦将大陆视为主要的贸易伙伴和经济腹地。中华民族的文化纽带和情感维系是历史的必然，绝不会因某些政客的个人意图而割裂。

台湾は古くから中国の不可分の一部分です。2000年前の漢朝より、中国は台湾を効果的に統治して来ました。1820年代に、オランダに植民地として台湾を占領されましたが、わずか30年余りで、中国に返還されました。1895年、日本は清朝に強いて不平等条約を締結しました。それによって、台湾は半世紀に渡って植民地として占領されたのです。1945年、『カイロ宣言』及び『ポツタム宣言』に基づき台湾は中国に返還され、中国の版図に帰しました。1949年、国民党は敗北して台湾に逃げ、今現在の状況となったわけです。

　それから半世紀以上が過ぎましたが、その間に、両岸の文化と感情は一度も中断なく、両岸の人々の多くはお互いが中華民族の文化の統一性を認めています。毎年、両岸同胞の互いの観光・訪問者数は数百万人に達しております。また、台湾は大陸を主要な貿易パートナーと経済の要地であると見なしています。従って、中華民族の文化の絆と感情の繋がりは歴史的必然であり、何人かの政治屋の個人的な意図によって断たれるものではないのです。

第二大遗产是中国与邻为善的哲学。

子曰：己所不欲，勿施于人。中国没有侵略别国的传统。1820年以前的大部分历史时期里，中国的经济实力居于世界首位，GDP超过世界总和的一半。即使到19世纪40年代，中国的经济总量仍占到世界的三分之一左右。

即使在国力鼎盛之时，中国也没有对外扩张或殖民的兴趣，与邻邦长期以来基本上和睦相处。

今年是郑和下西洋600周年纪念。郑和是中国历史上著名的航海家，曾带领170余条船只，组成了当时世界上最先进的船队，从1405年起的28年间多次出海西行，横跨印度洋，抵达遥远的红海和非洲东海岸。英国人加文·孟席斯甚至认为郑和的船队曾来到过澳大利亚。

The second legacy is the Chinese philosophy of kindness to neighbours.

Confucius taught us not to do unto others what you do not want others do unto you. China is not a country with a tradition of invading other nations. Most of the time before 1820, China's economy led the world, accounting for more than half of the world's GDP. Even in the 1840s, China still had an economy one-third the size of the world.

China showed no interest in expanding and colonising other lands, even at the peak of its power, but maintained a generally peaceful relationship with its neighbours over the millennia.

This year is the 600th anniversary of Zheng He's first voyage to the Western oceans. The famous Chinese navigator led a fleet of more than 170 ships—the most advanced of his time—on several westward voyages over a span of 28 years, from 1405 onwards. They crossed the Indian Ocean and reached as far as the Red Sea and the east coast of Africa. There are also speculations, for example, by Mr. Gavin Menzies, a Briton, that Zheng's fleet also reached the shores of this country.

第2の大きな遺産は、隣国と善を成す哲学です。

　孔子曰く「己所不欲、勿施於人（己れの欲せざる所、人に施すこと勿れ）」と。中国は他国へ侵略するという伝統を持ち合わせておりません。1820年までの長い歴史の間、中国経済の実力は世界の首位に立っており、GDPは世界全体の半分以上を占めていました。1840年代ですら、中国の経済総量は依然として世界全体の約3分の1を占めていました。

　中国は国力が最盛期となった時でさえ、対外的な拡張或は他国を植民地にすることには全く興味がなく、長期にわたり基本的に隣国との仲が良かったのです。

　今年は、「鄭和の西欧下り（大航海）」600周年記念の年です。鄭和は中国の歴史における著名な航海家で、かつて、170余艘の船を組織し、当時世界で最も先進的な大艦隊を率いて、1405年から28年間以上、何回も、大西欧へ航海しました。彼は大インド洋を跨がり、遥かなる紅海とアフリカ東海岸にまで到達したのです。更にイギリス人のギャヴィン・メンジーズ氏の見解によれば、鄭和の艦隊はオーストラリアまでにも到達したと言われています。

郑和下西洋代表了一种不同于殖民主义的和平航海与文化交流模式，其主要使命是显示国力的强盛和明朝的威严，调节与各国之间的关系，并维护海上贸易环境的稳定。船队所到之处，都会用中国的货物和当地特产进行交换，促进官方商贸的发展。

根据记载，郑和下西洋期间，中国共接待了来自亚非各国的318位使者，平均每年就有15位。来自东南亚四国的九位国王曾八次到访中国。28年间，中国只卷入了三次短暂的防御性战争，而且从未侵占他国的一寸领土。

如今，中国隆重庆祝郑和下西洋600周年，其中一个很重要的主题就是继承睦邻友好的外交传统。

Zheng He's voyages represented a peaceful model of seafaring and cultural exchange so different from colonialism. His main mandates were to demonstrate the strength and majesty of the Ming Dynasty, to mediate relationships with different countries, and to stabilise the maritime trading environment for the Ming Dynasty. Wherever the fleet went, it traded products from China for local rarities and promoted official trading relations.

In the 28 years of his voyages, it was recorded that China received 318 visits by envoys from across Asia and Africa, or 15 visits a year on average. Nine kings from four Southeast Asian countries visited China eight times. In those 28 years, China was involved in only three brief wars for self-defence, without occupying any land of any other country.

Now 600 years later, China still celebrates Zheng's voyages, not least to carry forward our fine diplomatic tradition of good neighbourliness.

鄭和の西欧下りは植民地主義とは異なる、平和的航海及び文化交流のモデルの典型ではないでしょうか。その主たる使命は、国力の強さと明朝の威厳を示し、各国間における相互関係を調停し、且つ海上貿易の環境の安定を維持したことです。艦隊は行く先々で、中国の貨物と現地の特産品との交換・交流を行い、それによって、政府の商業貿易の発展を促進しました。

　記載によると、鄭和の西欧下りの期間中に、中国はアジア・アフリカ各国から来る使者318人を迎え、接待しました。つまり、毎年、平均15人が来てくれました。かつて東南アジア４カ国の９人の国王は８回にわたって中国を訪問しました。28年間に、中国はたった３回、防御的な戦争に巻き込まれただけで、他国の領土へ１センチも侵略することはありませんでした。

　今現在、中国では鄭和の西欧下り600周年記念を盛大に祝っておりますが、その中のとても重要なテーマは、ほかでもなく、善隣友好という外交の伝統を継承していることです。

近年来,中国领导人提出和平发展的理念。2003年,温家宝总理在印度尼西亚出席东盟领导人会议时,谈到中国与邻国相处的外交政策是"与邻为善、以邻为伴"。历史的启迪是制定这些理论和政策的重要依据,我们相信,以德服人、和平共处、相互尊重、共享繁荣、共建和谐,不仅是保持与邻邦友好关系的最佳途径,也是维持与世界其他地区正常交往的关键。这种对外交往模式不仅是中国传统文化的一部分,也是中国能在和平环境中崛起的有力保证。

第三大遗产就是奉行对外开放的历史启示。

中国媒体曾进行过一次调查,其中一个问题是"如果可以选择,你希望生活在哪个朝代?"很多人选择了唐代。那时,中国是一个繁盛的大国,世界上60%的贸易都是同中国展开的。当时的都城长安是拥有一百多万人口的国际大都市,街道上熙熙攘攘的有各国使节、商人、僧侣、牧师和来自东亚、欧洲、中亚甚至非洲的留学生。佛教、道教和伊斯兰教广为传播,蓬勃发展。唐朝以自信、开放的姿态面向世界,东方和西方在都城长安交汇。

In recent years, Chinese leaders have put forward the theory of peaceful development. During the 2003 ASEAN[1] summits in Indonesia, Chinese Premier Wen Jiabao outlined China's foreign policy with its neighbours as building friendship and partnership, to which our historical insights have contributed a lot. We believe in winning respect by virtue, in peace and respect, in shared prosperity and harmony. And these reflect the best practice of maintaining good relations with our neighbours, as well as the rest of the world. They are not only in the traditional cultural genes of China, but also a strong guarantee for China's development in peace.

The third legacy is the historical inspiration for China's opening up.

The Chinese media once carried out a survey, asking, "If you could choose, which era would you like to live in?" Many people chose the Tang Dynasty. At that time, China was known for its power and prosperity, with 60% of the world's trade being done with China. Chang'an, the capital city, was an international metropolis with a population of more than one million people. And the streets were crowded with envoys, businessmen, monks, priests, and foreign students from East Asia, Europe, Central Asia, and even Africa. Buddhism, Taoism and Islam spread and blossomed. The Tang Empire embraced the world with confidence and open arms. Chang'an, the capital, became a meeting point for East and West.

---

1. Association of Southeast Asian Nations

近年来、中国の指導者は平和発展という理念を打ち出しています。2003年、温家宝首相はインドネシアで開催されたアセアン首脳会議に出席した際、中国と近隣諸国との外交政策について言及し、「隣国と善をなし、隣国を以て連れと成す」と語りました。歴史による啓発はこれらの理論と政策を制定した重要な根拠です。私たちが、徳を以て人の尊敬を得、平和共存、相互尊重、共同繁栄、相互協調していくことは、隣国との友好関係を保持していくための最上の道だけでなく、世界の他の国や地域との正常な往来を維持するためのキーポイントでもあると確信しております。このような対外交流のモデルは、中国の伝統文化の一部分であるのみならず、中国が平和な環境の中で台頭し得る強力な保証でもあります。

　第3の大きな遺産は、それこそ、対外開放という歴史的な啓発を遂行することです。

　中国のメディアは、かつてアンケート調査を行いました。その中に、「もし、あなたが選択出来るとすれば、どの時代での生活を希望しますか」という一問がありました。非常に多くの人が選択したのは、唐の時代でした。その当時、中国は繁栄した大国でした。世界の60％の貿易は全て中国との交易によって展開されたのです。その時の都であった長安は百万人以上の人口を擁する国際都市でした。大通りは賑やかで、各国の使節や商人、僧侶、牧師及び東南アジアやヨーロッパ、ユーラシア、更にはアフリカの地から来た留学生が多かったのです。仏教・道教・イスラム教が広まり、大いに発展していました。唐の時代は、自信を持ち、開放した姿で世界を受け入れ、東西の洋にわたる交流は長安というこの都でもたれたのです。

但中国也有过闭关锁国的时期。

例如，郑和七下西洋并未给明朝带来持久开放，他刚一去世，明廷便觉得下西洋没有什么实际价值，而且成本高昂，于是禁止了海外航行和国际贸易，烧掉了出海船只和航海图。

虽然欧洲是在郑和下西洋三百多年后才开始工业化，但它却超越了中国，而衰落的中国则沦为西方列强的猎物。

今天，中国向全球化的世界敞开了大门。历史的教训告诉我们，国与国之间的交流、合作、融合和相互影响是何等重要。在全球化的时代下，开放和宽容才能带动繁荣和发展，闭关锁国则将摧毁一个民族的活力。

However, China did shut its door in other times.

Zheng He's seven voyages did not keep the Ming Dynasty open. Immediately after his death, the Ming Court thought his endeavours too costly with no practical use. Hence seafaring and international trade were banned and ocean-going ships and navigational charts burnt.

Although the West's industrialisation did not begin until 300 years after Zheng He's voyages, it nevertheless left China in the dust. A weak state in a downward spiral, China fell prey to Western powers.

Today, China has opened its door to a globalised world. Having learnt from history, we understand the importance of exchanges, cooperation, fusion, and influence between countries. In an era of globalisation, only openness and tolerance promote prosperity and development. Self-isolation will do nothing but ruin the vitality of a nation.

しかし、中国にも鎖国の時期がありました。
　たとえば、鄭和が7回にわたり、「西欧下り」したものの、明朝は持続的な開放は出来ませんでした。鄭和が世を去ると、明の朝廷は、西欧下りは実際の価値が何もなく、その上コストがかかりすぎると考えていたので、忽ち海外への航海と国際貿易を禁止し、出航した船と航海図を焼き払ってしまいました。
　欧州は、鄭和の西欧下りから300年以上たって、やっと工業化を始めたのですが、中国を追い越しました。逆に、衰微した中国は、西欧列強の獲物となってしまいました。
　今日、中国は、グローバル化した世界に対し大きく扉を開いております。歴史の教訓は、国々の間における交流・協力・融合、そして互いの影響などが、いかに重要なことであるかを示しています。グローバル化時代においては、開放と寛容があって初めて、繁栄と発展があり得るのです。逆に言えば、鎖国は、すなわち民族の活力を破壊してしまうことになるのです。

围绕如何建设一个更为开放的社会，今天的中国经常进行激烈的讨论。一个基本的共识就是，这个开放的社会不仅仅要在外交事务上开放，还要结合自身国情，学习其他国家的成功经验。进一步推行民主决策，完善平等、公正、保障公民权益的社会制度，这一切对于中国实现和谐发展的目标是至关重要的。

澳大利亚是中国走向开放过程中的重要伙伴。你们在经济发展、社会保障、金融管理和职业健康与安全等方面都有非常好的经验。学习历史，研究历史，是为了指导我们今天的生活。中国正经历着历史上最大的变革，我们期待与澳大利亚更加紧密地合作。

In China today, there are frequent lively discussions on how to build a more open society. One fundamental consensus is that openness to the outside world is not enough. China also needs to learn from the successful experience of other countries, whilst taking China's own situation into account in its efforts for greater democratic decision-making and a better developed society that ensures equity, justice and the rights and interests of its citizens, all of which are vital if China is to achieve its objectives for harmonious development.

Australia is an important partner of China as China moves towards an open society. You have good experiences in economic development, social security system, financial management, and occupational health and safety. The purpose of learning and discussing history is to guide our lives today. As China is undergoing the biggest transformation in its history, we look forward to a closer cooperation with Australia.

更に開放された社会をどのように創りあげていくかに関して、今日の中国では常に激烈な議論を行っております。ひとつの基本的なコンセンサスは、そのような開放の社会とは、外交上の開放を行うのみならず、自国の国情と結びつけ、その他の国々の成功体験を学ばなければならないことです。民主的な政策決定をよりいっそう推し進め、平等・公正など市民の権益を保障できる社会制度を完璧なものにすること、これらの全ては、中国が調和の取れた発展を実現するという目標にとって、極めて重要なことです。

オーストラリアは開放へ向かって歩んでいる中国にとって、重要なパートナーです。あなた方は、経済発展、社会保障、金融管理及び職業における健康・安全などの面で、何れも優れた経験をお持ちです。歴史を学習し、研究することは今日の私たちの生活におけるガイドブックです。中国は歴史上、最も大きな変革をまさに体験しているところです。私たちは、オーストラリアとの更なる緊密な協力を期待致しております。

200年以上前のプレゼント
大英博物館『英国挿絵』展覧会開幕レセプションでの挨拶

2007年5月30日 ロンドンにて

A Gift Over 200 Years Old

Remarks at the Reception Commencing
the Exhibition of *British Illustrations*
at the British Museum

London, 30 May 2007

一份两百多年前的礼物

在大英博物馆《钦藏英皇全景图典》展
开幕招待会上的致辞

伦敦，2007年5月30日

Distinguished Guests,

Ladies and Gentlemen,

I am very pleased and honoured to jointly host this reception with Dr. Neil MacGregor[1].

Let me first express my sincere appreciation to Neil and the British Museum for organising this event, in spite of the short notice and the busy programme of this world-renowned museum. I would also like to thank the assistants and all the working staff who managed to set up everything in such a short time.

I am very happy that we have been able to arrange this viewing of the books for you. Over the coming week, they will be on public exhibition, before I present them to Her Majesty Queen Elizabeth II together with my credentials on 12 June.

My thanks also go to Mr. Jeremy Butler[2] and Mr. Ge Qi[3] for the sponsorship of KPMG and Bank of China.

What you see today is a faithful replica of nine volumes of antiquarian *British Illustrations* in 16 books. The original copy has been in China's imperial court and then state archives for over 200 years.

[1]. Director of the British Museum 大英博物馆馆长

[2]. Associate Partner at KPMG 毕马威负责中国事务的合伙人

[3]. General Manager of Bank of China (UK) Limited 中国银行伦敦分行总经理

尊敬的各位来宾，女士们、先生们：

能与尼尔·麦格雷戈馆长先生[1]一起主持这场招待会，我感到非常高兴和荣幸。

首先，请允许我向馆长先生以及举办这次活动的大英博物馆表示诚挚的谢意，感谢这座享誉世界的博物馆能在这么短的时间里安排此次活动。我还要感谢各位助理和所有工作人员，正因为有了你们的付出，所有筹备工作才能在如此短的时间内顺利完成。

我很高兴能够与大家一起欣赏这些画册，下周它们还将向公众展出。之后，我将在6月12日递交国书的时候把这套画册赠送给女王伊丽莎白二世。

我还要向杰里米·巴特勒先生[2]和葛奇先生[3]表示感谢，是毕马威和中国银行对招待会提供了赞助。

今天展现在大家面前是九卷《钦藏英皇全景图典》的复制品，包括16本画册，这套画册已经先后在清朝皇宫和国家档案馆沉睡了两百多年。

尊敬する御列席の皆様

　本日、ニール・マクレガー館長[1]と共に、このレセプションを共催することができますことを、非常に嬉しく思うと同時に、光栄に存じます。
　先ず最初に、この場をお借りして、マクレガー館長並びにこの度の行事開催の大英博物館側に心より感謝の意を表したいと思います。世界的に有名な貴博物館が、急なお願いにもかかわらず、このような盛大な行事を準備して下さったことに対し厚くお礼を申し上げます。また、多大なご尽力をいただいた全てのアシスタントの方々及びスタッフの方々にも感謝致します。皆様方のお陰で、短い準備期間内にかかわらず、順調に開催準備を整うことができました。
　私は、皆さんと一緒にこれらの挿絵を鑑賞できることを大変嬉しく思っております。来週から、これらの作品は一般市民に公開されます。そして6月12日、私は国書を奉呈する時、この画集をエリザベス2世女王陛下に贈呈させて戴くこととなっております。
　また、本日のレセプションをご後援戴いたジェレミー・バトラー先生[2]並びに葛奇先生[3]に心よりお礼を申し上げます。
　今日、皆さんの前に展示させて戴きましたのは、全部で9巻の『英国挿絵』の複製品で、その中には16冊の画集が含まれています。この画集のセットは清朝の皇宮と国家文書保存館に200年あまり眠っていたものです。

1. 大英博物館長
2. 中国に関する事務的担当者
3. 中国銀行ロンドン支店長

当年英国制作这套画册是为了向18世纪的中国展现18世纪英国的成就。精美的图画描绘了两百多年前英国的全景风貌，可以看到精心勾勒还原出的当年的宫殿、庄园、教堂、城堡、战舰……翻开画卷宛如进入了时空隧道，去领略这个国家历史上那段辉煌的岁月。

这套画卷是英王乔治三世为清朝乾隆皇帝精心挑选的590件礼物中的第十件。1792年9月，乔治三世派遣马戛尔尼勋爵远涉重洋前往中国，为乾隆皇帝庆祝83岁大寿，并且，如国王信中所说，希望与中国建立兄弟般的联系。此行的礼物还包括天象仪、地球仪、望远镜、闹钟、挂灯和战船模型等。

我曾看过历史学家关于马戛尔尼勋爵访华的记述，心中琢磨：他们花了两年的时间远赴中国，完成的或者说未能完成的真实使命是什么？一个国家远涉重洋，希望打开同世界另一端国家的通商关系，这无疑是一次重要的尝试；一端是工业化的扩张冲动，而另一端则是农业帝国的宁静。

They were originally put together to demonstrate the achievements of 18th-century Britain to a contemporary China. The drawings and prints present a panoramic image of Britain over 200 years ago, with exquisitely illustrated palaces, estates, churches, castles, warships, and so on. And revisiting them through the pages is like entering a time tunnel and encountering this country during one of its great periods in history.

The illustrations are recorded as the tenth of the 590 gifts King George III had chosen for Emperor Qianlong of the Qing Dynasty. In September 1792, he sent Lord Macartney to attend Emperor Qianlong's 83rd birthday celebrations and to establish brotherly relations as stated in the King's letter. His other gifts included a planetarium, terrestrial globe, telescope, alarm clock, chandelier, and model warships.

I was reading some historians' accounts of this visit, and wondered what Lord Macartney's two-year endeavour achieved, or rather, failed to achieve. It was undoubtedly an important effort by one country reaching out to another on the other side of the world to open up trade. We see the contrast of an industrialising power eager to reach out and an agrarian empire anything but this.

当時、イギリスがこの画集を制作したのは、18世紀のイギリスの成果を18世紀の中国に展示するためでした。精巧で美しい画面には、200年以上前のイギリスのパノラマ式風景が描かれています。絶妙に図解された当時の宮殿、荘園、教会、城、軍艦……これらの画集をめくっていくと、あたかも時空のトンネルをぬけて、この国家の歴史が刻まれた輝かしい時代に出会っているかのようです。

　この画集は、イギリス王ジョージ3世が清朝の乾隆帝の為に心を込めて選択した590点の贈り物の中の第10番目のものです。1792年9月、ジョージ3世は乾隆帝の83歳の誕生祝賀会に列席させるために、マッカートニー卿を遥かに海を隔てた中国に派遣しました。国王の親書には中国と兄弟のような関係を樹立するよう願っていると書いてありました。マッカートニー卿一行の贈り物の中には、プラネタリウム、地球儀、望遠鏡、目覚まし時計、吊るす提灯、戦艦の模型なども含まれていました。

　私は、かつて、ある歴史家によるマッカートニー卿の中国訪問に関する記述を読んでいた時に、ふと思ったのですが、マッカートニー卿の2年間の努力の成果は何だったのか、あるいは努力しても得られなかった成果は何だったのか、と。一国家として遠く海を渡り、地球の反対側にある国家との通商関係を切り開こうとしたことは、間違いなく重要な試みでした。なぜなら、工業化の拡大と発展に熱心な一方の勢力と、また一方にはそれとは対照的に静かに佇む農業帝国があったからです。

However, communication challenges seem to have wrapped the whole event in a thick blanket of misunderstanding. Neither of the two sovereigns had sufficient understanding of the other and there was no common view of the world, let alone any rules of relations between countries. Even protocol arrangements turned out to be a major dispute.

I was jogging in the park in the drizzle this morning with my mind full of subtle historical nuances of the two sovereigns' correspondence. Despite all the courtesies in his eight-page letter, King George III demanded more ports for trade and exchange of resident ministers, while Emperor Qianlong's voluminous reply of refusal showed a characteristic confidence and arrogance on the grounds of "dynastic tradition."

I have to say that I am very lucky to be an envoy of the 21st century. Now we are able to look back with a critical eye on all those key moments of history when China missed the opportunities of opening to the outside world, as well as to calmly absorb lessons from the historical developments that followed and China's sufferings due to its weakness. We Chinese are determined to hold on tight to the opportunity of development we have today, and never again to let it slip away.

然而，由于沟通的困难，整件事情似乎最终误解重重。两国君主相互缺乏足够的了解，也不存在对世界的共同认识，更不用提国与国之间的交往规范，甚至连见面的礼节都成了一大争端。

今天早上细雨蒙蒙，我在公园里慢跑，心中思考着两位君主书信中透露出的历史信息。乔治三世看似客气的八页长信中，要求咄咄逼人：开放更多口岸、派驻使节。而乾隆洋洋洒洒的回诏以"古有定制"的理由展示了清王朝拒不接受的自信和傲慢。

我要说的是，作为21世纪的使节，我感到非常幸运。现在，我们可以用批判的眼光回顾历史上中国与世界失之交臂的那些重要时刻；也可以冷静地从后来发生的历史事件和中国在衰弱中遭受的挫折中汲取深刻的教训。中国人民决心抓住眼下的发展机遇，决不再让机会从指缝间溜走。

しかし、意思疎通の困難があったため、全てが最初から最後まで誤解が誤解を招いてしまいました。両国の君主はお互いに対する十分な理解もなく、世界に対する共通認識も存在せず、国と国との関係を律する規範がないのは言うまでもなく、更には初対面での外交上の儀礼さえも大きな相違があるという有様でした。

　今朝、春雨の中を私は公園をゆっくりとジョギングをしながら、頭の中では、両国の君主の往復文書にある歴史的なニュアンスの微妙な違いを、ずっと考えておりました。ジョージ3世の8頁の書状は慇懃な表現にもかかわらず、もっと多くの貿易港を開放し、より多くの駐在外交使節を派遣できるよう要求したのに対し、乾隆帝の流暢な長文の断り状は「王朝の伝統」を理由に、清王朝に特有な自信と尊大さを示しました。

　私は、自分が21世紀の外交使節であることは、とても幸運なことだと思います。私たちは現在では、批判的な目で、中国が世界に開放される歴史的に重要な機会を残念にも失ってしまったことを回顧できると同時に、その後発生した歴史的な発展と中国が弱さから受けた苦痛から、深い教訓を冷静に汲み取ることができるのです。私たち、中国人は、今日の発展をしっかりと堅持し、二度と失うことのないようにしなければならないと固く決心しております。

Today, China and Britain have become partners not only in trade but also in cultural, educational and all other fields. Right here in the British Museum, the Terracotta Warriors will be standing in the Round Reading Room for three months for the enthusiastic British public. We are also expecting the rich cultural and economic programmes of China Now[4] when China heads towards the Olympics in 2008.

I am very happy to represent China here at a time when our relations are at their best in history. For the past seven weeks, I have been greatly encouraged by the overwhelming interest in China and bilateral relations wherever I went and whomever I talked with.

Thank you for extending your support by attending this reception and I look forward to working with you during my posting here.

Please join me in a toast to Her Majesty and the Chinese President and to our lasting friendship.

Thank you.

4. China Now has been the largest festival of Chinese culture ever in the UK, coordinating some 800 events, performances and activities, shining a spotlight on the very best of modern China to forge international connections and unite and inspire communities. "时代中国"是有史以来在英国举办的最大规模中国文化盛典，共八百多项活动，包括中国题材的展览、演出和设计等，旨在聚焦现代中国的精华，构建国际交流桥梁，促进不同民族文化的融合与沟通。

今天，中英两国不仅在贸易上，而且在文化、教育等各领域都成为合作伙伴。就在大英博物馆这里，中国的兵马俑将会在圆形图书馆展出三个月，以飨热情的英国公众。我们同样也期待在2008年北京奥运会之际举办丰富多彩的"时代中国"[4]系列文化经济活动。

在中英关系处在最好时期担任驻英国大使，我感到非常高兴。过去的七个星期里，无论我走到哪里，和什么人交谈，大家都对中国和中英关系表现出极大的兴趣，这使我倍受鼓舞。

感谢各位来参加此次招待会，感谢你们的支持，期待与诸位的合作。

请大家和我一起举杯，为女王陛下，为中国国家主席，为友谊长存，干杯！

谢谢大家。

今日、中英の両国は、貿易だけではなく、文化、教育そして他のすべての分野において協力の相手となりました。他でもない、この大英博物館において、イギリスの熱心な皆さんの為に、中国の兵馬俑展が円形図書館で3ヶ月間行われる予定です。と同時に、私たちは、2008年の北京オリンピック開催の際、豊かで多彩な「チャイナ・ナウ[4]」という一連の文化経済のイベントが開催されることにも心より期待しております。

　中英関係が歴史上最も順調な時に、私は駐イギリス中国全権大使であることを非常に幸せに感じております。この7週間、どこに行っても、誰と語り合っても、中国について両国との関係について、皆様方に極めて深い関心を寄せていただき、これほど心強く励まされたことはありません。

　本日のレセプションに御臨席いただき、また、ご支援をいただいた皆様に対して、改めて深くお礼を申し上げると共に、今後とも皆様方のご協力を衷心より期待致しております。

　それでは、共に杯を挙げて、女王陛下の為に、中国国家主席の為に、そして、私たちの末永い友情の為に、乾杯しましょう。

　ありがとうございました。

---

4. イギリスで行われた最大規模の中国文化の祭典。中国を題材とする展覧会、公演、デザインなどを含めて、全部で800以上のイベントが行われた。その目的は現代中国の精華を集め、国際交流の架け橋を築き、異民族・異文化との融合と交流を促進することにあった。

中国の新型工業化への道と
イギリスの役割
マンチェスター市政府ホールでの講演

2008年3月31日 マンチェスターにて

China's New Path to Industrialisation and the Role of Britain | Speech at the Manchester Town Hall
Manchester, 31 March 2008

中国的新型工业化道路
与英国的作用
在曼彻斯特市政厅的演讲

曼彻斯特，2008年3月31日

Lord Mayor,

High Sheriff,

Ladies and Gentlemen,

Distinguished Guests,

It is really a great pleasure for me to be here today and to speak to you.

Manchester has a proud history of being the first industrialised city in the world. I remember in the mid 1980s I came to Manchester as a student and was unimpressed. However, when I came back last August, I was so very impressed by the new face of Manchester. It is all too obvious that Manchester, as a city, has accomplished a lot in city governance and transition in the intervening years.

Today, Manchester is the fastest-growing city in the UK, and I cannot find a more appropriate place than here to talk about China's new path to industrialisation and the role of Britain.

市长阁下，郡长阁下，女士们、先生们、各位嘉宾：

很高兴今天能访问曼彻斯特并与大家交流。

曼城是世界上第一个实现工业化的城市，有着光荣的历史。记得上世纪80年代中期我在英国学习期间曾到过曼城，那时景象相当萧条。去年8月重返曼城时，这里的全新面貌给我留下深刻的印象。可以看出，曼城在城市的治理和转型上取得了成功。

如今，曼城是全英发展最快的城市，在这儿讨论中国的新型工业化道路与英国的作用再合适不过了。

市長様、郡長様、ご来賓の皆様

　本日、マンチェスター市を訪問し、また皆様と交流出来ることを非常に嬉しく存じます。

　マンチェスター市は、世界で最初に工業化を実現した、誇り高い歴史を有する都市であります。1980年代半ばに、私が学生としてイギリスに留学中、マンチェスターを訪問したことがありますが、当時はあまり印象が深くありませんでした。しかし、昨年8月、私が再びこの都市に参った時には、その斬新な全貌にとても深い感銘を受けました。ご覧の通り、都市としてのマンチェスターが、その都市管理や運営において、多くの成功を収めたことはとても明らかなことです。

　今、マンチェスターは、連合王国の中で急速な成長を遂げている都市です。従って、中国の新型工業化への道とイギリスの役割について、私がここでお話しさせていただくのにこれ以上の相応しい場所はないのではないでしょうか。

The last of China's feudal dynasties reached its sunset in 1912, but China's quest for industrialisation has not been without many setbacks. China was plagued by civil war and then the invasion by the Japanese. When the People's Republic was set up in 1949, it was boycotted and blockaded by the Western world. China looked around and chose to work with the Soviet Union, from which we received a lot of support in building up our industrial capacity via friendly cooperation. But because of political differences, that honeymoon didn't last very long.

During that period, the Chinese worked very hard; we were hoping to industrialise through our own efforts. In the late 1950s, we had the Great Leap Forward and the slogan of the time was, "Overtake the United Kingdom and Catch Up with the United States in Ten Years." I don't know how many of you knew at that time that China was trying to overtake you.

Then in the 1960s, China fell in the grips of the chaos of the Cultural Revolution. It was not until 1978 that China entered a new era of reform and started opening to the outside world, on a road charted by Deng Xiaoping. A true great leap forward was finally made possible for China's industrialisation.

1912年，最后一个封建王朝在中国落幕，但中国探求工业化发展的道路依然困难重重。长期内乱和日本侵华使中国饱受折磨。1949年中华人民共和国成立后，又面临着西方世界的抵制和经济上的封锁。中国环顾四周，选择了与苏联开展友好合作，在工业起步上得到许多支持。但是由于双方的政治分歧，中苏蜜月期未能持久。

在那段时期里，中国人非常努力地奋斗着，希望依靠自己的力量实现工业化。上世纪50年代末，中国经历了"大跃进"，还提出了"十年内超英赶美"的口号。不知道你们有多少人知道那时候中国正在努力赶超你们呢？

之后的60年代，中国又陷入"文化大革命"的动荡岁月。直到1978年，中国才沿着邓小平先生规划的道路，进入了改革开放的新时代，开始了工业化的大跨越。

1912年、中国の封建王朝は歴史的閉幕を迎えました。しかし、中国が工業化への発展の道を探求するには依然として困難な状態でした。中国は、長期にわたる内乱と日本の侵略による数々の苦難を味わったからです。1949年、中華人民共和国成立後も、相変わらず、西欧世界からの排斥と妨害を受けました。中国は周囲を見回し、ソ連との友好協力を選択し、お蔭で工業のスタート段階では多くの支援を受けました。しかし、双方の政治的食い違いがあったために、中ソの蜜月はあまり長くは続きませんでした。

　その時期、中国人は懸命の努力と奮闘を通じて、自力で工業化を実現させたいと望んでおりました。1950年代末には、中国は「大躍進」を経験し、「10年後にイギリスを追い越し、アメリカに追い付く」というスローガンを持っていました。皆さんはご存知ないかもしれませんが、その当時、中国は皆さんを追い越す為に、懸命に努力していたのです。

　その後、1960年代には、中国は「文化大革命」という大混乱を体験しました。そして、1978年に至って、中国はやっと鄧小平先生の設計した道に沿って、改革開放という新しい時代に入り、真の工業化への道を邁進し始めたのです。

今年是改革开放 30 周年，中国的 GDP 已跃至世界第四位，当中国的 GDP 悄然超过英国时，国内几乎没有人注意到。

改革开放使中国人终于告别饥饿。中国有句古话："民以食为天。"解决百姓的吃饭问题一直是中国历代帝王、领袖和政府的头等大事。"吃"对中国人来说是一件大事——多年来中国人以"吃了吗"作为问候语。

上个世纪 90 年代初，我排队等了整整两年，才在家里装上第一台电话机。而如今，中国的固定电话用户和手机用户数量均居世界第一，网民 2.1 亿。

那么，中国对世界最大的贡献是什么？我认为首先是解决了世界五分之一人口的温饱问题，而且保障这五分之一的人生活在和平稳定的环境中。

This year marks the 30th anniversary of the reform and opening-up programme. China's GDP has now grown to the fourth place in the world and very few in China have noticed that we have overtaken the United Kingdom in total GDP.

Reform and opening up has at long last made hunger a thing of the past to China. According to ancient Chinese philosophy, "food is heaven for the people." Making sure people have enough food on the table has always been the top priority of all Chinese governments and leaders in both dynastic and modern times. Food was once such a big deal that for many years, "Have you had your meal?" was how we greeted each other.

In the early 1990s, I was on the waiting list for two long years to get my first telephone at home. But now, China is the world's number one in terms of the numbers of fixed line users and mobile phone subscribers. There are also 210 million Internet users.

So, what is China's biggest contribution to the world? I would say it is, first and foremost, offering one-fifth of the world's population a life free from want in peace and stability.

今年は改革開放30周年を迎えました。中国のGDPは既に世界の第4位までに躍進しております。中国のGDPがイギリスを追い超した際、中国のほとんどの人々は、このことに気づいておりませんでした。

　中国人は改革開放のお陰で、ようやく飢餓の状態から脱することが出来ました。中国には「民は食を以て天と為す（人々にとって食は何よりも重要である）」という古い諺があります。人々の食の問題を解決することは、中国の歴代帝王、指導者、そして政府にとってずっと最優先事項だったからです。「食」は、中国人からすれば、とても重大な事なのです。それ故に、長い間、中国人は「食事を済ませましたか」と聞くのが挨拶の言葉だったのです。

　1990年代の初め、私は2年間も待ち続けて、やっと自宅用電話を設置することができました。しかし、現在中国では家庭用固定電話を持つ戸数及び携帯電話の使用者数は、何れも世界の第1位となっており、ネットユーザー数は2.1億人に達しました。

　では、中国の世界への最大の貢献は何でしょうか。何よりもまず、世界人口の5分の1の衣食問題を解決しました。これらの人々が平和と安定の中で生活することを保障したことです。

China has now become one of the engines of world economic growth. In the past few years, roughly one-third of global economic growth came from China. "Made-in-China" products have brought great benefits to the world. Developed countries are able to keep inflation down, and in developing countries in Africa and elsewhere, more people are enjoying consumer goods from China which they could otherwise not afford.

With the economic slowdown in the United States, many people are seeing the emerging economies, including China and India, as particularly important for maintaining world economic growth.

Having said that, China is also confronted with a host of challenges in its industrialisation. Every time I speak here, amongst the questions there is very likely to be one asking, "Is China going to be more assertive and impose itself on others as it grows stronger?" But when I speak in China, the questions are normally the other way round, "Why doesn't the West want to see us grow? Why is China always demonised?"

中国已经成为带动世界经济增长的引擎之一。过去几年，全球经济的增长约有三分之一来自中国的贡献。"中国制造"为世界带来了巨大利益，不但使发达国家降低通货膨胀率，也使非洲等地发展中国家的更多民众得到价廉物美的中国商品。

在当前美国经济增长放缓的形势下，许多人认为，中国、印度等新兴经济体将对保持世界经济增长起到至关重要的作用。

然而，中国工业化也面临一系列严峻挑战和问题。在英国演讲的时候，常常有人问我一个问题：中国是否会越来越咄咄逼人，中国强大后是否会将自己的意志强加于人？而当我在中国演讲时，向我提出的问题却常常相反。中国人会问：为什么西方不想看到中国发展，为什么总是有人要妖魔化中国？

中国は、既に世界経済を牽引していく一つのエンジンの役割を果たしているのです。過去数年来、世界の経済成長における約3分の1は中国の貢献によるものとなっています。「中国製」は、世界に巨大な利益をもたらしました。これは先進国のインフレ率を下げさせたのみならず、アフリカなどの発展途上国のより多くの人が値段の安く品質の良い中国製品を手に入れることができるようになりました。

　今、多くの人々は、アメリカの経済成長が停滞している情勢の下で、中国やインドなどの新型経済体が世界経済の成長に極めて重要な役割を果たしていると、思っているのです。

　しかし、中国も工業化において多くの厳しい挑戦に直面しているのです。イギリスで講演させて戴いた際、人々から常々、「中国は経済的に強くなるにつれて、中国の考え方などを他者に強く押し付けてくるのでしょうか」という質問を受けました。しかし、私が中国で講演をする際によく出された質問は、その質問と全く正反対で、「何故、西側は中国が発展することを見たくないのでしょうか。何故、中国は、いつも悪魔のように思われるのでしょうか」でした。

I have been living abroad for a long time, but I go back home a lot too. I can see the gap and I am thinking about the reasons behind.

Deng Xiaoping said many years ago, "China is both big and small, strong and weak." So maybe people outside China tend to see China's big and strong side, and people inside China tend to see its weak and small side and the difficulties China faces.

I'll give you a number of examples.

The first challenge is poverty and development disparities. If we use the United Nations' one dollar per day as the standard, 135 million Chinese are still living under the poverty line. The GDP per capita of Shanghai is ten times that of Guizhou.

The second challenge is employment and the development of social programmes. Every year, 20 million people enter the labour market. However, the economy could only generate half that number of jobs in the past five years. In the meantime, large numbers of farmers are coming into the cities from rural areas to work on construction sites and assembly lines as temporary labourers. There are 130 million of them so far. This is why when southern China was hit by rare blizzards before the Spring Festival, we found millions stranded trying to get home for the New Year.

我在国外生活了很长时间，也经常回国，能看到其间的差距，并在思考其中的缘由。

邓小平很多年前说过：中国既大又小，既强又弱。因此，也许外国人容易看到中国大和强的一面，而中国人自己更容易看到小和弱的一面，看到中国面临的问题。

我来举几个例子。

一是中国仍然存在贫困和发展不平衡问题。如果以联合国的每人每天1美元为标准，中国目前仍约有1.35亿人处于贫困线以下；上海的人均GDP是贵州的10倍。

二是就业和民生问题。中国每年新增就业人口超过2000万，而过去五年来，每年新增就业岗位约1000万。同时，大量农民从农村涌向城市，主要在建筑工地和加工企业打工，目前这个数字约为1.3亿。这也是为什么今年春节中国南方遭遇罕见雪灾时，有数百万人被困在返乡过年途中。

私は海外で長く生活してきておりますが、帰国もたくさんしております。従って、その間の隔たりを強く感じると同時に、なぜそうなのかの理由についてもよく考えることがあります。

　何十年も前のことですが、鄧小平がお話しされたことがあります。「中国は、大きくもありかつ小さい。強くもあり、かつ弱い」と。それゆえに、おそらく外国の方々は中国の大きく、強い面を見がちであり、中国の国内にいる人々はその逆に小さく、弱い面と中国が直面している様々な困難を見がちなのではないでしょうか。

　いくつかの例を挙げて見たいと思います。

　第1の挑戦は、中国には依然として貧困と発展のアンバランス問題が存在していることです。もしも国連による貧困基準が1人当たり1日1米ドルとすれば、中国は、目下、約1.35億人の貧困人口がいます。上海の1人当たりのGDPは貴州の10倍となります。

　第2の挑戦は、雇用と社会制度の問題です。中国では、毎年新しく増加する労働人口は2000万人を超えていますが、過去5年間、中国経済は、その半分の1000万人の雇用しか生み出せませんでした。その間に、農村から大量の農民工が都市にどっと入って来ます。彼らは主に建築工事や組み立てラインで臨時雇いの労働者として働きます。現在までに、農民工人口は約1億3000万人に達しています。そのため、今年、中国の南方が春節を前にめったにない暴風雪に襲われた時、春節を実家で過ごしたい数百万人の農民工が途中で立ち往生するはめに陥ってしまいました。

三是资源和环境为经济增长付出的巨大代价。目前中国 GDP 占世界的 5.5%，能源消耗却占了世界的 15%。中国的单位 GDP 能耗是欧洲的 4.5 倍。世界污染最严重的 20 个城市中，中国占了 16 个，70% 的河流受到不同程度的污染。

四是经济发展与产业结构的不平衡。经济增长过分依赖投资与出口。由于社会保障还不健全，民众消费意愿和能力受到一定抑制，消费支出占 GDP 的比重不足 40%——在主要经济体中是最低的。

中国仍处于全球制造业的低端。比如，1 个芭比娃娃在美国的零售价可以卖到 9.99 美元，但生产它的中国企业只能获得 0.35 美元的加工费。中国出口 8 亿件衬衫获得的利润，才能换 1 架波音飞机。

针对面临的问题与挑战，中国的工业化道路应该怎样走？引用中国共产党十七大报告的话来说，要"全面认识工业化……自觉地走科学发展道路"。科学发展不仅是依靠科学技术，还意味着要坚持以人为本，走全面协调可持续发展之路。

The third challenge is the enormous resources and environmental costs of economic growth. With 5.5% of the world's GDP, China consumes 15% of the world's energy. Its energy intensity is 4.5 times that of Europe. Amongst the world's 20 most polluted cities, 16 are in China, and 70% of our rivers are polluted to varying degrees.

The fourth challenge is the structural imbalances of China's development. Growth in China is overly reliant on investment and exports. People are somehow reluctant to spend because of the absence of a reliable social security system. Consumption is less than 40% of GDP, the lowest amongst major economies.

China is still close to the bottom of the global manufacturing chain. For example, a Barbie doll can sell for $9.99 in the US market, but their Chinese makers are only paid 35 cents for it. China has to sell 800 million shirts to make enough profit for a Boeing jet.

How is China going to proceed with its industrialisation in the face of all these challenges? According to the 17th National Party Congress, we need to fully understand industrialisation and follow a path of scientific development. Scientific development calls for not only more science and technology, but also putting people first and being comprehensive, coordinated and sustainable in our efforts.

第3の挑戦は、資源と環境が経済成長に対して、巨大な代価を支払ったことです。当面、中国のGDPは、世界の5.5％を占めています。しかし、エネルギー源の消費は世界の15％を占めています。さらに中国のエネルギー源消費量は欧州の4.5倍となっているのです。世界で汚染の最もひどい20都市の中に、中国は16都市占めています。また、中国の70％の河は、程度の差はありますが汚染されています。

　第4の挑戦は、中国の経済発展と産業構造とのアンバランスです。中国の経済成長が過度に投資と輸出に頼りすぎていることです。社会保障がまだ不完全なので、人民の消費への意欲が一定の制約を受けている訳で、消費支出はGDPの40％にも満たず、つまり、主要経済国の中で最低レベルの状況です。

　中国は、世界の製造業においては依然として下の方に位置しています。たとえば、バービー人形はアメリカの小売価格で1個9.99ドルで売られていますが、この人形を生産した中国のメーカーには、1個当たりたったの35セントの加工賃しか支払われないのです。また、中国は8億着のワイシャツを売らなければ、ボーイング機1基を買える利益を得ることができないのです。

　それでは、こうした中国の直面している問題や挑戦に対して、中国の工業化への道はどのように歩んでゆけばよいのでしょうか。私は、中国共産党第17回大会報告から引用するならば、「工業化を全面的に認識し……科学的発展の道を歩んでいくべきことを自覚しなければならない」ということではないでしょうか。いわゆる科学的発展とは、科学技術に頼るだけではなく、人を基本とすることを堅持し、全面的な調和による持続的発展の道を歩んでいくことです。

We have long been saying that we would "grow in speed and in quality," but in the report to the Party Congress, President Hu Jintao used "grow in quality and speed," which reflects the new order of priority.

To that end, innovation has become a high priority for China. Incentives have been put in place to upgrade industrial structure, and promote both the high-tech and IT sectors on the one hand and traditional industrial sectors on the other.

We also want to build a resource-conserving and environmentally friendly society. So binding targets have been set by the government to lower the energy intensity by 20%, and reduce discharge of main pollutants by 10%, by 2010 on the basis of 2005. Last year, we fell short of the target by four percentage points. This year, stricter standards for emission reduction are being enforced in all provinces and particularly for the approval of new projects and newly listed companies. China's forest coverage has increased from 13% at the beginning of the 1990s to 18% now, whilst forest coverage is actually falling across the world.

我们一直讲"又快又好"地发展，胡锦涛主席在报告中将这两个词的顺序调整过来，提出"又好又快"地发展。

为此，中国将努力提高创新能力，建设创新型国家。中国还积极提升产业结构，促进高科技和信息产业以及传统工业的发展。

中国努力建设资源节约型、环境友好型社会。政府设立了强制性指标，要求2010年在2005年的基础上将单位GDP能耗降低20%、主要污染物排放降低10%。2007年，我们距达标率还差4个百分点。今年，各省份将面对更为严格的减排标准，特别是对新开工项目和新上市公司审批更为严格。而在全球森林面积减少之际，中国的森林覆盖率已从上世纪90年代初期的13%增加到目前的18%。

私たちは、「速くて良い」発展を、ということをずっと強調して来たのですが、胡錦濤主席が報告の中で、上記の語順を換えて、「良くて速い」発展をしようと提唱しました。

　従って、中国は、これからは創造能力を高めて行くことに努力し、創造型国家の建設を目ざして行きます。また、産業構造を積極的に高めて、ハイレベルの科学技術や情報産業並びに伝統的な工業の発展を促進していきます。

　中国は資源の節約、環境に優しい社会づくりに努力していきます。政府は、2010年は2005年に基づいてGDPエネルギー消費量を20％下げること、主な汚染物排出を10％下げることを、強制的指標として設定しました。2007年、私たちは、この指標の到達にはまだ4ポイント不足です。今年、各省は、更なる厳しい排出量減少の基準を設けて努力しますが、特に、新しく開発した工事項目や上場企業に対する審査がもっと厳格となります。現在、世界全体の森林面積が減少しつつある中で中国の森林面積は、1990年代初期の13％から今の18％までに増加しました。

Social policy is given greater emphasis. The government is working very hard to narrow the gap between the rural and urban areas. Seventy per cent of our people now live in the countryside. In 2006, China abolished the agricultural tax, which had existed for thousands of years, marking China's transition from an agrarian society to an industrial society.

Since 2007, school tuition fees and book charges for rural students in compulsory education have also been exempted. A rural cooperative medical care scheme has covered 80% of the rural population.

To narrow the gap between regions, several major programmes have been designed to develop the west, to revitalise the old industrial area of the northeast, and to promote the rise of central China.

Take Tibet, which receives so much media attention these days, as an example. Over the past five years, the per capita income of Tibetan farmers and herdsmen has grown by 83.3%. Between 2001 and 2005, the central and local governments invested 2.3 billion pounds in 187 projects across Tibet. The government of the Tibet Autonomous Region only covers 6% of its annual budget, with the rest coming from the central government.

社会政策得到更多重视。中国政府着力解决城乡发展不平衡问题，目前有70%的人口生活在农村。2006年，中国取消了已延续数千年的农业税，标志着中国正从农业社会转向工业社会。

自2007年起，政府免除了农村义务教育阶段学生学费和教科书费用。农村合作医疗制度已覆盖全国80%以上的农村人口。

为缩小区域经济发展的差距，中国政府相继提出西部开发、振兴东北老工业基地和中部地区崛起等区域发展战略。

以西藏为例。最近西藏在媒体上广受关注。过去五年，西藏农牧民人均收入增长83.3%。2001年至2005年，中央和地方各级政府共投资322亿元（约合23亿英镑），支援西藏建设187个项目。自治区政府每年承担占预算6%的财政支出，其余全由中央政府支出。

社会政策の実施がさらに重要視されています。中国政府は、都市と農村の発展におけるアンバランス問題を解決することに力をいれています。現在70％の人口は農村で生活しています。2006年、中国は、数1000年来続いてきた農業の税収がなくしました。これは、中国が農業社会から工業社会への転換の表明ではないでしょうか。

　2007年より、政府は農村の義務教育段階の学生の学費及び教材費を免除しました。農村の合作医療制度は既に全国80％以上の農村人口に実施されるようになりました。

　地域経済発展における格差を減少するために、中国政府には相次いで西部開発、東北の古い工業基地の振興及び中部地域の飛躍などの区域発展の戦略を提唱しています。

　チベットを例として見てみたいと思います。最近、チベットはメディアから広く注目されています。過去5年間、チベット地域の農民と牧畜民の1人当たりの平均収入は83.3％増加しました。2001年から2005年まで、中央と地方政府は合わせて322億元（約23億イギリスポンド）を投資して、チベットの187の建設事業を支援しました。チベットの建設事業に対して、自治区政府は毎年、全体予算の6％の支出を引き受けておりますが、他の全ては中央政府が負担しています。

I was very much hurt when I heard the 14th Dalai Lama's story of "cultural genocide" in Tibet. And he is not alone. But it is so unfair. For a population of 2.8 million, there are 1,700 temples in Tibet, or one temple for every 1,600 people on average. Here in England, there is one church for over 3,000 people on average. There is also huge funding going into temple repair and renovation. The central government alone earmarked about 50 million pounds for this purpose in the last two decades.

Tripitaka, the main Tibetan religious scripture, was once in a serious condition because of wear and tear through the ages, but is now being digitised for republication with support from the central government. In Tibet, the Tibetan language is used in all official documents and taught in all schools together with Mandarin. Ninety-two per cent of the population in Tibet consist of ethnic Tibetans; ethnic Hans account for 4%, while the rest belong to other ethnic groups. The harsh conditions in Tibet, 4,000 metres above the sea level, make large-scale relocation of ethnic Hans to Tibet simply out of the question. I have been there many times and I find it extremely hard for people from elsewhere to settle down.

听到十四世达赖喇嘛等人说中国在西藏进行"文化灭绝",我感到痛心,这种说法对中国很不公平。西藏有 280 万人口,1700 座寺庙,平均 1600 人就有一座。英格兰地区平均 3000 多人才有一座教堂。而且中国用于修缮庙宇的资金数目巨大,仅近 20 年,中央政府就为此拨款 7 亿元(约合 5000 万英镑)。

藏传佛教的主要经典《大藏经》由于多年的损耗,已岌岌可危。在中央政府的支持下,西藏在用数字化手段组织重新出版。在西藏,所有的正式官方文件均有藏语版,西藏的学校用藏、汉两种语言教学。西藏 92% 的人口为藏族,汉族占 4%,剩下的是其他少数民族群众。西藏平均海拔达 4000 米,生活条件艰苦,将汉族大规模移居到西藏生活是不现实的。我曾经多次去西藏,内地人若要在那里长期生活确实异常艰苦。

ダライラマ14世らが、中国がチベットで「文化絶滅」をおこなっていると聞いて、私はこの上なく心を痛めています。これらの言い方は中国に対してあまりにも不公平ではないでしょうか。チベットは280万の人口と1700カ所の寺院を擁し、平均して1600人に寺院一ヵ所があります。イングランド地域では平均して3000余人に教会一ヵ所だけです。中国はチベットの寺院修繕に費やした資金は厖大なものでした。過去20年間、中央政府はその為に、7億元（約5000万イギリスポンド）を投じました。

　チベット仏教の主要な教典である『大蔵経』は多年にわたる損傷のため、危険極まりない状態となっていましたが、中央政府の支持の下に、チベットはデジタル化の手段を用いて再出版する予定です。チベットの全ての正式公文書には何れもチベット語訳がついています。チベットの学校では、チベット語と漢語の二言語で授業を行っています。チベット地域はチベット族が92％を、漢民族が4％を占めているが、残りは他の少数民族です。チベットの平均海抜は4000メートルで、生活条件としては非常に厳しく、漢民族をチベットへ大規模に移住させることは、非現実だと思います。私はかつて何度もチベットを訪問致しました。内陸地域の人々がチベットで長期生活することは極めて困難ではないかと実感しました。

我相信政府会继续支持西藏宗教文化事业的发展。中国是56个民族组成的大家庭，我们相信，在实现工业化的同时，让这个大家庭紧密团结在一起也是非常重要的。

在对外政策上，中国会继续维护与世界的友好关系。中国将在相当长时间里集中精力解决国内的问题，但这并不表明中国会回避自己应尽的国际责任。

1992年，我作为中国第一名文职维和人员赴柬埔寨参加维和行动。16年后的今天，中国已向全世界派出共计约九千名维和人员，包括三百多名在苏丹达尔富尔维和的人员。很多欧洲人在达尔富尔问题上批评中国，但他们没有看到中国为达尔富尔做的实事，包括铺设水管和援建道路，我对此感到非常遗憾。中国维和人员在达尔富尔遇到了很多的困难，而欧盟国家承诺的直升机一直没有到位。欧洲至少有2000架直升机，在你们对达尔富尔问题发表了这么多言论之后，为什么连一架直升机都不能贡献？我今天不是来抱怨的，只是以此说明，真正关心达尔富尔局势就应多做些实事。

I am sure the government will continue to support the religious and cultural development of Tibet. China, with its 56 ethnic groups, believes that keeping the big family together is important for an industrialising China.

On the foreign policy front, China will maintain friendly relations with the rest of the world. China will have to primarily focus on its domestic issues for a long time to come. However, it doesn't mean that China will shy away from its due international responsibilities.

Back in 1992, I was the first Chinese civilian peacekeeper in Cambodia. By now, 16 years later, we have sent about 9,000 peacekeepers all over the world, including over 300 who have been committed to Darfur. Many Europeans criticise China on the issue of Darfur, but I think it's regrettable that they have no idea of the much good that we are doing in Darfur, like laying water pipes and building roads. Chinese peacekeepers are having many challenges in Darfur. Promises of helicopters were made by some EU countries, but have yet to materialise at all. Whilst Europe has at least 2,000 helicopters and has been so vocal about Darfur, why haven't we seen a single helicopter delivered? I am not here to complain. I am just saying that if people do care about Darfur, they should offer more concrete deliverables.

政府はチベット宗教や文化事業の発展に対して引き続き支援していくと、私は信じています。中国は56の少数民族から構成された大家庭です。私たちは、工業化への実現を目指すと共に、このような大家族では緊密に団結していくことも非常に重要なことです。

　対外政策については、中国は世界との友好関係を継続的に維持していきます。中国は、今後、長い時期にわたり、国内の問題を解決する為に精一杯努力していきますが、それは決して中国が当然払うべき国際的責任を回避すると言うことではありません。

　1992年に遡りますが、私は、中国の最初の文民平和維持職員として、カンボジアへ赴任し、平和維持活動に参加しました。16年後の今日に中国から全世界へ派遣された平和維持職員は既に約9000名に昇りました。その中には、スーダンのダルフールへ派遣された300余名の平和維持職員も含まれています。欧州の多くの人々はダルフール問題について中国を批判していますが、しかし、彼らは、中国がダルフールの為に、下水道の敷設や道路の建設などの支援のような事実に目を向けていないことを非常に残念に思います。実は、中国の平和維持職員たちはダルフールで非常に多くの困難に見舞われました。しかし、EU諸国が承諾していたヘリコプターは最後まで所定の場所に現れませんでした。欧州は少なくとも2000基のヘリコプターを有していたと思います。あなた方はダルフール問題に関してこのように多くの自由な言論をしているのに、なぜヘリコプターの1基さえ手配できなかったのでしょうか。今日私は、ここで恨み言を言うために来たのではありませんが、もしもダルフールの情勢に真の関心を持つのであれば、もっと多くの具体的な成果を提供すべきではないでしょうか。

Now let me turn to bilateral relations. During Prime Minister Gordon Brown's visit to China, Premier Wen Jiabao proposed five priority areas for cooperation, namely, technology trade, innovation cooperation, energy and the environment, financial services, and intellectual property protection.

About technology trade, Britain has a strong edge in life science, new materials, the automotive industry, aviation, low carbon technology, and research and development. China hopes that Britain will be more open in terms of bilateral technological cooperation and expand its technological export to China.

China has accumulated huge foreign reserves, but has yet to learn what to do with them. Our Minister of Commerce once told me, "We Chinese like saving, but we haven't learnt how to spend yet." Indeed, China may be the only country that sits on a mountain of wealth but is unable to invest globally. When I suggest Chinese companies to invest in Britain, they always ask me: Where? What? How? I do see a potential role of the British consultancy sector in providing support and help to Chinese businesses in this respect.

现在我想谈谈中英双边关系。布朗首相访华期间，温家宝总理建议中英重点加强在技术贸易、联合创新、能源环保、金融服务和知识产权保护等五个方面合作。

在技术贸易方面，英国在生命科学、新材料、汽车工业、航空、低碳等技术和研发领域实力很强，中方希望英国在双边技术合作上采取更为开放的态度，扩大对华技术出口。

中国现在有着庞大的外汇储备，却似乎被这笔巨额资金困住了。商务部长对我说，我们中国人喜欢存钱，但还没学会怎么去花钱。确实，像中国这样，有资金却还不能在世界范围内投资的国家绝无第二家了。我向中国公司建议在英国投资时，他们总是问我：在哪里投？投什么？怎么投？在这方面，英国的咨询服务行业可以提供支持和帮助。

次に、私は中英関係について述べさせて頂きたいと思います。ゴードン・ブラウン首相が訪中された際、温家宝総理は、中英間は、技術貿易、連携創造、エネルギー源と環境保護、金融サービス及び知識財産権保護の重点強化と言う5方面の協力を強めようと、提案いたしました。

技術貿易の面で、イギリスは生命科学、新材料、自動車工業、航空、低炭などの技術及びその研究・開発の領域における実力は極めて高いものがあります。中国側としては、イギリス側が両国との技術協力の上で、もっと開放的な姿勢を取り、中国に対する技術の輸出を拡大してくださるよう希望します。

現在、中国は厖大な外貨貯蓄を有していますが、これらの巨額資金にどう対処すべきか困り果てております。かつて、商務大臣が私に述べた事があります。「我々中国人は貯金好きだ。しかし、それをどう使ったらよいのか分からないのだ」と。確かに、中国のように資金はあるが、グローバルに投資が出来ずにいる国は二つとないでしょう。私が中国の会社にイギリスへ投資したらと提案を行う時、彼らの口からはいつも、「何処で?」「何を?」「どうやって?」というような質問が浴びせられます。そんな状況ですので、イギリスのコンサルタント部門におかれては、ぜひご支援とご協力を提供頂ければ有り難いと思います。

China's investment in environmental protection domestically is expected to reach 100 billion pounds. This will bring enormous business opportunities for China and Britain to enter into joint venture projects. We have a city called Wuhan, which has come to Manchester and other places to find possible projects of cooperation. And I hope these will become new highlights for bilateral trade. The two governments are also encouraging enterprises and research institutions to make use of the 800-million-pound Environment Transformation Fund to undertake cooperation in eco-city development, clean energy and low carbon economy.

Education is a priority area of cooperation. Every year we send about 18,000 Chinese students to Britain and among them 15,000 will return to China upon graduation. Most of them can easily find jobs in China. They are ambassadors for our cooperation in their own way. Nevertheless, we see very few Chinese with working experience at major British companies and most of the Chinese who have international corporate experience have returned to China from the US and other countries. So, it is advisable for Britain to think about making changes to its relevant policy and giving Chinese students more time to gain practical experience here in the UK. It will pay off when more Chinese investment comes this way and will help build stronger ties between China and the UK.

中国在国内环保投资预计将达13750亿元（约合近1000亿英镑）。这将为中英两国开发合资项目创造巨大商机。中国武汉市已派团来曼城等地考察合作的项目，我希望这能成为两国贸易的新增长点。两国政府还鼓励双方企业和研究机构利用英方提供的总额达8亿英镑的"环境变迁基金"，在生态城市建设、清洁能源和低碳经济等领域开展合作。

教育也是中英合作的重点领域之一。每年有1.8万名中国学生到英国学习，其中1.5万人将学成回国，大多数人都能在国内找到满意的工作，他们可谓是中英两国合作交流的使者。不过，有在英国企业工作经验的中国人似乎不多，大多数有国际大公司工作经验的中国留学生都是从美国等国家回国的。所以，建议英国也能考虑调整相关政策，使中国学生能留在英国获取更多实践经验，为吸引更多中国投资和加强中英沟通发挥作用。

中国は、国内の環境保全投資において、13750億元（約1000億イギリスポンド）に達する、と推測されています。これにより、中英両国間がジョイントベンチャー事業をおこなえば、巨大なビジネスチャンスが生まれます。中国の武漢市は、既にマンチェスター市にグループを派遣して、現地での可能性のある協力プロジェクトの考察を行っています。これこそ、両国の貿易交流の新しいスタートになることを願っております。両国の政府は、双方の企業と研究機構が、イギリス側が提供して下さった総額8億ポンドの「環境変遷基金」を利用して、エコシティ建設、クリーンエネルギー源、そして低炭素経済などの領域の協力を展開して行かれることを推賞しています。

　教育も中英間の協力における重点の一つです。毎年1万8千人の中国人がイギリスに留学し、その内1万5千人が卒業後帰国しますが、大多数の帰国留学生は国内でほぼ満足する仕事に就きます。彼らは、正しく中英両国の協力交流の使者と言えるでしょう。それにもかかわらず、帰国した留学生の中で、イギリスの企業で働いた経験を持つ中国人留学生は少ないようです。国際的大手会社で働いた経験を持つ大部分の中国人留学生は皆、アメリカなどの国々から帰って来た者です。従って、イギリス政府にお願い致したいと思いますが、留学生たちに貴国で実地経験を持たせるよう、もっと多くのチャンスを与え、それにより、更に多くの中国の投資を引き付け、中英間のより強いきずなを作り上げるために、関係政策の調整をご検討いただければ幸いです。

The last important area of cooperation is culture, as I find culture a very important bridge between our two peoples. This year, we have launched the programme of China Now. Sponsored mainly by British companies, there will be 800 cultural events across Britain. China Design Now has opened at the V&A[1], which, unlike the First Emperor Exhibition at the British Museum, showcases the modern face of China.

In the summer, the Chinese Central Ballet will bring to the UK a wonderful performance of "Raise the Red Lantern" and "Swan Lake." There will also be an acrobatic "Swan Lake"—that is a must-watch! And I really must advise you NOT to miss it!

Before finishing, let me also mention some of the difficulties we have in our relations, especially the less-than-friendly atmosphere since the recent Lhasa rioting. I think the media in the West has not helped.

最后，我想强调两国文化交流的作用。我觉得文化对增进两国人民之间的了解十分重要。今年，主要由英国工商界发起、在全英各地展开的"时代中国"系列文化活动达到八百多场，其中包括最近在维多利亚和艾伯特博物馆举行的"创意中国"设计展。与在大英博物馆举办的秦始皇兵马俑展览相比，这一设计展侧重展示当代中国的风采。

今年夏天，中国中央芭蕾舞团等艺术团体将带来《大红灯笼高高挂》和《天鹅湖》等精彩节目。杂技《天鹅湖》也会演出，这真是必看之选，我建议各位千万不要错过！

在结束之前，我想再谈谈两国关系出现的一些困难，特别是最近的拉萨骚乱造成的不友好氛围。我觉得西方一些媒体的表现起了不好的作用。

1. Victoria and Albert Museum

最後に、両国の文化交流の役割を強調しておきたいと思います。文化交流は、両国民の相互理解を深めて行く非常に重要な役割があると実感致しております。今年、主としてイギリス商工界の後援により、イギリス各地で開催された「チャイナ・ナウ」の文化活動では800余りにのぼるイベントが行われました。その中には、最近、ビクトリア・アルバート博物館で行われた「現代中国のデザイン」展も含まれます。大英博物館で挙行された「秦の始皇帝兵馬俑坑展」と比べて見ると、今回のデザイン展示では現在の中国の顔が表現されております。

　今年の夏、中国中央バレー団などの芸術団体は「紅夢」や「白鳥の湖」などの素晴らしいプログラムを携えて貴国で公演を行います。雑技の「白鳥の湖」公演も開催されます。皆様、くれぐれも貴重なチャンスをお見逃しになりませぬよう、是非楽しみにして下さい！

　最後になりますが、両国間に横たわっている困難な状況について改めて触れたいと思います。最近、特にチベットのラサの騒乱で起こされたあまり友好的ではない雰囲気についてです。欧州の幾つかのメディアの表現は、良いものではありませんでした。

When it first occurred, they had such a strong belief that there must have been a "crackdown" that they started using the words "crack down" and calling for "restraint" from day one. However, as they were unable to find photographs or facts to back up their stories, they made it up by misusing photographs from other countries to "prove" that the Chinese police were cracking down on demonstrators. Their stories were misleading the public and building up a negative atmosphere.

The Chinese public are very aggrieved by such media abuses, leading to a popular campaign of Western media-bashing. Your media has lost almost all its credibility amongst the Chinese, especially the younger generation.

Many Chinese have realised that the Olympics has become an open season on China. But the Olympics is not a UN summit, much less an occasion for the discussion of and solution to political issues, which must have more appropriate venues than the swimming pool or the football pitch.

骚乱一开始，他们就假定有"镇压"，便在报道中说中国"镇压"，要求中国"克制"。但随着事件发展，他们找不到图片或事实证据，就把其他国家警方驱赶人群的照片拿出来，说成是中国警察镇压。这些错误报道不仅误导了公众，还营造了负面的情绪。

这种移花接木的做法在中国招致了很多民众的不满，激发了批判西方媒体的浪潮。这使西方媒体在中国人民——尤其是年轻人——当中名誉扫地。

许多中国民众发现，奥运会成为各色人等向中国施压的机会。但奥运会不是联合国峰会，政治问题是不能在游泳池或足球场里解决的，有其他讨论和解决政治问题更合适的场所。

騒乱の最初の時点で、「厳しい鎮圧が始まった」という仮定の下に、中国が鎮圧するぞと嘘の報道を行い、なおかつ中国に対して「抑制」を求めました。しかし、事態の展開がわかるにつれて、彼らは現場写真や事実の証拠が見つからないので、別の国の、警察側が群衆を追い払っている写真を引っ張り出して、それを、中国の警察が鎮圧を行っているのだ、と言ったのです。これらの間違った報道は、大衆を間違った方向に誘導しただけではなく、マイナスな感情を作り上げてしまったのです。密かに物を取り替えて人を騙すようなやり方は、中国の多くの民衆の憤懣を招いてしまいました。そのため、欧州メディアへのバッシングが引き起こされ、中国の人々、特に若者の間に、欧州のメディアに対する大いなる失望を与えました。

　多くの中国の民衆が気づいたようですが、オリンピックが、様々な人に中国に対して自由に批判できるチャンスを与えたのだと。しかし、オリンピックは国連の首脳会談ではありません。政治問題の討論や解決にはプールやサッカー場ではなく、もっと相応しい場所があるはずです。

I have seen on TV such a great zeal in learning English in China among the farmers, taxi drivers, grandmothers, and other seemingly unlikely pockets of the population who will soon learn to say "Hello," "Sorry," and "Bye-bye." Chinese chefs are having huge competitions on cuisine from all lands, and the best restaurants in China are all trying to find a place near the Olympic Village to attract more guests. I am not sure we will have the most medals, but I am sure we will offer the best cuisine to athletes worldwide!

Britain is the next host of the Olympics after China and is a very important partner of ours. On 6 April, the Olympic torch will arrive in London, where we will see the longest relay run anywhere in the world. It will also be a very good opportunity for the Chinese people to see the UK and London and hopefully change their stereotypical impression—foggy weather, everybody in a dark coat and with an umbrella in his hand. I hope if you happen to be in London then, you would also join the torch event.

To end, I want to say that China-UK relations will see even better times ahead.

Thank you.

我从电视上看到，现在中国的农民、出租车司机、老大妈们都在学习英文，学说Hello、Sorry 和 Bye-bye。厨师比赛烹制各国美食，中国最好的餐馆都想在奥运村附近设点，以招徕更多客人。我不敢说中国能获得最多的奖牌，但我相信北京奥运村一定会为各国运动员提供最棒的美食。

英国将举办2012年奥运会，中英两国在奥运会上是重要的合作伙伴。4月6日奥运火炬将来到伦敦，这将是奥运火炬在世界范围内距离最长的传递。中国公众可以借此机会了解英国和伦敦，改变对伦敦的刻板印象——在不少中国人的印象里，英国雾蒙蒙的，人们都穿着黑色的风衣，打着雨伞。届时在座的各位如果正好在伦敦的话，也希望你们前往助兴。

最后，我坚信中英关系前景将会更加美好！谢谢大家。

テレビで見たのですが、現在、中国の農民やタクシーの運転手、そして、おばあちゃんたちは、皆英語を猛勉強していて、「Hello」、「Sorry」と「Bye—bye」を練習しているのです。コックさん同士も、各国の美食料理の競い合いを行い、中国の最も有名な料理店は皆オリンピック村の近くに店舗を設け、より多くのお客を魅了したがっているのです。中国が最も多くのメダルを獲得することができるかどうかは何とも言えませんが、私は確信致しております。北京オリンピックの選手村は必ずや各国の選手たちの為に、最も喜ばれる美味しい食事を提供することが出来るに違いないと。

　イギリスは、中国に続いて2012年に、オリンピックを開催するホスト国です。中英両国はオリンピックに関しても、重要な協力相手国です。4月6日、オリンピックのトーチがロンドンに到着しますが、世界中で最も長いリレーとなります。中国の人々はこれを契機にして、イギリスとロンドンを理解することができるでしょう。いつも霧が立ちこめ、黒一色のコートを身につけ、傘をさしているイギリスの人々というようなロンドンに対するステレオタイプの印象がきっと変わるでしょう。オリンピック開催の際、今日ご列席の皆様方が、もしもロンドンにいらっしゃるのであれば、ぜひとも大いに応援して戴けるようお願い致したいと思います。

　最後に、私は、中英両国の関係が更に美しい未来をきっと迎えるに違いないと確信致しております。

　ご静聴、ありがとうございました。

中国と西欧の間の氷を砕く
「氷を砕く青年団」活動開始セレモニーでの講演

2008年5月1日 ロンドンにて

Break the Ice Between China and the West

Speech at the Launching of "Young Icebreakers"
London, 1 May 2008

中西交往，破而后立
在"青年破冰者"活动启动仪式上的演讲
伦敦，2008年5月1日

The Young Icebreakers is a new body of the 48 Group Club, which has made some positive steps in promoting and upgrading the cultural exchanges amongst the younger generation in China and Britain, based on the spirit of the original icebreakers.

48家集团俱乐部新成立的"青年破冰者"组织，旨在秉承"破冰者"精神，促进中英两国青年间的文化交流与合作，并已为此作出了积极的努力和贡献。

48グループクラブは「氷を砕く青年団」という組織を新たに創立した。この組織は、「氷を砕く者」精神に基づき、中国とイギリスの両国青年の間の文化交流及び協力を促進することであり、既に積極的な努力と貢献を行っている。

Mr. Stephen Perry[1],

Ladies and Gentlemen,

It gives me great pleasure to join you at the launching of the Young Icebreakers, hosted by the 48 Group Club. I would like to congratulate the 48 Group Club on its 55th anniversary, which they have recently celebrated in Beijing.

Fifty-five years ago, it took Mr. Jack Perry seven days to travel from London to Hong Kong and another four days to reach Beijing in his quest to establish contact with China. But today, it would take Mr. Stephen Perry no more than ten hours to fly from London to Beijing.

Over the past five decades, much has changed in China and in the world. With the old ice between China and the West being melted, partly thanks to the foresight and courage of business leaders like Mr. Jack Perry, an invisible layer of ice still remains between us today.

[1]. Chairman of the 48 Group Club, son of Jack Perry, who joined the Icebreaker Mission in 1953　48家集团俱乐部主席，其父杰克·佩里是1953年英国"破冰"商业使团的领军人

斯蒂芬·佩里先生[1]，女士们、先生们：

很高兴出席48家集团俱乐部举办的"青年破冰者"活动启动仪式。48家集团俱乐部不久前在北京举行了成立55周年庆祝仪式，我谨再次表示祝贺。

55年前，为了探索对话交往，老佩里先生从伦敦到香港花了七天，然后又用四天时间才抵达北京。今天，小佩里先生从伦敦飞到北京只需不到十个小时。

半个多世纪过去了，中国和世界都发生了巨大变化。如果说五十多年前，由于老佩里等具有非凡勇气和远见的英国工商界人士的努力，中国与西方世界之间的冰层已经开始融化，五十多年后的今天，一层看不见的坚冰仍然挡在我们之间。

スティーブン・ペリー先生[1]
皆様

　48グループクラブ主催による「氷を砕く青年団」活動開始セレモニーに参加することができ、非常に嬉しく存じます。このほど、48グループクラブが創立55周年の祝典を北京でおこなわれたことに対し、改めて心よりお祝いを申し上げます。
　55年前、イギリスと中国との関係を確立するために、ジャック・ペリー先生は、7日間を費やして、ロンドンから香港に辿り着き、更に4日かけて、やっと北京に到着されました。ご令息のスティーブン・ペリー先生はロンドンから北京まで飛行機を利用されたことと思いますが、今では10時間もかからなかったことでしょう。
　半世紀以上も立ち、中国も世界も大きく変わりました。50年前、ジャック・ペリー先生をはじめ、イギリスの商工界の方々が大いなる勇気と先見の明をもって、多大な努力をされたお陰で、中国と西欧との間の氷が溶け始めました。しかし、50年余り経った現在、目に見えない堅い氷の層が依然として我々の前に立ちはだかっております。

---

1. 48グループクラブ主席。父親のジャック・ペリーは、1953年、イギリス「氷を砕く」商業使節団のリーダーであった。

This lack of mutual trust can be traced to some recent developments. The manner with which the issues of Tibet and the Beijing Olympics have been reported by some Western media has hurt many people in China. Many young people expressed their anger on the Internet and in the streets over the comments made by Jack Cafferty of CNN on 9 April that the Chinese are "basically the same bunch of goons and thugs they've been for the last 50 years."

The Beijing Olympics is a time of celebration, particularly for the young people. Seven years ago when China won the bid to host the 2008 Olympics, many people, mainly the young, celebrated all night on the streets and in the squares. After seven years, as they are welcoming the world to Beijing with open arms and hoping that the Olympics will showcase today's China, they have been disappointed at the response.

According to the results of the latest opinion poll done by Horizon in China, more than 80% of those polled said they did not like the West any more. Since last year, the number of Europeans who considered China as a threat has reportedly almost doubled and in the United States, 31% of those polled consider China to be a bigger threat than Iran or the DPRK. I have never seen such strong views against China and vice versa in the recent past.

这种互不信任从最近发生的一些事情中反映出来。西方一些媒体在西藏和北京奥运会问题上对中国的偏颇报道使很多中国民众受到伤害。无数中国年轻人在网络上和街头表达着他们对 CNN 主持人卡弗蒂在 4 月 9 日的节目中用"暴徒和恶棍"这样的字眼辱骂中国人的愤怒。

北京奥运会是欢庆的时刻，对年轻人而言更是如此。七年前，当北京赢得奥运会主办权的消息传回国内时，很多人——尤其是年轻人——在街头和广场上欢庆了一整夜。七年后，正当他们准备张开双臂欢迎八方来客、尽情展示今日中国之风貌时，却受到如此令人失望的对待。

最近中国零点民意调查显示，超过 80% 的受访者表示不再对西方抱有好感。而根据一项调查，自去年以来，欧洲人将中国视为威胁的比例几乎增加了一倍，在美国也有 31% 的受访者认为中国的威胁程度高于伊朗与朝鲜。如此严重的对立情绪实为近年来所罕见。

最近、発生したいくつかの出来事から、このような相互信頼の欠如の、原因を辿ることが出来ます。西欧のメディアがチベットや北京オリンピックの問題に関して行った報道の仕方が、中国の多くの民衆を傷つけてしまったのです。中国の大勢の青年たちはインターネットで、あるいは街頭に出かけて、CNNの司会者ジャック・カファティーが4月9日の番組の中で、「暴徒、悪漢」という暴言を用いて、中国人を侮辱したことに対して憤慨の意を示しました。

　北京オリンピックは一大慶事であり、特に若者たちにとっては大いに喜ばしいことでした。7年前、オリンピックの開催地が北京に決まったというニュースが国内に伝えられた瞬間、多くの人々、とりわけ若者たちは、街頭や広場に集まり、夜を徹して喜びを分ち合いました。7年後、彼らは、両手を広げ、世界の津々浦々からの来客を迎え、一新した中国の姿を紹介しようとしたまさにその時に、このような対応を受け失望させられるようとは、よもや思わなかったのです。

　最近の中国で行われた世論調査の結果によれば、西欧に対して好感を持たないというアンケートの回答者は80％を超えています。昨年以降、欧州諸国の中で、中国を脅威であると思っている比率は2倍増となっています。アメリカでもアンケート回答者の31％は、中国の脅威の程度はイランや北朝鮮よりも高いというものでした。このような厳しい対立状態は、近年来、稀のことではないでしょうか。

So, why has there been such a gap? Why are there such unfriendly feelings between the two groups of people who account for one third of the world's population?

Many Chinese feel puzzled and disappointed by the attacks on China about Tibet and the Olympics. Many people in the West have no idea how dear the Olympics is to the people in China. Some even consider the Chinese people brainwashed to the extent that their feelings against the West are purely an explosion of nationalism.

It is naive and arrogant to think that the 1.3 billion Chinese people can be brainwashed and an overstatement to say that there is rampant nationalism in China. I also disagree with the assertion that the majority of Western public are against China. The lack of knowledge and information about each other could be the reason behind these misconceptions.

The Chinese people today are no longer living in an isolated world. By the end of 2006, China had 573 publishing houses, churning out over 230,000 titles of books every year, in addition to the nearly 2,000 newspapers and 9,000 magazines being produced. China has also leapfrogged into the information age, with the world's largest group of Internet users amounting to over 221 million and every day Internet portals like SINA and SOHU rolling out 10,000 news updates. So we are seeing many of our young people finding it more comfortable using a keyboard than a pen.

那么，为什么会有这样的认识差距呢？为什么占世界人口三分之一的这两大群体间会产生如此对立的情绪？

许多中国人对西方近来围绕西藏和奥运会问题对中国的攻击感到困惑和失望。许多西方民众则全然不了解中国人民对奥运会的珍惜和情感，甚至认为：中国人被洗脑，中国人对西方的不满是民族主义泛滥的表现。

以为13亿中国人能被洗脑是天真和傲慢的，说中国民族主义泛滥也言过其实。但认为大多数西方人反对中国也有失偏颇。出现这样误解的原因可能很大程度上在于相互认知的差距和信息的缺失。

中国人今天绝非生活在孤岛上。到2006年底，中国共有573家出版社，每年出版23万种图书，还有近2000种报纸和9000多份杂志。中国已跨进了信息时代，网民超过2.21亿，成为世界上互联网用户最多的国家，新浪、搜狐等大型门户网站每天滚动发布新闻达万余条。许多年轻人用键盘比用笔还熟练。

それでは、なぜお互いの認識にこれほど大きなギャップがあるのでしょうか。なぜ、世界の3分1の人口を占める2つの集団がお互いに対立しているのでしょうか。チベットやオリンピック問題を巡る西欧の中国への攻撃的な行為によって、数多くの中国人は困惑し失望しています。西欧の数多くの人々は、中国人がどれほどオリンピックを熱望しているかを全く理解しておらず、更には、中国人が洗脳されてしまっているとか、中国人の西欧への不満は民族主義の爆発によるものと思い込んでいるのではないでしょうか。

　13億の中国人が洗脳されていると考えるのはあまりに単純で、傲慢な見方ではないでしょうか。中国の民族主義の氾濫だという表現も、事実にそぐわないものです。西欧の大多数の人々が中国に反発しているという主張に対して私は賛同しかねます。数多くの誤解が生じた主な原因は、恐らく相互理解の不足と相互の情報が乏しいからだと思うからです。

　今日、中国人はもはや決して孤立した世界に生活してはいません。2006年時点で、中国は573の出版社を有し、毎年23万点の図書を刊行し、更に、2000種の新聞そして9000以上の雑誌があります。中国もすでに情報時代に入りました。ネットユーザーは2.21億人を超え、世界のネットワークのユーザーとして最多の国となりました。「新浪」や「捜狐」等の大型ポータルネットでは毎日流されるニュースが1万件以上あります。従って、多くの若者は、ペンよりパソコンのキーに熟練しています。

在今年全国人大会议之前，几家中国最有影响的网络开展了"我有问题问总理"的提问征集活动，短短几个星期内就征集到数以百万计的提问，有担心粮食价格上涨的，也有为国家发展献计献策的，对政府政策的批评意见也不在少数。

这些情况能为西方民众所知的寥寥无几。英国人有爱读书的好习惯，但是在英国很少能看到介绍今日中国的书籍。从中方来说，需要更加努力把中国的情况介绍给西方民众，让他们更多了解中国文化和生活方式，了解中国充满活力的青年文化和群众喜闻乐见的文艺形式。

英国人对西藏的了解也十分有限。我碰到的很多英国人根本不知道自己的国家在 1888 年和 1904 年两次入侵西藏，还曾企图将中国对西藏的主权降格为宗主权。

在这困难的时刻，双方为弥合认识差距作出共同努力十分重要。我也希望，通过这些事情，中国年轻一代对西方国家能有更全面的认识。西方国家仍是中国改革过程中的重要合作伙伴。

Before this year's National People's Congress session, there was a special column created on the main websites in China entitled "Questions to the Premier." Millions of questions were collected in a few mere weeks. Some people were concerned about rising food prices, others gave their views and suggestions on how the country should be run, and there were also criticisms of some government policies.

Only a limited amount of this information is reaching the Western public and unfortunately, whilst many British people like reading books, I've found few books here that portray China as it is today. For its part, China also needs to work harder in reaching out to the British public and explain more about our culture and way of life, as well as the vibrant youth culture and successful art scene which can be found across China.

There is also a limited knowledge about Tibet here, with many of those I have spoken to unaware that their own country invaded Tibet on two occasions—in 1888 and 1904, or even that it tried to reduce China's sovereignty over Tibet to suzerainty.

At this difficult time, it's important that we work together to bridge the gap. And I also hope that through these developments, the younger generation of China will have a more comprehensive understanding of Western countries, who remain our main partners in reform.

今年の全国人民代表大会の前、中国の最も影響力のあるいくつかのウェブサイトが、「総理に聞きたい」というタイトルで質問を募集しました。たった数週間で、数百万の質問が集まりました。その中には、食料の値上がりの心配や国の発展のための自分たちの見解や提案、更には政府のいくつかの政策に対しての批判や意見なども少なくありませんでした。
　こうした情報は限られたほんの一部しか西欧の人々には届いておりません。イギリス人は読書を好むという良い習慣がありますが、残念なことに、私はイギリスで現在の中国を紹介した書籍を目にすることはあまりありません。中国側からいえば、もっと努力して中国の文化や人々の生活様式をイギリスの人々に紹介し、中国の至るところにみられる若者たちの活気ある文化や日常の喜怒哀楽を表現した民衆の文化芸術を理解していただきたいと切に願っています。
　イギリス人にとってチベットに関しての理解も限られていると思います。私には、多くのイギリス人との付き合いがありますが、彼らは、中国が1888年と1904年の2回にわたりチベットに侵入したことや、中国の擁するチベットへの主権を宗主権に引き下げようとしたことを知りませんでした。
　こうした困難な時期こそ、双方が認識の隔たりを埋めていくために努力していくことが大事ではないでしょうか。こうした努力を通じて、中国の若い世代が西欧諸国を総合的に深い理解ができるよう私は願っております。なぜなら、西欧諸国は、依然として中国の改革開放の過程の中で、主要な協力相手だからです。

Human rights have become a hot topic concerning China recently. Some individual cases are raised to prove that our record is not very good. However, the human rights improvements that have been implemented for the majority of the Chinese are seldom mentioned.

China is not free of problems. Recently, a Chinese TV channel has been running a programme about a village in Henan Province, where many villagers have fallen ill as a result of pollution. There are also cases of farmers who lost their land to commercial development without receiving sufficient compensation. These problems all need to be addressed and we are not hiding anything. Westerners can certainly criticise China, but we do hope they will do it on the basis of facts, as this will improve their credibility amongst the Chinese people.

This year marks the 30th anniversary of reform and opening up in China and China has been transformed. In the last five years in particular, the country has had the fastest growth rates in the world. With its GDP reaching 3.4 trillion US dollars, China has become the fourth largest economy in the world.

最近人权问题成为涉华热点问题之一，一些人试图以一些个案证明中国人权记录不好，但是他们很少提到中国在使绝大多数人享有人权方面取得的成功进展。

中国并非毫无瑕疵。不久前一家中国电视台播出了一个关于河南某村的片子，村里很多人因为污染而患上了疾病；还有农民土地被征而未获足够的补偿——这些问题都需要解决，我们没有掩饰问题的存在。西方人也可以批评中国，但这种批评应以事实为依据，这样对他们自己在中国人当中的信誉也有好处。

今年是中国改革开放的第 30 个年头，中国发生了翻天覆地的变化。特别是近五年来，中国经济实现了全球最快速的增长，GDP 达到 3.4 万亿美元，已成为全球第四大经济体。

最近、人権は中国に関するホットな話題となっています。いくつかの事件を持ち出して、中国の人権の扱いがあまり適切ではないとしているものです。しかし、彼らは中国で多数の人々が人権を享受できるようになった成果とその進展ぶりについて取り上げることはめったにありません。

　現在、中国は全てが完璧とういう訳ではありません。先日、中国のあるテレビ局が河南省のある農村地域の番組を放映しました。多くの農民たちが汚染による疾病を患っていることや、農民が農地を徴収されても十分な補償を受け取っていないことなどの問題はいずれも解決しなければなりません。私たちは問題を隠そうとすることはしません。西欧の人々が批判をしてもいっこうに構いません。ただ、このような批判は事実に基づいてなされるべきです。そうした誠実な報道を行うことによって、中国人の信頼を得ることができ、それは彼ら自身にとっても良いことになるはずです。

　今年、中国は改革開放30周年を迎えます。30年間に中国は一変しました。特に、最近5年間、中国の経済は世界で最も速い成長率を実現しました。GDPは3.4兆米ドルに達し、世界で第4位の経済大国となりました。

The most important change in China has been the rapid rise in living standards. China is now the number one market for personal communications products, with its 360 million fixed-line phones and 630 million mobile phones. China has not only become the workshop of the world, but also a vibrant new market, whereby one trillion US dollars' worth of goods and services will be imported from the rest of the world by 2010.

The development of the Chinese economy has provided a broad platform for China-UK relations. Prime Minister Gordon Brown made a successful visit to China where the leaders of the two countries reached a series of important agreements. In the middle of April, Chancellor Alistair Darling visited China, and the first Economic and Financial Dialogue at vice premier level was held. China-UK trade grew by 29% year-on-year in 2007, and investment and financial services have become new growth points.

There have also been dynamic cultural exchanges between the two countries. China Now, launched last February by the British business community across the UK, is the largest cultural exchange group between our two countries, and is a series of events covering more than 800 activities, in the areas of culture, commerce and education, amongst others. The blockbuster exhibition *The First Emperor: China's Terracotta Army* which ran from last September to April this year has also been a huge success, attracting nearly 800,000 visitors.

而在中国最重大的变化莫过于普通人生活水平的快速提高。现在中国已有3.6亿部固定电话和6.3亿部移动电话，在个人通信领域居世界第一。中国不仅成为世界工厂，还是一个充满活力的巨大新兴市场，到2010年，中国每年进口额将达1万亿美元。

中国经济的增长为中英关系的发展提供了广阔天地。布朗首相年初成功访华，两国领导人达成了一系列重要共识。4月中旬，财政大臣达林访华，首届中英副总理级经济财金对话成功启动。中英双边贸易额2007年比2006年增长了29%，投资和金融服务正成为新的增长点。

中英文化交流发展迅速。英国企业界发起的"时代中国"活动从2月开始在全英各地拉开序幕，八百多项活动涵盖文化、商务、教育等多个领域，是迄今为止中英两国规模最大的文化交流项目。去年9月至今年4月，"秦始皇——中国兵马俑展"在大英博物馆的展出获得巨大成功，吸引了近八十万名观众前往参观。

中国の最も重要な変化は、他でもなく、一般庶民の生活水準が急速に引き上げられたことです。今現在、中国ではすでに家庭用電話機は3.6億台、移動式電話機は6.3億台持つようになりました。個人用通信電話の数は世界一です。中国は世界の工場になっただけでなく、活力溢れる巨大な新興市場にもなったのです。2010年までには、世界からの中国の輸入額は、1兆米ドルに達するでしょう。

　中国経済の成長は中英関係の発展の為に、幅広い機会を提供しました。今年初めのゴードン・ブラウン首相の中国ご訪問は成功しました。両国の指導者が一連の協議において、重要な合意に達したからです。4月中旬、アリスター・ダーリング財務大臣が訪中されたことで、両国初の副総理レベルの経済・財政対話が実現し、大成功を収めました。中英両国は、2007年の貿易額は前年比29％増加しました。投資と金融サービスは、既に新しい成長ポイントになっているのです。

　中英間では文化交流も著しい展開をみせています。イギリスの企業界の呼びかけによる「チャイナ、ナウ」のイベントは2月より始まり、イギリス全土で開催されます。800以上のプログラムのイベントは、文化・商務・教育などの多領域にわたり、中英両国の間で今までになかった最大規模の文化交流事業となります。昨年の9月から今年の4月まで開催された「秦の始皇帝―中国兵馬俑展」は、大英博物館で展示され、大成功を収めました。この展示会には80万人近い観客が押し寄せました。

Today, 18,000 Chinese students come to Britain every year and 15,000 are returning to China. At the beginning of this year, our two governments launched a two-year youth exchange programme, under which 400 young people from China and the UK will exchange visits. Friendly exchanges like these are an important means to increase mutual understanding and trust and to bridge the knowledge gap.

I am filled with confidence about the people in China and in Western countries, particularly young people, as they have open and perceptive minds which are ready to learn new things. So, as many of you have been to China, you can better communicate with our young people and establish mutual understanding.

The spirit of icebreaking pioneered by the 48 Group Club represents courage, calm thinking and self-sacrifice. It has stood the test of time and is the best way for us to break the ice. The young icebreakers have injected fresh vitality into the 48 Group Club, and I do hope you will work together in the spirit of icebreaking to help promote understanding between China and the West.

Thank you.

目前，每年有1.8万名中国学生来英国学习，也有1.5万人学成回国。年初，中英两国政府启动了一项为期两年的青年交流项目，400名两国青年将实现互访。两国间的友好交往是增进相互了解和信任、弥合认知差距的重要手段。

我对中国和西方民众——特别是年轻一代——充满信心。年轻人头脑开放，思维敏锐，渴望了解新鲜事物。你们当中很多人去过中国，可以与中国年轻人通过更好的沟通交流建立相互了解。

48家集团俱乐部开创的"破冰者精神"代表着勇气胆略、冷静思考和自我牺牲，经受了历史风雨的考验，是打破坚冰最有力的武器。"青年破冰者"活动为48家集团俱乐部注入了新的活力，希望大家秉承"破冰者精神"，为推进中西相互了解而努力。

谢谢大家。

現在、毎年1万8千人の中国人学生がイギリスに留学し、また1万5千人の留学生が学業を終え帰国しています。今年の初め、中英両国政府は、新たに2年間の青年交流プログラムを始めました。このプログラムで両国の400名の青年がお互いの国を訪問し合うことになります。このような両国間の友好交流は、お互いの理解と信頼を促進し、両国間の認識の隔たりを埋めていくためのとても重要な方法であります。

　私は、中国と西欧の人々に対し、とりわけ若い世代に対して十二分な信頼感を持っております。若い方々は、思想が開放的で、感性が鋭く、新しい物事を学ぶ意欲が強いからです。皆様の多くは中国へお出でになったことがあり、中国の若者たちとスムーズな意思疎通を行うことが出来るはずです。必ずや相互理解を築くことが出来ると確信致しております。

　48グループクラブが切り開いた「氷を砕く精神」は勇気と冷静な判断及び自己犠牲を象徴するものであり、その精神は歴史の試練に耐え抜いて来ているもので、堅い氷を砕く最強の武器でありましょう。「氷を砕く青年団」活動は、48グループクラブに新しい活力を注いだのです。私はここに、皆様が「氷を砕く精神」を受け継ぎ、中国と西欧との間の相互理解を推進していくために、ぜひともご尽力を戴けますよう、心からお願い申し上げます。

　ありがとうございました。

災害から立ちあがった大いなる愛と粘り強き意志

四川省地震災害による犠牲者への追悼式での講演

2008年5月21日　ロンドンにて

Survive the Disaster with Love and Strength

Speech in Memory of the Victims of the Sichuan Earthquake

London, 21 May 2008

灾难中的大爱与坚强

在四川地震灾区死难者哀悼仪式上的演讲

伦敦，2008年5月21日

Dear Friends,

Ladies and Gentlemen,

First of all, thank you very much for joining us today.

It is now the tenth day since the earthquake in Sichuan. We have been watching with tears and sorrow as the tragedy has unfolded, and have felt nothing but admiration for our national leaders, who responded so quickly to the needs of the people. We owe a huge debt of gratitude to the 140,000 soldiers and armed police, doctors, nurses, and volunteers, who have brought 6,453 people out of the rubble. Every day I am hoping that this figure will rise further.

Just now, I heard that the latest miracle is the rescue of a 38-year-old woman after 216 hours. She survived on rainwater and insects and the whole country is now holding its breath waiting for her recovery.

After all these days, I cannot but marvel at the strength and dignity of my fellow countrymen in the face of such an overwhelming disaster.

亲爱的朋友们、女士们、先生们：

首先，非常感谢大家来到中国大使馆参加哀悼仪式。

今天是四川汶川发生大地震后第十天。我们一直怀着悲痛的心情、饱含泪水关注着地震灾情。我们对国家领导人迅速有效地组织抗震救灾无比钦佩，对14万解放军战士、武警官兵、医护人员和志愿者等组成的救灾大军万分感激。他们已经从瓦砾下救出6453个宝贵的生命，我们每天都期盼着这个数字攀升。

刚才在报道中听到一个最新出现的奇迹，一名38岁的女子在地震发生216小时之后被成功救出。她是靠食用雨水和昆虫而生存下来，全国人民都屏息关注她转危为安。

灾后这些天以来，面对如此惨重的灾难，中国人民所展现出来的顽强和尊严令人动容。

親愛なる友人の皆様

　先ず最初に、中国大使館にお越し戴き、追悼式にご出席いただいた皆様方に対し厚くお礼を申し上げます。

　本日は、四川省汶川で大地震が発生から10日目をむかえます。この間、私たちは、ずっと悲痛な気持ちで、涙にくれながら震災地域の状況を凝視して参りました。私たちは、迅速な措置を取り、効果的な救援活動を行っている我が国の指導者に対し心より敬服すると共に、14万人にのぼる解放軍兵士、武装警官、医療関係者、そしてボランティアなどから成る救援隊に対し限りない感謝の意を表したいと思います。彼らは、瓦礫の中から6453人の貴い命を救い出しました。私たちは、毎日この数字がさらに増え続けていくことを祈ってやみません。

　たった今、私はニュースで、最新の奇跡が起こったと聞きました。地震発生から216時間後に38歳の1人の女性の救出に成功したというのです。彼女は雨水で喉を潤し、昆虫を食べて生存し続けてきたのです。中国全土の人々が息を殺して彼女の回復を見守っています。

　震災に遭遇して、今日までこのような甚大な惨事を前に、中国の人々が示した粘り強さと尊厳は実に感動すべきものです。

A three-month-old baby was found under his mother's body. Also found in his blanket was a mobile with the mother's last message, "My baby, if you survive, always remember I love you."

Eighty hours after the quake, a 17-year-old boy was rescued from the wreckage and the first thing he asked, in front of the camera, was, "Can I have a Coke, sir?" and he added, "With ice, please." His good-humoured confidence has brought smiles to a country in grief. His confidence in life is immensely encouraging.

Indeed, the earthquake has neither robbed the people of Sichuan of their spirit nor crushed China's dignity as a nation. Instead, it has brought the whole country together to support them. This same courage in the face of adversity, the respect for life and the resilience that have sustained the Chinese nation through the ages continue to define who we are as a people.

救援者在一位逝去母亲的身下发现了三个月大的婴儿，在包裹着婴儿的毯子里，母亲在手机里留下了最后的短信："亲爱的宝贝，如果你能活着，一定要记住我爱你。"

一个17岁大的男孩被埋80小时后获救，他在镜头下向救援人员说："叔叔，我要喝可乐，要冰冻的。"他的幽默和镇静令人莞尔，他对生活的信心也令人鼓舞。

抗震救灾洗礼了中华民族坚韧顽强的民族精神，凝聚了民族力量。四川没有垮，中国不会垮。正是这种面对逆境的勇气、对生命的珍视和坚韧不拔的意志，成为培育中华民族生生不息的源泉，支撑起了我们民族的脊梁。

救援者が、一人の亡くなった母親の体の下で生きている3カ月の赤ちゃんを見つけました。赤ちゃんを包んでいる毛布の中に、母親の携帯があり、最後のメールが残されていました。
「親愛なる我が子よ、もし、おまえが生き残ったなら、おまえを愛していることをいつも忘れないでね！」と。
　地震から80時間も経過して、残骸の下から17歳の少年が救出されたというニュース映像がありました。彼が救援者に最初にお願いしたことは、「おじさん、コーラが飲みたいんだけど」。そして、付け加えました。「できれば氷を入れて！」彼のユーモアと冷静さが人々をほほえませ、彼の生への信頼も人々の心を奮い立たせたのです。実に、震災に対する救援活動によって中華民族の粘り強き民族精神が鍛錬され、民族の力が凝縮されたのです。四川は崩壊しなかった、そして中国は崩壊しない。このような逆境に直面し立ち向かう気力があったからこそ、生命を大事にし、粘り強い意志が養われるのです。これが中華民族の生命力を育てる源であり、我々民族の支えなのです。

地震发生后，英国各界通过各种方式表示哀悼和慰问，关怀与支持如潮倾注。伊丽莎白女王致信慰问，布朗首相代表英国人民于昨日亲临使馆，他在吊唁簿上留言，承诺英国将尽快捐赠可供三万人栖身的帐篷，以救灾区燃眉之急。外交大臣、国际发展大臣、反对党领袖和其他政界领袖都对灾区表达了慰问，工商界也给予慷慨援助。使馆收到两千多封公众电邮、来信和电话，英国公众对素不相识的中国民众的苦痛感同身受。

在此，我谨代表中国的受灾群众和中国政府，向所有关注四川地震灾情，向同情、支持和捐助灾区人民的各界人士，深表感谢。

During all this time, we have been overwhelmed by the outpouring of sympathy and support from the United Kingdom. Her Majesty the Queen sent a letter of sympathy and the Prime Minister came yesterday to sign the book of condolences on behalf of the British people. He also generously pledged tents to shelter 30,000 people, which are really needed during this time. The Foreign Secretary, the Secretary for International Development, the Leader of the Opposition and other political leaders have all conveyed their condolences. The business community have also offered generous donations and we have been flooded with more than 2,000 emails and letters, along with many calls. The British public has taken this disaster to its heart and made the grief of strangers its own.

On behalf of the Chinese people and government, I hereby extend our sincere thanks and deep appreciation to all who have been following the developments in the wake of the disaster and all who have offered their sympathy, support and donation to the earthquake victims.

地震発生後、イギリスの各界からはいろいろな形で哀悼や慰問の意を表して戴き、暖かい、大きなご支援を戴きました。エリザベス女王陛下からもお悔やみの手紙を賜りました。また、ブラウン首相は、昨日大使館に訪れて下さり、イギリス国民を代表して、弔意を表して下さいました。そこで緊急の援助として３万人分のテントを寄付する御約束をして下さいました。また、外交大臣、国際発展大臣、野党指導者そして、政界のリーダーの方々も震災地域への哀悼の意を伝えて下さいました。商工界からも惜しみない御支援を頂戴致しました。現時点で、大使館は市民からの２千件以上のメールやお手紙・電話などを受け取りました。イギリス国民は、見知らぬ中国の人々の災難と苦痛を我が事のように感じて下さっているのです。

　ここで、私は、謹んで中国の被災地の人民及び中国政府を代表して、四川省被災地域に対して、ご支援、ご寄付そしてご弔意を表して下さった各界人士の全ての方々に心より深い感謝の意を表したいと思います。本当に有難うございました。

In Sichuan now, more than five million people have lost their homes. We expect more rain and aftershocks, so we need more tents. Out of the 1.1 million tents required, only 200,000 are available. The Embassy has bought 1,429 tents for the earthquake-ravaged area with part of the donations it has received.

Healing the trauma and putting lives back together will be a long-term endeavour. We look forward to closer cooperation with the UK and the international community.

I want to mention that, the whole crisis has come under enormous media attention, with hundreds of Chinese journalists reporting from the ground around the clock. And the international media has been transmitting back live images that show true stories of the disaster and relief efforts on the ground, presenting a real China which is open for the world to see.

四川有500多万受灾群众失去家园，在大雨和余震不断的情况下露宿街头。灾区急需110万顶帐篷，目前仅有20万顶，中国大使馆已经用收到的部分捐款为灾区购买了1429顶帐篷。

治疗心灵的创伤、恢复和重建家园将是长期的过程，我们期待着与包括英国在内的国际社会加强合作。

值得一提的是，媒体高度关注此次地震，数百名中国记者夜以继日地从灾区发回大量报道，国际媒体的实时报道则使境外公众了解到灾情和救灾的真实情况和中国的开放姿态。

四川の被災地では、500万人以上の人が郷里を失いました。彼らは大雨や余震の絶えない中、街頭で生活している状況ですので、110万のテントが緊急に必要です。目下のところ、たった20万しかありません。中国大使館は、戴いた寄付金の一部を使って、1429のテントを購入させて戴きました。

　心のケアや郷里の再建には長期にわたる努力が必要です。私たちはイギリスを始めとして国際社会との連携協力が出来ますよう期待致しております。

　一言申し上げておかなければならないことは、報道機関は今回の震災を極めて重視し、数百名の中国記者は昼夜、被災地から大量の報道を発信しております。国際メディアの時事ニュースにより、世界中の人々は被災地のありのままの情況と中国のありのままの姿を理解することが出来ます。

China is a country half way through its reforms. The government enacted a regulation on information disclosure on 1 May this year, to further ensure people's right to information. And we have seen this regulation in action through the open, continuous and candid coverage of the disaster made available by the Chinese media.

The Olympics is fast approaching. If anything, the earthquake has made the Chinese people more resolute about putting on a successful Olympic Games. Even a little girl in Sichuan, who has just moved into a tent, told a journalist that she would hate to miss the Olympic Games.

Just as the people of the world stood shoulder to shoulder with the people of Sichuan in times of grief, the Olympics will be an occasion for China and the world to celebrate life.

Once again, I thank all of you for coming.

中国是一个处于改革进程中的国家,《政府信息公开条例》今年5月1日起实施,对人民群众的知情权提供了更加坚实的保障,中国媒体对四川地震开放、持续和忠实的报道成为最好证明。

北京奥运会日益临近,四川地震更增强了中国人民成功举办奥运会的决心。就连一个刚刚搬进帐篷里的四川小姑娘都告诉记者,她希望不要错过观看奥运会的比赛。

正如世界人民与四川灾区人民心手相连、共渡地震难关一样,北京奥运会也将成为中国与世界歌颂生命的美好时刻。

再次感谢大家参加今天的哀悼活动。

中国は、改革半ばの国です。今年の５月１日より、『政府情報公開条例』が実施されます。その実施の目的は、人々の情報を知る権利にしっかりとした保障を提供することにあります。中国のメディアが四川地震に関わる情報をオープンに発信しつづけ、ありのままを伝えたのは、最も良い証明となりました。

　北京オリンピックの開催がいよいよ間近に迫ってきております。四川大地震によって、中国人民のオリンピック大会を成功させたいという決心が更に強まりました。四川省のテントに入ったばかりの小さな女の子でさえも、記者にその心境を伝えました。「絶対、オリンピック競技を見るんだもん！」と。

　世界の人々が四川の被災地の人々と心を一つにして共に乗り越えようとして下さるように、北京オリンピックは、中国と世界が、共に生命を謳歌する好い機会となることでしょう。

　私は、改めて、本日の追悼式にご列席戴いた皆様に心より感謝致します。ありがとうございました。

お茶の香りから伝わる友情
「中国茶文化展」開幕式での挨拶

2008年6月3日 ロンドンにて

Enjoy Your Tea and Friendship

Remarks at the Opening of Chinese Tea Exhibition
London, 3 June 2008

茗香传友谊

在"中国茶文化展"开幕式上的致辞
伦敦，2008年6月3日

Ms. Charlotte Pinder[1],

Mr. Simon Heale[2],

Ladies and Gentlemen,

It's a great pleasure for me to attend the opening of the Chinese Tea Exhibition. I would like to thank Asia House[3] for hosting this exhibition as part of the China Now activities.

It's remarkable that despite recent ups and downs in our relationship, the China Now events have moved ahead with vigour and vitality and have had a significant impact on greater mutual understanding at the grass roots level.

The different types of tea on display here today are from the China National Tea Museum in Zhejiang Province, a region famous for tea and silk.

1. Chief Executive of Asia House
"亚洲之家" 执行总裁

2. Chief Executive of China Now
"时代中国" 执行总裁

3. A non-profit organisation in the UK, which conducts a number of events annually, seeking to promote a greater understanding of the Asian cultures, arts, religions, and commercial opportunities 英国非营利性组织，每年举办一系列展览、研讨会和演出等以增进对亚洲各国文化、艺术、宗教及商业机会的理解

夏洛特·平德女士[1]、姚世敏先生[2]，女士们、先生们：

很高兴出席"中国茶文化展"开幕活动，感谢亚洲之家[3]主办这一"时代中国"活动。

过去几个月来，尽管中英关系出现波折，"时代中国"各项活动仍在蓬勃推进，为促进两国普通民众之间的相互了解发挥着重要作用。

今天在这里展示的是中国茶叶博物馆的收藏，来自茶叶和丝绸之乡——浙江省。

シャーロット・ピンダー[1]女史
姚世敏[2]さん
皆様

　「中国茶文化展」の開幕式に出席させて戴き、大変嬉しく存じますと共に、「チャイナ・ナウ」イベントの一環として本展を主催された「アジアの家」[3]に心よりお礼を申し上げます。
　ここ数ヶ月、中英関係には紆余曲折がありましたが、「チャイナ・ナウ」の様々なイベントは相変わらず活気にあふれ、続けられて参りました。これらの活動は両国民の相互理解を促進する為に、重要な役割を果たしてきております。
　本日、ここに展示された品々は中国茶博物館に収蔵されているもので、いずれも茶とシルクの故郷である浙江省から来たものです。

1. 「アジアの家」執行総裁。
2. 「チャイナ・ナウ」執行総裁。
3. イギリスの非営利的組織であり、毎年、一連の展示会やシンポジウム及び公演などの主催を通じて、アジア各国との文化・芸術・宗教及び商業への理解を深めようとしている。

中国是茶的故乡，早在大约三千年前，中国人就开发了茶树，是世界上第一个种茶、饮茶的国家。英国著名科技史专家李约瑟博士将茶叶视为继造纸术、印刷术、火药、指南针等四大发明之后，中国对人类的第五个重大贡献。这四大发明的起源地都出现过一些争议，好在茶叶问题上好像没听说有谁来与中国争的。

茶和威士忌一样，最初是用于治疗疾病的，后为王公贵族和文人雅士所青睐，又日渐走进寻常百姓家，成为中国人社会和文化生活的重要组成部分。中国的很多文化艺术形式，如戏曲、相声等，都发端并兴盛于茶馆。

茶和丝绸、瓷器一样，打开了中国与世界各国间的交流与了解。中国茶叶不仅传到日本和朝鲜半岛，之后还传到印度和中亚地区，继而传至阿拉伯半岛。

Tea was discovered in China about 3,000 years ago, and it is believed to be the first place to grow tea for drinking. Doctor Joseph Needham considered tea as the fifth major contribution China has made to the world, after paper, printing, gunpowder, and the compass. And whilst there are competing claims for the other four, there is fortunately, none for tea.

Just like whiskey, tea started as medicine. It then became a popular drink with royalty, noblemen and scholars, before it reached common families and became a major part of the social and cultural life of the country. Many of our cultural art forms, such as traditional Chinese operas and crosstalk, started and first prospered in teahouses.

Tea, together with silk and porcelain, opened exchanges and understanding between China and the world. It was introduced first to Japan and the Korean Peninsula, then India and Central Asia, then onward to Arabia.

中国はお茶の故郷です。早くも約3千年前に、中国人は既に茶樹を見つけました。中国は世界で最初に茶樹を栽培し、茶を飲用した国であります。

　著名なイギリスの科学史の専門家であるジョセフ・ニーダム博士は、茶葉は紙・印刷術・火薬・羅針盤という四大発明に次ぐ、中国の人類に対する5番目の重要な貢献であると見ておられます。四大発明の起源については幾つかの論争がありましたが、茶に関しては、何処からも中国に異をとなえるものがなさそうです。

　茶はウイスキーと同じように、最初は、疾病の治療に使われたものでした。その後、王侯・貴族を始め、文人から徐々に庶民へと広がり、人々の愛飲するものとなりました。茶は中国人の社会そして、生活に不可欠のものです。中国の多くの文化芸術の中で、京劇、漫才などの発祥は何れも茶館でした。

　茶はシルクや陶磁器と同じように、中国と世界各国との交流と理解のために仲介の役割を果たしました。中国茶は最初、日本や朝鮮半島へ伝えられ、その後、インド、中央アジア地域、さらにアラビア半島までに広がりました。

It came to Europe in the early 17th century. But it was the British who came up with the clever idea of adding milk and sugar to the tea. "English Tea" was thus created and loved around the world. I wonder whether this is the earliest violation of intellectual property rights. (Laughter)

The importance of tea is well reflected in a line from a folk song, "When the clock strikes four, everything stops for tea." According to my British friends, one third of an Englishman's life is spent on drinking tea. This can be seen in the fact that Britain is one of the biggest consumers of tea in the world. Lipton has become the number one global tea brand.

Although China is the home of tea, it is far from a world leader in terms of packaging, brand recognition and the popularity of its tea, making it quite hard for Chinese tea to compete with British tea here in the UK. Only today, a distinguished British friend was telling me that when he was in China in the 1980s, he had such a hard time finding the right tea. Here, people are so used to taking tea with milk, but not in China. In the eyes of my grandma, milk only spoils Chinese tea.

17世纪初期，中国茶叶和茶具远销欧洲各国。但英国人别具匠心地在茶中添加牛奶和糖，调制成可口的"英国茶"。英式红茶转而风靡全球，不知道这是否能算作最早的知识产权侵犯行为。（笑声）

在英国，饮茶成为社会生活中不可或缺的部分，正如一首英国民谣唱道："当时钟敲响四下，世上的一切瞬间为茶而停顿。"一位英国朋友曾风趣地告诉我，英国绅士一生三分之一的时间是在饮茶中度过的。以下事实可见一斑：英国是世界上最大的茶叶消费国之一。"立顿"茶如今成为全球第一大茶叶品牌。

中国虽是茶的故乡，但缺少国际性品牌，中国茶的包装、推介水平和在世界上的普及程度还亟须提高。我发现中国茶在英国很难和英式茶竞争。今天见一位英国朋友时他还抱怨，上个世纪80年代访问中国时，喝不到"正宗"的茶。英国人非常习惯于喝加奶的茶，这已成为常态。不过，我们中国人不赞成往茶里加奶，若让我奶奶看到，她会责怪把茶味"糟蹋"了。

17世紀の初頭、中国茶葉と茶具は遠く欧州諸国まで販売されました。イギリス人は、茶の中にミルクや砂糖を加えるという独創的な工夫を行い、美味しい「イングリッシュ・ティー」を作り上げました。そして、あっという間に「イングリッシュ・ティー」は、全世界から好評を博しました。これが一番最初の知的財産権の侵害行為であるかどうか分かりません。(笑)

　イギリスでは、お茶を飲むことは社会的生活に不可欠のものです。まさしく「時計が４時を打つと、全ての瞬間が止まってお茶になる」というイギリスの民謡の通りです。かつてイギリスの友人が、私に「イギリス紳士は、その生涯の三分の一の時間はお茶を飲んで過ごしているんですよ」とユーモラスに言いました。それを証明する事実として、イギリスは世界最大の茶の消費国の一つであります。「リプトン・ティー」は、世界で最も大きなブランドとなっています。

　中国はお茶の故郷というものの、国際的なブランド力が欠如しております。中国茶の包装やブランド品としてのレベル、そして国際的普及率をもっと高めていく必要があります。中国茶は「イングリッシュ・ティー」とはとても競争相手にはなりません。本日、イギリスの友人の一人にお会いしたのですが、彼は、1980年代に中国を訪問した際、中国では本格的なお茶を味わうことが出来ませんでしたと、残念な思いを訴えていました。イギリス人にとっては、ミルクティーが馴染み深いのですが、我々中国人にとっては、ミルクを入れたお茶は慣れていません。もし、私のおばあさんがミルクを入れたのを見たなら、きっと「お茶の味が台無しになってしまう」と咎めることでしょう。

I am glad this exhibition will be a good opportunity for Chinese tea to meet English Lipton and to learn how to promote its brands. And the British side could learn more about Chinese tea. I am sure new ideas can grow out of them working together.

Sichuan, which is also an important tea producer, has just suffered a devastating earthquake that cost us dearly in both lives and wealth.

The relief operation is now stretched in all directions: dealing with the aftershocks, sheltering the homeless, diverting newly dammed lakes, evacuating stranded people, and returning the children to school.

The UK government has donated 5,000 much needed tents, but more tents are urgently needed. And it has been recognised that there is a need for psychological counselling for many children and other victims who have been traumatised by the tragedy.

The British people have stood with the people of Sichuan at this difficult moment. Her Majesty the Queen, political leaders, the business community and the British public have expressed sympathy and support to the quake victims.

我很高兴此次茶展为中国茶与以立顿为代表的英国茶之间的交流提供了良好机会，中国茶业可以学习英国创立和推介品牌的经验，英方也可以得到更多关于中国茶的知识，相信双方可以从相互交流中受益良多。

四川是中国重要的产茶区之一，不幸的是不久前发生的大地震造成巨大的生命、财产损失。

救灾工作仍面临应对余震、安排灾民生活、堰塞湖泄洪、撤离被困群众、解决孩子上学等一系列繁重的任务。

英国政府捐赠了5000顶灾区急需的帐篷，但那里仍迫切需要更多的帐篷。有的灾区儿童和其他受灾群众还需要心理救助。

在这困难的时刻，英国人民和四川人民紧紧地站在一起。地震发生后，伊丽莎白女王致信慰问，政界领袖、工商界和社会各界都对灾区人民表示了同情和支持。

この度の「中国茶文化展」は、中国茶とリプトンを代表とするイングリッシュ・ティーとの交流の為に、良い機会を提供していただけたと心から喜んでおります。これを契機にして、中国は、イギリスの茶業の創業とブランド品として広める方法を学ぶことができ、イギリスも中国茶に関するもっと多くの事を理解することが出来るからです。双方ともお互いの交流の中から有益なものを多く得ることができると、私は確信しております。
　四川省は中国茶の重要な産地の一つですが、不幸なことに、最近、大地震に見舞われ、多くの人命や財産を失いました。
　依然として続く余震の中で、救援活動は被災者の日常生活の手配、川や湖の堰止め、離れ離れに孤立した被災者の救出・避難、子供たちの復学などあらゆる面で多くの対応に追われている状態です。
　イギリス政府は、緊急に必要な5000張りのテントを寄付して下さいましたが、それでもまだまだ足りない状況です。被災地の子供や人々にはトラウマによる心のケアも必要です。
　このような困難な時期に、イギリスの人々は、四川省の人々と共に立ちあがって下さっています。地震発生後、エリザベス女王陛下からはお悔やみのお手紙を賜り、また政界のリーダーや商工界及び各界の方々からも哀悼の意とご支援を頂戴いたしました。

The UK government has pledged two million pounds of aid and has also sent a team of seven excellent doctors. The Embassy has received more than 970,000 pounds of cash donations from people across the UK. And an 18-year-old British student Isaac Lewis has said he would walk all the way from his home in Shotton, North Wales to London to raise money for the quake victims.

On behalf of the people in the affected areas, I would like to once again extend our deep thanks. My thanks also go to the media for presenting a true picture of the disaster and our relief efforts and showing the world that the Chinese people are not robots without feelings. They are capable of helping each other, with a new generation of responsible citizens growing up in China, particularly young people born in the 1980s, who now understand the true meaning of sharing, loving and unity. Reconstruction will be a long-term process. We look forward to continued cooperation with the UK and the international community.

In China, we believe that offering tea is a gesture of friendship. So enjoy your tea and our friendship.

Thank you.

英国政府承诺提供200万英镑的援助,还派出了由七名优秀医生组成的医疗队赴灾区工作。各界纷纷慷慨解囊,中国大使馆已收到全英各界捐款逾97万英镑。一名18岁的英国学生艾萨克·刘易斯表示将从北威尔士的绍顿出发,为地震灾民一路筹款走到伦敦。

在此我代表灾区人民再次向英国各界人士表示衷心感谢。我们还要感谢媒体把中国受灾和救灾的真实情况介绍给世界,让人们看到中国人民不是早先有报道讲的麻木的"机器人"——他们互帮互助,众志成城;世界也看到勇于承担责任的公民意识在中国的成长,80后的年轻一代更加懂得了关爱、分享和团结的意义。灾后重建将是长期的过程,我们期待着与包括英国在内的国际社会继续加强合作。

中国人有个说法叫"以茶会友",请今天来此出席活动的朋友品味香醇的中国茶,更体味中英人民间的浓浓友谊。

谢谢大家。

イギリス政府には、200万英ポンドの援助を提供して戴けるお約束がありました。さらに、7名の優秀な医師から成る医療チームを被災地へ派遣して戴きました。各界は次から次へと惜しみなく寄付金を集めて下さいました。現時点で、中国大使館は、全国各地の人々からの寄付金を97万英ポンド戴きました。イギリスの18歳の学生であるアイザック・ルイス君は、被災地への募金のため、北ウェールズのショトンにある自宅から出発してロンドンまでの全行程を歩いていくと宣言しました。

　ここで、私は被災地の人々を代表して、英国各界の皆様に改めて感謝の意を表したいと思います。また、マスコミ機関に対しましては中国被災地の真実の姿を世界へ伝えてくれたことに感謝しなければなりません。お陰様で、世界中の人々は現実の中国を目にすることができました。中国人は、今まで報道されたように「ロボットのような人間」ではなく、お互いに助け合い、団結して困難を克服し、重責を背負っていこうとする公民意識をもちつつあること、さらに1980年代に生まれた若者世代は、お互いに分ち合い、愛し合い、団結していくことの真意を一層理解するようになっているその姿を報道によって見て下さったのです。

　震災後の復興には、長期にわたる努力が必要となりますが、イギリスをはじめ、国際社会が引き続き連携協力して下さることを強く期待しております。

　中国人は、「茶を以て友と会す」とよく言いますが、本日お越し戴いた友人の皆さんに、香ばしい中国のお茶を味わって戴きながら、中国とイギリスの両国の人々の深い友情を感じて戴ければ幸いに存じます。

　ありがとうございました。

世界は中国を理解しつつある

「箸クラブ」成立15周年祝賀晩餐会での講演

2008年9月11日 ロンドンにて

A Long Journey of Greater Understanding

Speech at the 15th Anniversary Celebration
of the Chopsticks Club
London, 11 September 2008

世界正在认识中国

在筷子俱乐部15周年庆祝晚宴上的演讲

伦敦，2008年9月11日

The Club was founded in 1993 by Rupert Hoogewerf—now known famously as Hurun for his China Rich List. Initially named "China Tuesdays," it was re-named the "Chopsticks Club" to represent not only the Chinese focus of the club but also to capture the essence of the monthly events that involve Chinese food and networking.

筷子俱乐部是由鲁珀特·胡吉沃夫于1993年发起的，中国人更熟悉他的中文名胡润和他的"百富榜"。俱乐部最初名为"中国星期二"，后改名为"筷子俱乐部"，以体现俱乐部的关注核心以及饮食在中国文化与关系网络发展中的重要性。

「箸クラブ」はルパート・フージワーフ氏が呼びかけて発足したものである。中国人には、寧ろ、「百万富豪ランキング」にある彼の中国名の胡潤の方がよく知られている。箸クラブの最初の名は「中国火曜日」であった。後に現在の「箸クラブ」と改称された。クラブの重大な関心の核心と毎月のイベントの本質が中国の食文化のネットワークの発展の重要性と捉えているからである。

Ms. H-J Colston[1],

Dear Friends,

Ladies and Gentlemen,

It is a great pleasure for me to join you for the 15th anniversary of the Chopsticks Club. This was the very first voluntary group I came across in Britain. I was immediately attracted to its name, which reflects your interest in the Chinese culture and the Chinese way of life and your unique perspective that make you stand out.

Confucius said that he became aware of the importance of learning at the age of 15, which therefore, can be a good year to identify one's life ambition. Let me add my congratulations to the Chopsticks Club on its 15th birthday. I wish you even greater success in your effort to advance cultural exchanges between the Chinese and Britons.

I went back to China for the closing ceremony of the Beijing Olympics and witnessed the flag handover. I have also received a huge number of letters and emails from the British public, many congratulating China on the success of the Olympics, and some asking questions of all sorts. The most frequently asked question is about the legacies of the Beijing Olympics.

1. Director and founding member of the Chopsticks Club 筷子俱乐部发起人之一，现任主席

童海珍女士[1]，各位来宾，女士们、先生们：

很高兴参加筷子俱乐部15周年庆祝晚宴。你们是我来到英国之后接触到的第一个志愿者组织，我立即被它的名称所吸引——用"筷子"作为俱乐部的名称显示了你们对中国文化生活的兴趣和独特视角。

孔子说："吾十五而有志于学。"15岁是一个确立人生志向的年龄，我衷心祝贺筷子俱乐部"生日快乐"，希望你们在15年积淀的基础上，为加强中英两国人民的文化交流作出更大贡献。

我回国参加北京奥运会闭幕式，见证了奥运旗帜从北京到伦敦的交接。我也收到来自英国公众的大量信件和电子邮件，祝贺中国成功举办奥运会；其中也不乏各类问题，问得最多的是：北京奥运会留下了什么遗产？

童　海珍女史[1]
ご列席の皆様

　「箸クラブ」創立15周年の祝賀晩餐会に出席できましたことを非常に嬉しく存じます。「箸クラブ」は、私がイギリスに着任して初めてお目にかかったボランティア組織です。私は忽ち貴クラブの名称に魅了されました。なぜなら、お箸をクラブ名称とされたことには、皆様が中国の文化や生活に対して興味と独特的な視点を持っていることを現しているからだと思ったからです。

　孔子曰く、「吾十有五にして、学に志す」。15歳というのは人生の志の方向が決まる年齢であります。私は、箸クラブ15歳の誕生日を心よりお祝いを申し上げます。皆様が15年間積み重ねた実績を大切になさり、中英両国の文化交流の為に、更なる貢献をされますよう、願っております。

　私は、北京オリンピックの閉幕式に参加するため、一時帰国をして参りました。オリンピック旗が北京からロンドンに手渡されたのをこの目で、確かめてきました。また、オリンピックの成功をお祝いして下さったイギリス民衆からの沢山のお手紙や電子メールも戴きました。いろいろなことに触れた質問がありましたが、一番多くは、北京オリンピックでどのような遺産を残したのか、という質問でした。

---

1. 箸クラブの発起人の一人であり、現任の主席である。

The foremost Olympic legacy for China is its inspiration for nationwide sports development. I still remember when Rong Guotuan became China's first-ever world champion at the World Table Tennis Championships in 1959, he inspired a wave of national enthusiasm for Ping-Pong, thanks to which many people of my age play Ping-Pong fairly well. (Laughter)

For 16 days, about half a million people watched the Games on site every day in China and hundreds of millions more enjoyed the Games on TV. It is well imaginable that many people in China will be greatly inspired to work out.

Many marvel at the magnificence of the Bird's Nest and the Water Cube, but wonder what China is going to do with them. As far as I have learnt, after the Games, both will be put to commercial operation. It is reported that plans for the post-Olympic use of the Water Cube were drawn up in early 2006—part of it will become an aquatic park.

Out of the total investment of around 25 billion pounds for the Olympics, only one billion went into the 12 venues. China's sports facilities are far from adequate. The per capita sports ground for Beijing residents in 2004 was only 2.2 square metres, only a fraction of the Japanese average of 19 square metres.

在我看来，奥运会留给我们的一项重要遗产就是，它激发了中国全民健身运动的发展。记得 1959 年，中国运动员容国团在世界乒乓球锦标赛上为中国夺得第一个世界冠军时，在全国激起了"乒乓热"。也正因为此，我这个年纪的中国人乒乓球都还打得不错。（笑声）

16 天里，中国每天大约有 50 万人现场观看比赛，还有上亿人在电视机前守候。可以想见的是，奥运会将极大激发中国人的健身热潮。

不少人在惊叹"鸟巢"、"水立方"等标志性奥运建筑的壮丽和盛大的同时，也提出了场馆在"后奥运"时期的使用问题。我了解到的情况是，奥运会后，"鸟巢"和"水立方"都将进行商业运营，据报道，"水立方"的运营计划 2006 年初已经制定，部分区域将建成水上乐园。

在奥运会约 3000 亿元（约合 250 亿英镑）的总投资中，有 120 亿元（约合 10 亿英镑）用于 12 个场馆的建设。北京的体育设施不是太多了，而是远远不够。2004 年，北京人均体育场地面积只有 2.2 平方米，远低于日本人均的 19 平方米。

私からすれば、オリンピックが残してくれた重要な遺産は、他でもなく、中国の全国民を奮い立たせ、国民の健康発展を促進してくれたということではないかと思っております。

　記憶に残っているのですが、1959年中国の卓球選手の容国団さんが中国選手として世界卓球選手権大会で初めての金メダルを獲得しました。その時から、中国全土で「卓球ブーム」が湧き起こったのです。そのお陰で、私の様な年齢の中国人は、皆卓球がなかなかの腕前なのです。(笑)

　16日間にオリンピックの現場で観戦をしたのは、約50万人に上りました。また、数億人以上の人々が、テレビで観戦していました。オリンピックのお陰で、中国人に健康ブームがおこるのは容易に想像できます。

　メイン競技場の「鳥の巣」、水泳館の「水立方」など、北京オリンピックの象徴的な建築物のその壮麗さと雄大さに驚いた人は少なくありませんでしたが、オリンピックの後で、中国は、果たしてそれらの建築物を一体何に使うのだろうかと思われた人もいらっしゃるでしょう。私が聞いているところによれば、「鳥の巣」と「水立方」は商業的運営に使われるそうですが、「水立方」に関する計画については、既に2006年初めに立てられており、一部の設備は「水上楽園」にするという報道がありました。

　オリンピックのため、3000億元（約250億英ポンド）を投資しました。しかし、その内のわずか120億元（約10億英ポンド）を用いて、12カ所の競技場を建設しました。北京の体育施設は決して多いわけではなく、むしろとても不足しています。2004年、北京の体育場面積の1人当たり平均は、わずか2.2㎡しかなく、日本の1人当たり平均19㎡に比べると、ほんの少しにすぎません。

The second legacy of the Olympics is with regard to the environment. Beijing made painstaking efforts to realise its "Green Olympics" commitment. This has transformed the city over the past seven years. More importantly, the Olympics has been an educational process through all the efforts for its preparation and organisation. It has strengthened environmental awareness amongst the people. Now under debate is whether temporary environmental measures for the Olympics, such as driving every other day, should remain in place. Understanding environmental needs is very necessary and important for a country undergoing rapid urbanisation.

奥运会的第二个遗产是环境遗产。在付出艰辛努力后,"绿色奥运"理念在北京得到了充分实施,北京这个城市七年来发生了巨大的改变。更为重要的是,筹办奥运会本身就是一个具有教育意义的过程,增强了人民的环保意识。例如,现在人们激烈争论的一个话题是：北京在奥运会期间机动车单双号限行等临时措施是否应继续？对于一个快速城市化的国家来说,认识到保护环境的重要性和必要性是至关重要的。

第三个重要遗产是在人文领域,北京奥运会成功地将中国与世界的相互认识推向了前所未有的新水平。世界看到了一个真实的中国,并体验到了中国人民的热情好客和宽容大度。中国人民也通过举办奥运会更多地了解了世界。

上周四,我在《卫报》发表评论,介绍对奥运会影响的看法,在文章中我提到,希望奥运会后涉华报道中类似于使用假照片和刻板成见等现象能越来越少。文章吸引了136个跟帖,其中大约60%的评论是客观和积极的。有意思的是,这篇文章在中国转载时也吸引了不少网友上评论,有的网友认为我观点的表达太隐晦,还留言问："他们真能理解这层意思吗？"

The third important legacy is in the cultural dimension. The Beijing Olympics has successfully brought the world to China and opened China up to the world as never before. The world saw a real China and the humanity and hospitality of the Chinese people, who, as the host of the Games, also got to know more about the world.

I wrote a comment for *The Guardian* last Thursday and talked about the impact of the Olympics. I mentioned that hopefully after the Olympics, there would be fewer cases of using fake photos or prejudices in the media coverage of China. About 60% of the 136 comments subscribed positively to my view. Intriguingly, it attracted quite a few comments on Chinese websites. Some thought that I was being too subtle in getting my message across, asking, "Can they really get the message?"

オリンピックの第2の遺産は、環境遺産です。並々ならぬ努力を払って、北京には「グリーン・オリンピック」という理念がしっかりと根を下ろしました。7年の準備期間で、北京に巨大な変化が見られました。もっとも重要なことは、オリンピック開催の準備そのものが、元々教育的な意義があったことです。その過程において、人々の環境保護に対する意識がだんだん強まって来ました。たとえば、現在激しく論争されているのは、北京オリンピックの開催期間中に実施されていた車のナンバーの偶数と奇数による運行制限などの臨時的な措置が今後も続けられていくのかどうかということです。急速に都市化されている国家からすれば、環境保護の重要性と必要性を認識することは何よりも大事なことです。

オリンピックの第3の重要な遺産は、北京オリンピックの成功により、人文領域において、中国と世界との相互理解が空前のレベルへ推進されたことです。世界は、真の姿の中国が見えるようになり、また中国国民の人間性やホスピタリティ、そして寛容さを感じることが出来たと思います。勿論、オリンピックの開催を通じて、中国国民も世界をより多く理解するようになりました。

先週木曜日、私はオリンピックの影響についての評論を書き、『ガーディアン』紙に寄稿致しました。この文章で、オリンピック後、中国に関する報道において、捏造写真の使用や偏見のある意見を発するようなことが少しでも減って欲しいと言及しました。この文章に対し、136件のコメントが寄せられましたが、その中の約6割のコメントは客観的なもので、積極的に私を支持するというものでした。興味深いことに、中国国内にも転載されたこの文章に対してネット上のコメントも少なくありませんでした。私の表現の仕方が解りにくいので、彼らはその真意まで本当に理解出来ているのでしょうか、という中国人からの伝言メッセージもありました。

One Olympics cannot change all prejudices or misconceptions, but at least, things are moving forward and the gaps in people's perceptions are starting to be filled. I talked to some of the 30,000 journalists who flocked to Beijing to cover the Games and found their perceptions of China greatly influenced by the success of the Olympics.

Critical views are welcome and accepted by the Chinese when they are informed and constructive. Recently, I saw a report on the CNN website about the life of people with disabilities in China. The report concluded that while their lives have got better, many problems remain. That is the kind of balanced view we've been talking about. The ongoing Paralympics in Beijing will help generate greater care, support and respect for the 83 million disabled people in China and those across the world.

The past 30 years have seen enormous changes in China. Yet the Olympics has not altered the fundamental reality in China. China remains a developing country, with a per capita GDP one-eighteenth of that of Britain.

一届奥运会不能改变所有的偏见和误解，但至少事情在向积极的方向发展，双方认识的差距也在逐渐缩小。奥运会期间，三万名外国记者到中国采访，我在与一些记者的交谈中了解到，奥运会的成功极大地影响了他们对中国的看法。

中国人并不怕批评，也能接受理性的、建设性的意见。比如前几天我在 CNN 网站上看到一则报道，提到中国残疾人的生活有了很大改善，但仍然存在很多问题，这个看法是平衡的。正在进行的北京残奥会将促进中国 8300 万残疾人和全世界的残疾人得到社会更多的关爱、支持和尊重。

过去的 30 年，中国经历了翻天覆地的变化，但是奥运会并不能改变中国的基本国情——中国仍然是一个发展中国家，人均 GDP 只有英国的 1/18。

勿論、1回のオリンピックだけであらゆる偏見や誤解が解消することは出来ませんが、少なくとも物事の運びは良くなり、積極的な方向へ向かいつつあります。双方の認識における相違も徐々にですが縮小し始めています。オリンピックの期間中、3万人もの外国の記者たちが中国現地で取材しました。私は記者たちとの交流を通じて、オリンピックの成功によって中国に対する彼らの認識は大きく影響を受けたと気づきました。

　中国人は批判を受けることが出来ないことはなく、それが理性的で提案的な意見であれば、むしろ快く受け止めるのです。たとえば先日、私はCNNネットで次のような報道を読みました。中国の身体不自由者の生活に大きな改善が見られるようになったが、やはり多くの問題が存在しているというような内容でした。こうした見方は公平なものだと思います。現在、北京で開催されているパラリンピックは、中国の8300万人の身体不自由者と世界の身体不自由者が、多くの関心と愛、そして支援と尊重を得られる手助けとなることと思います。

　過去30年間に、中国は巨大な変化を経験してきました。しかし、オリンピックは中国の基本的な国情を変えることはできません。この国情とはつまり、中国は相変わらず発展途上国であり、一人当たりのGDPはイギリスの18分の1にしか過ぎないということです。

The success of the Olympics has only strengthened the government's commitment to reform and opening up. China will continue to learn from Western countries and develop its democracy and prosperity in line with its historical, cultural and national conditions.

Team GB and Paralympics GB put on fantastic performances in Beijing. Each Olympics is unique and I am sure London will do well in four years' time. During Prime Minister Brown's recent visit to Beijing, the sports authorities of our two countries reached agreement on sports cooperation in areas of respective strengths. So, I am sure that by working together, we will harvest more gold medals.

奥运会的成功进一步坚定了中国政府继续走改革开放道路的决心。中国将继续向西方国家学习，从中国历史、文化、国情出发，建设民主、富强的国家。

英国奥运会代表队和残奥会代表队在北京都有精彩的表现。每届奥运会都是独一无二的，相信四年后的伦敦奥运会也十分精彩。最近布朗首相访华期间，两国体育管理部门就中英体育优势项目合作达成共识。相信中英两国通力合作，会赢得更多的金牌。

我们已经迈出了相互了解的第一步，要实现更深入的了解，还有很长的路要走，这也留给了像筷子俱乐部这样的团体组织尽情发挥的空间。童海珍女士最近在《金融时报》中文网上发表的文章让人印象深刻。我欢迎并期待筷子俱乐部的各界成员在推进中英两国人民的相互理解方面继续发挥更大的作用。

再次感谢筷子俱乐部邀请我分享今晚的美食和这个美好的纪念时刻。

With the first steps taken, the long journey of greater understanding is still in front of us. This is where groups like the Chopsticks Club have a huge role to play. H-J's recent article in the FTChinese Online was an impressive reading. I welcome and hope the club membership, which represents diverse sectors, will continue to contribute to greater mutual understanding between our two peoples.

Once again, thank you for inviting me to share all the nice food and this wonderful moment to remember.

オリンピックの成功は、中国政府が改革開放の道を継続して歩んで行く決心を更に確固たるものにしただけなのです。中国は引き続き、ヨーロッパの国々から学ぶことで、自国の歴史、文化そして国情に即して、民主的で豊かな国を創ろうとしています。
　イギリスのオリンピック及びパラリンピックの選手団は、北京でいずれも素晴らしい競技を見せて下さいました。それぞれのオリンピックは、ユニークなものでした。４年後のロンドン・オリンピックも必ず成功するに違いありません。最近、ブラウン首相が訪中の際、両国のスポーツ関係当局の間で、中英それぞれが強いと思われるスポーツ分野の協力に関する合意に達しました。私は、中英両国がお互いの協力を通じて、より多くの金メダルをきっと獲得できると確信致しております。
　我々は相互理解の第一歩を踏み出しましたけれども、もっと深く理解する為には、まだまだ長い道のりを歩まなければなりません。ここに、箸クラブのような団体や組織が果たすべき大きな役割が与えられているのではないでしょうか。最近、童海珍女史が『フィナンシャル・タイムズ』中国版ネットに発表なさった論説が深く印象に残っております。中英両国民の相互理解の為に、箸クラブの皆さんが引き続き大きな貢献をなされますよう、私は心より期待致しております。
　改めて、今晩の晩餐会にお招き戴き、また、この素晴らしい記念すべきひと時を過ごさせて戴きました箸クラブの皆さんに深く感謝致します。
　ありがとうございました。

「ポスト・オリンピック」時代の
中国と西欧との関係
チャタムハウスでの講演

2008年10月20日 ロンドンにて

Post-Olympic China and Its Relations with the West

Speech at Chatham House
London, 20 October 2008

"后奥运"时代的中国
与西方关系
在英国皇家国际事务研究所的演讲
伦敦，2008年10月20日

Chatham House, also known as the Royal Institute of International Affairs, is one of the world-leading international relations research centres. The name "Chatham House"—the building in St. James's Square, London—is now commonly used to refer to the organisation.

英国皇家国际事务研究所（亦称"查塔姆研究所"）是世界领先的国际问题研究中心之一。该研究所位于伦敦圣詹姆斯广场一座名为"查塔姆"的大厦内，并由此得名。

イギリス王立国際問題研究所（「チャタム・ハウス」とも称す）は世界トップクラスの国際問題研究機関の一つである。この「チャタム・ハウス」はロンドンのセント・ジェームズ広場にあるビルディングの名前であり、現在は一般的に、この研究所を呼ぶために使われている。

It's a great pleasure to see you today and talk about China's relations with the West after the Olympics.

On the evening of 24 August, after the closing ceremony of the Beijing Olympics in the Bird's Nest, I stayed behind in my seat, looking at the young performers and athletes laughing and taking photos in the arena, and pondered how far China had come to reach this moment.

In 1908, when London was hosting the fourth modern Olympics, some young people in China asked, "When can China host an Olympics?" It is a century later that China is finally able to fulfil this dream after traversing a long and convoluted journey.

2008 is such an eventful year, full of roller-coastering ups and downs, natural disasters and man-made tragedies, triumphs and setbacks that it seems as if the hand of fate has brought the difficulties and challenges of the last century back upon China again, in one single year. After the Olympics, amidst all the applause and praise, many are asking, "Where is China heading?"

In the West, most people believe that China has unquestionably risen as a world power. They are expecting China to behave like one and undertake more international responsibilities. During the current financial and economic crisis, many are expecting China to play an important role.

很高兴有机会与大家见面，今天想谈谈奥运后的中西方关系。

8月24日晚上，在"鸟巢"举行的北京奥运会闭幕式结束以后，我留在自己的座位上，看着场地里那些仍然兴奋地拍照的青年演员和运动员们，思忖着中国一路走来经历的种种。

从1908年伦敦举办第四届奥运会时，中国年轻人提出"我们什么时候能够举办奥运会"，到北京奥运会胜利落下帷幕，中国走过了一整个世纪漫长艰苦的道路。

而在2008年，似乎历史的宿命把中国的百年艰辛浓缩在这一年中再次展现出来——天灾人祸，成功与挫折，像坐过山车一样起起伏伏。奥运会之后，掌声和赞扬声一片，人们在问：中国将走向何方？

在西方，人们普遍认为中国崛起为全球性强国已经是不争的事实，西方以成熟大国的标准要求中国承担更多的国际责任。当西方世界陷入金融危机和经济困境之际，很多人寄希望于中国发挥重要作用。

皆さんにお会いする機会に恵まれて嬉しく存じます。本日は、オリンピック後の、中国と西欧との関係について、お話をしてみたいと思います。

8月24日の夕方に、北京オリンピック閉幕式が「鳥の巣」で行われた後、私は心静まらぬ状態の中で席に座ったまま、写真を撮ったりしている若い演奏者や選手たちを眺め、中国が歩んで来た過去の様々なことが脳裏に浮かんでいました。

1908年、ロンドンで第4回オリンピックが開催された時、中国の若い人たちはたずねました、「私たちはいつごろオリンピックを開催できるのでしょうか？」と。そこから、やっと北京オリンピックという夢を成功裏に実現するまでに、中国はまる1世紀という長い長い歳月と苦難に満ちた紆余曲折の道のりを歩んできたのです。

2008年は、中国の歴史的な宿命によって、100年の苦しみが凝縮され、1年の間に再現されたかのようでした。2008年は、天災と人災、成功と挫折が交互に訪れた、ジェットコースターのように浮き沈みの激しい歴史的な試練を受けた年でした。オリンピックの後、拍手と賛美の中で、多くの人々が疑問を投げかけていました。「はたして中国の今後はどうなるのだろうか」と。

西欧では、中国が世界の強国として屹立したことは疑いの余地がない事実であり、中国が成熟した大国として、もっと多くの国際責任を担ってほしいと期待しています。西欧世界が金融危機及び経済の苦境に陥っていますので、多くの人々は、中国がその中で重要な役割を果たして欲しいと希望を託しているのです。

而中国人是否自认为能够拯救世界呢？也许中国的历史太长，经历的苦难太多，培养了中国人强烈的忧患意识；也许因为奥运会的成功来得太不容易，让中国人保持了冷静的自我认识。

网上调查显示，80%的中国人认为中国还远远不是世界强国。事实上，"世界强国"这顶帽子让很多人感到不适。中国人均GDP只有英国的一个零头，区域、城乡差距非常大，工业化、城镇化刚刚起步。作为一个13亿人口的大国，每天都会有这样那样的问题发生，面临着种种严峻的挑战。中国总理常打这么一个比方：一个很大的总量，除以13亿，都会变成一个小数目；一个很小的问题，乘以13亿，都会变成一个大问题。奥运后不久就发生了三鹿奶粉受污染事件，反映了中国发展中存在的问题的复杂性。

Yet, do the Chinese think they can really save the world? Maybe we have experienced too much and suffered too much in our long history to be easily complacent. Maybe the hard-won success of the Olympics has made the Chinese all the more cool-headed in their self-perception.

Online polling has found that 80% of the people in China believe that China is far from being a world power. In fact, the very term "world power" makes many uncomfortable. China's GDP per capita is only a fraction of Britain's, and there are serious developmental disparities between different regions and between the urban and rural areas. China is still toddling in its industrialisation and urbanisation. For a country of 1.3 billion people, hardly a day goes by without problems or challenges cropping up in the country. The Chinese Premier often uses an analogy—any wealth, when divided by 1.3 billion, becomes fractional, and any small issue, when multiplied by 1.3 billion, would become a huge problem. The contaminated milk powder scandal involving Sanlu that came under the limelight shortly after the Olympics was another example of the complex challenges faced by China.

しかし、中国人自身は世界を救えると考えているでしょうか。中国の歴史があまりに長く、体験した苦難が多すぎたからこそ、中国人の危機意識が強くなったのであり、オリンピックの成功が得られがたいものであったからこそ、それだけ中国人は冷静な自己認識を保てるのだと思います。

　ネット調査によれば、8割の中国人は、中国がまだまだ世界強国には遥かに及ばないと思っています。事実「世界の強国」というこのレッテルに、大勢の人は居心地の悪さを感じています。中国人一人当たりのGDPはイギリスのひと桁しかありません。都市部と農村地域との格差が非常に大きく、工業化と都市化の発展はスタートしたばかりです。13億の人口を擁する大国としては、毎日いろいろな問題が発生し、様々な厳しい問題に直面しているのです。中国の首相が常に譬えておっしゃる通り、どんなに大きな富でも、もし13億で割れば、その結果は微々たるものである。どんなに小さな問題でも、もし13億で掛ければ、巨大な問題となる。オリンピック後、間もなく発生した「三鹿粉ミルク」汚染事件は、発展途中にある中国に存在する問題の複雑さが如実に反映されています。

The events surrounding the Lhasa rioting and the torch relay in March and April made many Chinese, particularly the young people, start to question both the West's motives regarding China and whether the West was trying to impede China's progress. They feel that some people in the West still have deep prejudices and preconceptions about China and tend to look at China through the prism of their own values, rather than setting the problems China faces in their proper prospective of China's realities.

I wrote in an article for *The Times* in April that I was worried to see the perceptions between the Chinese and Western public moving in opposing directions, which would only hurt our relations. I have also noticed that there is a lack of authentic and objective information about China in Western societies, compared with what we know in China about the West. At least in terms of information, the deficit is on the Western side.

今年3月至4月间围绕拉萨骚乱和火炬境外传递发生的种种波折，让很多中国民众——尤其是年轻人——对西方的真实意图和动机产生了疑虑，不少人认为西方在阻挠中国的前进。他们感到西方一些人对中国有很深的偏见和先入为主的成见，倾向于从自己的角度出发看待中国，对中国存在的困难不能从恰当的视角和国情实际出发去分析。

我在4月发表在《泰晤士报》上的一篇文章里表达了对中西方民众相互看法转向负面的忧虑，这将对双方关系造成伤害。我也注意到，与中国对西方的了解相比，西方社会的信息库里关于中国的真实客观素材比较少，存在关于中国的信息逆差。

今年の３月から４月までの間、ラサの騒動とオリンピック・トーチリレーを巡って発生した様々な事件を前にして、中国の国民、特に若者たちは、西欧の真の意図や動機に対して疑問と憂慮を抱き始めました。西欧は中国の進歩を阻止しているのではないか、と思わざるを得ない人が少なくないのです。彼らは、西欧の一部の人たちは依然として中国に対して深い偏見と先入観をもっており、そうした彼らの価値観から中国を見る傾向があり、中国が直面している困難に対して、適切な判断と中国の現実を国情に基づいて分析することができないのでは、と残念に思っているのです。

　私は、４月に『タイムズ』紙に発表した論説の中で、中国と西欧双方の国民は、お互いに対立的な認識をしており、これは双方関係をただ傷つけることになるのではないか、と述べました。私がもう一つ気がついたのは、中国の西欧に対する理解と比べると、西欧社会における中国に関する情報には、中国をありのままに反映した客観的で確実な資料が比較的少なく、情報量からいっても、西欧の方が不足しているということです。

In May, the outpouring support from Western countries after the Sichuan earthquake revealed the compassionate side of the Western media and public to the Chinese and brought the people closer again. During the Olympics, over 30,000 journalists and almost half a million visitors from all lands flocked to China and 4.7 billion people watched on their televisions. They saw not only the Games, but also a real and dynamic China. I've talked to some Western journalists who went to Beijing. They marvelled at what they saw and realised that they did not understand China as much as they thought they did after all.

The Beijing Olympics cannot change all preconceptions about China in this part of the world overnight. Yet to a certain extent, it has helped by enabling some people to change their stereotypical beliefs in the understanding of a modern and developing China.

5月四川地震后西方国家对灾区的大力支持和慷慨帮助让中国民众看到了西方媒体和民众富有同情心的一面，拉近了感情的距离。奥运会期间，来自世界各国的3万多名记者云集北京，40多万名游客、47亿电视观众聚焦和体验中国。在赛事之外，他们更看到了一个真实、充满活力的中国。我遇到的不少西方记者为在中国看到的一切赞叹不已，意识到其实他们原来并不如自己以为的那么了解中国。

北京奥运会不可能一夕间改变西方人对中国的成见，但是可以在一定程度上使他们从旧印象中走出来，主动去了解一个现代的、发展中的中国。

5月、四川大地震後、西欧諸国から、震災への大いなる支援や惜しみない寄付などを戴きました。それによって、中国の人々は、西欧のメディア及び人々の人情に触れ、再び心情的な距離が縮まりました。オリンピックの期間中、世界各国から3万人以上の記者が北京に集まり、また、40万人以上の旅行者数、それに47億人にのぼるテレビ視聴者が何れも中国を自らのその目で確認しました。オリンピックの観戦以外に、観光などを通して、真実の、活気に溢れた中国も見たのです。私がお目にかかった西欧の多数の記者たちは、中国で見た全てに驚き、実のところ中国の本来の姿を理解していなかった、ということに気づいたようでした。

　北京オリンピックによって一晩で西欧人の中国に対する先入観を変えるまでにはいきませんが、ある程度は古いステレオタイプな印象から抜けでて、現代の発展途上にある中国を主体的に理解していくという意識を持てるようになったのではないでしょうか。

The media factor figures prominently in the interactions between China and the West. Balanced reporting is crucially important, given the significance of the media in Western societies and global public opinion. Now that China is increasingly open to the world and very much in the limelight, the media has a unique role to play in promoting mutual understanding between China and the world. I agree with many British friends who believe that China should engage directly with the Western media and the Western public, to make China's voices heard across the many platforms of the Western media.

During the Olympics, the Chinese people had unprecedented close encounters with the West. They get a deeper understanding of the diversity of the world, which gives them greater confidence in the face of criticisms, taking them for what they are worth. Balanced Olympic coverage by the Western media also helped the Western public understand China better. The Olympics represents a momentous step forward in the mutual understanding between the Chinese and Western peoples.

在当前的中西方关系中，舆论因素很突出。媒体在西方社会占据十分重要的地位，对全球舆论也有相当大的影响，一个平衡的媒体立场是十分重要的。随着中国开放程度的不断提高和世界对中国关注的不断上升，媒体在推动中国和世界的相互了解中发挥着独特的作用。很多英国朋友认为，中方应多与西方媒体和民众直接沟通与交流，通过西方媒体的众多平台发出中国的声音——我也深以为然。

奥运会也让中国民众前所未有地近距离接触西方，使中国人民对世界的多样性有了更多的了解，更能自信地以平常心看待外界的批评。西方媒体对奥运会的平衡报道也对西方公众了解中国发挥了积极作用。奥运会让中西方之间的相互了解前进了重要的一步。

当面、中国と西欧との相互作用においては、世論的な要素が顕著な役割を果たしています。メディアは、西欧社会で非常に重要な位置を占めており、世界の世論に対しても大きな影響を与えています。メディアはバランスがとても重要です。中国の改革開放の程度がますます高められ、世界の中国に対する関心がますます高くなってくると共に、メディアが中国と世界との相互理解を推進することにおいて特別な役割を発揮しています。多くのイギリスの友人たちは、中国がもっと西欧のメディアと直接的に意思の疎通や交流を行い、西欧のメディア機関を通じて中国の声を伝えるべきだと信じていますが、私もまさにその通りだと思っています。

　オリンピックのお陰で、中国人はかつてないほどの近さで、西欧に触れ、世界の多様性に対する理解もより深くなりました。更に外からの批判に対しては、自信と平常心を持って対応できるようになりました。西欧のメディアが北京オリンピックに与えた客観的な報道は、西欧人の中国に対する理解を深める点で、積極的な役割を果たしました。オリンピックは、中国と西欧との相互理解の為に、重要な一歩を前進させました。

However, the Olympics has not changed the underlying reality in China. It has not totally removed the West's concerns and misgivings about China, nor can it solve the deeper ideological differences between us.

The post-Olympic challenge for China is to keep moving in the right direction, by properly defining its role in the world, and presenting a better case of its roadmap of development and policy direction. The post-Olympic challenge for the West is to understand the changes in China and their impacts on the world. And our common challenge is to build a more equal and mature partnership based on greater mutual understanding and trust.

The financial crisis that has swept much of the world has only served to highlight the importance of our partnership. China is deeply concerned about the global economic situation amidst the unfolding financial crisis. We commend the measures taken by Britain and other developed countries to stabilise the financial markets and stand ready to enhance our cooperation to address the crisis.

Over the years, China's banking sector has gone through incremental reform and steady opening up. This has strengthened its resilience to the financial crisis, from which China's financial sector as a whole has suffered only limited impacts.

但是奥运会没有改变中国的基本国情，也没有完全消除西方对中国的疑虑，更难以解决中西方关系深层次的意识形态分歧。

"后奥运"时代中国的挑战，是如何把握好自身的发展方向，正确界定与世界的关系，更好地向世界阐释我们的发展道路和政策方向。"后奥运"时代西方的挑战，是如何正确认识和把握中国的变化及其对世界的影响。中西方之间的共同挑战是如何在增进互相了解和信任的基础上建立更加平等、成熟的伙伴关系。

席卷全球的金融危机进一步显示了中西方伙伴关系的重要性。中国高度关注金融危机中全球经济的走势，赞赏英国和其他发达国家为稳定金融市场而采取的措施，愿加强合作共同应对危机。

近年来，中国对银行业进行了渐进的改革，稳步对外开放，增强了金融系统抵御风险的能力。危机对中国金融业整体的冲击是有限的。

しかし、オリンピックは、中国の基本的な国情を変えることがなく、西欧の中国に対する不安と疑いも全く消え去ったわけではありません。また、中国と西欧との間のイデオロギーにおける深い食い違いも解決できていません。

　「ポスト・オリンピック」時代の中国の課題とは、中国自身の正しい発展の方向をどう把握し、世界における自身の役割をどう正しく位置づけ、世界へ我が国の発展のロードマップと政策の実施方向を如何に正しく提案し歩み続けることが出来るのかということです。「ポスト・オリンピック」時代の西欧の課題とは、中国の変化とその世界に対する影響についてどう正しく認識し、把握することが出来るのかということではないでしょうか。そして、中国と西欧双方の共通の挑戦とは、相互理解と信頼を深めた基礎の上に、更なる平等で成熟した協力関係をどう構築してゆくことができるのかということであると思います。

　全世界を席巻した金融危機によって、中国と西欧との協力関係の重要性がより一層顕著となりました。中国は金融危機の中、世界経済の趨勢について非常に憂慮しています。中国は、イギリスが他の先進国と連携して金融市場を安定させるために取った措置に賛成し、共に危機の対応と協力関係を強めていこうと考えております

　近年、中国は銀行業に対して、漸進的な改革を行い、対外開放を着実に実施し、金融関係のリスクに対する回復力を強めて来ました。危機は中国金融全体へのショックが限られているのです。

但是危机仍然对中国造成很大影响。随着美欧等国需求的减弱，中国制造业压力增大，很多中小企业被迫关闭或濒临倒闭，汽车和家电销售下滑，钢厂减产。

面对这场危机，中国首先要保持自身经济的增长，这不仅对中国重要，对世界也十分重要。中国人民银行9月8日宣布"双下降"，利率下调0.27%，存款准备金率下调0.5%。这是央行在一个月内第二次降息，也是与一些国家的央行采取的同步行动。上星期天，中国政府还出台了十项措施刺激经济增长，包括扶持困境中的中小企业、加大基础设施和民生投资、加强金融监管等。

However, the crisis is affecting China too, in no small measure. The manufacturing sector in China is feeling the pinch as a result of weakening demand from the US and the EU. Many small and medium-sized factories have closed or are on the verge of closing down. Sales of automobiles and electronics, for example, are seeing a downturn, and steel mills are cutting back production.

China is responding to the crisis, first and foremost, by maintaining its own growth, which is important for both China and the world. On 8 September, the People's Bank of China cut interest rates and bank reserve ratio by 0.27% and 0.5% respectively. This was already the second of such cuts in four weeks, and this time it was done in conjunction with some other central banks. The Chinese government unveiled ten measures on Sunday to stimulate growth, including measures to support struggling SMEs[1], increase investment in infrastructure and social programmes, and strengthen financial regulation and supervision.

1. Small and medium-sized enterprises

しかし、それでも危機は、中国に対しても大きな影響を与えています。アメリカや欧州諸国の需要が弱まるにつれ、中国の製造業へのプレッシャーがますます大きくなっています。非常に多くの中小企業が倒産、或は潰れる寸前の状態に落ち入っています。また、車と家電産業の売れ上げが下降し、鉄鋼の生産量が減産している事情もあります。

　中国は、真っ先に自身の経済成長を保持することによって、この金融危機に対応しています。そうすることは、中国だけでなく、世界にとっても非常に重要だからです。中国人民銀行は、9月8日、「2項目の引き下げ」を発表しました。「2項目の引き下げ」というのは、つまり、利息の0.27％引き下げと、預金支払準備率の0.5％引き下げのことです。これは中央銀行が1ヶ月以内に、第2回目の利息引き下げの調整を行ったのであり、幾つかの他の中央銀行と統一行動の為に取った措置であります。先週日曜日、世界経済の成長に刺激を与えるために、中国政府は10項目の措置を明らかにしました。その10項目の措置の中には、苦しい立場にある中小企業を支援する、インフラ及び民間への投資を増やす、金融の監督・管理を強化する、などが含まれています。

The Third Session of the 17th Central Committee of the CPC held last week sent a strong policy message of stimulating the rural economy and increasing support for farmers through a new round of reform. According to the plan, per capita net income of farmers will double by 2020, and there will be adequate access to high-quality education for all and much improved basic medical services. We remain optimistic about maintaining financial stability and economic growth in China. According to current projections, our GDP will grow by more than 9% for 2008. China's continued growth is important for our trading partners' growth and jobs. In the first seven months of this year, China's imports from the UK grew by 39.3%.

China has taken an active part in global efforts and discussions to address the financial crisis and reform the global financial architecture. It has also added its voice to the global call for stronger coordination and cooperation and all necessary measures to stabilise the global financial system. China believes it is necessary to draw lessons from the crisis and better handle the balance between the virtual and real economies, between financial innovation and regulation, and between savings and consumption.

上周召开的中国共产党十七届三中全会发出了通过新一轮改革推动农村经济发展、加大支农力度的强有力的政策信息。根据规划，到2020年，农民人均纯收入将比2008年翻一番，农村人人享有接受良好教育的机会，基本医疗卫生制度更加健全。我们对中国保持金融稳定和经济增长抱有信心，根据目前的预测，2008年中国GDP预计将保持9%以上的增长。中国的持续增长对贸易伙伴的经济发展和就业很重要，今年前七个月，中国从英国的进口增长了39.3%。

中国积极参与了应对危机和改革国际金融秩序的努力和讨论，并和其他国家一起呼吁加强协调和配合、采取一切必要措施稳定全球金融体系。中国认为有必要从危机中吸取教训，更好地处理虚拟经济和实体经济、金融创新和金融监管、积累和消费的关系。

先週行われた中国共産党第17期第3回中央委員会全体会議において、改革の新ラウンドを通じて農村の経済発展を促進し、農民に対する支援を強化する政策方針が採択された、というニュースがありました。計画によれば、2020年までに、農民一人当たりの純収入は、2008年の倍増とし、農民一人一人が良質の教育の機会を享受し、基本的な医療衛生制度は更に健全なものにする、というものです。私たちは、中国の金融安定の保持と経済成長に対して自信を持っています。目前の予測によると、2008年、中国のGDPは9％以上の成長を保持することが出来るでしょう。中国の持続的な成長は、貿易における協力相手側の経済発展と就業にとっても重要です。今年前期の7ヶ月間、中国のイギリスからの輸入は39.3％増加しました。

　中国は、危機対応及び国際金融秩序改革の為の努力と討論に積極的に参与し、そして他の国々と共に、調和と協力を強めようと呼びかけ、あらゆる必要な措置を取ってグローバルな金融体系を安定させようとしています。中国は、危機から教訓を汲み取り、バーチャル経済と実体経済、金融の革新と金融の監督・管理、貯蓄と消費との関係をよりよく処理すべきであると考えています。

China, the US and the UK have kept in close touch during this crisis. President Hu Jintao and President Bush spoke on the phone twice. Premier Wen Jiabao also maintained contact and dialogue with Prime Minister Brown through meetings and phone conversations. As President Hu has commented, China will continue to work closely with the international community to promote global economic and financial stability, out of a sense of responsibility for both the Chinese people and the people of the world.

The confluence of interests between China and the West in the financial crisis speaks volumes about our extraordinary mutual interdependence. In 2007, trade, overseas investment and the number of outbound tourists of China have all grown over ten times on 1992's basis. Every year, 40 million Chinese travel overseas, including 200,000 to the UK. There are also 175,000 Chinese students in EU countries, 75,000 of them here in the UK.

China's three decades of reform and opening up is a process of opening up to and learning from the West and other countries. McDonald's and Coca Cola are now amongst the most popular fast food brands in China. The market economy is deepening and concepts like democracy, the rule of law and human rights are taking root.

中国与美、英等国在这场危机中保持着密切接触。胡锦涛主席与布什总统两次通电话，温家宝总理与英国首相布朗也通过会见和电话交换意见。正如胡主席所讲，中国政府将继续以对中国人民和各国人民负责任的态度，同国际社会密切合作，共同维护世界经济金融稳定。

金融危机中中西方利益交织的现实充分表明，相互依存已成为双方关系最突出的特点之一。2007年，中国贸易总额、对外投资、出境旅游人数都是1992年的10倍以上，每年4000万中国人出境旅游，到英国的中国游客达到20万人，17.5万名中国学生在欧盟各国留学，其中7.5万在英国。

过去30年中国改革开放的进程是向包括西方在内的全世界开放与学习的过程。麦当劳和可口可乐已是国内最受欢迎的快餐食品，市场经济深入发展，民主、法治、人权的理念开始扎根。

中国は、このような金融危機の状態の中で、アメリカ・イギリスなどの国と共に、密接な連携を保ってきました。胡錦濤主席はブッシュ大統領と2回にわたる電話会談を行い、温家宝首相は、イギリスのブラウン首相と会見や電話会談で、意見交換を行ってきました。胡錦濤主席が述べたように、中国政府は、中国国民と世界の人々に対し責任を以て、今後とも国際社会との緊密な協力を行い、世界の経済と金融の安定を共同して守っていきます。

　金融危機の中で中国と西欧における利害の一致が明確に示したように、相互依存がもはや双方関係において最も顕著な特徴のひとつとなっています。2007年、中国の貿易総額、対外投資、海外旅行者数は何れも1992年の10倍以上となっています。毎年、4000万人の中国人が海外旅行に出かけ、その内イギリスに来ている中国人観光客は20万人に達します。EU各国の17.5万人の留学生の内、7.5万人の中国人留学生がイギリスに来ているのです。

　中国の過去30年間の改革開放の過程は、西欧を含める全世界への開放と学習を行ったプロセスであります。マクドナルドとコカ・コーラは既に国内で最も好まれているファーストフードです。市場経済は着実に発展し、民主・法治・人権という理念は定着し始めているのです。

But we don't simply copy and paste. China learns useful things according to its own needs and national conditions. We have learnt profound lessons from copycatting in the past. China's doors were forced open in 1840 by the gunboats of Western powers, and many Western ideas were introduced into China. However, not all imported concepts and practices struck deep roots in Old China. Poverty and misery still prevailed as China's problems persisted. Following the founding of the People's Republic, China made progress in political, economic and social development, not without setbacks though.

Three decades ago under the leadership of Mr. Deng Xiaoping, China finally found the right path to development and prosperity. In fact, the success of the Olympics would not have been possible without the past three decades of reform and opening up.

China has benefitted from a relative peaceful world and China's development and prosperity have been achieved through trading with the world, including Western countries, and through means of peaceful and mutually beneficial cooperation.

但是我们并不是机械地照搬照抄外国，而是根据中国自己的需要和国情借鉴有益的东西。历史上，中国照搬外国经验是有过深刻教训的。1840年，中国的大门被西方列强的炮舰打开，很多西方的东西进入到中国。然而，舶来的观念和做法并没有都在中国开花结果，旧中国的问题依然无法解决，贫穷与苦难更加普遍地存在。新中国成立后，中国在政治、经济和社会发展上不断取得进展，但也经历过挫折。

30年前，中国在邓小平领导下终于找到了繁荣发展的正确道路，奥运会的成功就是建立在中国30年改革开放的坚实基础之上的。

中国成为相对和平的世界大势的获益者，通过与世界（包括与西方国家）的贸易、和平合作、互利共赢，实现了自己的发展与繁荣。

しかし、私たちは決して機械的に外国をそのままに模倣しているのではなく、中国の自身の需要と国情に基づき、手本として有益なものを取り入れようとしているのです。過去の歴史から、中国は外国をそのままに真似してきたことによる深い教訓を得てきているからです。1840年、西欧列強は中国の門戸を軍艦と鉄砲で打ち破り侵入して来ました。その時より、西欧のたくさんのものが中国に伝わって来ました。しかし、舶来の観念や作法など、中国ではそれら全てを受け入れ、実らせることが出来ず、旧き中国の問題は相変わらず解決しようもなく、貧困と苦難が一層あまねく存在していました。新中国成立後、中国は政治・経済及び社会発展などの面で、絶え間なく進展をみせましたが、しかし挫折も経験しました。

　30年前、中国は鄧小平の指導の下で、ようやく国の繁栄と発展への正しい道に辿り着きました。オリンピックの成功は他でもなく、その30年間の改革開放という堅実な基礎の上に獲得できたものなのです。

　中国は比較的平和な国となり、世界の趨勢から利益を得た国となっています。中国は、世界（西欧諸国も含む）との貿易往来・平和的な協力・相互利益を通じて、自国の発展と繁栄を実現させることができたのです。

China can only become strong through peaceful means, and it should handle its relationship with the world through cooperation. Therefore, the defining feature of China's foreign policy is peace and cooperation. Its fundamental task is to foster a cooperative environment for reforms, opening up and development efforts at home. Coercion, sanctions and military threats can never be options in China's diplomatic toolkit. China will become strong, but never hegemonic.

Against this backdrop, China has established strategic or cooperative partnerships with almost all Western countries and developed effective cooperation together on most international issues.

However, China will not develop according to a Western roadmap and it would be very hard for us to accept attempts to impose others' values upon China. Mutual understanding and acceptance between China and the West will, therefore, be a long-term process.

One thing is certain. For 30 years, China's reforms have never backtracked despite its many challenges, and China's continued development will be achieved only through greater interactions with the world. So, the best answer to the question of where China is heading after the Olympics would be that China remains committed to the policies of reform and opening up at home and of promoting peace and cooperation in the world.

中国的强国之路必然是和平之路，处理与世界的关系应该依靠合作方式。中国对外政策的主要特征是和平与合作，根本任务是服务于改革开放和发展大局，为国家的发展营造一个合作的环境。压迫制裁、武力威胁不可能成为中国外交的选项。中国需要走一条强而不霸的道路。

在这样的大背景之下，中国与几乎所有的西方国家都建立了某种形式的战略或者合作伙伴关系，就国际上的热点问题进行着有效的合作。

但是中国不可能按照西方的意图去发展，中国也难以接受那些试图把自己的价值观强加给中国的做法。中国与西方相互的理解和认同将是一个长期的过程。

有一点可以肯定的是，30年来中国的改革开放历经曲折，但从未倒退过，今后中国的持续发展必将在与世界更大的互动中实现。对外界关注的"后奥运"时代的中国向何处去这个问题，能给出的最好回答是：中国将对内坚持改革开放，对外坚持和平与合作。

中国の歩む強国への道は疑いなく平和の道です。世界との関係に対応するには、協力方式に依拠しなければなりません。中国の対外政策の主な特徴は、平和と協力です。その根本的な仕事は、改革開放と発展という大局に沿って役割を発揮し、国家の発展の為に協力的な環境造りを助長することです。圧力・制裁を加えたり、武力威嚇を行うなどは中国外交の選択となることはあり得ません。中国は一つの強い、しかし覇権的ではない道を歩む必要があります。

　このような大きな背景の下で、中国は西欧の殆ど全ての国と戦略的な、あるいはパートナーシップを設立し、国際的に注目されている問題について、効果的な協力を行っております。

　しかし、中国は西欧の意図の通りに発展していく訳ではなく、彼らの価値観が中国に押しつけられるようなやり方を受け止める訳でもありません。中国と西欧とはお互いに理解し認め合うには、長期にわたる過程が必要です。

　一つ申し上げなければならないのですが、30年来、中国の改革開放は並々ならぬ紆余曲折を経ましたが、逆戻りは一度もありませんでした。中国の今後の持続的な発展は、必ずや世界との更なる大きな連携の中で実現するでしょう。外界から注目されている「ポスト・オリンピック」時代の中国はどこに向かっていくのか、というこの質問に対して、私が一番良いと思う回答は、中国は対内的には、改革開放の道を堅持し、対外的には、平和と協力を堅持する、ということであります。

金融危機の下の中国と世界
イートン校政治学会での講演

2009年4月20日 ウィンザーにて

China and Its Relations with the World Amidst the Financial Crisis

Speech at the Political Society of Eton College
Windsor, 20 April 2009

金融危机下的中国与世界
在伊顿公学政治学会的演讲

温莎，2009年4月20日

Eton College is one of the best-known public boy schools in the UK. Founded in 1440 by Henry VI, it has produced a large number of influential people, including 20 British Prime Ministers, the poet Shelley and the economist Keynes. Princes William and Harry are also Old Etonians.

伊顿公学是英国最有名的私立男校之一，由亨利六世于1440年创办，培养了众多声名卓著的人物，包括20位英国首相、诗人雪莱和经济学家凯恩斯，也是英国王子威廉和哈里的母校。

イートン校はイギリスの最も著名な私立男子高校の一つである。同校はヘンリー六世が1440年に創立したものであり、20名のイギリス首相・詩人のシェリー・経済学者のケインズを含む多くの著名な人物を輩出した。イギリス王子のウィリアムとハリーの母校でもある。

Head Master Tony Little[1],

Young Gentlemen,

I am very pleased to be invited to speak here.

Before coming here, I searched for "Eton" on the Chinese search engine "Baidu" and it produced 68,000 search results. There are many blog posts in addition to encyclopaedia entries. The terms that appeared the most were "cradle of elite" and "home of gentlemen culture." Is it true? Am I talking to some future prime ministers or Nobel Prize laureates? It would make me so proud. (Laughter)

Talking about China, you all know about the successful 2008 Olympics. Alex Hua Tian attended the equestrian event in Hong Kong. As an Etonian, he has boosted Eton's name in China, especially among his huge number of fans.

For China, hosting the Olympics is a century-old dream coming true. Why? Let me tell you the story behind it.

1. Head Master of Eton College
伊顿公学校长

托尼·利特尔校长[1]，各位同学：

很高兴受到伊顿公学的邀请来演讲。

来这里之前，我在中文搜索引擎"百度"上搜索关于"伊顿"的信息，得到6.8万条结果。这些信息里，除了百科知识网站的介绍以外，还有很多对伊顿评价的博文，出现最多的是"精英摇篮"和"绅士文化"这样的词。这是真的吗？此刻我是否正在同未来的首相或者诺贝尔奖获得者们交谈？这让我倍感荣幸呀。（笑声）

讲到中国，你们都知道2008年北京奥运会的成功举办。伊顿学子华天出征奥运会香港马术比赛，进一步提升了伊顿在中国——特别是在众多华天"粉丝"中的人气。

对于中国来说，奥运会的举办是百年梦圆。为什么这么说？我来给你们讲讲这里面的故事。

トニー・リトル校長[1]
学生諸君の皆様

　イートン校からお招き戴き、講演させて戴くことをとても嬉しく存じます。
　貴校に参ります前に、私は「イートン」について、中国のサーチ・エンジン「百度」を検索したところ、6.8万件の情報が得られました。これらの情報の中に、エンサイクロペディア・ネットの紹介を除けば、イートンを評価するブログ投稿は数えきれないほど多くあります。評価の文章の中で最も多いのは「エリートの揺りかご」や「紳士文化の発祥地」というものです。本当ですか？ひょっとして、今、私は未来の首相やノーベル賞受賞者にお話しをしているのでしょうか？なんて光栄なことなのでしょう！（笑）
　ご存知のように、中国といえば、2008年の北京オリンピックが成功裏に行われました。イートン校校友のアレックス・ホア・ティエンはオリンピック香港競技場で馬術試合に出場しました。それによって、イートン校の中国での人気、とりわけ、「ホア・ティエン」人気が一段と高くなりました。
　中国にとって、オリンピックの開催は100年の夢が叶ったものです。なぜでしょうか。これから、その背後にあったものについて、お話ししたいと思います。

---

1. イートン高校長。

100年前，1908年的7月，伦敦第一次举办奥运会。而那时，中国是一个半殖民地半封建社会，国家深受贫困、社会动荡和外国欺压之苦。然而，中国的青年人还是注意到了遥远的伦敦正在举办奥运会。当时南开学校的一些年轻人在《天津青年》上发表文章，提出了三个问题：中国何时才能派出选手参加奥运会？中国人何时才能在奥运会上夺得金牌？中国何时才能举办一届奥运会？

尽管在当时提出这样的问题未免显得疯狂，但中国人无法忘记这些问号，随着时代的变迁，人们从未放弃为实现这些目标而艰苦努力。

《天津青年》提出的第一个问题在24年后有了答案，1932年，第一位中国运动员刘长春漂洋过海抵达洛杉矶参加奥运会。尽管刘在预赛中就被淘汰出局，但他仍然成为中国体育史上的英雄。1984年，还是在洛杉矶奥运会上，中国射击选手许海峰实现了中国奥运金牌"零"的突破。整整100年后，2008年，中国终于成功举办了北京奥运会。

A hundred years ago, in July 1908, London was hosting the Olympics for the first time. China was then a semi-colonial and semi-feudal society. Poverty, social unrest and foreign oppression prevailed across the country. However, the London Olympics, though far away, did not go unnoticed by the Chinese youth. A magazine called *Tianjin Youth* carried an article by some students of the Nankai School, in which three questions were raised: When will China send athletes to the Olympics? When will a Chinese win a gold medal? When will China host the Olympics?

Although these questions seemed nothing but crazy at the time, many Chinese kept them in mind and made strenuous efforts to fulfil these over the many decades.

The first question was answered 24 years later, when Liu Changchun, China's first Olympic athlete, crossed the Pacific Ocean to attend the Los Angeles Olympic Games of 1932. Though he did not make it to the finals, he has been hailed a hero in China's sporting history. In 1984, Xu Haifeng, a marksman, won our first Olympic gold medal, again in Los Angeles. It took China exactly 100 years to finally host its first Olympics in Beijing in 2008.

100年前の1908年7月、ロンドンでは、初めてのオリンピックが開催されました。その当時、中国は半植民地であり、半封建的な社会でありました。貧困と社会不安そして外国からの抑圧の苦しみを嫌というほど味わっておりました。そのような状況にもかかわらず、中国の青年たちは遠く離れたロンドンのオリンピックには注意を払っておりました。当時、南開大学の若者たちは『天津青年』誌上に文章を発表して、次のような3つの課題を提起していました。

　中国は一体、何時になったらオリンピックに選手を派遣し、参加することが出来るのだろうか。中国人は何時になったらオリンピックで金メダルを獲得することができるのだろうか。中国は、一体何時になったら初めてのオリンピック大会を開催することができるようになるのだろうか、と。

　その当時、このような課題を持ち出したことは、気違いじみたことのように思われるかもしれませんが、多くの中国人は彼らの疑問を決して忘れませんでした。人々はこれらの目標を実現するために何十年もの奮闘努力を放棄せずに続けて参りました。

　『天津青年』の提出した第1の課題は、24年後に達せられました。1932年、中国の第1号の陸上選手である劉長春さんは太平洋を渡り、ロサンゼルスのオリンピック大会に参加しました。彼は予選を通過できず、決勝進出は出来ませんでしたが、しかしそれでも中国体育史上の英雄であったことに間違いありません。1984年、同じくロサンゼルスのオリンピック大会で、中国の射撃選手の劉海峰さんは、初の金メダリストとなり、中国のオリンピック金メダル「ゼロ」をクリアしました。そして、ちょうど100年後である2008年に、中国は遂にオリンピック開催の主催国となったのです。

当世界为中国举办如此完美的奥运会而赞叹不已时,他们可能不会意识到,这是13亿中国人为实现祖辈的梦想而作出的努力。

对中国人来说,奥运会是全球性的体育盛事,也是中国人民战胜饥饿与贫困、摆脱社会动荡与外国欺侮的欢庆时刻。中国为此走过了艰难的历程。让13亿人实现温饱大概是全球最浩大的工程了,确实值得庆贺。

在16天的北京奥运会期间,50万人亲临现场观摩了比赛,全球大约47亿人通过电视收看了赛事,举国上下一片欢腾。我在奥运赛事的最后一个星期赶回了北京,让我印象最深刻的是无数的笑脸和幸福的家庭。

奥运会为中国留下了丰厚的遗产。比如,它极大地激发了中国全社会尤其是青年人的健身热潮和环保意识。奥运会也拉近了中国与世界的距离。

When the world marvelled and wondered why and how China could make the Olympics such a perfect success, they may not have realised that this was an effort of 1.3 billion people, trying to fulfil the dream of their great-grandparents.

For the Chinese, it was a global celebration of sports, and also a celebration of China's triumph over hunger and poverty, as well as a good riddance to social upheavals and foreign bullying. This has not been an easy journey. Having our 1.3 billion people fed and clothed is probably the world's greatest project, and it deserves a celebration.

During the 16-day Olympics in Beijing, half a million people watched the Games on site and about 4.7 billion people around the world enjoyed the events on TV. The whole country was immersed in a festive mood. I went back to Beijing during the last week of the Games and what impressed me the most were the smiling faces and the happy families.

The Olympics has left plenty of legacies. For example, it has generated great interest in sport, especially amongst the young. It has broadened awareness of the importance of environmental protection, and it has also brought the world and China closer together.

世界の人々は、中国がこのような完璧ともいえるオリンピックを挙行できたと驚嘆しながらも、これが13億の中国人が祖先の世代からずっと持ち続けてきた夢を実現するための努力の結果である、ということには恐らく気づいてはいないでしょう。

　中国人にとって、オリンピックというものは、グローバルなスポーツの祭典であり、中国人の飢餓と貧困に対する勝利であり、社会の激変と外国から受けた屈辱からの脱却であり、まさに慶祝の時でもあります。この時を迎える為に、中国は苦難に満ちた歩みを体験してきました。13億の人々の衣食が足ることは、おそらく世界において最も偉大な事業ではないでしょうか。従って、北京オリンピックは、言うまでもなく祝賀すべき出来事だったのです。

　オリンピックが開催された16日間に、現場で観戦した人々は50万人に昇りました。テレビでは全世界で約47億人が観戦しました。北京オリンピックは喜びにあふれた国を挙げての大行事でした。私は、オリンピックの最後の1週間に北京に帰国しました。私にとって一番深く印象に残ったことは、多くの人々の笑顔と幸せそうな家族の姿でした。

　オリンピックは、中国に豊かな遺産を残してくれました。オリンピックにより、中国社会全体、特に若者たちの健康ブームと環境保護の意識が強くなったことや、そして、中国と世界との距離がより近くもなったことです。

After the Olympics, the world is seeing China more and more as a power. With the worsening of the financial crisis, China, which has been relatively less affected, is regarded as a power second only to the United States and therefore, should play a greater role in the world.

But if you ask the average Chinese how they see China, they would strongly argue that it is still a developing country. There is a wide gap between how the Chinese people see China and what the world expects of us, which is not surprising.

The financial crisis hits the US and the UK hard and many have suffered. It is also hurting China, no less painfully. Let me give you an example of how it affects an ordinary migrant worker in China.

A migrant worker in a toy factory in Guangdong loses his job. He returns home and tells his little son, "Sorry, we are not going to have a big colour television this year. I haven't made enough money."

The boy asks why. "Because the American children are not buying the toys I made," says the father.

His son wonders why not and he explains it is because their daddies have no money for them.

奥运会后，外界越来越多地把中国看成大国。随着金融危机的深化，中国因受到的影响相对较小而被世界看作是仅次于美国的第二号超级大国，理应在世界上发挥更大的作用。

但是如果问中国老百姓自己怎么看，他们则会强烈坚持中国仍然是发展中国家。中国民众的自我意识和外界对中国的期待之间出现了很大的落差。这也是很自然的。

金融危机对美国和英国造成了冲击，很多人深受其苦，对中国也同样有很大影响。让我给你们举一个普通民工的例子。

广东一家玩具厂的农民工失业返乡，他对年幼的儿子说："今年我们买不了彩电，因为我没挣到足够的钱。"

儿子问为什么，父亲说："因为美国孩子不买我做的玩具了。"

儿子又问为什么，父亲说："因为他们的爸爸没钱了。"

オリンピック後、世界は中国を大国として見ることがますます多くなっています。

金融危機が深刻化するにつれて、中国はその影響が相対的に小さいのですが、アメリカに次いで第2のスーパー大国であると見なされ、世界で更なる大きな役目を果たすべきであると思われております。

しかし、中国の庶民たちに「中国をどう見ているか」と尋ねてみると、彼らは、中国はまだまだ発展途中の国だと、強く主張するでしょう。つまり、中国の民衆の自己意識と世界の中国に対する期待との間には、かなり大きな落差があるのです。これも非常に自然なことと思います。

金融危機は、アメリカとイギリスにとって大きなショックでした。多くの人々が苦しみ、中国も同じように大きな影響を受けました。中国でどのような影響を受けたかについて、普通の一人の出稼ぎ労働者を例に挙げてみましょう。

広東省のある玩具製造工場で働いている一人の出稼ぎ労働者が失業して故郷に戻りました。彼は幼い息子に、「ごめんよ。今年はカラーテレビを買うことが出来なくなりそうだ。稼いだお金では足りないんだよ」と言いました。

「どうして」と息子がたずねたのに対して、「アメリカの子供が私の造ったオモチャをもう買ってくれないんだよ」と父親は答えました。

「なぜなの」と息子はまた聞きました。

「彼らのお父さんはそれを買うお金がないからだよ」と父親は理由を説明しました。

儿子又问:"为什么没把玩具带给我呢?"父亲回答说:"对不起,儿子,我也没有钱。"

儿子继续问:"那谁来买这些玩具?"父亲回答:"已经没人做玩具了。"

这就是金融危机带来的连锁反应。

我看到报道说,中国有两千多万农民工失业返乡,因为他们的工厂无法再向美国或欧洲出口产品。

就像中国国家主席胡锦涛在伦敦金融峰会上所说的,我们都在世界经济这艘大船上,面临着金融危机的狂风恶浪,要把这艘大船安全驶向彼岸,需要大家齐心协力、同舟共济。

受金融危机的影响,中国遇到了前所未有的困难,影响主要来自贸易领域。过去十年中,中国的出口保持了15%—20%的年增长率,但今年一季度出口下降了近20%,经济增长率也由9%下降到6%左右。

The boy then asks, "Then daddy, have you brought the toys to me?" "Sorry, my son, I do not have the money either," was the reply.

"Who is having the toys, then?" "No one is making them."

This is the chain reaction of the crisis.

It is reported that 20 million Chinese migrant workers have lost their jobs, because their factories can no longer sell products to the US or Europe.

At the London Summit, Chinese President Hu Jintao said that we are all in one and the same boat of the world economy and we should all work together if we are to ride out the storm of the financial crisis safe and sound.

The crisis has posed unprecedented challenges to China, primarily in trade. China's export had been growing by 15%-20% over the past decade. But the first quarter of this year saw a fall of about 20% in export. The economic growth rate also came down from 9% to about 6%.

「それなら、なぜオモチャを私にくれないの?」と息子が聞きました。
「ごめんよ、我が子よ、私もお金がないんだよ」と父親が答えました。
「それなら、誰がそのオモチャを買うの?」と息子が続けて聞いたのです。
父親は「オモチャは、もう造る人が居ないんだよ」と答えました。
この親子の対話から、金融危機のもたらした連鎖反応がよくわかると思います。
私の読んだ新聞報道によると、中国は2000万以上の農民工が失業して故郷に戻ったといいます。なぜなら、彼らの働いていた工場では、製品をアメリカ、或は欧州への輸出が既に出来なくなったからです。
胡錦濤国家主席がロンドン金融サミットで述べたように、私たちは皆、世界経済という一つの大船に乗って金融危機という強風怒濤の大嵐に立ち向かっており、この大船を対岸の方へ安全に運行したいと望むならば、私たちは一致団結して、お互いに助け合っていかなければならないのです。
金融危機の影響で、中国はかつてない空前の困難に直面しております。その困難は主に貿易によるものです。過去10年間、中国の輸出は15％～20％の年増率となっていましたが、しかし、今年度第14半期の輸出は20％近く降下し、また、経済の増加率も9％から6％前後までに下がってしまったのです。

China has introduced a huge stimulus package, worth about 400 billion pounds, which is mainly aimed at stimulating domestic demand. Much of the investment, coming from both the central and local governments, will go to infrastructure, public health, education, and the environment.

Take railway for example. Over the decades, China has increased its operational railways from 50,000 kilometres to 78,000 kilometres, but in per capita terms, an average Chinese only gets 5.6 centimetres of railway, shorter than a cigarette. The stimulus package plans to focus on railway development, among others, which will make transportation, in remote areas in particular, much more convenient and make it possible for them to share development opportunities.

In the Chinese language, the word "crisis" is composed of two characters: "danger" and "opportunity." The question is always how to turn the danger into opportunity.

The London Summit demonstrated the commitment of leaders to turn the crisis into opportunities through stronger cooperation and to get on the path to recovery. China, the UK, and the US worked closely with all the other participants.

中国采取了一揽子经济刺激措施，以扩大内需为主要目的。中央和地方政府将投入大约4万亿元（约合4000亿英镑），用以开展基础设施建设、发展公共医疗卫生和教育、改进生态环境等。

以铁路为例，过去几十年中，中国的铁路营业里程由5万公里扩建到7.8万公里，不过人均只有5.6厘米，还不到一根香烟的长度。经济刺激措施将加大铁路建设，尤其使偏远地区的交通更为便利，从而分享发展的机遇。

在中文里，"危机"一词是由"危"和"机"两个字组成的，关键是要化危为机。

伦敦金融峰会体现了各国领导人致力于通过加强合作转危为机、走上复苏的道路，中、英、美等国与其他与会各方紧密合作。

中国は、内需拡大を主要な目的として、一括した経済刺激の措置を取っています。中央と地方政府は約4万億元（約4000億英ポンド）を投入して、インフラ建設を展開、公共医療衛生と教育の発展、生態環境の改善に使用しています。

　鉄道を例にみますと、過去数十年間、中国の運行距離は5万キロから7.8万キロまで建設拡張を行いましたが、しかし、これは一人当たり平均からすれば、たったの5.6センチに過ぎず、タバコ1本の長さよりも短いのです。経済刺激措置により、鉄道の建設拡張を速めているのですが、とりわけ、僻地の交通網を便利にすることによって、人々に発展の機会を分かちたいのです。

　中国語で「危機」という語は、「危」と「機」との2文字で組み合わさっていますが、大事なことは、常に「危」をいかにして「機」に変えるか、ということです。

　ロンドンサミットでは、各国の指導者が「危」を「機」に転化する為の協力強化に力をそそぎ、経済の回復への道に乗り出しました。中国・イギリスそしてアメリカは、その他の参加国と緊密に協力関係を構築し、このことを体現したのです。

我们希望这次金融危机不仅在金融监管方面给所有人上了一课，同时也为加强我们之间的伙伴关系提供了机会。

孔子云："吾十有五而志于学。"你们恰值这个年纪，我不知道你们对中国形成的看法是什么，但相信在你们今后的生活中，必定要以某种方式与中国打交道。

今天我要说明的主要观点就是：中国是一个多样化的国家，在很多方面与你们所熟知的国家不同，希望你们能用开放的心态去了解中国。

谢谢大家，下面欢迎你们提问。

We hope the crisis will not only teach us all a lesson in financial oversight, but also offer us an opportunity to strengthen our partnership.

According to Confucius, young men would have developed their ambitions and understood the whats, hows and whys about learning by the age of 15, which is about your age. I do not know what view or understanding you have about China, but I am quite sure that in the future, you will definitely deal with China in one way or another.

The point I am trying to make today is that, China is a country of diversity, different in many ways from the countries you may be familiar with. To understand my country, you need to have an open mind.

Thank you and I am happy to take your questions.

私たちは、今回の金融危機が金融の監督・管理の面ですべての人々にとって良い教訓になると同時に、私たちの間のパートナーシップを強化していくための機会となることを願っております。

　孔子曰く、「吾十有五にして学に志す」。皆さんは丁度この年頃ではないでしょうか。私は、皆さんが中国に対してどのような考え方をお持ちか存じませんが、皆さんが今後の生活の中で、必ずや何らかの形できっと中国とのお付き合いが出てくるに違いないと信じております。

　本日の、私の話の主なポイントをまとめて見ますと、中国は多様性の国であり、数多くの面で、皆さんがよく熟知していらっしゃる国々とは異なっております。皆さんが先入観を持たないで中国を理解していただけるよう、希望致しております。

　有難うございました。

　では、皆さんからのご質問にお答えしましょう。

シェークスピアを記念するに当たって
シェークスピア生誕記念昼食会での挨拶

2009年4月24日 エイヴォン湖畔のストラトフォードにて

From Shakespeare to Cultural Exchanges

Toast at the Luncheon of Shakespeare Birthday Celebrations

Stratford-upon-Avon, 24 April 2009

从纪念莎翁说开去
在莎士比亚诞辰纪念午宴上的致辞

埃文河畔斯特拉特福，2009年4月24日

Sir Donald Sinden[1],

My Lords,

Madam Mayor,

My Diplomatic Colleagues,

Ladies and Gentlemen,

I am sure you have deep sympathy for me. It is daunting to speak after Donald and after all those jokes.

Many years ago, when I was savouring the masterpieces of Shakespeare as a university student, I would never have dreamed of standing here one day in Stratford, speaking on behalf of many distinguished guests to a gathering of Shakespeare lovers. So, I want to thank you very much for giving me this honour.

First of all, let me express, on behalf of all the visitors and guests, our sincere appreciation to the organisers of this event, as well as all those who work in the background, for making it possible for us, here and now, to pay tribute to Shakespeare, whose timeless influence goes beyond the boundaries of age, race and borders.

I also want to thank Donald for his excellent chairmanship.

[1]. Renowned British theatre, film and TV actor 英国著名话剧、电影、电视演员

唐纳德·辛登爵士[1]，各位上院议员，市长女士，各位使节同事们，女士们、先生们：

此刻你们一定对我深感同情，在唐纳德风趣幽默的讲话之后，再上台来发言确实让人很有压力。

很多年前，当我还是学生、在教室里阅读莎翁大作时，怎么也不会想到有一天自己会在莎翁故乡与众多的莎翁粉丝一起畅谈。能够代表来宾致辞，我感到十分荣幸。

首先，请允许我代表所有的来宾向这次活动的组织者以及所有工作人员表示诚挚的谢意，正是你们的辛勤工作，使得我们有条件聚集在这里，超越年龄、种族和国界，共同品味莎翁永恒的魅力。

我也要感谢唐纳德精彩的主持。

サー・ドナルド・シンデン[1]様
上院議員の皆様
市長　女史
外交使節の皆様
皆様

　現在の私に、皆さんはきっと深く同情してくれるに違いありません。なぜなら、ユーモア溢れる面白いお話しをたっぷり聞かせて頂いたドナルドさんの次に、この演壇に上がり発言する私は、実に重いプレッシャーを感じているからです。
　数十年前、私が一人の学生として、教室でシェークスピアの大作を読んでいた時には、まさか、自分がシェークスピアの故郷であるストラトフォードのここで大勢のシェークスピアのファンの方々と心置きなく語り合えるなんて夢にも思いませんでした。本日、私がご来賓を代表してご挨拶させて戴くことは、この上ない光栄なことと存じます。
　先ず、この度のイベントを計画・組織された諸先生方並びに実務に携われた皆様に対して、私はご来賓の方々に代わって、心より厚くお礼を申し上げます。皆様方のお仕事のお蔭があったからこそ、私たちはこうして一堂に会する機会に恵まれ、年齢・人種及び国境を越えて、共にシェークスピアの永久に変わらない魅力を味わうことができるのです。
　また、素晴らしい司会を勤められているドナルドさんにも感謝したいと思います。

---

1. イギリスの新劇・映画・テレビドラマの著名な俳優である。

Shakespeare was first introduced to China in the mid-19th century and in 1904, a Chinese writer named Lin Shu translated the *Tales from Shakespeare* adapted by Charles and Mary Lamb into Chinese. There's more to it than that. Mr. Lin did not know a word of English. So he had an assistant read and explain the stories to him, and he then rewrote them in his own words.

You can imagine how impossible it was to keep close to the original work, but it was an important step that paved the way for the initial spread and popularity of Shakespeare's works in China, eventually leading to the first Chinese translation of *Hamlet* in 1921.

Many more translations followed, including during the difficult war years, as Chinese readers were attracted to Shakespeare and his works for his humanism and idealism. They saw their own parallel lives, as it was a turbulent period in China's history. The country was in a semi-colonial and semi-feudal state and Chinese intellectuals were on one hand, embracing the new ideas coming from the West and on the other, resisting subjugation by foreign powers.

莎士比亚自19世纪中叶起被介绍到中国。1904年，中国作家林纾将查尔斯·兰姆兄妹改编的《莎士比亚故事集》翻译成中文，很有意思的是，林纾本人并不懂英文，主要是凭翻译讲解，他融会贯通后用自己的语言表达出来。

你们可以想象，他的译文不可能十分忠实于原作，但他对莎士比亚作品在中国早期的传播和流行功不可没。1921年，《哈姆雷特》首次被完整地翻译成中文。

自此之后，包括在艰难的战争岁月，莎士比亚的更多著作被陆续翻译成中文。中国读者为莎翁作品字里行间浸透的人文主义和理想主义精神所吸引，他们从中看到了许多与自己生活的共通之处。因为当时正值中国历史上的动荡年代，国家正处在半殖民地半封建社会时期，知识分子一方面受到来自西方的新思想的吸引，一方面又要反抗来自帝国主义的压迫。

シェークスピアが初めて中国に紹介されたのは、19世紀半ばでした。1904年、中国の作家の林紓はチャールズ・ラム兄弟の改編した『シェークスピア物語集』を中国語版に翻訳しました。とても面白いことに、林さんご本人は英語が全く出来ないので、主に関係翻訳や解説を根拠にして、それらを十分理解した上で、自分なりに分かり易く表現したということです。

　ご想像の通り、彼の翻訳は、原文通りの忠実的な翻訳とは言えませんが、中国の早期におけるシェークスピア作品の普及と人気への道を開いたことは大きな功績ではないでしょうか。1921年にはついに、『ハムレット』の完全な中国語版翻訳が初めて完成しました。

　これ以後、苦難に満ちた戦争の時期も含め、シェークスピアの数多くの作品が続々と中国語版に翻訳されました。中国の読者たちはシェークスピアの作品の行間に沁み込んでいる人文主義と理想主義の精神に深く引き付けられたのです。読者たちはシェークスピアの作品の中から、彼自身の生活との多くの共通点を見出し、共感しました。なぜならば、当時の中国はまさしく歴史的に激動の時代であり、国家がちょうど半植民地・半封建社会の時期で、中国の知識人たちは、一方で西欧の新思想の影響を受けながら、また一方では帝国主義からの圧迫に対し抵抗しなければならなかったからです。

莎士比亚戏剧同西方启蒙思想一道，唤起了20世纪初中国青年的政治文化觉醒，对推动中国知识分子的思想革新产生了影响。

莎士比亚戏剧从第一次登上中国的话剧舞台开始，就不断地被一代又一代的戏剧工作者演绎。戏剧中很多主人公在中国成为家喻户晓的名字，剧中的台词也为很多人耳熟能详。

记得几年前，我经常参加外交谈判，当双方僵持不下时，我常借用一句哈姆雷特的名言"是生存还是毁灭，这是个问题"，我会说："是前进还是后退，这是个问题。"（笑声）

我发现这一措词非常巧妙，大家都熟悉，因而都乐于接受，我可以借此来表达促成妥协或共识的态度，但又不显得生硬。

近年来，随着经济的发展和人民对文化需求的增长，莎剧的改编在中国也越来越风靡，改编的形式多种多样，有话剧、电影甚至是地方戏曲。

Shakespeare, along with Western Enlightenment ideals, nurtured the political and cultural awakening of the Chinese youth in the early 20th century and influenced the intellectual modernisation of China.

The theatrical appeal of Shakespearean plays is still going strong in China after all these years since their first debut, fulfilling the careers of generations of Chinese actors and actresses. Many of the heroes and heroines in his plays are now household names in my country, and many of his lines have almost become authentic Chinese expressions.

I was involved in numerous diplomatic negotiations some years back. When we were locked in a stalemate and going nowhere, I often liked to quote from *Hamlet*, with a small adaptation though. Instead of "To be, or not to be, that is the question," I would say, "To move on or to fall back, that is the question." (Laughter)

I have found that this expression works extremely well. It is known to all and therefore, goes well with all. I can drive home the need to reach compromise or agreement without sounding too pushy.

With the success of economic progress in recent years and with the growing public demand for cultural entertainment, adaptations of Shakespeare's plays are growing in popularity. His plays are being adapted into different art forms, including theatrical plays, movies and even local operas.

シェークスピア劇は西欧の啓蒙思想と共に、20世紀初期の青年たちの政治・文化への目覚めを喚起し、中国の知識人たちの思想的革新の推進に大きな影響を与えました。シェークスピア劇は中国の現代劇に初めて登場して以来、演劇界では絶え間なく世代から世代へと、その作品の伝承・解釈の展開が続けられてきました。中国では劇中の多くの主人公の名前は、誰でもよく知っていて、また劇中の台詞もよく覚えており日常生活の中でも使われています。

　何年前のことですが、私はよく外交の交渉に関わっておりました。双方が交渉に行き詰まった時に、私はよく「ハムレット」の名言を借用しました。「生きるべきか、死ぬべきか、それが問題だ」という代りに、私は次のようによく言ったものです。「前進すべきか、後退すべきか、それが問題だ」と。（笑）

　私は、名言を借りて、言葉を言い換えることは特別な効果があることに気がつきました。つまり、皆がよく知っている言葉は受け入れ易いもので、私は名言を借りることによって、妥協ないしは共感を得られればと思って使っているのですが、自分なりの説得方法として角がなく柔軟性があるのではないかと思っています。

　近年来、経済の発展と人々の文化に対する欲求が絶えず高まっていくにつれて、中国では、シェークスピア劇の改編も日増しに流行しつつあります。改編の形式は多種多様であり、その中に、現代劇もあれば、映画もあり、更に地方劇までもあります。

例如，在此次庆祝活动中演出的中国版《哈姆雷特》——《夜宴》中，大家会看到哈姆雷特长了一副中国面孔，还起了个中国名字，他的故事也被移植到了中国古代的宫廷。

我还想告诉大家，在莎士比亚生活的年代，中国也同样有一名伟大的剧作家汤显祖，他和莎士比亚同一年逝世。

汤显祖所著的《牡丹亭》影响了中国几代剧作家和小说家，被誉为世界级戏剧精品。但是，我不知道英国有多少人听说过汤显祖或他的作品？（台下许多人摇头）

《牡丹亭》讲的是如同《罗密欧与朱丽叶》那样凄美的爱情故事，以虚实交融的艺术手法描述了一段跨越两界的生死之恋，充满了甜蜜和悲伤。这部剧非常长，全本十集要演十个晚上。去年夏天，苏州昆剧院带来的精简版三集昆曲《牡丹亭》（分三个晚上演完）在萨德勒之泉剧院连续上演，场场爆满，受到了英国观众的热情欢迎。

In the play *The Banquet*, the Chinese version of *Hamlet*, performed during the celebrations here, you would find that not only does Hamlet have a Chinese face, but he also has a Chinese name and lives in an ancient Chinese imperial court.

I want to mention here that, in the time of Shakespeare, there was also a great Chinese playwright Tang Xianzu and both men actually passed away in the same year.

Tang Xianzu wrote *The Peony Pavilion*, which has long been an inspiration to generations of Chinese playwrights and novelists, and is highly regarded as a world-class play. Nevertheless, I wonder how many in this country have heard of him, or of his work. (Many in the audience shaking their heads)

The Peony Pavilion tells pretty much the same story as *Romeo and Juliet*. It combines drama and fairy tale and presents a sweet and sorrow legend of love that defies the limits of heaven and earth. It is very long, spanning ten nights in ten episodes. A shortened three-night version was staged by the Suzhou Kunqu Opera Theatre at Sadler's Wells last summer and was extremely well received by the British audience who filled the theatre each and every time.

たとえば、この度の祝賀記念のイベントとして公演された「ハムレット」の中国版である『夜宴』ですが、ご覧の通り、主人公のハムレットは、中国人の顔であり、且つ中国人の名前も持っています。さらに、古代中国の宮廷の物語にアレンジされていました。

　もう一つ申し上げたいことは、シェークスピアの生きた時代に、中国にも同じく偉大な一人の劇作家である湯顕祖がいました。そして二人の作家は、全く同じ年に逝去しました。

　湯顕祖の著した『牡丹亭』は、中国の何世代もの劇作家や小説家たちに影響を与え、その作品は世界レベルの優れた戯曲と高く評価されています。しかし、ここイギリスにおいて、湯顕祖という名前、あるいは彼の作品をご存知の方が、一体どれくらいいらっしゃるでしょうか（多くの人は首を横に振った）。

　『牡丹亭』は、『ロミオとジュリエット』のストーリーと共通点がある美しくも悲しい愛の物語です。この作品は「虚実」を融合した芸術的な手法によって、生死をさまよう恋を描いた、甘美と悲傷に溢れた物語です。この劇は上演時間が長く、10の挿話からなり、十夜が必要です。去年の夏、蘇州昆劇団がイギリスを訪問し、短縮版の『牡丹亭』を、ロンドンのサドラーズウェルズ劇場で3回（3夜に分けて）連続公演を行いました。劇場は毎日超満員で、イギリスの観衆たちの大喝采を博しました。

However, it is disappointing to note that Tang's name and his play are little known in the UK, a country which loves history and has a taste for good plays. Is it all right if we conclude that it is time the West made efforts to learn more about China? (Standing ovation)

The Western culture is widely taught and learnt in China, but I think it is now time that China and its culture became better known to the Western world.

I have had an enjoyable two years working and living in Britain, but I have also had some difficult times. I often find that many of the problems in our relations are caused or made worse by a lack of knowledge and understanding of each other, making it very hard to communicate as we should have.

Last August, I was in Beijing. One day, as I was walking in the street it started to rain and I popped into a bookshop. You know why. I was quite amazed at the rows after rows of bookshelves full of imported books in English. But here in Britain, it is very hard to find any book on China today written by a Chinese author. Even in university libraries, you won't find a good supply of such books.

但同时，我想说的是，在英国这样一个热爱历史、对戏剧有高雅品味的国度里，汤显祖的名字和作品却鲜为人知。是不是可以认为，现在是西方作出努力来了解中国的时候了？（长时间掌声）

在中国，西方文化被广泛地传播和吸收，我想，若西方能了解中国文化也有助于更好地了解中国。

我在英国工作生活的两年时间里很愉快，但也遇到过一些困难。我发现，双方关系出现困难往往是因为缺乏了解而导致交流出现障碍或者加深了矛盾。

去年8月的一天，我在北京街头漫步，突然下起雨来，我匆忙躲进了一家书店避雨，惊奇地发现有好几个书架上摆得满满的都是英文原版书。但在英国的书店里，却很难找到中国人自己写的介绍当代中国的书籍，即使在大学图书馆里也并不多见。

しかし同時に、私が残念に思うのは、イギリスというこの歴史を熱愛し、演劇に対する鑑賞力の高い国において、湯顕祖という名前とその作品がほとんど知られていないということです。今こそ、西欧の方々が努力して中国を理解する時期なのではないでしょうか（スタンディング・オベーション）。
　中国では、西欧文化が幅広く普及し、受け入れられております。私は、中国文化への理解は、中国への理解のよい助けとなるのではないかと思います。
　私は、非常に楽しいイギリスでの勤務生活が２年となりました。しかし同時に、困難な時もありました。中英関係の間に現れた困難は、往々にしてその原因が、お互いに対する知識と理解の不足によるもので、それが交流の妨げとなったり、対立の深まりの元となっているのです。
　去年の８月の、ある日のことでした。私は北京の街を散策していると、突然雨が降り出したので、急いで一軒の本屋さんに飛び込み雨宿りをしました。その時、驚いたことは、数個の本棚には、英文の原書がびっしりと並んでいたことです。しかし、ここイギリスの本屋さんでは、中国人が書いた現代中国を紹介した書籍はなかなか見つからないのです。さらには大学の図書館でさえも決して多くありません。

This may partly explain why there is such an imbalance of information between China and the West. However, the good news is that there is now a growing interest on both sides to know more about each other.

The Olympics has brought the world closer to China and China closer to the world and I am sure cultural programmes such as what we have here today will help to build bridges of friendship and understanding between our two great nations, little by little. And every little bit helps.

Today, on behalf of all my diplomatic colleagues in the UK whom I represent, I give you our word that we will continue to support your programme and support cultural exchanges between the UK and the countries we represent.

In conclusion, it gives me great pleasure to propose a toast to William Shakespeare, our man of the world.

或许，这也从某种程度上反映出中西方之间信息的不平衡。幸运的是，现在中国越来越有兴趣了解西方，西方也越来越有兴趣了解中国。

奥运会让世界更贴近中国，也让中国更贴近世界。文化交流最能"润物细无声"，相信像今天这样的文化交流活动能够有助于架起两国间友谊和理解的桥梁。

今天，作为驻英各国使节的代表，我以同事们的名义向大家承诺，我们各国使馆会一如既往支持你们的活动，支持我们各自国家与英国之间的文化交流。

最后，我非常高兴地提议，让我们为属于世界的威廉·莎士比亚干杯！

これも、ある程度は、中国と西欧の間の、情報交流のアンバランスを反映しているのかもしれません。しかし、幸いなことに、中国の人々は西欧への理解について、ますます関心を持つようになりましたし、同じく西欧も中国への理解に日増しに関心を持つようになりました。

　オリンピックのお陰で、世界は中国との距離が近くなり、中国も世界に近づきました。文化交流は正しく「物の潤しはじわじわと」です。本日のような文化交流の活動は、両国間の友情と理解の架け橋を築くことの助けとなることを確信しております。

　本日、イギリス駐在の各国使節の代表者として私は、同業者の名義を以てここでお約束致します。我々各国の大使館は、従来通り、皆様の活動を支持し、我々各国とイギリスとの文化交流を支持致します。

　最後になりますが、私は喜んで、世界のウィリアム・シェークスピアの為に、乾杯の提案をさせて戴きます。乾杯。

Anecdote about the Speech at Shakespeare Birthday Celebrations

A speaker has to be prepared for all sorts of difficult scenarios to command the attention of the audience. Challenges come at you fast. It may be caused by cultural differences, and sometimes politics are at play. A typical example is my experience at the Shakespeare Birthday Celebrations in his hometown.

Every year on 23 April, the birthday of Shakespeare, there is a big commemorative parade at Stratford-upon-Avon. In 2009, I received an invitation to speak on behalf of the guests. It was a distinct honour. The Chairman was Lord Donald Sinden, a well-known 86-year-old theatre, film and TV actor. He had a great sense of humour and definitely lived up to his reputation that day. There was another speaker who was the winner of that year's award. It was all very well spoken and hilarious.

Before it was my turn, which was just before the end of the event, Lord Sinden cracked three jokes, one after another. The last one went like this. An Englishman went to see his friend, an old Chinese gentleman on his deathbed, who murmured a Chinese sentence to him over and over again. The Englishman didn't know what to make of it, but he remembered how it sounded. After the funeral, he found his friend's children and related the sentence to them as he remembered, whatever it was. Surprisingly, he got an angry look. They told him, "It sounds like, 'You are standing on my oxygen.'"

The audience exploded in laughter. The Chairman concluded, "Language, therefore, is a matter of life and death. Let's now have the Chinese ambassador to address the audience."

关于莎翁故居演讲的趣事

作为演讲者,当你期待别人付出时间和注意力的时候,就要准备好应对可能的难题。挑战有时来自文化差异,有时也会夹杂着政治因素。我在莎翁故居纪念活动演讲时的经历是比较典型的。

4月23日是莎翁诞辰,每年这一天在莎翁故居都会举办大规模的纪念巡游活动。2009年我受到邀请代表宾客致辞,这是一个重要的荣誉。主持人是英国很有名气的话剧和影视演员唐纳德·辛登,86岁了,非常诙谐幽默,他在整个主持过程中插科打诨,笑话连篇。在我致辞之前还有获奖人的演讲,也非常逗趣。

最后轮到我讲的时候,主持人唐纳德·辛登老先生特别来劲,一连讲了三个笑话。最后一个笑话他是这么讲的:一位中国老人弥留之际,他的英国朋友来看望,老人费劲地咿咿呀呀反复讲着一句话,英国朋友站在床边没听懂,就记了下来。之后他找到老人的后人,模仿着转达了这句话。不料老人的后人一脸恼怒地看着他说:"老人好像是在讲,'你踩着我的氧气管子了。'"

全场哄堂大笑。主持人接着说:可见语言是生死攸关的重要问题;下面请中国大使致辞。

シェークスピア故郷での講演のエピソードについて

　講演者としては、時間を割き、興味津々に聞いてくれる聴講者を大事にしたいと思っています。従って、思いもよらないような難題に全て対応するためには、十分な準備をしておくことが必要です。これらの難題には、文化の差異から生じたものもあれば、政治的な要素が含まれることもあります。私がおこなったシェークスピアの故郷での記念講演では、その場の難題の対応において、典型的な体験ができたと思っています。

　4月23日はシェークスピアの生誕の日です。毎年この日、シェークスピアの故郷では、必ずパレードを含む大規模な記念活動が実施されます。2009年、私は先方からの依頼を受け、来賓一同を代表して挨拶をすることになりました。これは非常に光栄なことです。司会者は、イギリスの新劇及びテレビドラマ界で人気のある高名なドナルド・シンデンさんです。彼は既に86歳で、ユーモアたっぷりの人ですが、彼の司会のおかげで最初から最後まで、面白い話と笑いの絶えない楽しいものになりました。私の講演の前に、受賞者の講演がありましたが、彼の話もとても楽しいものでした。

　最後に私の番となると、ドナルド・シンデンさんは更に調子に乗って、一気に3つのジョークをお話しされました。最後のジョークは大体次のような内容です。一人の中国人の老人が臨終の直前、彼のイギリスの友人が見舞いに来ました。老人は中国語である言葉を何度も何度もぶつぶつ言っていましたが、ベッドの傍らに立っていた友人は何のことかさっぱり理解出来ず、必死にその音をメモに取りました。葬式の後、友人は老人の子供に会ったので、覚えていた老人の言葉を真似して聞かせ、どういう意味かを教えてほしいと頼みました。すると、驚いたことに、老人の子供は怒った顔つきで彼に言いました。老人はこのように言ったのです、「君は、私の酸素パイプを踏みつけているぞ」と。

　会場全体がドッと笑いに包まれました。続けて、司会者が言いました。

　「ゆえに、言語というものは、まさしく生死に関わる重大事である、ということが良くわかるでしょう。それでは、中国大使のご祝辞をお願いします」。

辛登先生的笑话从中国人的角度听起来有些不敬。我面临的难题在于，一方面，我是作为各国各界宾客代表上台致感谢辞的，在好几百宾客面前不好直白反应；另一方面，作为中国人我也不能回避。斗智就像打网球，球打过来不能不接，回球出界也不行。

我从自己的座位站起来时，全场笑声还没有落，走上讲台用不了一分钟，需要迅速思考如何续上唐纳德的话头儿。当我迈上台子的时候还没想出辙来，只看到迎着我的主持人笑容满面，眼里似乎闪过一丝狡黠。

讲台上有好几个话筒，带出几条线来，站上讲台时需要小心地绕过脚下的线头，这让我突然想到一个点子。我抬起头来，面对台下脸上还挂着笑意的听众，慢声地对着话筒说："我得小心一点儿，"然后顿一顿，这时大家都静下来注意听我要说什么，"我可别踩着唐纳德的氧气管子。"台下顿时哄堂大笑，前仰后合。

这样讲对这位八十多岁的老人也是不敬的，但既然他冒犯在先，我不敬也就不为过了。唐纳德自己也笑起来，接受了我的回击。在这个热闹的气氛中，我开始致辞："唐纳德·辛登爵士……女士们、先生们……"

The joke, making fun out of dying elderlies, is not proper from a Chinese perspective. I had a dilemma. On the one hand, a direct expression of displeasure was not really an option since I was going to give a "thank-you" speech on behalf of hundreds of guests from across the UK and many other countries. On the other hand, I couldn't pretend not to have realised the sting in the joke. It's like playing tennis. When the ball is in your court, you have to hit it back and make sure that it doesn't go out of the boundary.

The laughter was still in the air when I rose from my seat. I had but one minute, if not less, to reach the rostrum. I need to think, and think fast, but still had no idea when I was already on the stage. There I saw Lord Sinden beaming with a big smile, and a flicker of naughtiness in his eyes.

There were a number of microphones on the rostrum with cables lying on the ground. To avoid being tripped, I had to carefully step over the wires. Then an idea suddenly came to me. I raised my head, looked at the audience whose smiles had yet to fade, and spoke into the microphone, very slowly, "I have to be careful." Then I paused and the audience quieted down, trying to catch what I had to say. "I should not stand on Donald's oxygen," I said slowly, throwing the audience into a huge burst of laughter right away.

It would have been disrespectful to an elder in his eighties if Donald had not been the first to play naughty. It turned out that he laughed too and accepted it well. And it was in that warm atmosphere that I started with "Sir Donald Sinden…Ladies and Gentlemen…"

シンデンさんのジョークは、中国人の立場から聞くと、何となく失礼ではないかと思いながら、私はジレンマに陥りました。一方では、自分が各国各界の来賓の代表として感謝の挨拶を行うもので、何百人もの来賓の前で、直接的な反応をするわけにもいきません。他方、中国人として私は、これを回避するわけにもいきません。知的な戦いは、テニスをするのと同様に、来た玉を受けない訳にもいきません。また、打ち返してアウトになってもいけません。
　私が席を立った時、会場の笑い声はまだ収まっていない状況でした。演壇に上がるまでの1分足らずの間に、ドナルドのジョークをどのような話題で引き継げば良いのかを、迅速に考えなければなりません。見当がつかないまま演壇に登った時、目の前の司会者の満面の笑みと、その目の中に一瞬、いたずらっぽい光をかすかに見たのです。
　演壇には幾つものマイクが設置され、足下にはそれらのケーブル線があるので、つまずかないように気を付けながら足を運んでいました。そのとき突然、頭の中に一つのアイディアが浮かびました。私は頭を上げ、演台の下でまだ笑みを浮かべている聴衆に対して、マイクに向かってゆっくりと話しかけました。「私は気をつけなければなりません」。
　すると、会場はちょっと静かになり、皆が一斉に私に耳を傾けたので、「私は、決してドナルドの酸素パイプを踏んではなりません」。
　そう述べた途端、皆どっと笑い転げ、お腹が痛くなる程の笑いに包まれました。
　これは80歳以上になる年配者の方には失礼な話となるかも知れませんが、しかし、ドナルドが先に引き起こしたジョークなので、私にダメとは言えないでしょう。ドナルド自身も笑っていたので、恐らく私の反撃を受け入れてくれたのだと思います。このような生き生きとした、賑やかな雰囲気の中で、私は挨拶を始めました。
　「サー・ドナルド・シンデン様、皆様方……」

中国は強国なのでしょうか？
オックスフォード・ユニオンでの講演

2009年4月29日 オックスフォードにて

Is China a Power? | Speech at the Oxford Union
Oxford, 29 April 2009

中国是强国吗？
在牛津学联的演讲
牛津，2009年4月29日

The Oxford Union is a world-famous debating society, with an unparalleled reputation for bringing politicians and celebrities to speak and attend discussions at Oxford, aiming to promote diversity and free exchange of ideas across the globe. This is the first time that it has invited a Chinese government representative to be the speaker since its founding in 1823.

牛津学联是举世闻名的辩论协会组织，经常邀请各国政要和国际知名人士前往牛津大学演讲和讨论，致力于在全球范围内促进思想和观点的多元化与自由交流。这是该协会1823年创立以来首次邀请中国政府代表发表演讲。

オックスフォード・ユニオンは、オックスフォード大学の世界的に有名なディベートの学生組織である。常に各国政府の要人や国際的知名度の高い人々をオックスフォード大学へ招待し、講演及び討論を行う。ユニオンは、これらの活動を通じて、グローバルな思想・多様な視点や自由な交流を促進することに力を入れている。この講演は、当該組織が1823年の創立以来、初めて招待した中国政府の代表が行ったものである。

President Corey Dixon[1],

Union Officers and Members,

Ladies and Gentlemen,

Thank you for inviting me to speak here.

When I was a student of International Politics in Kent University many years ago, I took part in an Oxford Union students' debate. I remember we gave the speaker a very hard time. Now although it's my turn to be on the grill, I do feel duty-bound to come back to contribute to the good tradition of debating here in Oxford.

My topic is: "Is China a power?"

The splendid fireworks at the Beijing Olympics in 2008 are seen as a mark of China's ascendance into world power status. Chatham House, Wilton Park[2], the *Financial Times* and *The Economist*, together with many American publications, are all talking about China as a power. An international consensus is emerging that China is a world power. There is therefore, a lot of scrutiny about what China says and what China does.

1. Oxford Union President 牛津学联主席
2. An academically independent centre under the Foreign Office, UK, with a high reputation for debating and resolving global issues of high priority 英国外交部设立的学术独立机构，以其对全球热点问题的辩论和商讨而享有很高的声望

科里·迪克森主席[1]，学联的各位干事和成员，女士们、先生们：

感谢你们邀请我发表演讲。

多年前，我在肯特大学学习国际政治的时候，曾经参加了在牛津举办的学生辩论会。记得当时我们提了许多让演讲者为难的问题，现在轮到我来接受"烘烤"了，但我觉得自己有责任回来，为延续牛津良好的辩论传统出一份力。

我今天演讲的题目是：中国是强国吗？

2008年北京奥运会灿烂的烟火，被视为庆祝中国成为世界大国的礼花。英国皇家国际事务研究所、威尔顿庄园[2]、《金融时报》和《经济学人》，还有不少美国刊物，都在谈论中国成为强国的问题。国际社会正在形成"中国已经成为世界强国"的共识。因此，外界对中国的一举一动都高度关注，并且对中国的言行品头论足。

コーリー・ディクソン会長[1]
ユニオンの幹事そして会員の皆様
ご来席の皆様

ここでの講演発表にご招待いただき、厚くお礼を申し上げます。

数十年前、ケント大学で国際政治を勉強していた際、私はオックスフォード・ユニオンの主催した学生ディベートに参加したことがあります。記憶によれば、当時、私たちは講演者を困らせるような多くの質問をしました。本日は、その順番が私に回って来て、「火にあぶられる」ことになりましたが、やはり私はここに舞い戻り、自分の責任を果たすことでオックスフォードの良きディベートの伝統の継続に少しでもお役に立ちたいと思っております。

本日の私の演題は、中国は強国なのでしょうか？というものです。

2008年、北京オリンピックの燦々たる花火は、中国が世界の大国となった祝賀の象徴だと見られています。チャタムハウス、ウィルトンパーク[2]、『ファイナンシャルタイムズ』誌と『エコノミスト』誌、さらには、多くのアメリカの新聞や刊行物は何れも、中国が世界の強国になった問題について議論をしております。つまり、国際社会では「中国は既に世界強国となった」という共同認識を形成しつつあります。従いまして、外国は中国の一挙手一投足に対して高い関心を持ち、そして中国の些細な一言一句に対しても詮索を行っているのです。

---

1. オックスフォード・ユニオン主席。
2. イギリス外交部の設立した学術に関する独立の機構である。この機構は世界に注目されている問題についての弁論や協議で、極めて高い声望を得ている。

彼得森国际经济研究所所长弗雷德·伯格斯滕首先提出中美G2的想法,被称为"中美共治"。布热津斯基认为,中国国际地位排名第二,仅次于美国。欧洲2007年底的一次民调结果也与这一观点不谋而合:80%的受访者认为中国已经是世界第二强国。这些都显示,中国正在从国际政治的边缘走向中心。

外界对中国将成为什么样的强国也经常表达出强烈的关注。我演讲的时候经常碰到这样的问题:随着中国的日益强大,中国是否会将自己的意志强加于他人?

但是,中国是强国吗?中国人民对这个问题有着完全不同的看法。大部分中国人认为,中国仍是一个发展中国家,不少人甚至认为外界是在"忽悠"中国。

今年1月,我在中国大使馆举办了一场关于中国国际地位的讨论会,参加的有一百四十多位中国人,除了外交官,还有常驻伦敦的中资企业人士和记者。这是我们之间最热烈的一场辩论了。

Fred Bergsten, Director of the Peterson Institute for International Economics, first suggested the idea of the G2, and hence the coined word "Chimerica." Brzezinski believed that China is second only to the United States. A survey in Europe at the end of 2007 echoed his view, as 80% of the respondents believed China has become the number two world power. Clearly China is moving from the margin to the centre of world politics.

There are some loudly expressed concerns about what kind of power China will become. And I am often asked after I have given a speech, "As China grows stronger, would China impose its will on others?"

But, is China a power? The response of the Chinese people is very different. Most of them still see China as a developing country and all this flattering by outsiders is nothing but "*huyou*," a popular Chinese expression, or literally in English, trying to sweep China off its feet.

Last January, I hosted a debate at my Embassy. The topic was China's international status. More than 140 people came, all of them Chinese, including Embassy diplomats and people from Chinese companies and the media stationed in London. It was the most heated debate I've had with my fellow Chinese.

ピーターソン国際経済研究所長のフレッド・バーグステン氏が最初に、中米G2の考え方を披露しました。この考え方は「中米共治」と称されています。ブレジンスキー氏は、中国の国際的地位は二番目の順位で、アメリカの次となると思っておられます。欧州で2007年末に行われたアンケート調査の結果もこのような観点に合致しているのです。つまり、アンケート回答者の80％は、中国は既に世界の第二の強国になったというのです。これらは何れも、中国は国際政治において周縁から中心へ向かいつつあることを明らかに示していると考えられます。

　外国は、中国がどのような強国になるのかに対して甚だ強い関心を表しています。私が講演の際、常にぶつかった問題には、次のようなものがあります。中国が日増しに強大となりつつあるにつれ、中国は自分の意思を他人に押しつけるのではないかということについてです。

　しかし、中国は果たして強国なのでしょうか。これに対して、中国人たちは全く違う見方を持っております。多数の中国人は、中国は相変わらず発展途上の国だと思っており、更に、外国は我々をからかっているのではないかと思う人が少なくないのです。

　今年の1月、私は中国大使館で中国の国際的地位についてのシンポジウムを開催いたしました。140人以上の中国人の参加者には、外交官を除けば、ロンドン駐在の中国投資企業の関係者やメディアの記者も参加しました。このシンポジウムは、最も熱い議論の場となりました。

A young man kicked off the debate by saying that China is already a world power second only to the US. He was challenged by an overwhelming majority. People spoke one after another, citing facts and figures in China to argue that we are just another developing country.

I then asked, "Who would agree with him?" I saw only four hands go up. It means only five people, including the gentleman himself, or less than 4% of the participants, shared Brzezinski's perception of China.

Then I asked, "Which country do you think is the number two power in the world? And number three? Number four?" It seemed that they have never thought about it before. Could it be Russia? Germany? The UK? France?

Although we all agreed such over-simplification cannot accurately reflect the complex positions and circumstances of different countries, this discussion can more or less reflect the general mentality of the Chinese people. Now, we have two diametrically different answers, in and outside China, to the same question. Who is right, when there are clearly facts to support both arguments?

一位年轻人首先发言说，中国已经成为世界居二的大国，排位仅次于美国。在场的大部分人不赞成他的意见，人们纷纷列举各种事实和数据，说明中国仍然是一个发展中国家。

当我问到有谁赞同他的意见时，只有4个人举起手来，加上他是5个人。也就是说，140个人中不到4%的人与布热津斯基对中国的判断持相同看法。

我于是问：哪个国家在世界上排名第二位？第三？第四？大家似乎都没有考虑过这些问题——是俄罗斯？德国？英国？法国？

当然，大家也认为这样简单排列是不准确的，各国的地位和处境是非常复杂的问题。这个讨论在一定程度上能反映出中国人的心态。显然，中国和外界对这一问题出现了两种截然不同的认识，孰是孰非？两方面的观点都能找到事实依据。

一人若者が口火を切って発言し、中国は既にアメリカに次いで世界第2位の大国になったのだと主張しました。それに対して、参加者の大多数は彼の意見に賛成しませんでした。彼らは次々と各々の中国の事実やデータなどを挙げて、中国は依然として発展途上の国であることを説明しました。

　私が「彼のご意見に賛成の方は？」と尋ねると、挙手した人は4人だけで、彼を加えても、5人しかおりませんでした。つまり、ブレジンスキー氏の中国に対する判断と同様の見方をする人は、140人の4％にもならなかったのです。

　その時、私はまたたずねてみました。「では、どの国が世界の第2位なのでしょうか？そして第3位は？第4位は？」と。皆はこのような問題について考えたことがなかったようです。——ロシアか？ドイツか？イギリスか？フランスか？……。

　勿論、皆さんはこのような単純な並べ方が正確なものではないことを十分ご存じですが、なぜなら、各国の地位や環境はそれぞれ非常に複雑なものだからです。この論議にはある観点からすれば、中国人の心理状態が表されていると思われます。要するに、これについて、外国と中国ではまるで違う、正反対の見方となっておりますが、どちらが是か、どちらが非か、この両方の観点には何れも事実的根拠があり得るのです。

Many years ago, when Mr. Deng Xiaoping was summarising China to his foreign guest, he said that China was both "big and small, strong and weak." This still remains true for today's China. People on the outside tend to see the big and strong aspects of China, while we, on the inside, are more aware of its weaknesses and challenges.

Let me compare some statistics about China and the UK to illustrate the duality of China.

——China's GDP has risen to third place in 2008, and is expected to rise to second in the near future. The UK's ranking came down to sixth. However, in per capita terms, China has only 3,000 plus US dollars and its world ranking is 104th, while the that UK has about 46,000 US dollars, 14 times higher, ranking 20th. This means that UK citizens have a much higher standard of living.

——In terms of trade in goods, China is the third largest in the world, with the UK being eighth. However, the UK is second in the world in services trade and China's services sector is still very young.

多年前，邓小平在向外国客人介绍中国的时候，曾经用"既大又小、既强又弱"的表述来说明中国的特点。今天的中国仍然如此。外界往往看到中国大和强的一面，而在国内，我们对国家存在的弱点和面临的挑战看得更清楚一些。

中国的两面性可以从一组中英对比数字中体现出来。

——在GDP总量上，中国2008年跃居世界第三，并有望在短期内升至第二，英国则降到世界第六位。但在人均GDP上，中国只有3000多美元，在世界上排第104位，英国大约46000美元，是中国的15倍，排名第20位。这意味着英国民众的生活水平比中国高得多。

——在商品贸易上，中国是世界第三大国，英国排第八位。但在服务贸易上，英国排名世界第二，而中国的服务业刚刚起步。

何年も前に、鄧小平は外国の客人に中国を要約する際、かつて「大きいものでありながら小さいもの。強いものでありながら弱いもの」という言葉を用いて中国の特徴を説明しました。このことは、現在の中国にも相変わらず当てはまります。外国の人々は、往々にして中国の大きく、強い面を見がちですが、私たちは、中国の国内にいて、中国に存在している弱点と直面している問題というものが、誰よりもはっきりと見えているのです。
　中国の両面性について、中国とイギリスの比較数字から見てみましょう。
　——GDP総量では、中国は2008年に世界第3位までに躍進し、且つ近い将来、第2位に躍り出ると期待されていますが、逆にイギリスは世界の第6位までに落ちてしまいました。しかし、一人当たりのGDPでは、中国はただの3000余米ドルで、世界順位は104位ですが、これに対して、イギリスの一人当たりは約46000米ドルで中国の15倍にあたり、世界順位は第20位であります。これはイギリス国民の生活水準は中国より遥かに高いことを意味しています。
　——商品貿易では、中国は世界第3位の大国であるのに対して、イギリスは第8位です。しかし、サービス貿易では、イギリスは世界の第2位であるのに対して、中国のサービス業は歩き出したばかりに過ぎません。

——到今年3月底，中国的外汇储备是英国的30倍。全球市值最大的十家银行中，中国占四家，英国一家，中国工商银行的市值可以买下两个汇丰还有富余。但是，伦敦是世界金融中心，拥有550家跨国银行和170家国际证券公司，欧洲排名前500位的大公司中，有100家将总部落户伦敦。

——英国已经进入后工业化社会，城镇人口占总人数的90%。而中国还处在工业化、城镇化的早期，53.4%的人口是农民，还有1.35亿人每天生活费不足1美元。

这样的数据还有很多。根据一项调查，80%的中国人不认为中国已经是世界强国，原因即在于此。

中国人常说，家家有本难念的经，其中的复杂和困难只有自己最知晓。温家宝总理曾经说过：在中国这样的人口大国，任何小的困难只要乘以13亿就会成为大难题，任何成就除以13亿就变得微不足道。

—By the end of March, China's foreign exchange reserves were 30 times that of the UK. Among the ten biggest banks in the world, four are from China and one is from the UK. The market value of ICBC can buy two HSBCs with still a bit of surplus. However, London is a global financial centre with about 550 foreign banks and 170 international securities firms. Among the top 500 companies in Europe, 100 set up their headquarters in London.

—The UK is a post-industrial society and urban residents make up 90% of the population. China is in the early phase of industrialisation and urbanisation, with 53.4% of the population being rural residents, and 135 million people still living under a dollar a day.

The list can go on and on. That is why, as a survey shows, 80% of Chinese disagree that we have ascended to the status of a global power.

As an old Chinese saying goes, "Only family members can fully appreciate the complexities and difficulties within the family." The Chinese Premier Wen Jiabao once remarked, "Any small problem in China can grow into a huge one, if multiplied by 1.3 billion; any big achievement can become too tiny to be noticed, once divided by the same 1.3 billion."

――今年3月末までの中国の外貨保有高はイギリスの30倍です。世界の最大の銀行の10行のうち、4行は中国が占めているのに対して、イギリスは1行です。中国商工銀行の時価を用いて、2行のHSBCが買える上、まだお釣りがくるというような状況ですが、ロンドンは世界金融の中心であり、550行の多国籍銀行と170社の国際証券会社を擁しております。欧州ランキング上位の500の大手会社の内、100社はその本部をロンドンに設置しています。

　――イギリスは既にポスト工業化社会に入ったのであり、都市と町の人口は総人口の90％を占めています。けれども、中国はまだ工業化の時期であり、都市化の過程にあり、53.4％の人口が農民です。更に、一日の生活費が1米ドルにも満たない人口が1.35億人いるのです。

　今、挙げた実例に類するようなデータは、まだまだたくさんあります。ある調査によれば、中国人の80％は、中国が既に世界の強国になったとは思っていません、その原因は先に述べた事実に基づいているからです。

　中国のことわざに、「どの家にも難事あり」というものがありますが、一家族の裏にある複雑な状況や困難などは、家族にしか分からないのです。温家宝首相はかつて次のように述べています。「中国のような人口大国では、如何なる小さな難題であっても、それに13億をかければ、大きな難題となる。如何なる大きな実績があっても、それを13億で割れば、微々たるものとなる」。

Then, where is China going? What should China look like in the mind's eye of the Chinese?

It is hard to generalise. But to put it into simple terms, we are hoping to develop China into a country with prosperity, democracy and the rule of law, and a country that works for peace and cooperation across the world.

The Chinese pursuit of prosperity is for every child to go to school, every job properly paid, every sickness treated, every elderly cared for, and every family comfortably housed. At long last, this is now possible.

For the first time in history, people are not dying of hunger in China. Even when I was in college, the words people used when greeting each other on the street were not "How are you?" but "Have you had your meal?" Food was once the biggest concern of families and the government. Now if you were to ask young people like my daughter, "Have you had your meal?" they would wonder if you have a problem.

I met an American couple who had just come back from Shanghai. They think the Shanghai skyline is surreal. But the most significant changes in China have happened not only in big cities like Shanghai, but also in the vast areas of rural China.

那么，中国将向何处去，中国人心目中未来的祖国又应该是什么样的呢？

对这个问题不太好一概而论。简而言之，我们希望把中国建设成为繁荣昌盛、民主法治、和平合作的国家。

中国人所追求的繁荣就是人人学有所教、劳有所得、病有所医、老有所养、住有所居的社会。这个目标已经有实现的可能了。

中国有史以来第一次摆脱了饥饿。甚至在我上大学的时候，人们彼此的问候不是"你好吗"，而是"吃了吗"。吃饭问题曾是中国家庭和政府最关心的大事。但是现在如果你问我女儿这代人"吃了吗"，他们会怀疑你是不是有毛病。

我遇到一对刚从上海回来的美国夫妇，他们说上海的天际线美得如梦如幻。但是中国最大的变化不仅仅发生在上海这样的大城市，而且发生在广大的农村地区。

では、中国は、これからどうなるのでしょうか。また、中国人の心の中にある未来の祖国の姿は、一体どんなものなのでしょうか。
　このことについて、一概に論じることはできませんが、一言で言えば、私たちは中国が繁栄・発展し、民主的法治で、世界と平和的協力をしていける国になれるよう願っているのです。
　中国人が求めている繁栄とは他でもなく、人々が皆、学びたければ教育を受けられ、労働をすれば然るべき所得が得られ、病になれば治療をうけることができ、老人になれば養われ、どんな家族も心休まる住居があるというような社会であります。この目標はもはや実現可能なものとなりました。
　中国は、有史以来、初めて飢餓から解放されたのです。私が大学生の頃でさえ、人々のお互いの挨拶は「こんにちは」ではなく、「食事は済みましたか？」でした。食べられることが、かつて中国の家庭と政府にとっての最大の関心事だったのです。しかし、今現在、もし、私の娘のような世代の人に「食事は済みましたか？」と挨拶したならば、きっと私に何か問題があるのではと疑われるに違いありません。
　私は、上海から戻って来られたばかりのアメリカ人の御夫婦にお会いしました。彼らは、上海の地平線は超現実的で、幻影のように美しい、と賛美しました。しかし、中国の最大の変化は、上海のような大都市だけに発生しているのではなく、同時に広々とした農村地域にも起きているのです。

I wonder how many people noticed that on the first day of 2006, China abolished agricultural tax. For 2,600 years, Chinese dynasties and successive governments mainly depended on taxing the farmers for their revenue. This move is a mark that China's industrialisation is picking up speed.

In 2007, with the programme of extending power supplies to every village, many people saw electric light for the first time in their lives. About half of the rural population in China never went to a hospital due to economic reasons. A cooperative medical care scheme now covers 90% of rural China. Albeit small, RMB 50 per person to start with, it has now grown to RMB 100, and has made it possible for many farmers to be cared for in times of sickness.

Although the prosperity is not evenly shared, and there is still poverty in the countryside, we are confident that the momentum of prosperity is going to continue, and the people will be better off with each passing year.

不知道大家有没有注意到，从2006年的第一天起，中国取消了农业税。在过去长达2600年的岁月里，中国历代王朝和后来各届政府的主要财政收入都来自于农民的税赋。农业税的取消，标志着中国工业化步伐的加快。

2007年，随着"村村通"项目的实施，中国绝大多数的村庄实现了通电，很多人第一次用上电灯。中国有一半的农民看不起病，现在农村合作医疗保障制度覆盖了90%的农村人口。虽然一开始每人只有区区50块钱，后来增加到100块钱，但这却足以让不少农民病有所医。

尽管还有一些民众尚未分享到繁荣，农村地区也仍然有贫困的现象，但我们相信，中国走向繁荣的步伐不会停止，老百姓的日子会一年比一年好。

皆さんはお気づきになっていらっしゃるかどうか分かりませんが、2006年の最初の日から、中国は農業税を廃止しました。過去2600年間にわたった長い歳月の中、中国の歴代王朝、そしてその後の各時代の政府の主な財源の収入は何れも農民の税金によるものでした。農業税の廃止は、中国の工業化が一段と速められたことを示しているのではないでしょうか。

　2007年、「全ての村々に電気を！」プロジェクトの実施により、中国の大部分の農村地域では電気使用が実現できました。多くの人々にとって、電球を使うのは生まれて初めてのことでした。中国のほぼ半分の農民は病気になっても治療の余裕が無かった有様でしたが、現在では農村の協同医療保障制度が90％の農村人口に対して実施されています。この制度を実施する最初の段階では、一人当たりの医療費は僅か50元（1元は16円相当）しかなく、その後100元までに増額されました。これで、多くの農民たちが病気の治療を受けるのに十分足りるようになりました。

　ただ繁栄の分け前を平等に享受できない民衆もおり、農村地域には依然として貧困現象が見られます。しかし、私たちは中国の繁栄の勢いが止まることなく継続し、人々の生活が年々向上していくことを確信しています。

讲到中国，就不能不提到中国的民主政治建设。西方世界往往高估中国的经济成就，而低估中国在政治体制改革和发展社会主义民主上取得的显著进步。来这里演讲前，我在中文搜索引擎百度上搜索"中国政治体制改革和民主发展"，不到一秒钟就找到 139 万条搜索结果。不少人对这一主题提出了各种各样的意见，有见地的分析和建议也很多。

我本人经历过上世纪 60 年代至 70 年代"文化大革命"期间的无政府状态，也见证了改革开放带来的进步，对中国在民主决策、推行法治上所走过的漫长道路深有体会。

I can't talk about China without mentioning its political and democratic development. The Western world tends to over-estimate the economic progress in China and overlook China's pronounced progress in political restructuring and socialist democratic development. Before coming here, I searched on Baidu, a Chinese search engine, for "China's political restructuring and democratic development," and I got 1.39 million results in less than a second. There are diverse opinions on this subject and many insightful analyses and suggestions.

For me, having seen the anarchy of the Cultural Revolution in the 1960s and 1970s and then witnessing the progress of reform, I can see that China has come a long way in the development of democratic decision-making and the rule of law.

中国について話をするならば、中国の民主的政治の発展について言及しなければなりません。西欧世界は、往々にして中国の経済発展を過大評価している一方、中国の政治体制改革と社会主義民主の発展において成し遂げた、顕著な進歩を過少評価しています。ここで講演を行う前に、私は中国のサーチエンジンである「百度」を検索してみましたが、「中国の政治体制改革と民主的発展」について、1秒も経たない内に、139万件の検索結果がありました。この問題に対して、様々な意見を出した人が少なくなく、これらの中には、洞察に満ちた分析や提案が数多くありました。

　私自身は、1960年代から1970年代にかけての「文化大革命」期間の無政府状態を体験しましたし、改革開放よりもたらされた進歩も見て来ました。中国が民主的政策決定、法制の推進の面で長い道のりを歩んで来たことを身にしみて体験致しております。

Take the role of the National People's Congress (NPC) for example. It has assumed a very important role in China's political life. Of the 231 laws in China, 223 were promulgated in the past 30 years. In a mere three decades, the NPC has covered a legislative agenda that took many countries centuries. The Property Right Law took seven years of debating throughout the country. When the Labour Contract Law was debated, the NPC received 200,000 suggestions, 65% of which came from the public.

I remember the first time when foreign journalists appeared at the NPC sessions, the delegates were quite surprised. Now they come in ever greater numbers. Eight hundred came this year, and they could even sit in on some of the meetings.

As President Hu Jintao said at the 17th National Party Congress, power should operate in the open. At the centre of democratic development is the democratic decision-making process, which is already put in place and constantly improved by the Party and the government, so that major decisions are only made after full consultations.

比如，全国人民代表大会在中国的政治生活中发挥着越来越重要的作用。中国231部法律中，223部是在过去30年制定的。全国人大在短短30年里完成的立法，是很多国家耗时几百年才制定出来的。《物权法》发布前在全国范围内进行了长达七年的讨论。在《劳动合同法》的审议过程中，全国人大收到了20万条建议，其中65%来自社会公众。

我还记得当外国记者第一次出现在全国人民代表大会的会场时，代表们是多么地惊讶。现在，采访全国人大和政协会议的外国记者越来越多，今年达到了800人。这些记者们甚至还可以旁听一些会议的讨论。

正如胡锦涛主席在党的十七大报告中所提出的那样，"让权力在阳光下运行"，民主建设的核心是民主决策。党和政府建立健全了民主决策机制，重大决策出台之前均广泛征求各方意见。

たとえば、全国人民代表大会は中国の政治の中で、ますます重要な役割を果たしています。中国で成立した231件の法律のうち、223件は過去30年の間に制定されたものです。つまり、全国人民代表大会は30年間という短期間のうちに、立法を完成したのです。これは、多くの国が何百年もの時間を費やして、やっと完成した立法の数です。『物権法』が発布されるまでに7年間という長い時間を費やして、全国規模で論議を行いました。また、『労働契約法』に対する審議の過程では、全人代は20万通の提案を受け入れました。これらの提案の中の65％は、社会の一般大衆から寄せられたものです。

　私の記憶に鮮明に残っているのですが、外国人新聞記者が初めて全人代の会場に現れた際、代表たちは大変驚いたような様子でした。現在では、全人代や政治協商会議の会場で取材を行う外国人記者がますます多くなり、今年は、現場取材で800人に達しました。更に、彼らは幾つかの会議の討議を聴講することが出来ます。

　胡錦濤主席が中国共産党第17回代表大会で提唱したように、「権力を白日の下に晒せ！」。民主的発展の核心は民主的な政策決定にあります。党と政府は民主的な政策決定のメカニズムを作り上げており、重大な政策決定を打ち出す前には、広汎なる、各方面からの意見を求めることができるのです。

Transparency in the personnel system has also been a focus of constant reform. I once visited the Ministry of Science and Technology and saw in the entrance hall some big posters soliciting opinions on the people due for promotion. This is now practiced for all important posts across the government.

Elections were introduced at the village level in rural China ten years ago, leading to 64,000 directly elected village committees by the end of 2004. Eighty-five per cent of Chinese villages have now put in place mechanisms of either villagers' congress or village council.

However, I am not saying that China has a perfect democratic system. President Hu Jintao used the term "democracy" about 60 times during his speech at the 17th National Party Congress, which fully reflected China's emphasis on socialist democracy and our resolve to push it further in our Party and our government.

We are half way through the reform programme, and our society is still in a process of constant changes. Just as you can see new buildings in Beijing every year, you will also find new development in China's democracy every year. The general direction is towards greater openness, transparency and accountability.

提高人事透明度也是各项改革措施的焦点之一。我有一次拜访中国科技部，看到门厅里贴着关于人事任命的公示，并欢迎大家提意见。现在所有部门的一切重要任命都进行类似的公示。

十年前，中国建立了农村基层选举制度。到2004年底，6.4万个村委会通过直接选举产生，85%的村庄成立了村民会议或村民代表会议。

当然，我并不是说中国的民主建设十全十美。胡锦涛主席在十七大报告中六十多次提到"民主"，恰恰体现了中国对民主建设的重视以及在党和政府内加大发展民主力度的决心。

中国改革之路正在途中，社会处在不断变革的进程之中。正如每年都可以在北京看到新建筑一样，中国每年在民主建设上也都在取得新的成就，总的方向是更加公开、更加透明、更加负责。

人事の透明性を高めて行くことも各プロジェクトにおける不断の改革の焦点の一つとなっています。私は中国科学技術省を訪問したことがありますが、庁舎のロビーに、昇進予定の人事の大きなビラが貼られており、そして皆さんからの意見を歓迎すると書かれていました。今現在、あらゆる部門で全ての重要な任命については、何れもこのような公示が行われているのです。

　10年前、中国は、地方の農村の末端の選挙制度を制定しました。2004年末までに、64,000の村レベルの委員会が直接選挙で選ばれ、85％の村は村民会議或は村民代表会議を設立しました。

　もちろん、私は、中国の民主的なシステムが完全無欠だと決して言うつもりはなく、胡錦濤主席は共産党第17回代表大会の報告の中で、60回ほど「民主」の言葉に言及しました。これは他でもなく、中国は民主的な建設に対する重要視及び党と政府内部において民主を大いに発展させて行くという決意を示したものです。

　中国の改革の道は、まだまだ途中です。社会は絶えず変革過程の中にあります。毎年、北京で新しい建築物が見られると同様に、中国は毎年、民主的な建設においても新しい成果を挙げております。全般的な方向から言えば、更に開放を推進し、更に透明性を推進し、更に説明責任を推進していこうとしております。

On the international front, the role that China wants to play is one of encouraging dialogue and cooperation. We do not believe in imposing our own will on others, or interfering in other countries' internal affairs.

We see our role in the world as contributing to peace. China's interest has never been so closely linked with the world and vice versa. The financial crisis drove home the fact that we are sharing one boat. As the Chinese President said at the G20 London Summit, only by working together, can we steer the boat to our desired destination.

Now coming back to the question I started the speech with: "Is China a power?"

I firmly believe that China, a country with 1.3 billion smart and hard-working people dedicated to the pursuit of a happy life, is destined to be a strong country in the world. But it takes time. China will not seek hegemony, as it has come this far not through war, but through the hard work of the vast number of its people and through fair trading with the world. The source of China's strength is its economy.

China's diplomatic objective is to promote peace and cooperation in the world, which is the only way to secure even greater economic prosperity and even better lives for our people.

Thank you.

国際的な面では、中国は積極的な対話と協力の役割を発揮したいと願っており、自分たちの意志を他者に押し付けたり、あるいは他国へ内政干渉しようとは思っておりません。

　私たちは、世界における自分たちの役割を平和促進に位置付けております。なぜなら、中国の利益が、世界の利益とこれほどまでに緊密に連携していることはかつてなかったことであり、その逆も同じことが言えます。金融危機は、我々が皆同一の船に乗り込んでいることを再度痛感させました。胡錦濤主席がG20ロンドン・サミットで指摘したように、我々はお互いに助け合いさえすれば、それこそ平安無事で対岸に到着することができるのです。

　さて、「中国は強国なのでしょうか」という、この講演の最初に挙げた問題に戻りたいと思います。

　中国は、勤勉で知恵があり、幸せな生活を追求する13億の人民を擁しているので、必ずや強くて盛んな国となるに違いないと私は堅く信じております。けれども、そこまでには、やはりプロセスが必要ではないでしょうか。大事なのは、中国が覇権国とはなり得ないことです。中国が今日のような業績を上げたことは、戦争によるものではなく、広汎な国民の勤勉な労働と世界との公平な貿易を行ったことによるものです。中国の国力の根幹は、経済発展にあるのです。

　従って、中国の外交の目標としても、世界の平和と協力を推進することであります。それによって、中国の経済がより一層発展できますし、人民の生活が更に素晴らしいものとなるのです。

　ご静聴、ありがとうございました。

中国の為に喝采

中華人民共和国成立60周年記念祝賀レセプションでの講演

2009年9月24日 ロンドンにて

A Time for Celebration

Speech at the Reception to Celebrate the
60th Anniversary of the PRC

London, 24 September 2009

为中国喝彩

中华人民共和国60周年国庆招待会演讲

伦敦，2009年9月24日

各位阁下，各位大臣，各位上院议员，尊敬的来宾，女士们、先生们：

值此中华人民共和国成立60周年之际，我代表中国大使馆热烈欢迎各位嘉宾的光临，感谢大家与我们一道为中华人民共和国的生日祝福。

我特别要感谢布朗首相发来视频致辞，感谢他带给中国人民美好的节日祝愿。

在中国传统的纪年形式中，60年为一个甲子，也就是一个周期，所以，中国人非常看重60周年的纪念，无论是一个人的年龄，还是一个国家的历程。

60年前，毛泽东主席向世界宣告中华人民共和国成立，他那句"中国人从此站起来了"广为人知。不过当时的中国还处于百废待兴的境地，而60年后的今天，中国已经发生了历史性的巨变。这一成就的取得绝非一帆风顺，中国为探索符合自己国情的发展道路经历了千辛万苦的曲折和艰难。

改革开放以来，中国终于走上了持续稳定的经济社会发展之路，使13亿人民迈向实现小康的目标。

Your Excellencies,
Secretaries of State,
My Lords,
Distinguished Guests,
Ladies and Gentlemen,

I would like to thank all of you on behalf of the Chinese Embassy for joining us at this celebration of the 60th anniversary of the founding of the People's Republic of China.

I owe a special note of thanks to Prime Minister Brown for sending a video message to congratulate the Chinese people on this auspicious occasion.

Sixty years on the lunar calendar is called "*jiazi*," which means a full cycle. It is therefore an important milestone for a person, as well as for a country.

Sixty years ago, Chairman Mao Zedong announced to the world the founding of the PRC. He famously stated that the Chinese people had stood up. The country at that time was still in a state of poverty and dire need. Sixty years on, China has gone through a historic transformation. It is not an easy journey though. We have gone through all kinds of difficulties trying to find the right path to progress and prosperity.

Finally we've succeeded, through reform and opening up and by embarking on a road of enduring economic and social progress. Our 1.3 billion people are advancing towards "*xiaokang*," the Chinese word for "moderately prosperous living."

閣下、大臣
上院議員の皆様
ご来賓の皆様

　本日、中華人民共和国成立60周年に当たり、私は中国大使館を代表して、中華人民共和国建国祝賀会のため、ご参加頂きました皆様方に対し、心より歓迎申し上げると共に、厚くお礼を申し上げます。本当にありがとうございます。
　特にビデオで中国国民へ素晴しい御祝辞を下さいましたブラウン首相に感謝しなければなりません。
　中国の伝統的な紀年では、60年間は一甲子であり、一周期でもあります。従って、中国の人々は、60周年記念を非常に大事にしています。人の年齢も国の歴程も同様です。
　60年前、毛沢東主席は世界に向けて中華人民共和国の成立を宣言しました。「中国人民は、今より立ち上がったのだ！」という彼のこの言葉が世に広く知られています。当時の中国はまだ全てが復興を待つというような時代でしたが、60年後の今は、中国に歴史的な大変化がありました。このような成果を成し遂げられたことは決して容易なことではなかったのです。中国は自国の国情に適合するような発展の道を模索する為に、並々ならぬ苦労や困難を体験して来ました。
　改革開放以来、中国は遂に安定した経済発展の道のりを経て、13億もの国民が少なからず豊かな生活を送るという目標を実現したのです。

几天后（10月1日）将在北京举行的阅兵游行举世瞩目。人们在问，中国要向世界传递一个什么样的信息？我相信，对此每个中国人都会有自己的答案。

最近在中国出现了一股怀旧风潮，人们在博客上讲述着几十年来家庭生活变迁的故事。主妇用照片比较着厨房家具的变化，男人们谈论着从自行车到第一辆汽车的跃进。

我也受到这一怀旧情调的感染，翻出珍藏的母亲留下的手帕小包，里面是她收存的几叠粮票。当年中国粮食短缺，需要以粮票作为购买凭证，我母亲收藏着这些粮票以备旧日重现之用——它们却再无用武之地。而今粮票已经成为历史，我答应把这些粮票赠送给大英博物馆。这方寸间斤、两的标注，是中国进步的有力佐证。

2008年中国人一天创造的财富，比1952年全年的总和还要多。我们告别了贫困和落后，这就是为什么我们举国欢庆。

The parades in Beijing in a few days' time will be watched worldwide. People may ask what message China is trying to convey to the world. I am sure every Chinese has an answer.

Recently in China, the mood of celebration has been tinged with nostalgia. One hot topic for bloggers is the changes in the lives of their families over the decades. Housewives are comparing photos of their kitchens now and then while men are talking about their promotion from a bicycle rider to a car driver.

Infected by this epidemic of nostalgia, I have found this handkerchief parcel my mother left behind. She wrapped in it some food coupons she had saved over the years. Once upon a time in China, food was in short supply and food coupons were much sought after. My mother kept these in case those times were to return. They never did. Now that they have become a token of the past, I have promised to donate them to the British Museum. These small but once important pieces of paper are powerful testimony to the strides China has taken.

China turned out more wealth in one day in 2008 than it did in the whole year of 1952. This is what we are celebrating—farewell to poverty and underdevelopment.

この数日後（10月1日）、北京で行われる閲兵パレードは世の中の注目を集めると思いますが、人々は、「中国はいったいどのようなメッセージを世界に伝えたいのだろうか」と思っていることでしょう。この質問に対して、中国の一人一人は既に自分なりの回答をきっと持っている筈だと、私は確信しています。

　最近、中国では懐古ブームが巻き起こりました。人々はブログで数十年にわたる家庭生活の変遷についての物語を述べています。主婦たちは写真でキッチン道具における変化を比べながら説明していますし、男性たちは自転車から車への飛躍的な生活の向上を語り合っています。

　私本人もその懐古ブームの影響を受けて、いつも大切にしている母が残してくれたハンカチの包みを取り出しました。ハンカチの包みの中にあるのは、彼女が大事に保管してきた幾束かの食料配給券です。当時の中国は、食料不足なので、食料を買う場合、この配給券がなければならなかったというような有様でした。その後、私の母はいざという時のためにと思い、これらの配給券を予備用として大事に保管してきました。けれども、これらはもはや使い道のない無用の長物となってしまいました。今では、この食料配給券は既に歴史の証となったのです。私は、これらの食料配給券を大英博物館に贈呈すると約束しました。たった3センチの大きさで、数100グラムの記しのある食料配給券ですが、その一枚一枚には何れも、中国が進歩してきた有力な証拠になるのではないでしょうか。

　2008年、中国人が1日で造った富は、1952年の1年間分よりも多いのです。我々が貧困と立ち後れに別れを告げたからこそ、国を挙げてこの祝日を楽しくお祝いすることができるのです。

However, we have no reason to be complacent. Our reform and opening up remains a long and hard journey. We want to build a harmonious and stable society, where every child is in school, every piece of work is rewarded, everyone has a roof over the head, every sickness is treated, and every elderly taken care of.

Today, when the world cheers for China, when President Hu Jintao's statement on China's commitment in response to climate change at the United Nations is lauded worldwide, we are fully aware that China has emerged on the centre stage of the world. China's words and deeds, and China's every success are plugged into the world. Likewise, what happens in the world affects China. We need to learn and fulfil the international responsibilities the times have endowed upon us and contribute to building harmony and prosperity in the world.

The United Kingdom is an important international partner of ours. We share extensive common views on contemporary issues, and we are both devoted to closer bilateral cooperation. We have also been able to handle differences through candid dialogues.

Given the new opportunities, the two sides should work together to bring our relations to a new high.

In conclusion, I would like to propose a toast. To China, to the UK, and to our friendship.

Thank you.

抚今追昔，我们没有理由自满，改革开放任重而道远。我们要建设一个和谐稳定的国家，实现全体人民学有所教、劳有所得、住有所居、病有所医、老有所养。

今天，当世界为中国喝彩的时候，当胡锦涛主席在联合国的讲话引起全世界对中国应对气候变化努力的一片褒扬的时候，我们深刻地认识到，中国已走上国际的中央舞台。中国的一言一行，中国的每一份成就，都与世界息息相关；同样，世界的动向也时刻对中国产生着影响。我们将认真对待时代赋予的国际责任，为世界的和谐与繁荣作出自己的贡献。

英国是我们重要的国际伙伴，双方对当代问题有广泛的共识，对双边合作有全面的投入。而且，我们能够通过真诚对话妥善处理分歧与差异。

双方应共同努力，抓住新机遇，将两国关系推向新的高度。

最后让我们共同举杯：为中国，为英国，为中英友谊，干杯！

谢谢。

昔と今を比べて、自己満足している理由は私たちにはありません。改革開放の任務は重く、道はまだまだ遠いのです。私たちは、調和がとれた、安定した国家造りをしなければなりません。国民全体が学びたければ教育を受けられ、働けば所得が得られ、住みたければ住居があり、病気になれば治療を受けられ、老いれば介護されるというような社会を実現させなければなりません。

　本日、世界が中国に喝采をおくっている時に、胡錦濤主席が国連で行った気候変動に応じるという約束の声明が世界から喝采を浴びており、私たちは、中国がとうとう国際的な舞台の中心に現れたことを深く認識いたしました。中国の一挙一動、その一つ一つの業績は何れも世界と繋がっております。同じく、世界の動向も時々刻々と中国に対して影響があるのです。私たちは、時代から与えられた国際的責任を真剣に受け止めなければならず、世界の調和と繁栄の為に寄与しなければなりません。

　イギリスは私たちにとって重要な国際パートナーであります。双方とも、現代の問題に対して、広汎なる共通認識を持ち、両国間のより緊密な協力に対し、全力投球の姿勢を有しております。しかも、私たちは真摯な対話を通じて幾多の分岐点や相違点に対して適切な対応を採ってまいりました。

　双方は必ずや、共に努力し、新しいチャンスを掴み、両国の関係を新たな高みへと推し上げていこうではありませんか。

　最後に、私は乾杯を発議したいと存じます。中国の為に、イギリスの為に、そして、中国とイギリスとの友情の為に、乾杯！
　ありがとうございました。

気候変動と中国
ロンドン・スクール・オブ・エコノミクスでの講演

2009年12月2日 ロンドンにて

Climate Change and China
Speech at the London School of Economics and Political Science
London, 2 December 2009

气候变化与中国
在伦敦政治经济学院的演讲
伦敦，2009年12月2日

Professor Stuart Corbridge[1],

Ladies and Gentlemen,

It's a special honour for me to talk to you on such an important subject as climate change, because LSE is well-known for its scholarship on climate change and its crucial contribution to this global debate.

China is a huge country with a population of 1.3 billion. It has diverse climatic conditions and a fragile environment. The impacts of climate change are therefore, a very real threat which we face every day.

According to Chinese scientists, the average temperature in China has risen by 1.1 degrees centigrade in the last fifty years, which is higher than the reported global average. We are seeing more frequent bouts of extreme weather in many parts of the country. Last spring, for example, the most severe drought in 50 years hit northern China, affecting the livelihoods of over four million people.

1. Current Pro-Director of LSE
现任伦敦政治经济学院副校长

斯图尔特·科布里奇教授[1]，女士们、先生们：

有机会来此就气候变化这一重大问题与你们进行交流，我感到特别荣幸，这是因为伦敦政治经济学院以在气候变化领域的研究著称，你们的研究为全球讨论作出了突出贡献。

中国是一个有着13亿人口的大国，气候类型多样，环境脆弱，因此气候变化的影响是我们每天都要面对的现实威胁。

根据中国科学家测算，过去50年里中国的平均气温上升了1.1摄氏度，高于同期全球平均升温水平。在中国的许多地方，极端气候现象更为频繁。例如，今年春天中国北方出现50年以来最为严重的干旱，给四百多万人的生计造成困难。

スチュワート・コーブリッジ教授[1]
皆様

　ここで、気候変動という重要な問題を巡って皆様と交流を行う機会を持つことができ、とても光栄に存じます。なぜなら、ロンドン・スクール・オブ・エコノミクスは気候変動という領域の研究で有名であり、皆様の研究はグローバルな論争において顕著な貢献を果たされているからです。

　中国は13億の人口を擁する大国です。気候の型が多様で、環境が脆弱です。そのため、気候変動の影響は、私たちが毎日直面している現実的な脅威であると思っております。

　中国科学者の推計によると、過去50年間、中国の平均気温は1.1℃上昇したというのです。これは、全世界同期比の平均気温より高い上昇となっています。中国の多くの地域では、極端な気候の現象が更に頻繁となっているのです。たとえば、今年の春、中国の北方は50年ぶりのひどい干ばつに見舞われました。それによって、400万人以上の人々の暮らしが困難な状況となっています。

---

1. ロンドン・スクール・オブ・エコノミクス副学長現任。

Environmental damage and climate change is a reality for us. Sixteen of the world's twenty most polluted cities are in China, and 70% of Chinese rivers are polluted to varying degrees. China has also become the largest carbon emitter in the world.

How have we got here? While registering high-speed growth and making great progress to lift the people out of poverty and offer them a better life, we have also run into serious environmental problems. And unlike you here, we have condensed two centuries of industrialisation into just 30 years.

Now, the Chinese people have woken up to the threat, and with the same zeal that we have embraced industrialisation, we are embracing a cleaner development.

In China, climate change is not just a topic for discussion; it's backed up with policies and actions throughout the country. Let me share some examples with you.

First, on the legal and policy front, China set forward a voluntary reduction programme for the 2006-2010 period, which includes a 20% reduction in energy intensity.

环境污染和气候变化带来的不利影响对我们来说已成为现实。全球污染最严重的20个城市中，中国占了16个，中国70%的河流受到不同程度的污染。中国也已成为全球第一大二氧化碳排放国。

这些问题是如何造成的？中国近年经济高速发展，在减贫和提高人民生活水平方面取得显著成就，但同时也出现了严重的环境问题。与你们不同的是，我们用30年的时间完成了西方国家两个世纪的工业化进程。

现在，中国人民已经充分认识到气候变化带来的威胁，我们在以发展工业化同样的热情，投入到实现清洁发展的努力之中。

在中国，气候变化不仅仅是一个讨论的话题，举国上下正在通过政策和行动积极应对这个挑战。我愿与你们分享一些这方面的例子。

第一，中国制定了节能减排的法律和政策框架。在制定2006年至2010年的第十一个"五年计划"时，提出了自愿参与减排方案，措施包括降低单位GDP能耗20%等。

私たちにとって、環境汚染と気候変動よりもたらされた負の影響が既に現実となっているのです。全世界では、汚染の最も深刻になりつつある20の都市の内、中国は16都市を占めております。中国の70％の河川はさまざまの程度の汚染を受けております。また、中国は世界の二酸化炭素排出量の第1位の国でもあります。

　どうしてこのような問題がおこったのでしょうか。近年、中国において、経済が急速に発展し、貧困が減少して人々の生活水準に顕著な進歩がみられます。しかし、それにともない、厳しい環境問題も現れてきました。皆様方との違いは、西欧国家が工業化を2世紀かかって完成したのに対して、私たちは30年間に凝縮して完成したのです。

　現在、中国人は既に気候変化による脅威に対して十分な認識ができているのです。私たちは工業化への発展の推進と同じような情熱を持って、汚染のない発展を実現させるために努力しなければなりません。

　中国では、気候変動はただ議論するのではなく、国を上げて政策や実行を通じて、積極的に対応をしているのです。これらについては、次のような事例を挙げて、皆さんと共有したいと存じます。

　第1に、中国は省エネと排出量減少に関する法律及び政策の枠組みを制定したことです。2006年から2010年までの第11「5ケ年計画」を制定した際、自らの責任と排出量減少についての規則を提出しました。その中の措置にはGDPエネルギー消費20％引き下げを含んでおります。

To achieve this, we amended the Energy Saving Law and the Renewable Energy Law. We've also set up a strict evaluation system for energy efficiency. This enables the central government to hold provincial leaders accountable for meeting energy efficiency targets.

Last month, the evaluation results for 2008 were released on a government website. Out of 31 provinces and regions, 26 fulfilled reduction targets. One can't emphasise enough the importance of having such transparency, as it places great public pressure on those who are not meeting the target.

Beijing is doing great according to the release, over-fulfilling its target for 2008 by a large margin, and I am sure the Olympics has helped. It has already achieved over 17 out of 20 of its five-year reduction target. Xinjiang, on the other hand, is lagging far behind and looks unlikely to meet the target, and will need more help.

Second, we will put in place tough sectoral policies to encourage cleaner development. Emission- and pollution-intensive projects can no longer get an easy go-ahead and some existing inefficient production capacities are being phased out.

为实现这个目标，中国修订了《节约能源法》、《可再生能源法》等法律，制定了严格的节能指标考核制度，完不成任务的地方领导人将面对严格的问责制度。

上个月，中央政府在网站上公布了2008年各省区节能减排目标考核结果。全国31个省区中，26个完成了目标。愈这样强调透明度，效果愈好，因为未达标的省区面临公众很大的压力。

从表格上看，北京市做得不错，超额完成了当年指标，相信奥运会的举办是有一定的帮助的，北京已累计完成五年单位GDP能耗下降20%这一目标的17个百分点以上。新疆则落后了一截，如期完成目标有很大困难，需要得到更多支持。

第二，采取严格的产业政策，鼓励清洁发展。严格控制新建高排放、高污染项目，淘汰现有落后产能。

この目標に達する為に、中国は『エネルギー節約法』『エネルギー再生可能法』などの法律に対する改正を行い、厳格な省エネ指標を審査する制度を設けました。任務を完成出来なかった地方の指導者に対して厳しい問責を実施する制度を作ったのです。

　先月、中央政府は、2008年各省・区の省エネ目標に関する審査結果を、インターネット上に公表しました。中国全体の31の省・区の内、26は目標を達成しました。このような透明性があればある程、それだけ効果的です。なぜなら、目標に達成していない省・区にとって、公衆に晒されることは、大きいプレッシャーとなるわけです。

　統計によれば、北京市はその年の指標を見事に超え、非常によく頑張りました。私は、オリンピック開催による助けが大いにあったと思っています。北京は5年単位でGDP消費の引き下げ20％という目標に対して、既に累計17％以上達成していたのです。しかし一方で、新疆ウイグル自治区は、この面で遥かに遅れています。目標の指標を計画通りに完成することが甚だ困難な状況となっておりますので、更なる支援を必要としています。

　第2に、厳格な産業政策を取り、汚染のない発展を奨励することです。つまり、多く排出し、高汚染をもたらす建設業者を厳しく制裁し、現在ある生産能力の低い業者を淘汰することです。

It is understandably difficult to push through such reforms, and there is inevitably resistance. In a developing country like China, shutting down factories, no matter how highly polluting they may be, means job and income losses for many who need them.

For example, we have cut the average coal intensity for power generation by 20% by retiring highly polluting and inefficient generators. But it led to the loss of 400,000 jobs.

Third, we have increased and will continue to increase the percentage of cleaner alternative energy sources in our energy mix. "Low-carbon" and "energy conservation" have become new growth highlights in China, with many British companies now actively involved in cleaner development projects in China.

In the first nine months of this year, clean energy contributed a third of China's new power generation capacity. China now ranks top in the world for solar heating, photovoltaic generation and installed hydropower capacity. You may be surprised to know that many new buildings in Chinese cities and towns are equipped with rooftop solar panels. I, for one, use solar-heated water at home. The fact that the Chinese people are so keen on clean energy is an excellent indicator of our commitment to a better future.

可以理解，落实这项措施一开始会很困难，会遇到阻力，因为作为一个发展中国家，关闭高污染企业对很多人来说意味着就业岗位和收益的损失。

比如，中国淘汰高污染、低效发电装机容量，使单位发电的煤耗降低了20%。但这项措施导致40万人面临再就业问题。

第三，大力发展清洁替代能源。低碳和节能正在成为中国经济的新亮点，许多英国公司也在积极与中国开展清洁能源项目的合作。

今年1—9月，中国新增发电装机容量中，清洁能源占到三分之一。目前，中国在太阳能热水器使用、太阳能光伏发电累计容量和水电装机容量方面均居世界第一。你们可能还不知道，在中国城镇可以看到许多新住宅的屋顶上都安装了太阳能板，我自己家的公寓也是使用太阳能提供热水的。中国人对清洁能源如此热衷，表明了我们追求更美好未来的决心。

私は承知しています。これらの措置を着実に実施することは、最初の段階では困難や各方面からの抵抗にぶつかるにちがいないことです。なぜならば、発展途上国として、高汚染企業を閉鎖させることは、多くの人々にとって仕事と収入を失うことを意味しているからです。
　たとえば、中国は高汚染で、低能力の発電量をなくすため、それらに従事する企業の発電による石炭消費を20％引き下げさせましたが、この措置によって、40万の人々が再就職問題に直面することに至ってしまったのです。
　第3に、エネルギー発展の代わりに、汚染のない発展に力を入れることです。低炭素と省エネルギーは中国の経済発展の新しい成長の目玉になっているのです。イギリスの多くの会社も中国と積極的に協力して、クリーン・エネルギー・プロジェクトの展開をしています。
　今年の1月から9月まで、中国が発電量を増加した中で、クリーン・エネルギーは3分の1を占めました。現在、中国は、太陽熱温水器の使用、太陽光発電の累計量及び水力発電量の面では、いずれも世界第1位を占めています。おそらく皆さんはご存知ないかも知れませんが、中国の中小都市では、新しく建てられた数多くの住宅の屋根にはソーラーパネルが設置されています。そのような風景がいたるところで見られます。我が家のマンションも太陽熱の温水を使用しています。中国人がクリーン・エネルギーに対してこんなにも熱心なことは、私たちが更なる美しい未来を追求している決意を表しているのです。

第四,增加森林碳汇。我们都知道树能吸收二氧化碳,中国人民植树热情很高,年轻夫妻以种树作为新婚纪念成为一种时尚。据报道,在联合国环境署倡议的"全球10亿棵树"活动中,中国人种了26亿棵树,也就是人均两棵。

第五,我们知道要切实实现减排的宏伟目标,唯一的手段是通过发展科学技术,这就是为什么中国加大了应对气候变化的研发投入。中国已成为各种清洁能源技术的巨大实验基地。

中国在新增4万亿元(约合4000亿英镑)的经济刺激方案中,应对气候变化的相关投资占15%。不管以何种标准衡量,我想你们一定会同意这不是一个小数目,特别是考虑到我们正处在金融危机当中。

Next, let's talk about trees and reforestation as carbon sink. We all know how trees can absorb CO_2 from the atmosphere. The Chinese people have really taken tree-planting to heart. It has become fashionable for young couples to plant trees to mark their wedding. It is reported that in the Billion Tree Campaign facilitated by the United Nations Environment Programme, China has planted 2.6 billion trees. That is two trees for every Chinese.

Last but not least, the only way for China to really achieve its ambitious target is through science and technology. This is why China is investing heavily in climate change-related research and development. The country has become a giant laboratory for all kinds of clean energy technologies.

In the latest stimulus package worth about 400 billion pounds, 15% was invested in addressing climate change. I am sure you will agree that it is a huge amount by any standard, especially during the financial crisis.

第4に、森林の炭素吸収の増加のことです。ご存知の通り、樹木は二酸化炭素を吸収します。中国人は植樹に意欲的です。若い夫婦は、新婚記念に植樹をすることが流行っています。報道によれば、国連環境計画（UNEP）が提唱した『全世界10億株の植樹』キャンペーンで、中国人は26億株の木を植えてきました。それは、1人当たり平均2株の植樹をしてきたことになります。

　後回しになりましたが、重要な点として、中国が着実に排出量減少という大きな目標を達するための唯一の手段として、科学技術の発展を通じて行わなければなりません。これは、中国がなぜ気候変動に対応する研究と発展に大きな力を投入しようとするのか、の理由です。中国は既に様々な形におけるクリーン・エネルギー技術の巨大な実験基地となっているのです。

　中国が4万億元（約4000億イギリスポンド）を新たに増加した経済刺激政策の中で、気候変動の対応に関する投資は15％を占めています。どのような基準で評価しようとも、皆様はきっと賛同して下さると思いますが、これは決して小さな数字ではありません。とりわけ、私たちが今、まさに金融危機の只中に置かれている状況を考慮するならば尚更の事です。

经过努力，中国节能减排取得明显进展，有望如期完成至 2010 年节能减排的目标。这意味着在 2006—2010 年的五年间减少二氧化碳排放 15 亿吨。这个数字与世界上其他任何国家的减排努力相比都毫不逊色。

在今年 9 月召开的联合国气候变化峰会上，胡锦涛主席宣布中国将进一步采取应对气候变化的措施。随后，中国政府宣布了以 2005 年为基准的 2020 年行动目标，包括：

——单位 GDP 二氧化碳排放下降 40% 至 45%；

——非化石能源比重增至 15%；

——森林面积增加 4000 万公顷，这个面积相当于英国领土的 1.5 倍还要多。

我们将把这些目标作为约束性和可核查指标纳入中国的中长期发展规划，但完成这些目标以及进一步减排的难度会越来越大。

Thanks to all these efforts, China is well on track to reach our targets for energy conservation and emission control set for 2010. That would mean a reduction in CO_2 emissions by 1.5 billion tons in the five years between 2006 and 2010 than otherwise. This is an achievement that compares well with the efforts of any other country in the world.

At the United Nations Climate Change Summit last September, President Hu Jintao stated that China would take further steps to counter climate change. To follow up, the Chinese government has announced its targets for 2020 based on 2005 levels.

They include:

—bringing down CO_2 intensity by 40%-45%,

—increasing the share of non-fossil energy to 15% in the energy mix,

—expanding forest coverage by 40 million hectares; that is more than one and a half times the size of the United Kingdom.

We will make all these into compulsory and verifiable targets for our medium- to long-term development programme. But meeting these targets and further reducing emission will get increasingly harder.

これらの努力によって、中国の省エネルギー、排出量減少に明らかな進展が見られ、2010年に至る目標は計画通りに実現される見通しです。これはつまり、2006年から2010年までの5年間で、二酸化炭素排出量は15億トン減少することを意味します。この数字は、世界のいかなる国の排出量減少のための努力と比べても、決して遜色のないものです。

　今年の9月に開かれた国連気候変動サミットで、胡錦濤国家主席は、中国は気候変動対策の措置をより一層取ることを宣言しました。引き続いて、中国政府は、2005年を基準とする2020年までの行動目標を公表しました。それは次のような内容を含んでいます。

　GDPあたりの二酸化炭素排出量を40％から45％下げること。
　非化石エネルギーの比重は15％までに増加させること。
　森林面積は4000万ヘクタール増加させること。この面積はイギリス国土面積の1.5倍以上となっています。

　私たちは、これらの目標を強制力のあるものとして、中国の中・長期発展計画の中に取り入れることとなっているのです。しかし、このような目標を達成し、また、より一層、排出量を減少させることの困難はますます大きいものとなるでしょう。

Let me elaborate on that point. We have already closed down many of the old and heavily energy-consuming factories. That is to say, the easier part is done. Between 1990 and 2005, GDP energy consumption per unit came down by 47%, and between 2005 and 2010, it will drop another 20%. Going forward, we need to raise the energy efficiency of the remaining plants even further, which is going to be all the more costly and demanding.

This is why research and development is so critical for us, as only innovation can help China to make that leap. And this is why we are looking to developed countries for technology transfer and capacity building.

China may soon become the second largest economy in the world. Yet, it remains a developing country, and has very pressing developing priorities, which is something that many people often forget. China's GDP per capita has just passed 3,000 US dollars, only a fraction of what you have in the UK and the US. China is, as a matter of fact, behind Jamaica and Namibia in this category.

请允许我说明一下个中原委。中国已经关闭了很多老旧的高耗能工厂，也就是说，容易做的已经做了。1990年至2005年间，中国单位GDP能耗下降了47%，预计2005年至2010年将再下降20%。下一步要再提高现有设备能效，需要付出更高成本，作出更多牺牲。

这也就是为什么科技研发对中国是如此重要，只有创新方能使中国实现这个跨越。也正是由于这个原因，我们希望发达国家转让技术和提供能力支持。

虽然中国有望不久成为世界第二大经济体，但我们还是一个发展中国家，还面临着发展的巨大压力，只是很多人经常忘记这一事实。中国人均GDP刚过3000美元，还不到英国、美国的一个零头，排在牙买加和纳米比亚之后。

ここで、そのいくつかの原因について説明させて戴きたいと思います。中国は既に古くてエネルギー高消費の工場を数多く閉鎖しました。すなわち、着手しやすいことは既に行って参りました。1990年から2005年までの間に、中国のGDPあたり消費は47％下がりました。2005年から2010年までの間には、更に20％下がる見込みです。次の段階で、現有の設備の効率をさらにアップしたいならば、もっと高いコストを払い、もっと多くの犠牲を払う必要があるのではないでしょうか。

　それ故に、中国にとっては科学技術の研究と進展が何よりも重要なのです。革新を行うことによってのみ、中国の更なる飛躍が可能なのです。このような理由で、私たちは先進国に、技術移転や能力の提供・支持を期待しているのです。

　たとえ中国が近い将来、世界第2の経済国になるとしても、依然として発展途上国であり、相変わらず、発展という巨大な圧力を受けております。そんな事実を、多くの人々は常日頃見落としているのではないでしょうか。中国人の1人当たりのGDPは3000米ドルをやっと超えたばかりで、イギリスやアメリカの1桁にもならず、現実には、ジャマイカとナミビアの次ぐらいの位置に過ぎないのです。

现在，请大家回答我一个问题：英国在历史上是什么时期处于中国目前的人均水平？（台下许多人摇头）

根据英国经济学安格斯·麦迪逊的计算，答案是大约1913年。

中国目前的人均GDP在世界排名第104位。下面这个数字可能让你们一些人吃惊，中国目前仍有1.35亿人每天生活费不足1美元。你们熟视无睹的最基本生活需求，比如说自来水，在中国一些地区都是人们不可及的。

例如，在中国西北，有些地方非常缺水，我看到一篇报道说，甘肃省一个村子的农民一辈子只洗三次澡——出生的时候，结婚的时候，还有去世的时候。

Now, let me ask you all a question: When do you think Britain was at the same income level as China is now? (Many in the audience shaking their heads)

According to the British economist Angus Maddison, the answer is about 1913.

In GDP per capita terms, China now only ranks 104th in the world. It might be a surprise to some of you that China has 135 million people living on less than one dollar a day. Sometimes, even the most basic things that you take for granted, like tap water, are beyond the reach of some Chinese people.

For example, in northwest China, water is so scarce that it was once reported that farmers in a village of Gansu Province only take three baths in their entire life: at birth, at wedding and at death.

さて、皆さんに私の１つの質問についてお答え戴きたいと思います。イギリスは、いつごろ、現在の中国人の１人当たりの所得水準になったのでしょうか。(多く聴衆が首を横に振る)
　この答えは、イギリスの経済学者であるアンガス・マディソン氏の計算によれば、およそ1913年頃です。
　中国の１人当たりのGDPは、現在、世界の104番目です。次の数字を聞いて、恐らく皆さんはびっくりなさると思いますが、中国は１億3500万の人々は依然として１日の生活費が１米ドル足らずなのです。皆様が最も基本的生活の一部として当然のことと思っている水道は、中国の幾つかの地域の人々にとっては、まだまだ手の届かない状態なのです。
　たとえば、中国の西北地域では、多くの地区が深刻な水不足となっています。私の読んだ報道によれば、甘粛省の一つの村の農民は、お風呂に入るのは、一生の間にたったの3回だけなのです。つまり生まれた時と結婚の時そして臨終の時だけだというのです。

当我们讨论气候变化的时候,我们常常只是谈论事实和数据,但大家不应忘记还有人的因素。想象一下,当这个村庄通电之后(中国正在实现村村通电),不仅农民可以打机井从地下深处取水,他们的孩子们也能从电视上看到外面的精彩世界,他们当然会梦想过得更好,得到更多。

我们能对他们说"你们没有权利拥有我们所拥有的生活"吗?我们能告诉他们"你们不能像电视里看到的上海人或伦敦人一样生活"吗?为什么这些孩子不能拥有iPod、手提电脑甚至汽车呢?

这就是在应对气候变化问题中的人的因素,也是重要的挑战之所在。

中国的艰难使命就在于,如何使13亿人都有机会实现他们的梦想,但是要以对环境负责的方式来实现。

现在让我们回到前面说到的中国是头号二氧化碳排放国的问题上。如果看人均排放量,中国是4.6吨,而美国是20吨,英国是10吨。比较来看,不能说中国是"对能源贪婪"吧?

When discussing climate change, we tend to talk mostly about facts and figures, but we should not forget that there is also the human dimension. For instance, China is now working to provide power access to every village. Imagine what will happen when this Gansu village is connected to the power grid. The farmers would be able to drill deeper for water, and their children would see the wonderful world outside on TV. They of course, will dream about a better life and all the things that come with it.

Who are we to tell them that they have no rights to have what we have? Who are we to tell them that they can't live like the people in Shanghai or London whom they see on TV? Why can't they have iPods, laptops, or even cars?

This is the human dimension and the serious challenges that need to be addressed.

China's difficult mission is to enable all of its 1.3 billion people to have the opportunity to realise their dreams, but in an environmentally responsible way.

Now let's come back to the point about China being the world's biggest CO_2 emitter. If you look at the figures in per capita terms, an average Chinese person's emission is 4.6 tons. An average American emits 20 tons, and a Briton 10 tons. You can hardly call China "energy greedy," can you?

私たちは、気候変動を議論する時は、もっぱら事実とデータを巡って議論するだけですが、人という要素も存在していることを忘れてはいけません。ちょっと想像して見てください。この村が電気を使えるなら（中国は現在あらゆる村の電気使用に力を入れている）、農民たちは井戸掘りをして、地下の深い所から水をくみ上げることが出来るだけではなく、子供たちもテレビから、外の素晴らしい世界を目にすることが出来ます。これらの人々は例外なく、より良い生活とより多くのものが得られることを夢見ているのです。
　彼らに向かって、「こちらの持っている生活をあなたたちは享受する権利を持っていません」と私たちは言えるでしょうか。彼らに向かって、「あなたたちはテレビで見た上海の人やロンドンの人と同じような生活は出来ません」と私たちは告げることが出来るでしょうか。どうして、これらの子供たちがiPodやノートパソコン、更には車を持つことが出来ないなどと言えるでしょうか。
　これこそが気候変動に対して議論すべき問題の中で、いわゆる人の要素であり、また取り組むべき重要な問題の一つではないでしょうか。
　中国の苦しく難しい使命は、どうしたら13億人の全ての人々に彼らの持っている夢を実現させるためのチャンスを創ることが出来るかということです。しかし、このチャンスを創ることは、やはり環境に対する責任を持つ、というような方式を以て実現すべきです。
　それでは、先に述べた中国は二酸化炭素排出量の一番の国であるという問題に戻りたいと思います。もし、排出量を一人当たり平均から見れば、中国は4.6トンであるのに対して、アメリカは20トン、イギリスは10トンとなります。このように比較して見れば、中国を「エネルギーに対して貪欲だ」とは決して言えないのではないでしょうか。

Yet, according to an FT survey, 63% Americans believe that China is not doing enough and that it should undertake more emission reduction. It feels like a person who is used to taking four slices of bread asking one who has just got his first slice of bread to go on a diet.

Between 1750 and 2005, developed countries accounted for 80% of the world's CO_2 emissions. Even today, with only 20% of the world's population, developed countries pump more than 55% of total world emissions into the atmosphere. So when it comes to emissions, developed and developing countries can't be compared like for like, and should not to be painted with the same brush.

This is why we attach so much importance to the UN Framework Convention on Climate Change which sets out the principle of common but differentiated responsibilities. This is ultimately about fairness and equal rights to development.

The Copenhagen conference will commence in five days. It will be a major milestone in the global effort to tackle climate change, and the people of the world have high hopes on its outcome. For Copenhagen to be successful, China believes that several things need to happen.

但根据《金融时报》的一项民调，63%的美国人认为中国做得还不够，还应作出更多的减排努力。这就好像是一个总吃四片面包的人，要求另外一个刚刚得到第一片面包的人去节食。

从1750年到2005年，在全球累计排放的二氧化碳中，发达国家排放占了80%。时至今日，发达国家人口只占世界的20%，每年排放却占到55%。因此，在排放问题上，发达国家和发展中国家完全不能类比。

正是由于这个原因，我们非常重视《联合国气候变化框架公约》确定的"共同但有区别的责任"原则。归根到底，这是一个涉及公平和平等发展权利的问题。

再过五天，哥本哈根会议就要召开了，这是各国合作应对气候变化的一次里程碑式的会议，国际社会对此寄予厚望。中国认为，为确保哥本哈根会议取得成功，必须做到以下几个方面：

しかし、『ファイナンシャル・タイムズ』の民間調査によれば、63％のアメリカ人は、中国が今までやって来たことはまだまだ不十分で低減の為にもっと多くの努力をすべきだと思っています。これはまるで、いつも4切れのパンを食べている人が、1切れのパンを得られたばかりの人に、ダイエットしなさいと要求しているようなものではないでしょうか。
　1750年から2005年にかけて、全世界の排出量累計の内、先進国の排出量は80％を占めています。今現在においても、先進国の人口は世界の20％しか占めていない状況であるにもかかわらず、毎年の排出量は実に55％占めています。従って、排出量の問題では、先進国と発展途上国とは全く比較できないのです。
　こうした理由によって、私たちは『国連気候変動枠組条約』に確定された「それぞれ共通に有しているが差異のある責任」という原則を、非常に重要視しています。一言で言えば、これは公平及び平等発展における権利に関わることではないでしょうか。
　5日後、コペンハーゲン会議が開催されます。これは、各国の協力で気候変動に対応することにおいて、一つの指標となる会議です。国際社会はこの会議の成果に大きな希望を託しています。中国は、コペンハーゲン会議の成功を確実なものとする為に、次の3つの面できちんとやり遂げなければならないと思っております。

First, developed countries should undertake substantial emission reduction targets for the second commitment period under the Kyoto Protocol. Developed countries that have not ratified the Kyoto Protocol should commit to comparable reduction targets.

Second, effective mechanisms should be set up to ensure that developed countries provide financial and technological support to developing countries.

Third, developing countries that receive financial and technological support from developed countries should also adopt appropriate mitigation measures according to their national conditions within the framework of sustainable development.

Chinese Premier Wen Jiabao will attend the conference. China is willing to play a constructive role in bringing the negotiations to a successful conclusion. We look forward to close cooperation with the UK and the rest of the world in this process.

All in all, climate change is a global challenge, which can only be resolved through global cooperation. As a mother, I do hope that my daughter and the future generations will breathe clean air and live in a good environment. So countries should work together as partners to make sure that our children inherit a better world.

Thank you.

一是要确定发达国家在《京都议定书》第二承诺期里应该承担的大幅减排指标，并确保未批准《京都议定书》的发达国家承担与其他发达国家具有可比性的减排承诺。

二是要作出有效机制安排，确保发达国家向发展中国家提供资金、技术方面的支持和帮助。

三是发展中国家在得到资金、技术支持的情况下，在可持续发展的框架下，根据各自国情采取适当的减缓措施。

中国总理温家宝将出席哥本哈根会议。中方愿意发挥建设性作用，推动会议取得成功。在这个进程中，我们期待着与英国和世界其他国家密切合作。

归根到底，气候变化是一个全球性挑战，只有通过全球合作才能解决。作为一位母亲，我希望我的女儿和子孙后代能呼吸新鲜空气，能在一个良好的环境中生活。让我们共同努力，确保我们的子孙生活在一个更加美好的世界。

谢谢大家。

その１、先進国が『京都議定書』第二約束期間において担うべき大幅排出削減数値目標を確定しなければならず、且つ『京都議定書』に批准していない先進国の担う削減目標が他の先進国との同レベルの目標を持つことを確保しなければなりません。

　その２、効果的なメカニズムを創り、先進国の発展途上国への資金提供、技術方面の支援を確保しなければなりません。

　その３、資金や技術支援を受ける発展途上国も、持続可能な発展の枠組みの下で、各国の国情に基づき、適当な軽減措置を採択しなければならない。

　中国の温家宝首相は、コペンハーゲン会議に出席する予定です。中国は、建設的な役割を果たし、会議の成功のために努力いたします。そのために、私たちはイギリス及び他の国々の緊密な協力を期待致しております。

　結局のところ、気候変動は、グローバルな問題であり、グローバルな協力によってのみ、問題が解決出来るのです。私は１人の母親として自分の娘そして将来の代までの人々が新鮮な空気を吸い、良い環境の中で生活できるよう、切に願っております。私たちが、子々孫々まで美しい世界での生活を確保できるよう、共に努力していこうではありませんか。

　ご清聴、ありがとうございました。

より深く中国への理解を
英語連盟での講演

2009年12月10日　ロンドンにて

Understanding China
Speech at the English-Speaking Union
London, 10 December 2009

更好地了解中国
在英语联盟的演讲
伦敦，2009年12月10日

The English-Speaking Union (ESU) is an international charity founded in 1918 to promote global understanding and friendship, through the shared use of the English language. Sir Winston Churchill, one of the first Chairmen of the ESU, with his own masterly command of the English language, left his mark in history both as a journalist and later, as a politician.

英语联盟是成立于1918年的国际慈善机构，旨在通过共同使用英语语言以促进全球理解和友谊。温斯顿·丘吉尔爵士曾担任早期英语联盟主席，他本人的英语语言能力炉火纯青，并作为一名优秀的记者和伟大的政治家名垂史册。

英語連盟は、1918年に設立された国際的な慈善団体である。その趣旨は、英語を共通言語として使用することを通じて、グローバルな理解と友情を促進することにある。サー・ウィンストン・チャーチルはかつて英語連盟の初代会長を務めた。彼は英語が堪能であり、且つ優れたジャーナリストであり偉大な政治家として、その名が歴史に記されている。

Lord Hunt[1],

Ladies and Gentlemen,

It is a great honour for me to be invited to speak at the Churchill Lecture[2]. And it is a special honour to have Lady Soames[3] with us in the audience.

Sir Winston Churchill was a man of many great accomplishments. The fact that he was one of the first Chairmen of the ESU is a clear indication of his commitment to promoting peace and understanding across the world through the use of the English language.

When I was a student in the UK 24 years ago, I bought a copy of his autobiography when visiting Chartwell House. Buying books was a luxury for me at that time and I valued it so much that I literally read it from cover to cover.

I was deeply struck by Sir Winston Churchill's devotion to learning. When he was still a backbencher, he had already distinguished himself as a bright young man in the Commons. He explained that no one can be bright without learning and disclosed how he devoted hours and even days to finding the background facts from bookshelves in the corridors of Westminster, before asking every two-minute question.

1. Lord David Hunt, Chairman of the ESU 戴维·亨特勋爵，英语联盟主席

2. The ESU celebrates the anniversary of Sir Winston Churchill's birthday with a suitable event, which has taken the form of an annual lecture since 1974. 自1974年起，英语联盟每年举办一场演说，庆祝温斯顿·丘吉尔爵士诞辰纪念。

3. Lady Mary Soames, the youngest daughter of Winston Churchill 玛丽·索姆斯女男爵，丘吉尔最小的女儿

亨特勋爵[1]，女士们、先生们：

很高兴应英语联盟之邀在丘吉尔讲座发表演讲[2]，索姆斯女男爵[3]的光临令我深感荣幸。

丘吉尔爵士一生成就斐然，曾担任早期英语联盟的主席，足见他致力于通过英语促进和平、增进了解的决心。

24年前我在英国留学的时候，曾到查特韦尔的丘吉尔故居参观，在那儿买到了一本丘吉尔自传。当时对我来说，买课外书是一件很奢侈的事，因此倍加珍惜，把那本书一字不漏地从头读到尾。

丘吉尔爵士勤奋好学的精神深深感染了我。当他还是后座议员时，这位聪明的年轻人已经在下议院中脱颖而出。他在自传中讲到，没有勤奋就不可能有聪明。例如，每次在议会进行两分钟的发言提问之前，他都会花上几个小时甚至几天的时间在议会大厦走廊的图书架上查阅大量资料，研究议题背景，进行认真准备。

ハント卿[1]

皆様

　英語連盟のお招きを戴き、チャーチル講座で講演[2]をさせて戴くことを嬉しく思いつつ、ソームズ女男爵[3]のご臨席を賜り大変光栄に存じます。

　チャーチル卿の生涯における業績は大変優れたものです。彼が、かつて英語連盟の初代会長として、英語を通じて世界の平和と理解の促進のためにご尽力され、その献身ぶりは明らかです。

　24年前、私はイギリス留学中に、チャートウェル・ハウスのチャーチルの旧居を見学した時に、その場所でチャーチルの自伝を1冊買いました。当時、私にとって専門外の書物を購入することは、大変贅沢なことでした。そのため、この本をこよなく大事にし、文字通り最初から最後まで1文字も見落とさずに熟読致しました。

　チャーチル卿の学問への熱情は、私に深い影響を与えています。まだ平議員の時代に、聡明な青年であった彼は既に下院でその才能が現れていました。彼の自伝に、勤勉でなければ聡明であり得ないと書いています。たとえば、議会でたった2分間の質疑のために、彼はいつも数時間或は数日間を費やし、議会ロビーの廊下の本棚から大量の資料を閲覧し、議題に関する背景を調べるなど綿密な準備を行うのです。

---

1. デヴィッド・ハント卿。英語連盟主席。
2. 1974年以降、英語連盟は年に一度の講演会を開催することによってウィンストン・チャーチル卿の生誕記念を祝している。
3. メアリー・ソームズ女男爵。チャーチルの末娘である。

This inspired me greatly, especially as my studies got harder. To this day, I still work very hard on every speech and interview I do, including this one, and I thank the English-Speaking Union for giving me a unique opportunity to attend a training course in Oxford for speaking and debating skills during my studies in the UK in the 1980s. I hope the training worked for me, but if you judge me to be a poor speaker today, at least you know where some of the blame lies. (Laughter)

Today, I have titled my speech "Understanding China."

According to Global Language Monitor, an American research body, on its list of the Top News Stories of the Decade, the rise of China came first, well ahead of even 9/11 and the war in Iraq.

But I think 2009 will probably be remembered in our history as the year when China starts to play a major role in the world. Here in London, one could clearly sense China's emergence onto the centre stage of the world. During the G20 London Summit held last April, for example, the close cooperation between China, the US, the UK and other countries shows that China has joined the handling of major global issues.

这对我很有启发，尤其是当我在学习中遇到困难的时候。直到今天，我对自己做的每一场演讲和接受的每一次采访都精心准备，当然也包括今天这场演讲。我上世纪80年代留学英国时，曾参加过英语联盟在牛津大学举办的演讲和辩论技巧培训班，我要借此机会表示感谢。今天是检验培训效果的好机会，如果我讲得不好，也有英语联盟的责任吧。(笑声)

我演讲的主题是：更好地了解中国。

根据美国一家研究机构——全球语言监控机构的统计，过去十年最热门的新闻中，"中国崛起"占据榜首，甚至大大超过"9·11事件"和"伊拉克战争"。

我想2009年很可能将被作为中国发挥世界大国作用的转折之年而载入史册。在伦敦，人们能清楚地感受到，中国正在走上世界的中心舞台。例如在今年4月举行的G20伦敦金融峰会上，中国与美国、英国和其他国家密切合作，这显示出中国已经开始参与处理全球重大事务。

これに、私は大いなる啓発を得ました。特に学習の過程で難題にぶつかった時にそうでした。現在に至っても、私は、毎回の講演やその都度に受けるインタビューに応じるために、いつも心を込めて細かい準備を行います。当然、本日の講演もそうです。1980年代に、私はイギリスに留学を致しました。その期間に、英語連盟がオックスフォード大学で開催した講演及び弁論の技術養成コースに参加しました。その貴重な機会を与えて下さった英語連盟に、この場をお借りして感謝しなければなりません。本日は、その養成コースの効果をチェックする良いチャンスかもしれません。しかし、もしも私のこの講演がうまく行かなかったとしたら、これは英語連盟にも責任があるのではないでしょうか。(笑)

　本日の演題は、「より深く中国への理解を」と致したいと思います。

　アメリカの調査機関であるグローバル・ランゲージ・モニターの統計によれば、過去10年間、最も注目されたニュースの中で「中国の台頭」がランキングの首位となり、「9・11事件」や「イラク戦争」よりも遥かに注目を集めています。

　しかし、私は2009年は恐らく中国が世界の大国として重要な役割を果たす転換期の年として歴史の一頁に記憶されるだろうと思っています。ここロンドンでは、中国が世界という舞台の中心に向かっていると、人々は感じていることでしょう。たとえば、今年4月に行われたG20ロンドン・サミットに見られる中国、アメリカ、イギリスと他の国々との緊密的な協力によって、中国が既にグローバルな重大な諸問題に参与していることを示したからです。

美国总统奥巴马不久前访华时谈到，中国在全球事务中发挥更大的作用是过去20年最重大的事件之一。他说，美国对此表示欢迎，并期待成为中国有效的伙伴。

然而，西方世界的很多人仍然觉得了解中国是件很难的事。而中国也有民众对西方到底用意如何心存疑虑。

那么，中国到底是一个什么样的国家呢？其实很难用一句话来回答。中国太大了，太多样化了，变化太快了，因而很难简单概括。在我看来，今天的中国，究其实质，是一个具有多重性特征的大国。

下面请允许我具体介绍一下：

第一，中国是一个在过去30年中实现高速发展的国家。

1986年，中国GDP是1万亿元（约合1000亿英镑），到2008年则增长到30万亿元（约合3万亿英镑），23年的时间里增长了30倍，成为世界第三大经济体。

2008年，中国一天创造的经济价值超过1952年一年的总量。中国利用快速增加的财富使2.5亿人在过去30年里摆脱了贫困。

During his recent visit to China, President Obama referred to China's larger role in global affairs as one of the most important developments over the last two decades. He welcomed it and said that the US looked forward to being an effective partner with China.

However, many people in the West still find it difficult to understand China. And there is also wariness on the part of the Chinese people about the West's intention on China.

So how can one define China? I'm afraid it defies a simple answer. China is too big, too diverse and too fast-changing to be characterised easily. I would say that China is a multi-faceted major country.

Let me explain what I mean.

First of all, China is a country that has enjoyed fast growth over the past 30 years.

In 1986, China's GDP was RMB one trillion—that was about 100 billion pounds. In 2008, it grew to RMB 30 trillion or three trillion pounds. This means that in a span of 23 years, the Chinese economy had grown 30 times into the third largest economy in the world.

The national wealth created in one day in 2008 was larger than the total annual output of 1952, and with the newly gained wealth, China has lifted 250 million people out of poverty over the past 30 years.

アメリカのオバマ大統領は、最近中国を訪問した際、中国がグローバルな問題で、益々大きな役割を果たしていることは、過去20年で最も重大な出来事の一つであると話されました。彼は、このことをアメリカとして歓迎し、中国が有効なパートナーとなることを期待していると述べられました。

　しかし、西欧世界の多くの人々は、相変わらず、中国への理解は大変難しいと思っています。逆に、中国にも西欧は一体どのような意図を抱いているだろうかと憂慮している人がいます。

　では、中国はそもそもどのような国なのでしょうか。これは実のところ、一言では答え切れないのです。なぜなら、中国は、国土があまりに広すぎ、いろいろ違った面が多すぎ、変化が速すぎるので、簡単に纏めることがすぐには出来ないからです。私からすれば、今日の中国は、その本質を考えてみると、多重性という特徴を有する大国であると考えています。

　これについて、具体的に次のようにご紹介させて戴きたいと思います。

　第1に、中国は過去30年間に、急速な発展が実現した国です。

　1986年、中国のGDPは1万億元（約1000億イギリスポンド相当）でした。2008年に至り、30万億元（約3万億イギリスポンド相当）までに増加しました。つまり、23年間に30倍に増加したことにより、世界の第3の経済国となったわけです。

　2008年、中国が1日で創った経済価値は1952年の年間の総量を超えていました。中国は急速な富の増加で、2.5億人の人々が過去30年の間に、貧困を脱したのです。

因此，当我看到联合国关于消除饥饿的报告时，不禁为中国取得的成就而感到自豪，中国用占世界仅 7% 的可耕地，养活了占世界 20% 的人口。

当然，中国缺乏在世界舞台上操作的历史经验，我们仍然在学习和适应自己新的全球角色，而且我们仍然需要将大部分精力投入到处理国内事务上。

这引出了我要说的第二点：中国仍然是一个发展中国家。对中国存在的弱点和挑战，我们中国人自己看得最清楚。

大家很容易忽略的是，中国人均 GDP 刚达到 3000 美元多一点，居世界第 104 位，而英国的人均 GDP 是中国的十多倍。各位是否还记得英国历史上哪一年处于中国现在的收入水平？根据英国经济学家安格斯·麦迪逊的测算，那要追溯到 1913 年。

中国仍处在世界产业链的低端，大多数"中国制造"的产品其实是"与世界共造"，其中很多设计和关键部件往往依赖进口。中国也许要出口一个集装箱的鞋袜，才能买来一个小小的电脑芯片。

So when I read a UN report on hunger, I did feel proud for what China had achieved—feeding 20% of the world's population with only 7% of the world's arable land.

Naturally, China is still learning and adjusting to its new global role, as it lacks the historical experience of operating on the global stage, and it is also still very much preoccupied with domestic issues.

That leads to my second point: China is still a developing country. We in China are more conscious of our weaknesses and the challenges facing our country.

People tend to forget that China's GDP in per capita terms is only a little more than 3,000 dollars, ranking us as 104th in the world. Here in the UK, with a GDP per capita more than a dozen times that of China, I wonder if you remember when the United Kingdom was at China's income level today. According to the British economist Angus Maddison, it was as far back as 1913.

China's manufacturing sector is still at the lower end of the world's value chain, and most of the "Made in China" products are made with the world, as the design and key parts are often imported. We may have to export a container full of shoes and socks to pay for a tiny computer chip.

それゆえに、私が国連の飢餓撲滅に関する報告書を目にした時に、中国の成し遂げた業績を誇りに思わずにはいられませんでした。なぜなら、中国は世界の耕地面積の僅か7％の耕地で、世界の20％の人口を養い得たからです。

　勿論、中国は、世界という舞台で歴史的経験が不足しており、グローバル社会における自身の新しい役割を学び、その役割に適応しようとしています。しかし、我々は今まだ精力の大部分を国内の諸問題の処理に投入しなければならないのです。

　このことは、私の第2点に重なりますが、中国は未だに発展途上国なのです。中国に存在している弱点と課題については、私たち中国人自身が一番よく分かっているのです。

　恐らく皆さんが見落としがちな点は、中国の1人当たりのGDPは3000米ドルちょっとに達したばかりで、世界の104番目にあたるのですが、一方イギリス1人当たりのGDPは中国の10数倍余りとなっています。皆さんのご記憶にあるかどうか分かりませんが、イギリスの歴史の中で、イギリスがいつの時点で中国の現在の収入水準になったのかをご存知でしょうか。イギリス経済学者のアンガス・マディソン氏の推算によると、それは1913年まで遡るのです。

　中国の製造業は、依然として世界のバリューチェーンの最低辺にあります。大多数の「メイド・イン・チャイナ」の商品は、実は「メイド・イン・ワールド」の製品なのです。それらの多くの設計や肝心の部品は、往々にして輸入に頼っているのです。恐らくコンピューターの小さなチップを1枚購入する為には、コンテナ1個分の靴下と靴を輸出しなければならないでしょう。

China also faces the serious challenge of uneven development. Many foreign visitors visit Beijing and Shanghai and think they have seen China. But those who have visited China's far west will see it very differently.

China is still in the early stage of industrialisation and urbanisation, with 53.4% of its people living in the rural areas. You may be surprised to know that 135 million Chinese people live on less than one dollar a day.

We can't be conceited about what we have achieved. This is why Chinese leaders often say that we need to be aware of the difficulties and risks, even when we are enjoying stability and prosperity.

That is not to say that China should ignore the growing expectations in the world for China to take on global responsibilities.

So my third point is about China learning to undertake new international responsibilities. As the Chinese President Hu Jintao remarked, China's destiny has never been so closely linked with the destiny of the world.

One of the reasons why the rise of China is such a hot topic is that many people, especially scholars, can't be certain how China is going to wield its influence once it becomes a new world power and whether China, too, will follow the old path of military expansion like the powers previously.

中国发展不平衡的问题也相当突出。许多外国游客看到北京和上海，以为那就是中国，但若去中国遥远的西部地区看看，肯定会有截然不同的观感。

中国还处在工业化、城镇化的早期，53.4% 的人口是农民。有 1.35 亿人每天生活费不足 1 美元。

我们不能因为所取得的成就而骄傲自满，这也正是为什么中国领导人常说，要有忧患意识，居安思危。

当然，这并不意味着我们会无视世界对中国承担全球责任日益提高的期待。

因此，我想说的第三点是，中国正在学习承担新的国际责任。正如中国国家主席胡锦涛所说，中国的前途命运与世界的前途命运前所未有地紧密联系在一起。

"中国崛起"之所以成为热门话题，原因之一是许多人——特别是学者——不确定中国强大后将如何运用自身实力，中国能否摆脱国强必霸的窠臼。

中国の発展におけるアンバランスの問題も非常に顕著です。外国から来られた多くの観光客が北京と上海を訪れると、これが中国だと思ってしまいがちです。しかし、中国のはるか西部の辺地をご覧くだされば、全く違う感想を抱かれるに違いないと思います。

　中国はまだまだ工業化・都市化の初期段階で、総人口の53.4％は農民であり、1億3千500万の人々は1日の生活費が1米ドルにも満たないのです。

　私たちは、現在成し遂げられた実績があるからといって、それに満足できるわけではなく、中国の指導者が常に述べているように、常に危機意識を持ち、平和な時も困難や危機に備えなければなりません。

　勿論、これは、国際社会が中国に対しますます期待しているグローバルな責任を無視すべきことを意味しません。

　従って、私が申し上げたい第3点は、中国は今、新しい国際的責任を負うことを学習している最中だということです。胡錦濤国家主席が言うように、中国の前途・運命が世界の前途・運命と、かつてない程の緊密な関係となっているからです。

　「中国の台頭」がホット話題となった、その原因の1つは、多くの人々、特に学者たちが中国が新しい強大国になった後、自身の実力をどう生かしていくのか、また中国が「強国は必ず制覇する」というような殻から抜けられるかどうか見極めることが難しいからでしょう。

As a matter of fact, China as an economic power is nothing new to the world. It was the most important economic powerhouse for hundreds of years before the 18th century, once accounting for more than half of the world's economy. However, expansionism was not in China's cultural genes. Dynasty after dynasty, we Chinese built up the Great Wall for defence.

Coming into the 21st century, China has gained economic growth mainly through active trading with the world in a time of peace.

Today, we live in a globalised world with an unprecedented degree of interdependence among countries and convergence of their interests. That is why China has made peace, development and cooperation the theme of its foreign relations.

Secretary Hillary Clinton, when visiting China, captured this spirit of the times with a Chinese idiom, "riding out the storm in the same boat." It captures China's relationship with the United States, Europe and other parts of the world amidst the financial crisis.

In 1992, when I was serving with a UN peacekeeping mission, I was always asked, "Are you from the Republic of Korea or the Philippines?" Now, 14,000 peacekeepers later, China is the largest troop contributing country to UN peacekeeping missions worldwide among the P5[4].

事实上，中国作为经济大国对世界并不是什么新鲜事。在18世纪以前的几个世纪里，中国一直是世界上经济最强盛的国家，经济总量一度占世界一半以上。但是，中华文明没有谋霸的基因，只是一个朝代接一个朝代地修筑防御性的长城。

进入21世纪，中国通过对外积极贸易获得经济发展，并且得益于相对和平的国际环境。

在当今全球化的世界里，各国的利益高度融合，相互联系和依存日益紧密。因此，中国确定的对外关系的基调是追求和平、发展与合作。

美国国务卿希拉里访问中国的时候采用了一个中国成语"同舟共济"，这个成语表现了时代的精神，准确反映了金融危机中国与美、欧以及世界其他地区关系的状态。

1992年，当我参加联合国维和行动时，总有人问我："你是韩国人还是菲律宾人？"现在，中国是联合国安理会常任理事国中参加联合国维和行动人数最多的国家，累计达1.4万人次。

実のところ、経済大国としての中国については、世界にとって何も珍しいことではありません。18世紀以前の何世紀もの間、中国は世界において、ずっと経済の最強国であって、経済総量は、一時世界の半分以上占めていました。しかし、中華文明には拡張主義が全くみられず、ただ時代から時代へと、防御のために長城の修築が続いただけなのです。
　21世紀に入ってから、中国は積極的な対外貿易を通じて経済発展を成し遂げ、比較的平和な国際環境にも恵まれました。
　今現在、私たちはグローバル世界の中に生きており、各国の利益は高度に融合し、お互いの連携・依存はますます緊密となっております。従いまして、中国の確固たる対外関係の基調とは、平和への希求及び発展と協力というものです。
　アメリカのヒラリー国務長官は、中国にご訪問の際、「同舟共済」（互いに助け合う）という中国の成語を引用されました。この成語には時代的精神が現れ、金融危機に陥っている中国とアメリカ、ヨーロッパ及び世界のその他の地域との関係を的確に表現しているのではないでしょうか。
　1992年、私が国連平和維持活動に従事していた際、人によく「貴方は韓国人それともフィリピン人？」と聞かれました。中国は現在国連安全保障理事会常任理事国の中で、国連平和維持活動に従事している参加者の数が最も多い国で、累計1万4000人に達しています。

中国也为世界减贫和发展事业作出了贡献，中非关系就是很好的例证。温家宝总理在最近召开的中非合作论坛部长级会议上提出了推进中非合作的新八项举措，除了为非洲国家提供优惠贷款、免除最不发达国家债务外，还将在非洲新建学校、培训师资、增加对非奖学金名额。中英两国也在探讨就一些非洲项目开展合作的可能性。

中国与世界的关系仍在演变之中。扩大中国和外部世界的相互了解，对增进彼此理解与合作至关重要。

中国人热情地拥抱世界，学习英语热方兴未艾，每年新增英语学习者超过两千万。北京奥运会是一个重要的推动器，奥运前后，家庭主妇、出租车司机都在努力学习英语。

事实上，语言障碍可以成为影响理解的重要因素。我可以举一个例子。中国有句成语叫"韬光养晦"，意思是不锋芒毕露，保持低姿态，这是中国人推崇的做人方式。

China has also contributed to global poverty reduction and development efforts. China-Africa relationship is a good case in point. Premier Wen Jiabao announced at the recent Ministerial Conference of the Forum for China-Africa Cooperation eight new measures to further China-Africa cooperation, including concessional loans, debt alleviation for LDCs[5], building new schools, training teachers, and increasing the number of scholarships for Africa. China and the UK are also exploring possibilities of working together on some projects in Africa.

China's relationship with the world is still evolving. Greater mutual knowledge between China and the world outside is essential to greater understanding and cooperation.

China is embracing the world with enthusiasm, and learning English has become very popular, with 20 million more people starting learning English every year. The Olympics was a great motivator, attracting even housewives and taxi-drivers as students of the language.

Indeed, the language barrier can be a big obstacle towards understanding. To give you an example, there is a proverb in China called "*taoguang yanghui*," which means to stay away from the limelight and keep a low profile. This is an ideal way of being in Chinese philosophy.

4. The five permanent members of the UN Security Council
5. Least-developed countries

中国は、世界における貧困減少及び発展事業のためにも貢献しました。中国とアフリカとの関係がその良い例です。温家宝首相は、最近開催された中国・アフリカ協力フォーラム閣僚会議で、中国とアフリカとの協力を推進するため、新しい8項目措置を打ち出しました。この措置は、アフリカの国々に借款の優遇、最低発展途上国に債務の免除を提供する以外に、アフリカで学校を新しく建設すること、教師の養成そして奨学金の定員の増員を含めております。中英両国も、アフリカに関するプロジェクトについて協力の可能性を探っているところです。

　中国と世界との関係は今なお進化しております。中国と外部世界との知識を深めて行くことは、お互いの理解や協力関係を増進するために極めて重要なことです。

　中国の人々は世界を情熱的に歓迎しており、英語の学習熱は、ますます盛んになっています。毎年、英語の学習者数は2000万人を超えています。北京オリンピックはその重要な推進力となりました。オリンピック開催の前後、家庭の主婦やタクシー運転手たちは皆、英語を一生懸命に勉強していました。

　確かに、言語の壁は相互理解へ大きな影響を及ぼします。1つ例を挙げてみますと、中国には「韜光養晦」(才能を隠して外に現さない)という成語がありますが、「能ある鷹は爪を隠す」、控えめを旨とするの意で、これこそが、中国人が非常に高く評価している人格のあり方です。

The turn of the 1980s and 1990s was a time of great changes in the world and China was in real danger of being dragged into a confounding debate about the rights and wrongs of the Cold War. By quoting this ancient proverb as an important philosophy of China's diplomacy, Mr. Deng Xiaoping merely wanted to emphasise that we should focus on our own economic development instead of being distracted. This is still a guiding principle for China's diplomacy, and top Chinese diplomats have already publicly elaborated on the matter.

But an American scholar translated it for the Pentagon as "biting the teeth and waiting till the time comes." One doesn't need much imagination to see how this can fuel the "China Threat."

Many misunderstandings of China are, to some extent, results of miscommunication. When President Obama was visiting China, some media ignored the dynamic online and media discussions in China about China's relations with the US and the world.

In China, there are over 2,000 newspapers and more than 9,000 magazines, along with the 230,000 book titles which are published every year. There are 360 million Internet users, including 180 million bloggers. So there is very lively public and media expression of views, sometimes positive and sometimes critical, on almost everything.

上世纪八九十年代之间，世界大变革之际，中国有陷入围绕冷战的是是非非争论中的危险，邓小平借用这句古语"韬光养晦"作为中国重要的外交思想，意在强调我们应当心无旁骛地集中精力发展自己。直到今天，这仍然是中国外交的重要指导方针。中国外交界的领导就此进行过公开阐述。

但一位美国学者将这句话翻译成"咬紧牙关、等待时机"，不难想象这如何为"中国威胁论"推波助澜。

很多关于中国的误解在某种程度上都因交流不畅造成。奥巴马总统访华时，国际媒体就忽略了中国人自己在网络和媒体上关于中美关系、关于中国与世界关系的热烈讨论。

中国现在有2000多种报纸、9000多种杂志，每年出版新书23万种。中国还有互联网用户3.6亿人，博客用户1.8亿人。在中国，公众和舆论界言论活跃，对几乎每件事情都发表看法，其中既有很多积极肯定的观点，也有不少批评的意见。

1980年代から1990年代への折り返しは、世界が大変革の時期でした。中国は冷戦についての善悪の区別が出来ない論争に引きずり込まれそうな危険の中にありました。まさにその時、鄧小平は「韜光養晦」という格言を借りて、これを中国の重要な外交思想とし、我々は外の影響を受けずに、自己の経済発展に集中すべきであることを強調したのです。今日に至るまで、これはずっと中国外交における重要な指導方針であります。これについて、中国の外交関係の指導者は、公開の場で詳細に述べたことがあります。

　しかし、あるアメリカ人の学者はこの言葉を「歯を食いしばって、時期を待つ」と翻訳してしまいました。これが「中国脅威論」にどれほど火を注ぐことになったかは想像に難くないでしょう。

　数多くの中国に対する誤解は、その原因の多くが、交流がきしんでいることによるものです。オバマ大統領が訪中していた際、国際メディアの多くは、中国の人々がネット上やメディア上で、中米関係や中国と世界との関係についての熱い討論を繰り広げていたことを見落としていました。

　中国には現在、2000余りの新聞と9000余りの雑誌があり、毎年出版される新書は23万あります。また、ネットのユーザーは3億6千万人で、その中のブログのユーザーは1億8千万人います。したがって、中国では、大衆や世論の言論は活発であり、ほとんどの出来事に関して、いつも様々な見方が見られます。その中には、積極的に肯定している観点が多いのですが、批判的な意見も少なくないのです。

但外部世界很少有人能够跟上这股快速发展的信息流。

在中西方信息交流中，中国读到的关于西方的信息一向要远远多于西方读到的关于中国的信息。中国早在上世纪初叶就开始大量翻译介绍西方的文学和科学书籍，现在力度更大，翻译作品有着广泛的阅读群体。

一个中国学生要考大学，就不可能不了解一些英国文学和工业革命的历史。而且随着越来越多的中国人能阅读英语，在北京、上海的书店里能看到整架整架的英文原版书籍。

但这种交流并不平衡，在西方，甚至学校和图书馆都很少见到关于现代中国的书籍，更不要说在书店里了。

随着时间的推移，老一代翻译家渐渐淡出历史舞台。翻译了中国古典名著《红楼梦》的牛津大学汉学家霍克思先生在今年夏天离世。春天我到他家里拜访时可以感受到先生的寂寥，他的译作在英国社会鲜有人知。

在中国，曾将不少中国名著和诗歌翻译成英文的著名翻译家杨宪益先生前不久也与世长辞。

But very few people outside China can follow this vast amount of information that changes so fast.

Between China and the Western world, China is always more informed about the West than vice versa. Since the early 1900s, many Western literature and science works have been translated into Chinese, now even more than ever. These translations have a large following in China.

It is impossible for a Chinese student to enter university without knowing some British literature and the history of industrialisation. As more and more Chinese can read English, you can now find shelves after shelves of original books in English in the bookshops of cities like Beijing and Shanghai.

However there is not much of a balanced exchange to speak of, as you can find very few books about modern China even in libraries of schools and universities here, let alone in the bookshops.

As time goes on, we are seeing an older generation of language experts fading away. David Hawkes, a Sinologist at Oxford, who translated the ancient Chinese classic *The Story of the Stone*, passed away last summer. When I visited him at his home last spring, I could not help feeling his loneliness. His great work is little, if at all, known here.

On the Chinese side, the famous Chinese translator who turned many Chinese classics and poems into English, Mr. Yang Xianyi, has also passed away recently.

しかし、外部世界のほとんどの人々は、このように急速に発展している情報フローについて行くことができないのです。

中国と西欧との情報は、西欧で目にする中国に関する情報量より、中国で目にする西欧に関する情報量の方が遥かに多いのです。中国では、早くも20世紀初頭から西欧の文学作品や科学についての書籍などを大量に翻訳、紹介していました。現在は更に盛んになっております。これらの翻訳作品は中国において広範な愛読者を擁しております。

大学の入学試験を受験しようとする中国の学生にとっては、イギリスのいくつかの文学作品や産業革命の歴史を知らなければ受かりません。多くの中国人が英語の本を読むことが出来るようになるに伴い、北京や上海の書店の棚という棚には、英文の原書がずらりと並んでいるのをよく見かけます。

けれども、このような交流はやはりアンバランスな状態ではないでしょうか。西欧では、学校や図書館ですら、現代中国に関する書籍がなかなか見つけられませんし、町の書店に至ってはなおさらのことです。

時間の経過と共に、年配の翻訳者たちの世代は、次第に歴史の舞台から去って行きました。中国の古典の名著『紅楼夢』を翻訳された、オックスフォード大学の漢学者であるデヴィッド・ホークス先生が今年の夏、ご逝去されました。今春、私が先生のお宅を訪ねた際、先生から寂しさを感じざるを得ませんでした。残念ながら、彼の翻訳書は、イギリスの社会ではあまり知られていません。

中国では、過去に多くの中国の名著や詩歌を英文に翻訳された著名な翻訳者の楊憲益先生も、最近この世を去られました。

我们亟须培养新一代像霍克思先生、杨宪益先生那样的中译英翻译大家。

中国已经向世界伸出了手，目前在包括英国在内的 87 个国家建立了 282 个孔子学院和 241 个孔子课堂。我们高兴地看到，世界握住了中国伸出来的手。

在英国，越来越多的学校开设中文课程。在中国有 3000 名英国留学生，在英国则有 8 万名中国留学生，我希望他们能建立起更多沟通的桥梁。

奥巴马总统在上海访问时宣布，今后四年，美国派往中国的留学生将增加到 10 万人，我也希望有更多的英国留学生到中国去。

在结束之前，我要说，英语联盟多年来帮助中国开展英语教学，我们对此深表赞赏。你们过去几十年的努力成果丰硕，为增进中国和世界的沟通作了很大贡献。

现在世界需要更好地了解中国。我希望英语联盟在新时期发挥更大的作用，成为中英伙伴关系、中国与世界交流不可或缺的桥梁。

谢谢大家！

We now urgently need a new generation of Chinese-English translators who can match up to the calibre of these two great men.

China has reached out to the world. There are now 282 Confucius Institutes and 241 Confucius Classrooms set up in 87 countries, including the UK. And we are glad that the world is taking China's hand.

Here in the UK, more and more schools are taking up Chinese language teaching. There are about 3,000 British students studying in China and 80,000 Chinese students in the UK. I hope they can build more bridges of exchange.

President Obama announced in Shanghai that 100,000 American students will go to study in China in the next four years. We are also looking forward to more British students in China.

Before concluding, I want to say that we appreciate the ESU's decades-long devotion to helping the learning of English in China. What you have accomplished over the decades is bearing fruit, and you can take some credit for China's engagement with the world today.

Now, as the world needs to know China better, I would like to see the ESU play an even bigger role in this new era as an indispensable bridge for the partnership between China and the UK, and between China and the world.

Thank you.

私たちは、緊急に新たな世代から、ホークス先生や楊憲益先生のような大家の後継者を育成しなければなりません。

　中国は既に世界へ手を差し伸べているのです。目下、イギリスも含めて、87カ国で282校の孔子学院と241校の孔子学堂が設立されました。とても悦ぶべきことは、世界がこの中国からの手を受け止め握って下さっていることです。

　イギリスでは、ますます多くの学校が中国語科目を設けています。中国には3000人のイギリスの留学生がいる一方、イギリスには、8万人の中国の留学生がおります。私は彼らがより深く交流していく為の架け橋の役割を果たしてくれることを願っております。

　オバマ大統領は上海ご訪問の際、今後の4年間で、アメリカから中国へ派遣する留学生を10万人に増やすと発表されました。私も、より多くのイギリスの留学生が中国にこられることを希望致しております。

　最後に、私は申し上げなければなりません。英語連盟が長年、中国における英語教育事業の発展に多大の貢献をされたことに対して、心より感謝・賞賛の意を表したいと思います。貴連盟は過去数10年にわたるご努力によって多大な成果を収められ、中国と世界の交流のために大変な貢献をされました。

　今現在、世界は中国へのより深い理解が必要だと思います。私は、英語連盟が、この新しい時代において更なる大きな役割を果たし、中国とイギリスとのパートナー関係及び中国と世界との交流のために重要な架け橋となりますよう心から願っております。

　ご清聴、ありがとうございました。

The ESU awarded Fu Ying the Churchill Medal of Honour after her speech to acknowledge her contribution. 英语联盟为了感谢傅莹的贡献，在演讲之后向她授予了丘吉尔荣誉勋章。

英語連盟は傅瑩大使の貢献に感謝の意を表するため、講演後、「チャーチル栄誉勲章」を彼女に授与した。

ロンドンとの別れ
離任レセプションでの講演

2010年1月26日 ロンドンにて

Farewell to London
Speech at the Farewell Reception
London, 26 January 2010

道别伦敦
离任招待会演讲
伦敦，2010年1月26日

伊万[1]，各位阁下，各位上院议员，女士们、先生们：

感谢各位出席今晚的招待会，此刻我百感交集。

20世纪20年代时任中国驻英国公使的顾维钧，是我非常敬仰的一位外交家。曾经有人问他中国人最残酷的一句话是什么，他说："天下没有不散的筵席。"

对我而言，离任就像是席末杯中的那最后一口酒，暖意犹存，甘醇中却已经有了些许的苦涩。

作为外交官，又是蒙古族人，我是个天生的游牧者，似乎一生都不断地在履新和离别之间徘徊——在布加勒斯特、金边、雅加达、马尼拉和堪培拉，都有过美好的岁月，而每次告别都依依不舍。现在即将离开伦敦、告别英国，心里更充满了难舍的眷恋。

我会怀念在这里结交的许多好朋友和共事的同伴们，正是在他们的支持和帮助下，我才得以更好地了解英国和英国人民。

Ivan[1],
Your Excellencies,
My Lords,
Ladies and Gentlemen,

Thank you for coming this evening; this is a bitter sweet occasion for me.

In the 1920s, the Chinese envoy to the UK was Vi Kyuin Wellington Koo, a great diplomat whom I highly admire. When he was asked what he thought was the cruelest Chinese saying, he quoted a proverb, "However grand the feast, it always has to end."

Leaving London for me is like savouring the last sip of wine at the end of a party, still warm, but already tempered with a little sadness.

As a Chinese diplomat and someone who is ethnically Mongolian, I am a natural nomad. My career took me to many places across the world—Bucharest, Phnom Penh, Jakarta, Manila, and Canberra. Arrivals and departures are the constants of my life and in between there are so many wonderful memories. Leaving is always difficult, but leaving here seems even more so.

I will miss the many friends I have met here and colleagues I have worked with in the UK, who have supported me and helped me to understand this country and its people.

---

1. Ivan Lewis, then British Minister of State for Foreign and Commonwealth Affairs　伊万·刘易斯，时任英国外交国务大臣

イワン[1]閣下
閣下の方々並びに
上院議員の方々、皆様

　皆様には今宵のレセプションにお越し戴き、心より厚くお礼を申し上げます。この日を迎えて、私はただただ感無量でございます。

　20世紀の1920年代に、イギリス駐在の中国公使であった顧維均は、私が心から尊敬している外交官の一人であります。かつて、彼が、中国人にとって最も残酷な言葉は何か、と人から聞かれた時に、「天下に終わりのない宴席は無い」ということばだとコメントしました。

　しかし、今の私からすれば、離任ということは、宴席の杯に最後残っている一口の酒のようなものであり、この一口のお酒は、ちょっぴり温かくも、甘さの中にいささかの苦みを感じさせます。

　中国の外交官として、モンゴル族の私は、生まれつきの遊牧民として、まるで生涯にわたり出会いと別れの間を絶えずさまよっていたようなものです。ブカレスト、プノンペン、ジャカルタ、マニラ、キャンベラと到着と出発が絶え間なく続く職でしたが、いずれの地でも数々の美しい歳月がありました。お別れの都度に、名残り惜しい思いがいたしました。いよいよロンドンを離れ、お別れをしなければならない今は、もっと別れ難い気持ちで一杯です。

　ここでお付き合いさせて戴いた多くの友人や同僚たちを忘れることが出来ません。彼らのご支援・ご協力があったればこそ、私はイギリスやイギリスの人々との理解をより深く得ることができたのです。

---

1. イワン・ルイス、イギリス外務大臣。

In the past three years, I have visited many towns and walked many alleys across Britain. What I feel can best be expressed by a quotation from a famous Chinese writer Wang Meng. He wrote, "Coming to London is like walking into a familiar raree show."

Life in Britain is colourful. Whether it be watching a classic play, cheering for a football team, or losing oneself into the excited crowd for the horse racing festival, it is always delightful and exciting. The British attention to details and elegance has not been lost on me.

Like in the case of many Chinese, English literature was also part of my education. Being here has given me the luxury of tracing the roots of some famous writers. The little window-side round table where Jane Austen wrote *Pride and Prejudice* is imprinted on my memory. The open moors which so inspired the Brontë sisters gave me so much room for imagination. The quiet lakeside home of William Wordsworth made me begrudge the thought of departure. These are the quintessentially British cultural charm that serves as a magnet to me and to countless Chinese tourists.

My three years in London have seen steady development of relations between our two countries. The Chinese President and Premier both visited the UK and Prime Minister Brown went to Beijing. In addition, leaders and ministers met and called each other on a regular basis. There are also increasing numbers of exchanges at the local levels.

三年来，我走访了英国许多城镇和街巷，中国著名作家王蒙曾写道："到达伦敦即到达一幅早已熟悉的画片"——我深有同感。

英国的生活丰富多彩，无论是在如同隔世的剧场里欣赏名剧，还是在足球场上加入狂热的喝彩，抑或是赛马节卷入激奋的人群，都令人愉悦和激动人心，使我感受到英国人对生活的认真和考究。

与许多中国人一样，我从小就接触到英国文学，有幸在这里追寻着名作家的足迹，简·奥斯汀临窗撰写《傲慢与偏见》的小圆桌在我脑海里留下深深的印记，勃朗特姐妹汲取灵感的荒原引发我无限的遐想，威廉·华兹华斯静谧的湖畔故居让我流连忘返。这些都使我触摸到英国的文化精华，也是吸引众多中国游客纷至沓来的英国文化魅力。

我在伦敦的三年见证了两国关系稳步进展。胡锦涛主席和温家宝总理都来过英国，布朗首相也访问了北京。两国的领导人和部长之间还经常会晤或通电话。两国地方之间的交流也日趋频繁。

過去3年、私はイギリスの多くの都市や町を訪ね回りました。中国の著名な作家の王蒙はかつてこう書いております。「ロンドンの地に一歩足を踏み入れると、まるでよく知っている絵の中に入りこんだようだ」と。私は全く同感です。

　イギリスの生活は豊かで彩りのあるものでした。世紀を隔てるように感じさせる劇場で名演を観賞するにせよ、サッカー場の熱狂の渦の中で応援・喝采を送ったことにせよ、そして、競馬祭りの興奮した群衆の中、共に歓び感動したことにせよ、何れも楽しく、わくわくするものでした。イギリス人の生活に対する真面目さと優雅さをしみじみと感じたものです。

　多くの中国人と同じように、私は幼い時代から、イギリスの文学に触れてきました。幸運にも、この地で名作をもつ作家たちの足跡を訪ねることが出来たのです。ジェーン・オースティンが『傲慢と偏見』を書いた窓際の小さな円いテーブルは、私に深い印象を与えました。ブロンテ姉妹に創作インスピレーションを与えた荒野は、私に限り無い想像を巡らせました。静かな湖畔にあるウィリアム・ワーズワースの故郷は、私が帰るのを忘れるほど魅力的でした。これらを通じて、私は、イギリスの優れた文化に触れることができました。中国の数多くの観光客を引きつけるイギリス文化の魅力でもあります。

　ロンドン滞在の3年間に、私はこの目で、両国の関係が着実に発展していることを確認することができました。胡錦濤主席と温家宝首相のお二人とも、イギリスを訪問されましたし、ブラウン首相も北京を訪問して下さいました。両国の指導者そして大臣クラスの間でも、常に会合をもたれ電話会談も行いました。両国の地方政府の交流も日増しに頻繁になりつつあります。

In the meanwhile, Chinese investment in the UK has grown almost six times. The numbers of Chinese students and tourists in the UK are increasing at a significant rate. I was told that the money spent by the Chinese shopping on Bond Street almost doubled last year. Britain maintained its position as the largest EU investor in China and the third largest EU trading partner for China.

During my summer vacation in Beijing, I went shopping for a mattress and my favourite turned out to be a time-honoured British brand.

The words "British designed" carry a lot of weight in China. Britain is so much more than a global financial centre. During my visits to the Midlands, company after company have opened my eyes to Britain's role as a leading creative and designing powerhouse in the world, which can create huge synergy if combined with China's immense manufacturing strength. Both sides need to work harder to tap this huge potential together.

Sino-British partnership is increasingly becoming underpinned by the support amongst our peoples. Friendship organisations like CBBC[2] and the 48 Group Club have created a wealth of business opportunities through bilateral exchanges, which need to be encouraged to grow further in the coming years.

2. China-Britain Business Council

三年来，中国在英国投资增长了六倍，留学生和游客人数也在快速增长。听说，去年中国游客在邦德街的购物金额几乎翻番。英国保持了欧盟对华最大投资国和第三大贸易伙伴的地位。

去年夏天在北京休假期间，我想挑选一张床垫，非常中意的那款竟然是一个古老的英国品牌。

"英国设计"这几个字在中国是相当有分量的。英国不仅仅是世界金融中心，我访问过英格兰中部地区，对该地区企业世界领先的创意和设计能力印象深刻。这与中国强大的制造能力形成了很强的互补，双方应该加强合作，开发巨大的合作潜力。

中英伙伴关系的民众基础在不断加强。英中贸易协会、48家集团俱乐部等众多民间友好团体积极推动双方交流，也创造了众多的商机，我们应该继续鼓励和加强这一良好的势头。

3年間、中国のイギリスへの投資は今までの6倍に増加しました。イギリスへの留学生と観光客数も急速に増加しています。聞くところによれば、昨年1年間で、ボンド・ストリートでの中国の観光客によるショッピング金額は2倍増となったそうです。イギリスは、EUの中で、中国に対する最大の投資国と第3の貿易パートナーの地位を保持しています。

　昨年夏、北京で休暇を過ごした折、私はマットレスを買いに行きました。選ぶためにいろいろ回っておりましたが、やっと気に入ったものがありました。思いもよらず、それはイギリスの由緒あるブランド品でした。

　「イギリス・デザイン」という標示は中国人にとって、とても重みのあるものです。イギリスは、ただ世界金融の中心だけではありません。私はイングランド中部地域を訪れたことがありますが、これらの地域の企業の世界的に先端的な創意性と設計力にとても深い印象をもちました。これが、もしも中国の強大な製造力と結び付けば、それこそ、相互の補完性を生み出すことができます。双方は協力関係を強め、その巨大な潜在力を開発すべきではないでしょうか。

　中国とイギリスとのパートナー関係における民衆の基盤は、ますます強固になりつつあります。CBBCや48グループクラブなどの多くの民間友好団体は双方の交流を積極的に推進していると共に、商業の多くのチャンスも作っているのです。私たちは引き続き、これらの良好なる関係を奨励し、強化すべきです。

2．中英貿易協会

I have also seen the interest amongst the British media and public in China grow with my own eyes. I was told by SSAT[3] at its annual conference in Birmingham that one of their ambitions is to provide every child in Britain the chance to study Mandarin if he wants to.

And the outpouring of sympathy and support to China after the earthquake in Sichuan in 2008, is without doubt, the most moving experience during my stay. Therefore, I am very optimistic about the outlook of our relations.

Having said all that—since I am with friends—I have to say, with all frankness, that the past three years have also seen more than their fair share of highs and lows in my diplomatic career. I found there is a great temptation here to judge and criticise China when we do not meet or agree with each other's preferences.

Each time problems occurred, I tried to draw inspiration from historical wisdom and worked with my British colleagues to find a way out of disagreements through candid discussions in the greater interests of our bilateral relations.

I believe the West needs to decide whether it's going to accept China as an equal partner and take China as it is. To do this, it must engage and discuss instead of criticising and lecturing when problems occur.

我眼见英国媒体与公众对中国的兴趣日益浓厚。记得不久前在伯明翰出席特色学校年会的时候了解到，英国特色学校联合会的目标之一是给英国所有想学中文的孩子提供中文课程。

我在任期间，英国民众在2008年四川地震后对中国的同情和慷慨帮助无疑是最感人至深的。所以我对双边关系的前景非常乐观。

但是，今天既然是在朋友们中间，我也想坦诚地说，过去的三年也是我外交生涯最为波澜起伏的一段经历。我发现，每当两国不能达到彼此的要求或者出现意见不一致时，英方会倾向于评判和指责中国。

每次遇到问题和困难，我都试图从历史智慧中寻求灵感，通过与英国同事坦诚沟通找到化解分歧的思路，维护双边关系大局。

我认为，西方需要作出是否接受中国作为平等伙伴、顺其自然的决断。做伙伴就意味着，在出现问题的时候要接触对话，而不是批评说教。

---

3. Specialist Schools and Academies Trust

私は、イギリスのメディアと民衆の中国に対する関心がますます深くなってきていることをこの目で確かめることができました。私は、最近、バーミンガムで行われた学校理事会の年次総会に出席した際に聞いたのですが、イギリスの学校理事会連合会は、目標の一つに、イギリスで中国語を学ぶことを希望している全ての子供たちのために中国語課程を設置することがあるそうです。

　イギリス在任の期間中、2008年の四川大地震の後、イギリスの人々から、中国への同情と惜しみない援助を戴いたことに対して、私たちは心から深く感動し感謝の気持ちで一杯です。従って、私は、双方の関係の前途に対して非常に楽観的に思っております。

　しかし、私たちは友人同士なので率直に申し上げますが、この3年間で、私は外交生涯の中で最も波瀾に富んだ体験を致しました。私が気づいたことは、両国はお互いの要求が通らない時、あるいは意見における食い違いが生じた時、イギリス側は往々にして批判や非難をする傾向になりがちであるということです。

　問題や困難にぶつかる毎に、私は常に歴史的知恵から解決の糸口を探ってきました。イギリスの仕事仲間たちと率直で誠意のある議論を通じて、意見の不一致の中から解決策を見出し、双方の関係の大局を守ってきたのです。

　私は西欧にとって必要なことは、これから中国を対等なパートナーとして、中国をあるがままに受け入れられるかどうかを決断すべきだと考えます。パートナーとなることによって、問題が生じた時に、初めて批判や説教ではなく対話ができるからです。

There is an ancient Chinese story about a Mr. Ye who often bragged about his own obsession with dragons. He had the image of a dragon on his belt, on his drinking cup, in his bedroom, and almost everywhere around him. One day, the true dragon from the ocean heard about this and decided to pay him a visit as a token of appreciation. When the dragon suddenly revealed himself, Mr. Ye was so scared that he jumped to his feet and ran for dear life. (Laughter) This is a story about appearing to like something, but not actually at all. If the West only tries to make believe that it supports and appreciates China's development, but with a true policy objective to shape China according to the image of the West, it may never taste satisfaction.

China is in the middle of reforms. Seldom do you see a major country whose professed objective is to reform itself. This is because we realise that there is still room for improvement in many areas. China will continue its reform by following its own methods and procedures, not because the West wants it, but for the best interests of the Chinese people.

The sooner the stereotyping of China gets replaced by a wider understanding, the sooner we will be able to recognise our differences and diversity of the world, and build a strong relationship based on understanding and respect.

中国古代有个寓言故事,叫"叶公好龙",说的是位叫叶子高的人,总是吹嘘如何喜欢龙。他的衣带钩上画着龙,酒具上刻着龙,卧室凡有花纹的地方全都雕着龙。海里的真龙知道叶先生如此喜欢龙,很是感动。一日,真龙降落到叶子高的家里拜访,结果叶先生惊恐万状,扭头就跑。(笑声)这个故事说的就是表面上喜好某事物,实际不然。如果西方表面上支持、赞赏中国的发展,而实质上对中国的政策目标是依照西方的形象改变中国,那西方就总不会满意。

中国正处在改革的进程中,世界上很少有哪一个大国能像中国这样,公开把改革作为国家的政策方向。这正是因为我们认识到自己有许多需要改进之处。中国的改革将以自己的方式、按自己的步骤进行,改革的目标是服务于中国人民的利益,而不是为了满足西方需要。

只有尽快消除成见,更好地了解中国,双方才能认识到彼此的不同和世界多元化的现实,才能建立以理解和尊重为基础的稳固的双边关系。

中国の古代には「葉公好龍（葉公龍を好む）」という寓話があります。葉子高という人はいつも自分がいかに龍を好きかを吹聴していました。彼の周囲には、着物の帯にも、酒の道具にも、寝室の模様のある所にはどこにでも、龍の像や形がありました。これを知った本物の海龍は、龍をこんなに好む葉先生に対して深く感動しました。ある日のことでした。海龍が葉子高の家に降りて、訪問しようとしたところ、葉子高は恐怖におののき逃げ出してしまったのです。この物語は、表面的には物を好むが、実際には全く違うということを寓意するものです。もしも、西欧が表面的には中国の発展を支持し賞賛したとしても、実際は、中国の政策目標に対して、中国を西欧のイメージに沿って変えて行こうとするならば、それこそ、西欧は決して中国に満足することはあり得ないでしょう。

　中国はまさに改革の途上にあります。中国のように改革を国づくりの政策方針として公言している大国は、世界に類はないでしょう。これこそ私たちが自分たちにはまだまだ改善すべきところが多いと認識しているからです。中国の改革は、自分たちの方法によって、自分たちの段取りによって行っています。中国の改革の目標は、中国の人々の利益のために行うものであり、西欧の需要を満足させるために行うものではないのです。

　1日も早く先入意識を取り除き、より深く中国を理解して戴けたら、双方は互いの違いと世界の多元化の現実を理解することができ、お互いの理解と尊重に基づいた安定的な関係を築くことができるでしょう。

We in China also need to learn how to better present our case to the world. My advice to my colleagues is always: communicate, communicate, and communicate. This is particularly important for China and the UK as our relations are growing beyond the bilateral dimension and we, more and more, need to work together on global issues.

As I am leaving this country, I have achieved some full stops in my work. There are still quite a few commas and unfinished businesses, and there are even some question marks. But my commitment to the China-UK partnership remains unchanged, and I am confident of a better tomorrow given our concerted efforts.

On a personal note, I hope that my successor Ambassador Liu Xiaoming receives the great welcome and support I have had, and I would like to thank my great Embassy team for their strong support over the last three years. My thanks also go to Mandarin Oriental Hyde Park Hotel, which has provided such a nice setting for tonight's reception.

I am flying out next Monday, but I will be trying to take my last jog in the park and walk on Oxford Street for the last time. I am already missing Britain.

May our friendship last for ever.

中国也需要努力学习如何更好地向世界介绍自己，我给同事们留下的建议是：沟通、沟通、再沟通。这对于中英两国尤为重要，因为两国关系已经超出了双边范畴，越来越需要在全球性问题上更紧密地合作。

在我即将离开英国的时刻，工作上有了一些"句号"，做成了一些事情，但是也有不少"逗号"，不少工作还没有完成，甚至还有一些"问号"。但是我对中英关系的关注和支持没有改变，相信在双方共同努力下，中英关系的明天将更加美好。

希望各位热烈欢迎我的继任刘晓明大使，一如既往地支持他的工作。我也要感谢使馆的同事们在过去三年里的大力支持，感谢海德饭店为今晚的招待会提供这样好的场所。

下周一我就要离开伦敦了。临走之前，我会最后一次去公园慢跑，最后一次到牛津街漫步……人还未离开，已经开始想念英国了。

希望我们的友谊长存。

中国もまた、いかによりよく世界に向けて自己を紹介すべきかを更に学び努力していく必要があります。私が同僚たちのために残していく提言は、「一に意思疎通、二に意思疎通、三、四がなくて五に意思疎通」という言葉です。これは中英両国にとって、とりわけ重要なことであると思っております。なぜかと申しますと、私たち両国の関係は既に両国の範囲を超えてしまっており、グローバルな諸問題について、更なる緊密な協力がますます必要となってきているからです。

イギリスとのお別れに当たり、仕事では「句点」を付けてもよい、つまり幾つかのことが成し遂げられたと思いますが、それでも「読点」のまま、つまり、未完成の仕事が少なくなく、更には「疑問符」の仕事さえも残っております。しかしながら、私の中英関係に対する関心や支持については相変わらず、一点の変化もございません。双方の努力によって、中英関係の明日は必ずや美しいものとなるに違いないと確信しております。

最後にお願いですが、私の後任の劉暁明大使を暖かくお迎え戴き、私と同様に彼の仕事にご支持とご支援を賜りますよう、宜しくお願い申し上げます。そして、この3年間、力いっぱいご協力くださった大使館の同僚の皆様に、また、今宵の宴のためにこの素晴らしい会場を提供して下さいましたハイドパーク・ホテルの皆様に、心から深く感謝を申し上げたく存じます。

来週の月曜日、私はロンドンを離れる予定です。その前に、私は、もう1度、公園でのジョギングとオックスフォード街での散策を楽しみたいと思っております。

まだ、お別れもしていないのに、もうイギリスを懐かしく思い始めてしまいました。

私たちの友情が末永く続きますよう、心より祈念致します。

本日は誠に有り難うございました。

文章編

演讲 | SPEECHES

オリンピックの聖火は永遠に

『The Times』掲載 2008年4月5日

The Olympic Torch Is Undimmed

The Times
5 April 2008

奥运之火生生不息

《泰晤士报》
2008年4月5日

The Olympic torch comes to London tomorrow. Though some will use it as an opportunity to protest, the Olympics is for all of us. The recent violent incidents in Tibet should not detract from this wonderful day. China is committed to solving problems in Tibet peacefully. I sincerely hope that Chinese nationals here will also enjoy the festivities and avoid getting involved in any confrontational activities.

The beauty of Tibet has brought me back there time and again. Its distinct cultural appeal and its unique history give Tibet a special place in China. I remember seeing men and women prostrating themselves in front of the Jokhang Temple, old women spinning their prayer wheels and young monks earnestly debating their religious philosophy. Who would not feel deeply moved by their piety?

奥运火炬将在明天来到伦敦传递。尽管会有抗议者企图利用这个场合，但奥运会属于我们所有人。不久前发生在拉萨的暴力事件不应影响这一伦敦的盛典。中国政府坚持以和平方式解决问题。我真诚希望前来参加此次活动的旅英华侨能尽享这一盛事，不要卷入任何冲突。

西藏是一个美丽的地方，吸引我多次前往，流连忘返。西藏独特的历史和文化使她在整个中华文化中占据特殊的地位。每次看到大昭寺门前磕长头的善男信女，看到藏族老妇人转动经轮，看到年轻的喇嘛热辩经文，谁又能不感动于他们的虔诚？

オリンピックの聖火が、明日ロンドンに到着し、聖火リレーが始まります。これを利用して抗議しようとする者が現れることでしょうが、オリンピックは全ての人々のものです。それ故、最近ラサで発生した暴力事件をロンドンのオリンピックの聖火リレーの盛り上がりに影響を与えてはならないのです。中国政府は平和的にこの問題を解決しようとしています。私は、この度のオリンピックの応援活動に参加して来られた英国華僑の方々がこの盛り上がりを思う存分に楽しみ、如何なる衝突にも巻き込まれないよう、心から願っています。
　チベットは、実に麗しいところです。私はチベットの魅力に惹かれ何回も訪れており、いつも懐しく思っている場所でもあります。チベットは独自の歴史や文化を持ち、中華文化の全体の中でも特別な存在です。大昭寺の前で拝んでいる信仰者の男女たち、経輪を回しているチベット族の老婆、熱弁を奮っているかのように読経している若いラマ僧たち、こんな熱い情景を目にすれば、誰しもその敬虔な祈りに感服させられずにはいられません。

在关于西藏问题的热烈甚至是激烈的辩论中，一些基本的事实往往被忽略。西藏自从 13 世纪起就是中国版图的一部分，藏族同胞是 56 个民族的中华大家庭的一员，而我本人也是少数民族。"达赖喇嘛"的封号是 1653 年清朝皇帝册封的。现在的十四世达赖喇嘛的认定和坐床也是在 1940 年由当时的中国中央政府批准和派员见证的。

尽管在中国陷于内乱和外来入侵的年代里，西藏和内地的往来曾受到一些影响，但西藏是中国领土不可分割部分这一事实从未改变。1951 年到 1959 年，达赖喇嘛与中央政府和谐相处。如果没有后来的武装暴动，如果没有外力的介入，也许就不会有今天的西藏问题了。

现在，西藏经济快速发展。大量的投资和援助涌入西藏。过去十年，西藏的 GDP 年增长率达到 13.4%，高于全国的平均水平。1959 年，西藏人均寿命只有 35 岁，而现在已达到 67 岁。

In the frenzied debate over Tibet, a few facts are forgotten. Tibet has been part of China since the 13th century. It is part of China's family of 56 ethnic groups—I myself am from an ethnic minority. The title of the Dalai Lama was conferred by the Qing emperor back in 1653. The enthronement of the current 14th Dalai Lama was approved by the central government and witnessed by an official it sent in 1940.

Although the traffic of exchanges between Tibet and other parts of China became thin during the turmoil of civil war and invasion, the status of Tibet as part of China has not changed. The years 1951-1959 saw a harmonious relationship between the Dalai Lama and the central government. Had it not been for the armed rebellion in 1959 and foreign interference, it might not have been such an issue as it is today.

Now Tibet is growing fast. Investment and assistance is pouring in. Its economy has grown at 13.4 per cent, higher than the national average, in the past ten years. The average life span of a Tibetan was 35 years in 1959. It is 67 years now.

チベット問題についての激論の中で、基本的な事実がいくつか、見落されています。チベットは、13世紀から中国の版図の一部として記載されています。また、チベット族の同胞は、中国56の民族という大家族の一メンバーであり、私自身も少数民族に属しています。「ダライラマ」という号は1653年に、清朝皇帝より下された詔書に基づいたものです。現在の十四世ダライラマの認定及び即位式も、1940年、当時の中国中央政府が批准し、見証を行ったものです。

　チベットは、中国が内乱及び外国の侵略を受けた時代に内陸地域との往来が少なかったにもかかわらず、チベットが相変わらず中国の不可分の領土であるという事実には一度も変化がありませんでした。1951年から1959年までは、ダライラマと中央政府との関係は調和のとれたものでした。もし、その後の武力暴動がなかったなら、また、外国の干渉がなかったなら、今日のようなチベット問題はあり得なかったかもしれません。

　現在、チベットの経済発展には目を見張るものがあります。大量の投資と援助がチベットに注ぎ込まれています。過去十年間、チベットのGDP増加率は13.4％に達し、全国の平均レベルよりも高くなっています。チベット人の平均寿命は、1959年では35歳であったのが、現在では67歳までになっています。

西藏的繁荣也为藏区的宗教设施带来了福音。仅过去五年，政府就投入相当于2000万英镑的资金修复了布达拉宫、夏宫罗布林卡和萨迦寺。拉萨正在走出暴乱的阴影，预计将于5月1日重新向游人开放。

中国是一个处在改革开放过程之中的国家。在过去的30年里，两亿多中国人脱贫，获得了享有真正人权的基础。但快速发展也带来了不小的环境和社会问题。尽管中国历经曲折，但中国人民以实际行动证明，我们是一个善于学习、能够不断完善自己的民族。构建和谐社会的目标将激励我们勇敢面对困难和挑战，为全体中国人民建设更加美好的明天。

中国在努力拥抱世界。明天，北京和伦敦将融为一体，两国人民将共同分享奥运的梦想。

The prosperity has also benefited religious sites. In the past five years, nearly 20 million pounds was spent on repairing the Dalai Lama's official residence, Potala Palace, the summer palace of the Dalai Lama, Norbulingka, and Sakya Monastery. Lhasa is now recovering from the pain of the rioting and will reopen on 1 May for tourism.

China is half way in its reform. It has taken at least 200 million people out of poverty and starvation in three decades, a basic foundation for real human rights. Fast growth has also created big environmental and social problems. We have met many setbacks in the past, but we have proven to be a nation capable of learning from experience and improving itself. The harmonious society is a goal that will inspire us to face the problems and work for a better future for all.

China is trying to embrace the world. Tomorrow, Beijing and London shall be one. The people of our two countries will share in the Olympic dream.

チベットの繁栄はチベット地域の宗教施設の整備にも福音をもたらしました。ここ5年間で、政府は2000万英ポンド相当の資金を投入して、ポタラ宮、夏宮、ロブリンカ及び薩迦寺の修復を行いました。ラサは、既に暴動の荒廃から回復し、5月1日には観光旅行者に改めて開放される予定となっています。

　中国は、改革開放の途上国です。この30年の間に、2億以上の人々が貧困から抜け出し、真の人権の享受を得るようになりました。しかし、急速な発展により、環境や社会問題も少なからずもたらしました。中国は並々ならぬ曲折を体験したにもかかわらず、よく学び、自分の民族をよりよく改善するために、弛まぬ努力をして来た民族であることを実際の行動で証明しています。調和の取れた社会を構築する、その目標を目指して、私たちは、目の前の困難や挑戦することに前向きに取り組んでおり、中国全ての人々の為に、より美しい未来を創ろうとしています。

　中国は努力して世界の中に融け込んでいこうとしています。明日は、北京とロンドンが一つになって、共に夢を運ぶオリンピックの聖火リレーを楽しく分ち合いたいと思います。

オリンピック聖火リレーの後に考えたこと

『The Sunday Telegraph』掲載 2008年4月13日

Reflections on the Torch Relay

The Sunday Telegraph
13 April 2008

奥运火炬传递后的思考

《星期日电讯报》
2008年4月13日

On the morning of 6 April, looking at the snowflakes falling outside the window, I could not but wonder what the torch relay would be like.

About eight hours later, when the torch finally struggled through the route, Olympic gold medalist Dame Kelly Holmes ran up to light the Olympic cauldron at the O2 Dome[1], and 4,000 spectators cheered, obviously with a sense of relief.

This day will be remembered, as Beijing met London with splashes and sparkles. It was an encounter between China, soon to host its first Olympics, and Britain, the first Western country to greet the 2008 torch.

On the bus to the airport, I was with some young girls from the Beijing team, including an Olympic Gold Medalist Miss Qiao. They were convinced that the people here were against them. One girl remarked she couldn't believe this land nourished Shakespeare and Dickens. Another asked, "Where is the 'gentlemenship'?" I used all my knowledge to argue for London, and looking into their watery eyes, I knew I was not succeeding.

I can't blame them. They were running between vehicles for the whole day, noses red and hands cold, trying to service the torchbearers. They had only about three hours of sleep the previous night and some were having lunch sandwiches just now.

1. The O2 Dome, also referred to as the Millennium Dome, is a large dome-shaped building in London originally built to house an exhibition celebrating the turn of the third millennium. 千年穹，位于英国伦敦，是英国政府专门为迎接千禧年（2000年）而兴建的大型穹顶展览建筑。

4月6日那天早上，我看着窗外漫天飞舞的雪花，不禁想：今天的北京奥运火炬伦敦段的传递将会怎样？

大约八个小时以后，当英国著名中长跑运动员、奥运金牌得主霍尔姆斯手举祥云火炬，最终跑上千年穹[1]舞台并点燃圣火盆时，场内四千多名观众一片欢腾，如释重负。

这一天将以北京和伦敦之间的一次碰撞留在人们的记忆中。中国即将首次举办奥运会，而英国则是迎接火炬的第一个西方国家。中英相遇，撞得轰轰烈烈、火花四溅。

在返回机场的大巴上，北京奥组委年轻的女士们，包括奥运冠军乔，都坚定地认为是全英国的人在跟她们作对。一个女孩说："这哪里是养育了莎士比亚和狄更斯的国家啊！"另一个说："英国人的绅士风度到哪儿去了？"我花了很长时间试图说服她们，但从她们湿润的眼睛中，我明白我没有做到。

这不能怪她们。她们一整天都在车辆间来回穿梭，照应火炬手，鼻子冻红了，双手冰凉，前一天晚上只睡了三个小时觉，有些人刚刚吃上午餐留下来的三明治。

4月6日、その日の朝、私は窓の外で雪がひらひらと舞い降りてくるのを目にしながら、ふとある考えが脳裏をよぎったのです。今日、北京オリンピックの聖火リレーのランナーの交代はどうなるのだろう、と。
　その8時間後に、イギリスの著名な中長距離ランナーでオリンピック金メダリストのホームズ氏が聖火を挙げて、最終点の聖火台「千年穹」[1]に登ったのです。聖火が点火された瞬間、会場内の4000人以上の観衆が安堵の歓声を上げました。
　この日は、北京とロンドンの火花が散った出会いとして人々の記憶に残ることでしょう。間もなく、中国は初めてのオリンピックを開催します。イギリスは、その聖火リレーを迎える最初の西欧の国でした。
　しかし、空港を往復するリムジンバスの中で、オリンピック金メダリストの喬さんをはじめ、北京オリンピック組織委員会の若い女性たち皆が、イギリス全体が中国に敵対しているのではないかと思い込んだようでした。ある女性は、「ここは本当にシェークスピアとディケンズを育てた国なのだろうか？」と言い、別な女性は、「あのイギリスの『ジェントルマン』はどこへ行ってしまったのだろうか？」と言いました。それに対して、私は時間をかけて彼女たちを説得しようとしました。しかし、彼女たちの涙ぐむ姿に、私の説得は無理だと知りました。
　だからといって彼女たちを咎めることは出来ません。彼女たちは終日、車輌間を走り回りながら聖火ランナーに伴走し、寒さで鼻を赤くしながら応援し、両手もずっと冷たい状態でいたからです。聖火ランナーが来る前日、彼女たちの中には、睡眠時間がたった3時間しかなかった者もいれば、昼食の時間をとうに過ぎて、やっとランチのサンドイッチを口にしている者もいたからです。

---

1. ロンドンにある「千禧年」（2000年）を祝う為に、イギリス政府が建てた大型アーチ式の展覧建造物である。

更糟糕的是，她们一路上还要反复经受暴力冲抢火炬的行径。而我很幸运地坐在车后面的座位上，有机会看到数万伦敦人顶风冒雪前来欢迎火炬，有挥手致意的老人，也有在风雪中表演节目的演员们。

夜幕降临，看着奥运包机慢慢滑动到跑道上，我不禁想，飞机或许已经比降落时变得更加沉重。北京奥运火炬全球传递还将继续，这个艰难的旅程将让十多亿中国人民更好地认识这个世界，也让世界更好地了解中国。

一个年轻朋友看了BBC对火炬伦敦传递的转播，他在给我的信中写道：此刻百感交集，有悲哀、愤怒，也有不解。像他一样，很多人可能从中领悟到，中国融入世界不是凭着一颗诚心就可以顺利实现的。

挡在中国与世界之间的这堵墙太厚重了。最近，在中国两亿网民中最流行的不仅是有人企图抓抢火炬的场景，更是一些感人至深的场面，例如火炬在巴黎段的传递中，坐在轮椅上年轻纤弱的中国残疾人运动员金晶，在一名盲人运动员帮助下，用自己的双手和身躯紧紧护住火炬，使反复冲抢火炬的暴徒无法得逞。

Worse still, they had to endure repeated violent attacks on the torch throughout the relay. I was fortunate to sit at the rear of the bus and saw the smiling faces of Londoners who came out in tens of thousands, old people waving and young performers dancing, braving the cold weather.

In the darkness of a London night, waving the chartered plane goodbye, I had a feeling the plane was heavier than when it landed. The torch will carry on, and the journey will educate the more than a billion Chinese people about the world, and the world about China.

A young friend in China wrote to me after watching the event on the BBC, "I felt so many things all at once—sadness, anger and confusion." It must have dawned on many like him that a sincere heart was simply not enough to ensure China's smooth integration with the world.

The wall that stands in China's way to the world is thick. In China, what's hot at this moment on the Internet, which has 200 million users there, is not only the attempts to snatch the torch but also some moving images of Jin Jing, a slim young girl, a Paralympic athlete in a wheelchair, helped by a blind athlete. She held the torch with both arms to her chest as violent "protesters" tried repeatedly to grab it from her during the Paris relay.

さらに悪いことに、彼女たちは走っている聖火ランナーに伴走している間中、何度も何度も、乱暴に聖火を奪い取ろうとする振る舞いを受けなければならなかったのです。幸いにも、私はバスの後方に乗っていたので、数万人ものロンドンっ子が寒さを物ともせずに外に出てきて、オリンピックの聖火ランナーを歓迎し、手を振ったり拍手をしたりする老人や、ダンスを披露している若者もいる風景を目にすることができました。

　夕暮れになり、オリンピック選手たちを乗せたチャーター便が滑走路をゆっくりと進んでいるのを目の前にして、ふと私は、この飛行機は着陸した時よりも、今の方がずっと重くなってしまっただろうと思わずにはいられなかったのです。北京オリンピックの聖火リレーは、これから全世界を走り続けていくのです。この並々ならぬ道のりは、中国の10数億もの人々にこの世界をよりよく認識させると同時に、世界もまた、中国をより深く理解することが出来ることでしょう。

　BBCで報道されたロンドンの聖火リレーの生中継を見た中国の1人の青年から手紙を戴いた。その手紙には、「今は感無量です。しかしながら、悲しみも怒りも交った困惑した感情も抱えています。どうしても理解出来ないこともあります」と書かれていました。彼と同じように、恐らく多くの人々は、悟ったかも知れませんが、中国が世界に融け込んでいくためには、ただ誠実さのみに頼るだけでは不可能だということです。

　中国と世界の間に横たわっている壁はとても厚く、そして重いのです。最近、中国の2億人のネット・ユーザーの間でのホットとされる出来事は、聖火ランナーから聖火をひったくるような場面ではなく、むしろ人を感動させ、心が打たれるような場面であり、それが一番クリックされています。たとえば、パリでの聖火ランナーのリレー交代の際、一人の目の不自由な選手に助けられながら、中国のパラリンピックの若くて痩せた選手である金晶さんが、暴徒に聖火を奪い取られようとした行為に対し、車いすに乗りながらも細い両腕と体を使って必死になって聖火を守り通した一場面もありました。

There has been especially infuriated criticism of some of the misreporting of China in recent weeks, such as crafting photos or even using photos from other countries to prove a "crackdown." On the other side of the wall, the story is different.

I am concerned that mutual perceptions between the people of China and the West are quickly drifting in opposite directions. I cannot help asking why, when it comes to China, the generalised accusations can easily be accepted without people questioning what exactly and specifically they mean; why any story or figure can stay on the news for days without factual support.

Even my own participation in the torch relay had been the subject of continuous speculation. I remember a local friend said, "We all like to read media stories. Only when it comes to ourselves do we know they can't all be true."

Of those who protested loudly, many probably have not seen Tibet. For the Chinese people, Tibet is a loved land and information about it is ample. Four million tourists visit Tibet every year. The past five years saw the income of farmers and herdsmen increasing by 83.3%. In 2006, there were more than 1,000 schools, with 500,000 students.

In this autonomous region, where 92% of the population is Tibetan, there are 1,780 temples, or one for every 1,600 people, which is more than in England, where there is one church for every 3,125 people.

中国网民们对一段时间以来，一些媒体不惜使用移花接木的手段和来自别国的假照片攻击中国进行所谓"镇压"，也感到尤为愤怒。而在这堵墙的另一边，情况则完全不同。

我对中国和西方国家公众之间彼此印象相背而行的趋势深感忧虑。我不禁要问：为什么在涉及中国的问题上，笼统的批评能够被西方公众轻易接受？为什么没有人质疑这些批评到底涉及哪些具体问题，确切情况如何？为什么一些报道和数字能够在毫无事实依据的情况下连续数日在新闻中出现？

那些大声抗议示威的人里，很多可能从来没有见过西藏是什么样子。西藏是备受中国人民喜爱的一片热土，关于西藏的信息也很多。每年有 400 万游客到西藏观光旅游。过去五年，西藏农牧民收入增长了 83.3%。2006 年，西藏全区有学校 1000 多所，在校学生 50 多万人。

西藏自治区 92% 的人口是藏族，共有宗教活动场所 1780 余处，平均每 1600 人一处，比英格兰地区每 3125 人一座教堂的比例还要高。

ここ数週間、中国のネット・ユーザーたちは、いくつかのメディアが意図的に写真を加工したり、別の国の写真を使って、これは中国の「鎮圧」だと言って、中国への攻撃を行っていることに対し強い怒りを持っています。このように「壁」の向こう側では、人々の知っている事情とは全く違うものなのです。
　このように中国と西欧の人々の間には、お互いの印象について、こんなにも全く相反する、あまりにも大きな落差があるという状況に対して、私は深い憂慮の念を持っております。私は疑問を持たざるを得ません。なぜ、中国の問題に触れる時に、大雑把な批判なのに、それが、西欧の人々には何の疑問もなく簡単に受け入れられてしまうのか？なぜ、これらの批判を前にして、そもそもどのような具体的な問題に関連しているのか、事態が正確であるかどうか、という疑問を持たないのか？なぜ、いくつかの事実無根の報道やデータが新聞に何日間も掲載されてしまうのか？
　大声で叫びながらデモや抗議活動を行っている人々の中には、チベットとは一体どのような所なのかを恐らく一度も見たことのない人たちが多いのではないのでしょうか。チベットは中国の人々に好まれている地域です。チベットに関する情報は数多く、毎年チベットへの旅行者は400万人に達しています。過去5年間に、チベットの農民や牧畜民の収入は83.3％増加しました。2006年において、チベット全域には、学校が1000校余りあり、在学生は50万人以上います。
　チベット自治区の人口の92％はチベット族です。全地域に、宗教活動を行える場所は全部で1780ヵ所余りあり、平均1600人毎に1ヵ所となっています。これはイングランド地域の平均3125人毎に一カ所の教会であるのと比べても、高い率ではないでしょうか。

There may be complicated problems of religion mixing with politics, but people are well-fed, well-clothed and well-housed. That has been the main objective of China for centuries. Tibet may not grow into an industrial place like the eastern cities in China, but it will move on like other parts of China.

I personally experienced China's transition to opening up, from small steps to bigger strides. I remain a consistent and firm supporter of opening up. The latest events have led the younger generation of Chinese—those born since the 1980s—who grew up in a more prosperous, better-educated and freer China, to begin a collective rethinking about the West.

My daughter, who loves Western culture, must have used the word "why" dozens of times in our long online chats. Her frustrations could be felt between the lines. Many who had romantic views about the West are very disappointed at the media's attempt to demonise China.

We all know demonisation feeds a counter-reaction. I do pray from the bottom of my heart that the younger generation of Chinese will not be totally disillusioned about the West, which remains an important partner in our ongoing reform.

西藏也面临复杂的问题，有人让宗教卷入政治，但是一个基本事实是，人民群众衣食无忧，居住条件不断改善，而解决温饱问题正是历届中国政府多少个世纪追求的政策目标。西藏有自己的自然特色，不会像东部城市一样完全工业化，但是它会以符合自己条件的方式，与中国其他地区一样不断取得进步。

我亲身经历了中国逐步扩大的开放过程，一直是改革开放的坚定支持者。80后的中国年轻一代成长在国家不断繁荣富强、人民教育水平不断提高、社会自由度不断扩大的年代。在最近事态的冲击下，他们开始对西方世界进行集体的重新反思。

我的女儿也是西方文化的爱好者，在我们长时间的网上交谈中，她至少问了几十个"为什么"，字里行间充满了困惑。很多对西方抱有浪漫看法的年青人，对西方媒体妖魔化中国的企图十分失望。

我们都知道，妖魔化往往会引发相应的反作用。我衷心希望，中国的年轻一代不会因此对西方彻底失望，西方仍然是中国改革进程中的重要伙伴。

チベットは複雑な問題にもぶつかっています。宗教を政治に持ち込むような人々がいるにしても、一つの確かな事実があります。それは、人々は衣食に憂いがなく、居住条件が絶えず改善されつつあることです。衣食住の問題の解決は、歴代政府が何世紀にもわたって進めて来た政策の目標であったからです。チベットは、独自の自然環境を有しているので、東部の都市のように完全に工業化された地域ではありませんが、その地域の条件に合った方式によって、中国の他の地域に負けない、弛まぬ進歩が成し遂げられると思います。

　私は、中国が1歩1歩、改革開放への道を拡大してきたプロセスを、自ら体験してきており、従って最初からずっと改革開放に対する断固とした支持者であります。1980年代に生まれた中国の若い世代は、国が繁栄・発展を得られ、教育水準が高まり、社会の自由度がますます拡大した時代と共に成長して来ました。そのため、最近発生した事態にショックを受けた彼らは、共通して西欧世界に対して、考えを改め始めております。

　私の娘も西欧文化の愛好者です。彼女は、私との長時間にわたるインターネット上の交流の中で、少なくとも何十回も「なぜ?」という質問をしました。彼女の文字の行間には戸惑いが溢れていました。西欧に対してロマンティックな見方を抱いていた多くの青年たちは、西欧メディアが中国を悪魔化するようなたくらみに対して、大変失望しております。

　周知の通り、悪魔化に対しては、往々にしてそれ相応の逆作用を引き起こします。私は、中国の若い世代がこのような事によって西欧に対する信頼をすっかり失ってしまわないよう、また西欧が中国の改革開放の進展において今後も重要なパートナーであることを心から願うものであります。

Many complain about China not allowing enough access to the media. In China, the view is that the Western media needs to make an effort to earn our respect. Coming to China to report bad stories may not be welcomed but would not be stopped, as China is committed to opening up.

China is far from perfect, and it is trying to address the many problems that do exist. It would be helpful to the credibility of the Western media if the issues they care and write about are of today's China, not of the long-gone past.

In my one year in the UK, I have realised that there is a lot more media coverage about China than when I was a student here in the mid-1980s, and most of it is quite close to the real life of China, be it good or bad.

China is also in an era of information explosion. I am sure that more and more people in the West will be able to cross the language and cultural barriers and find out more about the real China. The world has waited for China to join it. Now China has to have the patience to wait for the world to understand China.

在西方，很多人抱怨中国对媒体不够开放。而在中国，我们则认为西方媒体也应该学会如何努力获得尊重。中国致力于对外开放，因此如果有些人到中国去一门心思扑在负面报道上，不会有人阻止你，但你也不能指望会受到欢迎。

中国还远非尽善尽美。我们正在努力解决很多现实问题。如果西方媒体能够更加关注和报道今天中国的真实情况，而不是纠缠一些早已过时的问题，这将有助于改善他们的声誉。

我在英国的这一年里，深感外界对中国的报道比上世纪80年代中期我在英国留学时多多了。其中大多数，无论是正面还是负面，都还是贴近中国实际的。

中国也处在信息爆炸的时代。相信西方国家会有越来越多的人跨越语言和文化的障碍，更多了解真实的中国。世界曾等待中国融入世界，而今天中国也必须有耐心等待世界认识中国。

西欧では、多くの人々が中国はメディアに対し閉鎖的だと文句を言っています。一方、中国では、西欧のメディアは、どのようにすれば尊重されるのかを学ぶために自身も努力を払うべきではないかと思っています。中国は、対外開放に力を入れています。従って、もし中国の現地でマイナスの報道ばかりをむやみに行おうとする者がいるなら、それに対して阻止はしませんが、歓迎されることは望むべくもないでしょう。

　勿論、中国の全てはまだまだ完璧からほど遠く、私たちは、非常に多くの現実的な問題の解決の為に努力しています。もしも、西欧のメディアが今日の中国の真実の姿にもっと関心を持ち、ありのままに報道することができ、かなり前の過去にこだわらなければ、それこそ、信頼を挽回することになるのではないでしょうか。

　イギリスでの1年間の滞在期間中、外国の中国に関する報道は1980年代、つまり私がイギリスに留学していた時代と比べて、今の方が遥かに多くなったと実感しております。それらの報道の大部分は、良きにつけ悪しきにつけ、何れも中国の現実の状況に近いものです。

　中国も情報の急増する時代に入っております。私は、西欧諸国においては、ますます多くの人々が言語という壁や文化の違いなどを乗り越え、真実の中国に対する理解が一層深まっていくものと確信しております。世界は、中国が世界の中に融け込んで来ることをずっと待ってきました。そして現在、中国もまた、辛抱強く、世界が中国を認識してくれることを待たなければなりません。

On the Article about the Olympic Torch Relay

The Olympic torch relay in London, Paris and San Francisco in April 2008 met serious disruptions. I followed the reporting of the events on local TV and in newspapers, feeling appalled by some of the exaggeration and the demonisation of China. The lack of sense of history and respect for the people of China among the UK media was shocking, and I decided to issue a démarche to the media agencies.

Those I contacted sent editors and editors-in-chief, and sometimes even the chairman himself, to join the debate. They also raised many sharp arguments. It was obvious that they did not know much about China and I had the edge of information. But invariably at the end of the discussions, they would ask, "Why doesn't the Chinese side provide information?" They complained about the difficulty in gaining access to interviewees or information from China. When talking to *The Sunday Telegraph*, I said I could write something for the newspaper and the editor agreed to publish it.

关于发表奥运火炬传递文章

2008年4月，奥运火炬在伦敦、巴黎和旧金山的传递过程出现严重干扰。我一直在观察当地电视和报纸的有关言论，对那些夸张性和丑化性报道深感愤慨，觉得英国媒体人太缺乏历史意识和对中国人的尊重，所以决定去英国各家媒体交涉。

他们都很重视，派出总编、编辑参加辩论，有时甚至董事长亲自出面，提出许多尖锐的问题。他们明显缺乏对中国的了解，因此我有信息上的优势。但每每谈到最后，对方都会问：为什么中国方面不提供报道信息？他们抱怨：在报道涉华问题时，往往采访不到中方的人。在《星期日电讯报》座谈时，我说可以为报纸写篇文章，编辑即允刊登。

オリンピック聖火リレーに関する小論について

　2008年4月、ロンドン・パリ及びサンフランシスコで行われたオリンピック聖火リレーは、ゆゆしき妨害行為に遭遇しました。私はずっと、当地のテレビや新聞のその事態に関する報道に注目して来ました。事実を誇張したり、わざと醜悪に表現したりしたいくつかの報道に対して、私は唖然としてしまいました。なぜなら、イギリスのメディア関係者の、歴史観や中国人に対する尊重の念があまりにも欠落していたからです。そのため、私はイギリスの各メディア機関を訪問し、申し入れを行うこととしました。

　これらのメデイア機関は何れも、私の来訪を重視して下さり、編集長や主筆を出して、私との討論に参加させました。時には社長さえも自ら参加して、多くの鋭い問題を提起しました。しかし、明らかに彼らには中国に対する理解が欠落しており、その点で、私は情報の上で優勢でありました。しかし、毎回議論の最後になると、彼らは決まって「なぜ、中国側は報道する情報を提供してくれないんだ？」という質問をしてきました。彼らが言うには、中国に関する報道をしようとすると、中国側に取材に応じてくれる相手がいないという問題があり、仕方がないではないかと不満を訴えてきました。『サンデー・テレグラフ』紙との座談会では、私が寄稿の意を表したところ、編集長は即座に掲載を承諾してくれたのです。

I had previously jotted down a few pages of my thoughts at a moment of great displeasure. It was done quite casually, and there was even one page missing when I found them again. I decided to piece them together into a short article for *The Sunday Telegraph*. The editor didn't work much on the text, but changed the title to "Is the West demonising China?"[1]

It was a timely piece when published, as many in Britain were very curious about China after what had happened during the torch relay and the many news stories about it. The article triggered a hot debate. Among those who commented online, some agreed with me, and some disagreed and offered their criticisms. I believe there were more out there who did not comment but had learnt how the Chinese looked at the matter and how we felt about it. I also learnt from this experience that it is necessary to get China's messages across in time and in style.

我曾因为心中不爽而随手写过几页纸的感想，回去找出来时还缺了一页，拼成一篇短文发给了报社。编辑没动文字，只是把标题改为：《西方是否在妖魔化中国》[1]。

这篇文章恰逢其时，英国社会上很多人因围绕火炬传递的种种事态和说法而对中国充满好奇，刊登后引发了一场激烈的争论，网上的留言中有赞同支持的，也有反对和批评的。相信更多没有发帖的人也从中了解到中国人的看法和情感。这件事让我很受启发，认识到应及时有效地传递中国的信息。

1. The original title is "Reflections on the Torch Relay."
原标题为《奥运火炬传递后的思考》。

私は、今までどうも納得できないと思うような場合には、自分の考えを数ページ書き留めておくことがありました。そんな何気なく思うままに書いた文章を引っ張り出してみたところ、1枚見つからなかったのですが、部分をつなぎ合わせて、一つのまとまった小論にして、『サンデー・テレグラフ』紙に寄稿しました。編集長は、小論の内容はそのままにして、ただ標題だけは、「西欧は中国を悪魔化しているのか？」と改め、掲載して下さいました。

　この小論の掲載は、とても良いタイミングでした。イギリス社会でたくさんの人々が、オリンピック聖火リレーを巡る様々な事態や多くのニュースに触れていたので、中国に対する好奇心が非常に強かったからです。小論が掲載されたのを契機に、激しい論争が引き起こされました。ネット上の書き込みには、賛同と支持の意見もあれば、反対と批判の意見もありました。私は、意見の書き込みはないものの、他の大勢の人々も、きっとこの文章を読んで、中国人の物の考え方や心情を知ってくれたのではないかと信じています。私自身もオリンピック聖火リレーに関したこの経験から多くの啓発を受けました。中国に関する情報を如何にタイムリーに、如何に有効に伝えていくべきか、その重要性を改めて痛感したのです。

---

1. 原標題は「オリンピック聖火リレーの後に考えたこと」である。

中華民族の血脈に流れる団結精神

『ガーディアン』紙掲載 2009年7月13日

Unity Is Deep in Our Blood

The Guardian
13 July 2009

团结流淌在中华民族的血脉里

《卫报》
2009年7月13日

There is a popular song in China called "Xinjiang—An Adorable Land," which gives an idyllic description of the grasslands stretching endlessly along the Tianshan mountains, cows and sheep grazing in peace, and the enticing fragrance of grapes and melons.

Xinjiang fascinates people from all over China and the world. Last year, it was visited by 22 million tourists, including 360,000 from abroad. They are attracted by its history, its scenic beauty, and most of all, its diverse culture and warm, hospitable people, who sing, dance and treat visitors like old friends.

Xinjiang was an important passage for the ancient Silk Road, where people of many ethnic groups travelled, lived and traded for centuries. It has come to be defined by its multi-ethnic culture, in particular its Islamic culture. Its 21 million population now comprises 47 ethnic groups, the largest being the Uighurs, who account for 45.7%, followed by the Hans, and many others such as Kazakhs, Huis, Kyrgyz, Mongolians, Tajiks, Sibes, Manchus, Uzbeks, Russians, Daurs, and Tartars. Millions of Muslims live there and there are 23,000 mosques. There are also Buddhist temples and churches.

中国有一支家喻户晓的歌《我们新疆好地方》，歌词唱道：天山南北好牧场……风吹草低见牛羊，葡萄瓜果甜又甜……

新疆一直深深地吸引着南来北往的人们，去年有2200多万中外游客到新疆旅游，包括36万外国游客。人们喜爱新疆，不仅因为这里历史深厚、山川锦绣，更因为这里的文化多姿多彩，人民能歌善舞，热情豪爽，待客如待亲人。

新疆历史上就是"丝绸之路"上的重要枢纽，自古以来各民族人民就在这里旅行、经商和生活，造就了新疆今日以伊斯兰文化为突出特色的多民族文化面貌。今天，新疆人口已达2100万，有47个民族的人民居住在这里，其中维吾尔族最多，占45.7%，汉族是第二大民族，还有哈萨克、回、柯尔克孜、蒙古、塔吉克、锡伯、满、乌孜别克、俄罗斯、达斡尔、塔塔尔等许多民族。全疆有上千万穆斯林和约2.3万座清真寺，当然还有佛教寺庙和基督教堂。

中国では誰もが知っている「我が新疆、愛おしい地だよ」という歌があります。歌詞は、「天山南北に豊かな牧場あり、風に揺られる広々とした草原に牛や羊いる。葡萄やメロン、果物が甘くて美味しい……」というものです。

　新疆という地は、古くから南北往来の人々が深くひかれるところです。昨年は、国内外からの観光客数が2200万人以上に達し、その内、外国人観光客は36万人でした。新疆がなぜ人々に好まれているのか、その理由は、新疆が悠久の歴史を持ち、麗しい山河を擁するだけではなく、文化がとても豊かで多彩です。人々は情熱に溢れ、豪快な性格の持ち主の上、歌や踊りに秀で、客を家族同様にもてなすからです。

　新疆は歴史上「シルクロード」の重要な要所でもあります。古くから、各民族の人々は、旅行や商売をして生活して来たので、新疆は、今日のような、イスラム文化を特色としつつも多民族文化の土地柄を形成してきたのです。人口が2,100万人に達し、47の少数民族の人々が居住しています。その中で、ウイグル族が45.7％を占め1番多く、次は漢民族であり、他にカザフ族・回族・キルギス族・モンゴル族・タジク族・シボ族・満州族・ウズベク族・オロス族・ダフール族・タタール族など数多くの民族が住んでいます。新疆地域には1000万人以上のムスリム及び約23,000ものモスクがあります。もちろん、仏教寺院とキリスト教会もあります。

Different ethnic groups in Xinjiang have lived side by side for centuries like one big family. The relationship has been generally amicable, though, as in all families and multi-ethnic communities, frictions occasionally happen. We call them "problems among people," meaning they can be solved through coordination and are not a life-or-death struggle. That is why the violence in Urumqi on 5 July, causing more than 180 deaths and 1,000 wounded, came as a shock.

Some blame it on a criminal case in Guangdong Province earlier, which was largely fanned by a rumour. But that case was handled and the suspects detained. This can in no way justify the horrific acts of rioters in Urumqi who, armed with sticks, knives and big stones, went on a killing rampage against innocent people. There is strong concern that outside incitement and organisation played a big part. Framing it as an "ethnic conflict" is a wrong way of looking at the issue and may also drive a wedge between ethnic groups.

The incident was reminiscent of terrorist violence in Urumqi and other cities in Xinjiang in the past decade or more. Some of these terrorists were sent to train and fight in Afghanistan. A few ended up in Guantánamo Bay. Investigation into 5 July incident is ongoing, and those who committed the crimes will face the law.

千百年来，新疆各族人民和谐相处，在一个大家庭里守望相助，各展风采。当然，就像在其他大家庭和多民族地区一样，有时难免会有摩擦，在中国，我们称之为"人民内部矛盾"，就是说，这些问题可以通过协商而非你死我活的争斗来解决。这就是为什么7月5日乌鲁木齐发生的导致一百八十多人丧生、上千人受伤的暴力事件震惊中国。

有人称，此前广东韶关发生的刑事案件是诱因。但是，韶关发生的群体性斗殴由谣言引起，已得到妥善处理，涉案人被收押。这件事完全不能成为在乌鲁木齐的暴徒用刀具棍棒和石块疯狂残害无辜平民的借口。因此，人们相信，境外一些人的挑唆和策划，是造成这一突发暴力事件的重要原因。我们不赞成把这一事件描绘成"民族冲突"，这不仅仅是一种错误的理解，而且还会离间新疆各民族的关系。

乌鲁木齐"7·5"事件不能不令人想起恐怖分子过去十几年间在该市和新疆其他地方制造的暴力袭击事件。他们中的一些人跑到阿富汗受训和作战，有的还被关进关塔那摩基地。目前对整个"7·5"事件的调查正在进行中，犯罪分子必然要受到法律的制裁。

1000年間、新疆の各民族は仲良く暮らし、一つの大家族のように、お互いを見守り助け合い、それぞれの文化を尊重してきました。もちろん、大家族や他の多民族地域と同様、時にはどうしても摩擦が生じることもあります。それを、中国では「人民内部の矛盾」と呼んでいます。これらの問題を解決するために、私たちは死活に関わる争いではなく、協議の方法を用いています。典型的な例がありました。それは、7月5日ウルムチで発生した、中国全土を震撼させた暴力事件です。この事件では、なぜ180人以上の死亡者と1000人以上の負傷者を出してしまったのでしょうか。

　新疆事件の発端は先日、広東韶関で発生した刑事事件にあるという人がいますが、広東韶関の事件はデマによる集団の殴打事件でした。現在、この事件は既に適切な処理がなされ、犯人も拘留されています。広東韶関の事件は、刃物や棍棒や石ころで、罪のない市民に無差別な暴力を振ったウルムチの暴徒事件の口実となってはいけないのです。それゆえに、少数の部外者がこの事件に関して、挑発や計画的な撹乱を行った行為こそが今回の暴力事件の発生の主な原因ではないかと思っています。私たちは、この事件を「民族の衝突」という枠にはめることに対して賛成しません。それは、間違った理解である以上に新疆の各民族との関係を裂こうとするものだからです。

　このウルムチの「7・5」事件は、過去の十数年間のウルムチ市や他の地域で相次いで起きたテロリストの暴力・襲撃事件などを思い出させずにはおきません。テロリストの中には、アフガニスタンに行って訓練を受け戦った者もいれば、グアンタナモ米軍基地に収容された者もいます。目下、「7・5」事件は全面的に調査中ですが、犯人は必ず法律の下制裁を受けなければなりません。

中国既是一个发展中国家，也是在世界上影响力日益增强的大国。我们注意到国际上对"7·5"事件的关注，因此邀请了世界各国的记者到新疆实地采访。总体上看，外界了解乌鲁木齐事件的信息渠道是畅通的。我们希望这样的透明度有利于减少过去在涉华问题上出现过的充满偏见的报道，避免一些媒体采用假信息、假照片的问题。中国网民对不公正评论的反应是很敏锐的。

目前在新疆事态逐渐平息，包括维吾尔族在内的各民族人民坚决拒绝暴力，由衷希望恢复正常的生活秩序。新疆近年来和内地一样得到快速发展。许多内地人在新疆参与建设，在棉花收获季节尤甚。也有许多新疆人在内地打工、经商和学习，维吾尔人活跃在内地的许多大城市，北京的一些新疆特色餐馆就很叫座。迁徙和移民自由是一项基本人权，也是中国发展进步的标志之一。

中国自古就是一个多民族的大家庭。统一、富强与和谐的共同目标，将56个民族紧紧凝聚在一起。国家统一和民族团结的意识流淌在代代中国人的血脉之中，这是中华民族生生不息的力量之源，也是中国与国际社会交往的基础。

China is a developing country with growing influence in the world. We are aware of the attention the world has shown to the incident. International journalists were invited to Xinjiang and, on the whole, the world is getting an open flow of information. We hope such transparency will reduce biased reporting and the use of false information and false photos as has happened in the past. Chinese bloggers are quite quick in responding to some unfair comments.

Now calm is being restored. People of all ethnic groups including the Uighurs are firmly against violence and long to resume normal life. Xinjiang has been growing as fast as the rest of China. Many people from other parts of the country work there, especially during the cotton harvest season. People from Xinjiang also work, trade and study all over the country. There is hardly a big city where there is no Uighur community. Xinjiang restaurants in Beijing are very popular. Freedom of movement and migration is a basic human right and a sign of China's development and progress.

Throughout the centuries, China has been a multi-ethnic society connected by a commitment to unity, prosperity and harmony. Unity is deep in the blood. That is where our strength lies and forms the basis for China's interaction with the international community.

中国は発展途上国でありながら、世界における影響力が日増しに強くなりつつある大国でもあります。私たちは、世界が「7・5」事件に対して関心をもっていることを知っています。従って、世界各国の新聞記者を招いて、新疆各地で現地調査を行ってもらいました。世界のウルムチ事件に関する情報を収集するルートは塞がっていません。これらの透明性によって、これまでの中国に関する問題に見られた偏見に満ちた報道が減少し、一部のメディア関係者のデマ情報もなくなり、偽の写真使用の問題も発生しないよう心から願っています。中国のネット・ユーザーたちの不公平な評論に対する反応は、とても鋭いのです。

　目下、新疆の事態が次第に静まりつつあります。ウイグル族も含めた各民族は、全ての暴力を断固として拒絶し、新疆の通常の生活秩序が一日も早く回復するよう心から望んでいます。近年、新疆は内陸地域と同じように急速な発展が見られます。多くの内陸地域の人々が新疆の建設に参加しており、綿の収穫期に入ると、新疆への出稼ぎ労働者は特に多くなります。一方、大勢の新疆の人々も内陸地域で働き、全国各地で商売や勉強をしています。ウイグル族の人々は内陸地域の多くの大都市で活躍しているのです。北京の新疆レストランはいつも大盛況で、とても人気があります。移住や移民の自由は一つの基本的人権であり、中国の発展と進歩の一つの表れでもあります。

　中国は古くから、多民族から構成されている大家族なのです。統一・富強・調和の目標は、他でもなく56の民族がひとつに結束することなのです。国家の統一と民族の団結という意識は、代々にわたって中国人の血脈に流れているのです。これが中華民族の永存していく力の源であり、中国の国際社会との交流の基本でもあるのです。

ホークス先生を偲ぶ

『ガーディアン』紙掲載 2009年9月23日

Remembering David Hawkes

The Guardian
23 September 2009

忆霍克思先生

《卫报》
2009年9月23日

Returning to London after summer break, I was shocked to learn of the passing of David Hawkes. An Oxford scholar of classical Chinese literature, he was renowned for his translation of a much-loved Chinese literary classic, *A Dream of Red Mansions*, or *The Story of the Stone*, as he translated it.

The last time I saw him was on a warm, sunny afternoon last April, when I called on him at his Oxford home, a commonplace two-storey house easily missed when one passes by. Coming out of a narrow passageway, he greeted me in the traditional Chinese way: both hands held together to his chest and all smiles. He said, "Welcome to my humble home" in perfect Chinese, just like any Chinese old man.

We continued speaking in Chinese after sitting down in his somewhat crowded sitting room. Looking at the books scattered about—mostly traditional literary works in Chinese alongside a handful of contemporary novels—I began to understand how he had managed to remain fluent in Chinese 58 years after returning from studying in China.

夏末回到伦敦，突然听到霍克思先生去世的消息，怅惘不已。霍克思是牛津大学一位中国古代文学学者，他把中国人最喜爱的古典名著之一《红楼梦》(《石头记》)翻译成英文，并因此成名。

最后一次见到先生是今年4月的一个下午，阳光明媚，暖意盎然，我前往拜访先生在牛津的家——一座很不起眼的二层小楼。先生从窄窄的走道出来，拱手上前，笑盈盈地用传统的中国方式向我们问好："欢迎光临寒舍。"一口标准的普通话，如同一位中国老者。

我随先生走进一间有些局促的客厅。坐定后，我们继续用中文攀谈起来。我注意到房间各个角落都堆满了中国古典文学书籍，当中也有几本当代小说。他从中国求学回英国已经58年了，还能说一口纯正的普通话，这必是原因所在了。

夏の休暇を終えてロンドンに戻ると、突然デビド・ホークス先生ご逝去の報に接しました。この上ない悲しみを覚えずにはいられませんでした。ホークス先生はオックスフォード大学の中国古典文学の学者です。彼は中国人が最も愛読している古典の名著の一つである『紅楼夢』(『石の記』)を英訳したことで一躍有名となりました。

　先生に最後にお会いしたのは今年4月のある日の午後でした。陽光の満ち溢れた暖かい日に、私はオックスフォードにある先生のお宅を訪問しました。ごく普通のあまり目立たない2階建ての家でした。先生は、細い廊下から迎えに出て来られ、両手を胸のところで合わせて微笑みながら、「拙宅にようこそ！」と伝統的な中国の挨拶で出迎えて下さいました。完璧な美しい中国語で、まるで中国人のお爺さんのようでした。

　私は先生のご案内で小さなリビングルームに通されました。それから、私たちは中国語で雑談をし続けました。話している間に、私は、先生のお部屋の隅から隅まで中国の古典文学の書籍がうず高く積み上っているのに気がつきました。その中には何冊かの現代小説もありました。彼が中国での留学を終えイギリスに戻って既に58年の月日が流れていました。それにもかかわらず、先生がどうして相変わらず流暢な中国語を操れるのか、その理由が、ここにあることが分かったような気がしました。

先生讲，自己已经很久没有看到中国内地作家的新书了，听得出话音里带着些许遗憾。霍夫人端出热腾腾的红茶和自制的甜饼干。我们的话题自然离不开《红楼梦》。

先生第一次接触《红楼梦》，是六十多年前在牛津求学的时候同学裘克安借给他看的。他被书中描述的大观园悲欢离合的故事和其中揭示的多彩社会生态深深吸引，一辈子的红楼情缘就此结下。1970 年，他下定决心把《红楼梦》翻译成英文，开始了十年的译著苦旅。为了能够专注于翻译，他竟然辞去了牛津教授的职位，表现出巨大的奉献精神。

《红楼梦》有两条相互联系的叙述主线。一条是凄美动人的爱情故事，描述出身贵族的贾宝玉同一群美丽动人却命运凄婉的女子在封建制度束缚中一起成长的经历。第二条是由盛转衰的贵族家族史，折射出 18 世纪中国社会的剧烈变迁。

小说的原作者曹雪芹未能完成整部作品，为后人留下了很多无法破解的悬案，至今仍为学术界所关注和争论，因而还派生出"红学"这个自成体系的研究领域。

"I haven't read new books from mainland writers for quite a while," he said, a hint of regret in his tone. His wife Jean served warm English tea and home-baked biscuits. The conversation went on around *Red Mansions*, as the book is affectionately known.

More than 60 years ago, Hawkes first borrowed *Red Mansions* from his Chinese classmate Qiu Ke'an at Oxford. He was so enchanted by the saga of the characters and the kaleidoscopic view of Chinese society which the book revealed that it became his lifelong passion. In 1970, he embarked on an English translation, a monumental task that took ten years to complete. In order to concentrate on it, he resigned from his chair at Oxford—an act of remarkable dedication.

Red Mansions features two intertwined plot lines. One is the sad but romantic love story of a young nobleman, depicting the women—stunningly beautiful but ill-fated—who surround him, and his struggles within the cocoon of feudal rules. The other involves the decline and fall of the noble family and reflects the dramatic social upheavals of 18th-century China.

Cao Xueqin, the author, never finished the book, leaving many unsolved mysteries which remain a source of interest for academics to this day. A term—redologists—has been coined for the scholars devoted to the study of the *Red Mansions*.

先生は、「私は、長い間、中国の作家の書いた新刊を目にしていませんよ」と言いました。

　彼の語る言葉の語調から、いささか心残りの気持ちを感じずにはいられませんでした。奥様が、香り溢れる暖かい紅茶と自家製の甘いクッキーを出して下さいました。私たちの話題は、当然『紅楼夢』をめぐって途切れることなくはずみました。

　先生が『紅楼夢』に出合ったのは、60年以上前、オックスフォード大学で勉学中に、同級生の裘克安(Qiu Kean)さんから借りて読んだ時が最初だったと話されました。彼は、作品に描かれた「大観園」の人物たちの変転きわまりない物語やその中で明らかにされた多彩な中国社会の生態に深く心を奪われた、と。ここに、彼と『紅楼夢』との生涯の縁が結ばれることになりました。1970年、彼は『紅楼夢』を英訳する決心をし、その完成に10年という並々ならぬ「苦しい旅」を続けて来られたわけです。翻訳に専念するため、彼はオックスフォード大学の教授職を辞してしまいました。彼の献身的精神は特筆に値するものです。

　『紅楼夢』は、相互に絡み合う2つテーマがあります。一つは、悲しくも美しい感動的愛情物語です。賈宝玉という貴族出身の主人公と彼を取り巻く、運命に翻弄された美しい女性たちとの封建制度の束縛の下で生きていこうとする懸命な苦闘が描写されています。もう一つは、作品全体が一貴族家庭の栄枯盛衰を語ることで、18世紀中国の劇的な社会の動乱を映し出しています。

　小説の原作曹雪芹はこの作品を完成できませんでした。従って、彼は後世に解けない謎を残してしまいました。これらの謎については、現在に至っても学術界の関心と議論の的になっており、そのために、「紅学」という新語が生まれ、『紅楼夢』の研究に一身を捧げる学者たちが生まれました。

Translating the novel is almost mission impossible—not only because of its quintessential Chinese character, but also because of its philosophical depth. What's more, many of the ideas are only hinted at or symbolised through the poems and songs that run through the narrative. I first read it as a teenager, have reread it twice in later years, and am still unsure how much I have missed. For Hawkes, the challenge was all the greater: he also faced the problem of bridging two vastly different cultures and ways of life. Yet Hawkes was bold enough to maintain that the principle he followed was to translate everything—even puns.

Hawkes certainly fulfilled his aim. His mastery of classical Chinese and superb rhetorical skills in the English language, alongside his tireless effort, made it possible for him to carry this masterpiece across cultural boundaries and present it to British eyes and minds in its original flavour.

To me, his English version is a joy to read; I particularly admire his translation of the opening poem, which carries the central theme of the novel. The full meaning of the poem is revealed only at the end of the story when the pampered young man is reduced from nobility to a poor and lonely outcast, and comes to realise that good times in life are but a fleeting dream. Hawkes tackled this poem beautifully. Let me quote a few lines:

翻译《红楼梦》几乎是不可企及的目标，不仅因为这部书渗透了中国语言文化精髓，也因为它包含着对人生很深的哲学感悟，而且许多思想是通过贯穿全书的众多诗词歌赋委婉含蓄地表现出来的。我十几岁的时候第一次读《红楼梦》，后来又重温过两遍，始终感觉意犹未尽。对先生来说，他还面临着贯通两种截然不同的文化和生活方式的挑战。先生明知不可为而为之，他声明自己恪守的一条原则是一切都不放过，包括双关语也要译出来。

霍克思的译著实现了自己的目标。他对中国古典文学的精通，对英文音韵修辞的把握，加之辛勤不辍的努力，使他得以跨越文化的界限，将这部18世纪的中文巨作原汁原味地呈献给英文读者。

对我来说，拜读他的英文译作是一种享受。我尤为喜欢先生翻译的开篇诗——《好了歌》。这首诗代表着全书的中心思想，但是只有到故事结尾的时候，当生长于富贵之家的宝玉从锦衣玉食沦落到了"围破毡"、"噎酸齑"的境地时，当他终于意识到人生的欢乐如梦一般稍纵即逝之际，全诗的含义才表露无遗。先生将诗译得很到位，意韵均佳。下面引几行：

『紅楼夢』を翻訳することは、その作品の本質に及ぶことは不可能と思えるほど難しい仕事です。なぜなら、この作品には中国の言語及び文化の神髄が染み込んでいるだけでなく、人生の奥深い哲学的悟りが下敷となっており、その上、いくつもの思想の核心が、物語の全体に貫かれた数多くの美しい詩や歌を通じて婉曲的かつ含蓄をもって表現されているからです。私は10代の頃、初めてこの作品を読みました。その後、2回繰り返して読みましたが、読む度になお、十分に味わい切れていないと感じております。

　この作品を翻訳するということは、ホークス先生にとっては、さらに2種類の全く異なる文化と生活様式に詳しくなければならないという問題にも直面していました。にもかかわらず、先生は、その不可能を可能にするため、ご自分で一つの鉄則を守りました。その鉄則とは、翻訳する際には、原作の一言一句もらさずに、更には掛詞などに対する訳出も含めて、全てを見逃さずに翻訳することでした。

　ホークス先生の訳著は、まさにその通り鉄則を完璧に成し遂げました。彼は、中国の古典文学に精通し、また英語の音韻および修辞に対する卓越した専門的知識も有しており、更には弛みない多大な努力によって、異文化の壁を乗り越えて、この18世紀の中国文学の最高傑作を、原文の味わいを余すところなくそのままの形で英語の読者の前に差し出すことができたのです。

　私にとって、彼の英訳の『紅楼夢』を拝読することは、何よりの喜びです。私は、先生の翻訳された冒頭の詩である「好了の歌」が特に好きです。この詩歌には作品の思想の中核が凝縮されています。貴族の家で甘やかされて育った主人公の賈宝玉は豪奢な貴族生活から襤褸に身を包み、粗食を口にする貧しい生活へと没落した時に、つまり物語の結末に至って初めて人生の歓びは束の間の夢に過ぎないと悟るのです。この作品の冒頭の詩歌の真意はここに表れているのです。先生のこの詩歌の訳出は完璧の域に達しており、韻踏みも素晴らしいものでした。ここで、少し原文と先生との翻訳を対照して見たいと思います。

Men all know that salvation should be won,
But with ambition won't have done, have done.
Where are the famous ones of days gone by?
In grassy graves they lie now, every one.

There were, of course, points at which Hawkes was less successful. His reluctance to use the word "red" drew criticism, for "red" is central to the message of the book, referring, as it does in Chinese culture, to all the good things in life: youth, love, prosperity, and nobility. He avoided "red" in the title of the book which he translated into *The Story of the Stone*, rather than *A Dream of Red Mansions*. He also translated the hero's residence as "House of Green Delight," instead of "Happy Red Court" as its Chinese name literally suggests.

He did so probably in order to accommodate his own cultural environment. As he remarked, "If I can convey to the reader even a fraction of the pleasure this Chinese novel has given me, I shall not have lived in vain."

Men all know that salvation should be won,
世人都晓神仙好,
But with ambition won't have done, have done.
惟有功名忘不了!
Where are the famous ones of days gone by?
古今将相在何方?
In grassy graves they lie now, every one.
荒冢一堆草没了。

当然,先生的译著也并非圆满无瑕。他选择了《石头记》作为书名,还将"怡红院"译为 House of Green Delight(少怡宅),似乎在回避"红"字,难免受到质疑。其实"红"在中文中寓意人生最美好的事物,比如青春、爱情、财富、高贵,营造着贯穿全书的意境。

先生这样做许是为了最大限度地照顾英文语境。如他自己所说,"如果能使读者获得我读这本小说时百分之一的乐趣,也就不虚此生了"。

世人都曉神仙好，　　　世人、皆曉る 神仙の好しきを
　　Men all know that salvation should won,
　　惟有功名忘不了，　　　ただ功名の忘れ了せざる有り
　　But with ambition won't have done,have done.
　　古今将相在何方？　　　古今の将相 何処に在りや
　　Where are the famous ones of days gone by?
　　荒塚一堆草没了。　　　荒塚一堆 草 没し了せり
　　In grassy graves they lie now,every one.

　勿論、先生の翻訳に瑕が一点もないとは言えませんが、彼は『石の記』を書名とし、また「怡紅院」を「House of Green Delight」(少怡宅)と訳されました。従って、「紅」という字を避けたような感じがして、疑義を免れないのです。実のところ、「紅」は中国語では人生の最も美しく素晴らしい事を寓意しています。たとえば、青春・愛情・富・高貴などです。従って、「紅」というものは、作品全体を貫いている境地ではないかと思います。

　先生がこのように訳したのは、恐らく、英語の持つ文化的環境を最大限に配慮したためだと思います。先生ご自身が次のように言われました。

「もしも読者が、私のこの本を読んで100分の1でも楽しみが得られるならば、私の生涯は決して無駄にはならないでしょう」。

《泰晤士报文学增刊》将霍译《红楼梦》评价为当代最好的英文译著之一。遗憾的是，即使有先生的生花妙笔，《红楼梦》从学术界走入西方寻常百姓家仍然路途遥远。不得不说，先生在英国有时也是寂寥的。

阳光透过客厅的小窗户洒进来。先生显然很高兴与我们聊天，他愉快地回忆着往事：1948年，经过长达一个月的旅途颠簸后，先生来到北京，开始学习中国古代文学——即使对中国人来说，这都是一门很难的课程。先生拿出一本老相册，谈起在北大读书时的种种乐趣和结下的友情，黑白照片里的先生分明是个儒雅俊朗的青年。有意思的是，1949年，毛泽东主席在天安门城楼上宣布新中国成立的时候，他正在人群当中。朝鲜战争爆发后，先生不得不带着他怀孕的妻子于1951年离开了中国。后来因为种种原因，他再也没能回到中国，但他对中国语言文学赤子般的热爱一直伴随终生。

先生已去。他将中国人民最钟爱的古典小说以通俗易懂的方式引荐给西方读者，为中国人民和英国人民架起一座文化的桥梁，他的贡献将永为世人铭记。

The Times Literary Supplement hailed his work as "one of the best translations into English of our time." To my regret, his translation did not catch on with the wider British readers. He was lonely in his love of *Red Mansions*.

The sunlight came through the small window of Hawkes' sitting room during my visit. Fondly remembering his life in Beijing, he told us how he arrived in 1948 after a month-long journey and began studying ancient Chinese literature—a hard course, even for Chinese. Turning the pages of an album of black and white photos, he talked about the fun and friends he had at Peking University. He was a handsome boy in the photos. He was even there with the crowd in 1949 when Chairman Mao Zedong proclaimed the founding of New China on the Tiananmen Rostrum. He had to leave in 1951 with his pregnant wife after the Korean War broke out. Caught by successive events, he never returned. But his lifelong devotion to Chinese language and literature remained with him until the last day.

He will always be remembered for bringing the Chinese people's favourite classical novel closer to Western readers, making it readable and understandable, and for building a cultural bridge between the Chinese and the British people.

タイムズ文芸付録紙は、ホークス訳著『紅楼夢』を現代における最も優れた英訳の作品の一つであると評価しています。しかし、残念なことは、いかにホークス先生の優れた訳であったと言っても、やはり『紅楼夢』という作品は学術研究から言えば、それが西欧の一般庶民の間に受け入れられていくにはまだまだであったのです。『紅楼夢』を愛する先生のイギリスでの生活は、聊かの寂寥もあったことだろうと思われます。

　日差しが、小さな窓を通して私たちのいるリビングルームへ差し込んでいました。先生は楽しそうに語り続け、昔を懐かしそうに回顧されました。1948年、1ヶ月間にも及ぶ長い旅を経て先生は北京にたどり着き、中国の古典文学を勉強し始めました（この科目は、中国人にとっても、難しい科目でありました）。先生は、1冊の古いアルバムを取り出されました。それを見ながら、北京大学に留学していた時代の、楽しかった事や友情を結んだ友人たちの事についての話を聞かせて頂きました。白黒の写真集の中の先生は、学識のある、上品で格好の良い明るい青年でした。興味深かったことに、1949年、毛沢東主席が天安門の演壇で新中国の成立を宣言したその時に、彼はまさに群衆の中の1人としてそこにいたという、その写真があったことです。朝鮮戦争の勃発後、先生はご懐妊中の奥様を伴い、1951年に中国を去らざるを得ませんでした。その後、諸般の事情により先生は二度と中国へお戻りになることは出来ませんでしたが、彼の中国の言語と文学に対する情熱は終生変わらなかったのです。

　先生は帰らぬ人となりましたが、彼が中国の人々の最愛の古典小説を分かり易く翻訳され、西欧の読者たちに紹介されたこと、これは実に中国とイギリスの人々の間に、より親密な文化の架け橋を築いたことになるのではないでしょうか。先生のご貢献は、人々の心の中に永遠に銘記されていくことでしょう。

「X・ファクター」

『ザ・サン』紙掲載 2009年11月5日

The X Factor Factor | *The Sun* 5 November 2009

"英国偶像"
《太阳报》
2009年11月5日

The X Factor is a British television singing competition contested by aspiring singers drawn from public auditions. The "X Factor" of the title refers to the indefinable "something" that makes for star quality.

英国ITV电视台热播的"英国偶像"是一档歌唱比赛选秀节目，分为海选、晋级赛等多个环节，其名称中的X Factor是指成为明星需要具备的"神秘因素"。

イギリスITVテレビのホットな番組「X・ファクター」は、歌唱のコンテストによるスター誕生の番組である。番組では、スター誕生までに、出場者は競い合い決勝戦まで幾つかの段階が設けられている。番組の英文名称「X Factor」は、スターになる為の資質として備えておくべき「重要な要素」の意を指している。

It was fun finding myself caught up in the X Factor fever and reading about the "diplomatic row" involving my Embassy.[1]

I learnt about the X Factor in the neighbourhood from Embassy colleagues living nearby who complained about the noise made by the young fans outside the X Factor house.

My daughter emailed me wondering if she could fly in and join the screaming fans! I have to admit that I also enjoy watching the X Factor when there is time and have my own favourite contestants.

I think it would be unfair to mention who my favourites are, but I think all the acts have some great qualities.

For instance, I am impressed by the twins, John and Edward, for their determination and spirit in the face of a lot of criticism. It is not easy at their young age.

[1]. *The Sun*, the best-selling newspaper in the United Kingdom, published a story about the X Factor moving into the neighbourhood of the Chinese Ambassador's residence, saying that it became a "diplomatic row" after the Chinese Embassy made a complaint. Fu Ying then wrote this letter to *The Sun*, turning the negative reporting to an opportunity of positive publicity and a successful effort in crisis management. 全英发行量最大的《太阳报》报道了"英国偶像"剧组入驻中国大使官邸社区，声称招致中国大使馆抗议，引发"外交争端"。傅莹就此撰文《太阳报》，将负面炒作变为宣传中国的机会和一次成功的危机管理。

无意中卷入了关于"英国偶像"的新闻，看到了有关"外交争端"的报道，感觉挺逗趣儿的。[1]

住在附近的使馆同事告诉我，"英国偶像"剧组入住了官邸附近的社区，他们对年轻粉丝们的吵闹颇有微词。

我女儿写来邮件，说若能飞过来加入那些尖叫的粉丝们就好了。周末晚上如果没有日程安排，我也喜欢看看这个节目，有几个选手我也蛮喜欢的。

参赛选手各有特色，很难说我最喜欢的是哪位。

比如，约翰和爱德华这对双胞胎给我印象很深，他们面对众多批评仍然表现出很大的决心和高昂的士气，小小年纪，已经很不容易了。

知らず知らずのうちに、「X・ファクター」に関するニュース番組に巻き込まれ、また番組の「外交論争」の報道を見るに及んで面白く思っていました。[1]

　中国大使官邸の近くに住んでいる同僚が、「X・ファクター」の番組製作のスタッフたちが官邸所在地域に入り、そこにライブ・コンテストのスタジオを造ったため、ファンの若者たちがその外で大騒ぎをしているので、中国大使館が苦情を訴えたのだと教えてくれたのです。

　私の娘は、私にメールを寄こしました。そのメールには、もし自分がすぐさま飛んで行き、叫び声を上げているファンの若者の群れに入れたら、どんなに嬉しいことか、と書いてありました。週末の夜、時間が許せば、私だって勿論この番組を見逃さずに楽しみたい。特に、何人かの出場者が実に魅力的であるからだ。

　出場者にはそれぞれの特長があって、誰が一番好きなのかと問われても実のところ甲乙つけ難いのが率直な気持ちです。

　たとえば、ジョンとエドワードの双子の兄弟はとても深い印象を与えてくれます。彼らはどんな多くの批判に曝されても、変わらぬ強い自信と努力の意気込みを見せてくれたのです。彼らは年令が若いわりには、なかなかのものではないかと感じさせてくれました。

---

1. イギリスで発行部数の一番多い日刊紙『ザ・サン』に、「X・ファクター」という番組のスタッフたちが中国大使官邸区域に入り、ライブハウスの舞台を立てたことにより中国大使館の抗議を招くに至った、という報道があった。それをきっかけに、「外交論争」を引き起こした。これに対して、傅瑩は『ザ・サン』に一文を投稿した。彼女は否定報道を利用して中国のアピールを行った。結果、その対応によって当時の危機的状況を逆転し、危機管理を成功裡に導いたのである。

Stacey has been more and more brave and being well liked by the fans must have been a great encouragement for her.

Jamie's sincere and energetic voice and dance really gets the crowd going. I think his hair makes him look unique.

Danyl and Olly are both great showmen while Lloyd and Joe have got a lot of potential.

Lucie, who is from a small village, has a lovely voice like the country she is from, and is clearly very popular.

They are all so very talented, and it is going to be a very close competition and will be difficult for the judges, who are of impressively high quality.

It is no wonder they have so many dedicated fans!

The fever surrounding the X Factor reminds me of that surrounding a similar programme in China called "Chao Girls." In 2005, Li Yuchun won with 3.53 million votes sent through text messages, arguably becoming China's first TV star chosen directly by the people.

斯泰茜越来越能放开了，粉丝们的支持肯定让她备受鼓舞。

杰米的歌声和舞蹈很真诚，很有活力，让观众们为之振奋，他的发型也独树一帜。

丹尼尔和奥利都很会表演，劳埃德和乔很有潜力。

来自乡间的露西有着田园般美妙的歌喉，很受欢迎。

这些选手都很优秀，竞争将非常激烈，评审团成员虽然都极其出色，但要判出高下也非易事。

这些选手有如此众多的粉丝追捧完全在情理之中。

这个节目引发的狂热让我联想到中国类似的电视选秀节目。2005 年，李宇春获得 353 万张通过手机短信发来的支持票，赢得"超女"选秀大赛第一名，成为可能是中国第一个由公众直接选出的电视明星。

スティーシーはますます自由奔放に演じるようになりました。恐らく彼女はファンたちの強い支持を受けたことが、大きな励ましになったからに違いないと思われました。
　ジェミーの歌声と踊りは実に真摯で、かつ力強く、会場の観衆の心を大いに奮い立たせました。また、彼の髪型も独特で個性的でした。
　ダニエルとオーリーのパフォーマンスは何れも非常に素晴らしいものです。一方、ロイドとジョーは、とても芸術的な潜在能力を持っていると思われました。
　田舎から来たルーシーは、田園のように美しい声を持っており、明らかに人気がありました。
　出場者は、いずれも大変優れていました。そのためコンテストは非常に激戦であり、審査員たちはいずれもプロ中のプロですが、勝ち負けを決める審査は決して生易しいものではないようでした。
　だからこそ、これらの出場者がたくさんのファンを魅了しているのは当たり前のことのように思います。
　この番組によって爆発したフィーバーは、私に中国のほぼ同じような番組のことを連想させました。2005年、李宇春さんは、「スーパー・ウーマン」というスター誕生の番組で携帯メールの投票数353万票を獲得して、出場者のなかで第1位になりました。多分、彼女は中国史上初の大衆によって直接に選ばれたテレビ・スターだろうと思います。

The "Kuai Girls" this year, held in 23 provinces, attracted 150,000 contestants, and it became such a national obsession that 230 million viewers reportedly watched the finals.

This kind of entertainment show, combining live performances and competition, appeals to young people in China as much as it does in the UK. However, in China, the contestants do not have the luxury of setting up a "programme house" in a neighbourhood or, if they did, it may be flooded with millions of fans.

The beauty of such shows is that they give young people a chance to realise their dreams. When I was young, the circumstances in China were different. I am glad my daughter's generation is lucky to have more opportunities in life thanks to the progress and prosperity that China today offers.

Good luck to the contestants of the X Factor.

今年的"快女"选秀在23个省区展开，吸引了15万人报名参加，成为全国轰动一时的节目，据说有2.3亿人观看了决赛。

这类娱乐节目集现场才艺表演和竞争选秀于一体，在中英两国年轻人中都有很强的号召力。不过，在中国，这类节目的剧组通常不会进驻居民区，否则上百万的粉丝一来，还不得把居民区淹没了？

给年轻人提供实现梦想的舞台正是这类节目的魅力所在。和我年轻时相比，我女儿这代人非常幸运。她们得益于今日中国的繁荣和进步，在生活中有着更多的选择，这也让我颇感欣慰。

祝"英国偶像"的选手们好运。

今年の中国の「スピーディ・ウーマン（快女）」というスター誕生のテレビ番組の出場者選出の最初の段階は23の省と地域で行われました。番組に対して、15万人もの応募者があり、一時的に国を挙げて人々が沸きたちました。報道によると、決勝戦の視聴者は2億3千万人に達したといいます。
　このような娯楽番組は、ライブ公演とコンテストとを一体化させて行うものなので、中国においてもイギリスと同様に、若者たちにとっては大変魅力的なものなのです。しかし、中国では、このような番組放送のために住宅地へ進出してライブのコンテストのスタジオを建てるようなことはあり得ません。もしもそんなことがあったとしたならば、駆けつけてきた何百万人というファンたちによって、あっという間に住宅地が埋め尽くされてしまうからです。
　若者たちに夢を実現させる舞台を提供することは、まさにこのような番組の魅力と言えます。私の若い時代と比べて見ると、私の娘たちの世代は本当に幸運だと思わずにはいられません。言うまでもなく、これは今日の中国の繁栄と進歩による賜物であるからです。彼女たちの世代は、生活の中でより多くの選択のチャンスに恵まれているからです。これは何よりも嬉しいことです。
　「X・ファクター」の出場者の幸運を心よりお祈り申し上げます。

対談編

访谈 | INTERVIEWS

中国と世界の美しい関係のスタート
イギリス第4チャンネル・ニュース番組での会見

2008年5月8日

The Start of a Beautiful Relationship Between China and the World

Interview with Channel 4 News
8 May 2008

中国与世界的美丽新起点

英国第四频道新闻电视采访

2008年5月8日

Jon Snow: Can we start with Burma? China has very close relations with Burma. What pressure are you able to bring on the Burmese Junta to allow international aid in?

Fu Ying: Thank you very much for having me here. Burma, which we call Myanmar—the UN name, is our very close neighbour and we have a common long border. China has been among the first to offer aid, and our aid arrived yesterday. All the neighbouring countries have been there. It's a tragic situation. For any government, I think it's very demanding and challenging. I think it's time for solidarity; blaming or complaining is not going to help the people—the people are suffering. As far as China is concerned, we'll certainly do everything we can to help. In China, our hearts are with the people; students are making donations to the Myanmese Embassy in Beijing.

Snow: Are you asking the Burmese government to let some of the other aid in, as clearly there's plenty waiting?

Fu: China does not have the culture of telling other governments what to do, but during this time of crisis we'll do everything the way we can.

乔恩·斯诺：首先我想问一个关于缅甸(Burma)的问题。中国同缅甸的关系非常密切，中国能向缅军政府施加何种压力，让他们允许国际救援进入缅甸？

傅莹：首先感谢您的邀请。我们称呼缅甸用Myanmar这个词，这也是联合国的用法。缅甸是中国的近邻，两国有很长的共同边界。缅甸遭受强台风袭击后，中国是最早向缅甸提供紧急援助的国家之一，首批救援物资已于昨天开始抵缅。缅甸的邻国都提供了救援物资。目前灾情十分严重，对于任何一个政府来说，处理如此大规模的灾害都不是一件容易的事情。现在应该是团结一致的时刻，一味指责或抱怨并不能够帮助正在遭受苦难的缅甸人民。中国在尽最大努力帮助缅甸，我们对缅甸人民深感同情。这几天许多中国青年学生自发到缅甸驻华大使馆捐款。

斯诺：中国是否要求缅政府也对其他国家的援助放行？目前有许多援助物资和人员都在等待。

傅莹：中国没有指挥别国政府的习惯。在当前的危机面前，我们愿以适当的方式尽一切努力提供帮助。

ジョン・スノー：早速ですが、ビルマ（**Burma**）の問題について質問をさせて戴きます。中国はビルマとの関係が非常に緊密ですが、ビルマ軍事政府に向けて、どのような圧力をかければ、彼らに国際援助を受け入れさせることが出来るとお考えでしょうか。

傅瑩：先ず最初に、お招き頂いたことに感謝致します。私たちは、「ビルマ」を「ミャンマー」と呼んでいますが、これは国連の呼び方でもあります。ミャンマーは中国の近隣の国であり、両国は長い共通の国境を持っております。ミャンマーが強い台風に見舞われた時、中国は最も早く緊急援助の手を差し伸べた国の一つでした。救援物資の第一陣は昨日からミャンマー空港に到着しています。またミャンマーの隣国も皆、救援物資を提供しております。当面、ミャンマーの被害状況はとても深刻なものです。このような大規模な災害にどう対応すればよいのか、これは如何なる政府にとって、容易なことではありません。現在、私たちがなすべきことは、一致団結することであります。やみくもに非難したり、あるいは抗議を行ったりしても、苦難に直面しているミャンマーの人々に対しては何の助けにもならないのです。中国はミャンマーに対して、まさに最大限の努力を払って援助をしているのです。私たちは、ミャンマーの人々に対し深く同情しています。ここ数日、中国の多くの学生たちは、自ら、中国のミャンマー大使館へ駆けつけて寄付しています。

スノー：中国側はミャンマー政府に他の国からの援助も受け入れるよう求めているのでしょうか。当面、多くの援助物資や救援隊の人々は、皆、待機をしている状況となっているからです。

傅瑩：中国は他の国に、こうしなさい、ああしなさいと言うような権限を持っておりません。今のような危機的状況を目の前にして、私たちは自分たちのできる方法で、出来る限りの援助を提供していきたいのです。

Snow: Ambassador, let's then look at the real reason that we wanted to talk to you tonight and you very kindly offered to come—the torch—it's been a very difficult problem. The Chinese Olympics was supposed to open up to the outside world and yet the consequences seem to have seen a closing. It's very difficult now for journalists to get to Tibet—it's virtually closed—and to some other areas. It's not been a happy situation over the last three months.

Fu: Today, it's a very important day for the Olympics of Beijing. As you know, the torch reached Mount Qomolangma—in China we call it by its Tibetan name. I watched the torch this morning, up to two o'clock in the morning. I was very excited. You mentioned the Tibetans—of the five mountaineers, three are Tibetans and there are two Tibetan women—isn't it exciting? And I heard their voices for peace and the Olympics.

Snow: That in a sense, is one side of the story. The other side is that if we want to get into Tibet, if we want to look at the Tibetan side of the mountain, at the moment it's very, very difficult for Western journalists to get in. So in that sense, it looks as if the response to the Olympics has been to shut down, not to open up.

斯诺：傅大使，感谢你欣然应邀接受采访，我想现在应该进入今晚采访的主题了。北京奥运会火炬境外传递遇到了很大困难。奥运会本应推动中国更加开放，但现在情形恰恰相反，外国记者很难赴西藏和中国其他一些地区采访报道，这些地区事实上已经被封闭了。最近三个月的形势确实谈不上乐观。

傅莹：今天对北京奥运会是具有重要意义的一天，奥运火炬成功登上世界之巅，我们中国人用藏语的名字称呼她——珠穆朗玛峰。我观看了火炬登顶的实况转播，一直看到伦敦时间凌晨两点多，心情非常激动。五位火炬手中，三位是藏族同胞，其中两位是女藏胞，在成功登顶后，我听到他们高呼热爱和平和奥运口号的声音，非常振奋人心。

斯诺：是的，但另一方面，西方记者很希望进入西藏采访，到喜马拉雅山的西藏那一侧去看一看，但这目前对西方记者来说难比登天。在这个意义上讲，奥运会似乎带来的是封闭，而不是开放。

スノー：傅大使、この度、私たちの取材にご快諾戴き、誠に感謝しております。それでは、今夜の取材の本題に入りたいと思います。北京オリンピック聖火ランナーのリレーはかなりの難題に見舞われました。オリンピックによって、本来は中国の更なる開放が推し進められていくはずですが、現在の状況をみると、逆行しているようですね。外国の記者たちにとって、チベットや中国の内陸地域への取材や報道は実に難しく、事実、これらの地域は封鎖されているのではないでしょうか。最近3ヶ月の情勢は確かに、楽観的なものではないと言えるでしょう。

傅瑩：本日は、北京オリンピックにとって、大変意義のある重要な日です。オリンピック聖火は世界の最高峰に無事到着しました。私たち中国人は、その最高峰を、チベット語で「チョモランマ」と呼んでいます。私は、聖火が山頂まで到着した生中継を見ました。ロンドン時間の朝2時過ぎまでずっと見ていて、心が奮い立ちました。5人の聖火ランナーの内、3人がチベット族の方で、その中の2人は女性でした。登頂に成功した後、私は彼らが平和への熱い思いとオリンピック・スローガンを声高に叫ぶのを聞いた時、心が震撼するほど感無量でした。

スノー：仰る通りです。しかし、別の面から言えば、西欧の記者たちは、チベットに入って取材することを切望し、ヒマラヤ山脈のチベット側から眺めてみたいと思っていました。しかし残念なことに、それは、彼らに言わせれば、天に登ることよりもはるかに難しいことのようです。こういう意味からすれば、オリンピックからもたらされるものは、開放ではなく、封鎖なのです。

Fu: When the Olympics comes, I'm sure lots of people will go to Tibet. I've seen the list of people applying to go to Tibet. At this moment in Lhasa, domestic tourism has already started; lots of people are already there. But for Lhasa, it takes time for them to have all those burned-down houses rebuilt and to make sure the supply comes in. The violent rioting has caused so much damage to people's lives and houses, and now it's hitting the economy. But I think the local government is doing everything it can to recover them as soon as possible.

傅莹：相信奥运会期间会有很多人去西藏。许多人已提出奥运期间入藏的要求。目前拉萨的国内旅游业务已经恢复，很多游客到了西藏。但是，在拉萨修缮被焚毁的房屋、全力恢复物资供应还需要一定时间。暴力骚乱给人民生命财产和拉萨经济带来了很大破坏，但当地政府正全力以赴地尽快恢复。

斯诺：中国中央政府不久前恢复了与达赖喇嘛代表的对话。达赖喇嘛在不少藏族人眼里是"神"，但有人却使用诸如"人面兽心的豺狼"这样激烈的言辞来批判他，这只会使局面难上加难。

傅莹：看到那么多无辜群众和警察在暴乱中伤亡确实非常令人气愤，有些人话说得可能比较重，但中央政府并没有这样讲过。达赖喇嘛的问题在于他具有多重面孔，他面对中央政府时显示的是政治面孔，谈的都是政治问题，因此是作为政治人物出现的，而很多西方人把他看作宗教领袖。他长期以来集神权和王权于一身。正如英国不主张"政教合一"一样，我们同样不能接受宗教干预政治。

Snow: There is a process going on now in which you've resumed talks with the representatives of the Dalai Lama. But it's difficult after somebody who's regarded by some of the Tibetans as a sort of god… if they have to hear language like "He's a jackal," "He's an evil spirit in the heart of the beast." This is strong stuff.

Fu: I think people were angry at that moment, when they saw so many police got wounded and so many people died. But it's certainly not the language used by the central government. Nevertheless, the problem we have with the Dalai Lama is that he wears so many hats. He faces China with this political angle, he talks about politics, so he's a political figure. And he's regarded here by many people as a religious leader, and he's long been, as you mentioned, god and king in one. And just like you—you don't like mixing up or blurring of the church and state, we don't feel comfortable having religion and politics mixed up.

傅瑩：私は、オリンピック期間中、たくさんの人々がチベットに行くことができると思います。なぜなら、大勢の人々がオリンピックの期間中、チベットに行きたいという要望を既に提出しているからです。目下のところ、ラサの国内における観光旅行業務は既に回復しました。従って、多くの人々がチベットへ観光旅行に行っております。しかし、ラサの焼き払われた民家の修繕や物資の供給を回復するには、まだまだ一定の時間が必要です。暴動によって人々の生命と財産及びラサの経済は破壊的損失を受けました。しかし、現地政府は1日も早く回復するよう全力を尽しているところです。

スノー：中国の中央政府は、最近、ダライ・ラマの代表者との対話を再開しました。ダライ・ラマは、チベット族の人々にとっては、「神様」です。しかし、「人面に獣心を持つ悪魔だ」などのきつい言葉で彼を批判している人たちがいます。これでは、局面を悪くさせる一方ではないでしょうか。

傅瑩：暴動によって大勢の罪もない民衆や警官が死傷したりするのを目にすれば、人は誰でもこの上ない憤りを覚えずにはいられなかったでしょう。一部の人たちの言葉遣いには行き過ぎた所があったかも知れませんが、しかし、中央政府がそのような言葉を使ったことはありません。ダライ・ラマの問題は、彼が多重の「顔」を持っていることにあります。彼は中央政府と話す時には、政治的な「顔」をして政治の問題ばかり語る、つまり、政治的な人物として現れます。一方、西欧の多くの人々は彼を宗教指導者として見ています。彼は長期にわたり、宗権と王権とを一身に帰しているのです。ちょうど、イギリスが「政教合一」を主張していないのと同様に、私たちも宗教の政治への関与を受け入れることが出来ないのです。

斯诺：你对布朗首相将会见达赖喇嘛持何看法？中方是否希望首相最好不要会见他？

傅莹：我听说达赖喇嘛此次行程中，英国是唯一安排政府首脑同他见面的国家，从我们的角度看，这是很糟糕的。另外，他到底是以宗教身份还是政治身份访英呢？当前形势很复杂，这么做只会使问题变得更为棘手。

斯诺：中国是否在某种意义上也感到或者意识到西藏人民也可能有理由感到不满？

傅莹：我们愿意讨论任何具体问题。西藏正在分享中国改革开放的成果：近年经济增长速度超过12%，高于全国平均水平；过去藏族人平均寿命是35岁，现在达到了67岁；过去文盲率高达95%，现在下降到5%；西藏到处在兴建学校，为青少年提供受教育的机会。

Snow: Do you feel comfortable with Gordon Brown meeting with the Dalai Lama as he's going to? Would you rather he didn't meet him?

Fu: I heard that Britain is the only country where there will be a head of government meeting him during his recent international tour. From our point of view, it's very wrong. This is a difficult situation for us: Is he coming as a religious leader or a political leader? It will only make things difficult.

Snow: Is there any sense in which China feels or recognises that people in Tibet may have legitimate grievances?

Fu: We wouldn't have any difficulties discussing specific questions. Tibet is now sharing the benefits of the reform. Its economy is growing at a speed of over 12%, higher than the national average. The average life span in Tibet used to be only 35 years, and has now grown to 67. The illiteracy rate in Tibet used to be 95%; it's coming down to 5%. Schools are opening everywhere in Tibet.

スノー：ブラウン首相がダライ・ラマと会見する予定ですが、これについて、どうお考えでしょうか。中国側としては、なるべく会見して欲しくないというようなお考えがあるのでしょうか。

傅瑩：聞くところによれば、ダライ・ラマの今回の旅行日程の中で、彼と首相レベルとの会見を手配したのは、イギリスがただ唯一の国です。私たちの観点からすれば、これは拙いのではないかと思います。彼は、そもそも宗教的あるいは政治的立場のどちらの身分でイギリスを訪問するのでしょうか。当面の情勢は複雑であり、それによって問題がますます厄介なことになるのではないでしょうか。

スノー：中国は、ある意味からすれば、チベットの人々は不満に思うそれなりの理由があるかも知れないという意識を持っているのでしょうか。

傅瑩：私たちは如何なる具体的な問題についても議論を行う用意があります。チベットは中国の改革開放によってもたらされる成果を分ち合っているのです。つまり、近年来、チベットの経済成長のスピードは12％を超えており、中国全体の平均水準より高いのです。また、かつてチベット族の平均寿命は35歳でしたが、現在は67歳までに達しました。今までの非識字者率は95％の高さでしたが、今は5％までに下がってきました。更に、チベットでは至る所で、学校施設が造られ、青少年に教育を受けさせる機会を提供しています。

Snow: But in many ways, though, Ambassador, although those are impressive figures, the real dispute with China is about human rights and democracy. Do you think that somehow, Western concepts of freedom and democracy are simply different from Chinese concepts of freedom and democracy?

Fu: Every country has its own history, its own culture and its own economic stage of development. China is definitely at a different stage of development compared with you—you have developed your industry for 200 years, and China is just starting now. We're just at the primary stage of our industrialisation. I agree that there is universal understanding of human rights. The fundamental human rights concern for China is the interests of the majority of the people, the 1.3 billion people. Imagine, for the first time in Chinese history, people are not hungry any more. I've been through that. I know how it feels when you can only think about the food on the table. But people who are born in the '80s like my daughter, they've never known what hunger is. This is a great human rights achievement. We're not perfect; there are lots of challenges, lots of difficulties. But we're getting there, I think.

斯诺：这些数字确实令人印象深刻，但是，傅大使，很多中西方的分歧实质上是人权和民主问题。西方的自由、民主同中国的自由、民主理念真的就格格不入吗？

傅莹：各国的历史和文化不同，经济发展阶段也不同。中国与英国显然处于不同的发展阶段——英国经历了两百多年工业化进程，而中国才刚刚起步，还处在工业化初期。我同意在人权问题上存在普遍性的认识。在中国，最基本的人权关切是如何保障最广大人民群众的根本利益，那是整整13亿人啊。想一想，中国人民有史以来第一次摆脱了饥饿，我们这一代人曾经历过挨饿的困难时期，知道为一日三餐发愁的滋味。像我女儿这样80后的年轻一代从未知饥饿为何物。这是中国在人权领域的巨大成就。中国并不完美，我们还面临很多挑战和困难，但我们在不断取得进步。

スノー：これらのデータは確かに、深い印象を与えてくれます。しかし、傅大使閣下、実は、中国と西欧との本当の分岐点の多くは、やはり人権と民主主義という問題にあります。西欧の自由と民主と、中国の自由と民主とは理念上から言えば、水と油のようで、どうしても融合できないものなのではないでしょうか。

傅瑩：国によって歴史や文化が違うし、経済発展の段階も違います。中国は、イギリスと比べて、明らかに発展段階に違いがあります。イギリスが200年余りの工業化プロセスを経験したのに対して、中国は、やっとスタートしたばかりで、工業化の初期段階にあります。人権問題について普遍的な見方が存在することに私は同意しますが、中国にとっては、最も基本的な人権は、最も広汎なる民衆の根本的な利益を如何に保障すべきかということが大切なのです。その利益は、ちょうど13億の人々に関わっていることです。考えてみてください、中国の人々は、有史以来、初めて飢餓から抜け出したのです。私たちの世代は、かつて、ひもじい思いをする困難な時期を体験したので、「食う」ことの心配をする苦しみがよく分かっているのです。私の娘のように80年代生まれの若者たちは、「飢餓」というものを知りません。つまり、「飢餓」が撲滅されたことが、中国の人権領域における巨大な成果なのです。中国は、完璧なものではありません。私たちは相変わらず、多くの挑戦や困難に直面しているのですが、にもかかわらず、私たちは絶えず進歩をしているのです。

Snow: Let me just ask you one final question about the torch when it came to London. Do you regret having the men who looked like athletes but were in fact police paramilitaries round the torch? Wasn't that a mistake? They were described as "thugs" by Lord Coe[1].

Fu: No, I disagree. Firstly, the torch going all over the world, to the five continents, is China's way of saying hello to the world. It's unfortunate that so many people are trying to use this opportunity to get at China. But I think it's an educational process. China has learnt a lot through this process, and I hope the world has learnt, too. About the attendants, I met Lord Coe after his torch run, he didn't say anything, he didn't complain. The attendants, they are volunteers. The attendants here are from among the 5,000 volunteers in China, recruited from all over the country. Most of them are university students. By and large, I think they are selected to help the torch relay in accordance with the rules of the IOC[2]. I don't think they did anything outside the rules. They're very nice young boys. The boys who ran with me, I think, they were just 18 or 19, lovely and sunny, bright, very pleasant young people. It's so wrong that they're seen in this kind of light in this country. And most of them are the only children in China. Their parents must feel very hurt by the way they were treated.

斯诺：最后想问一个关于奥运火炬在伦敦传递的问题。中方是否后悔派出看似运动员的武警人员担任火炬护跑手？这是否是一个错误？科勋爵[1]甚至把他们称作"恶棍"。

傅莹：我完全不能同意这样的说法。火炬在世界五大洲传递，是中国人民向世界人民送去的问候。有各种人试图借此机会伤害中国，这是很不应该的。火炬传递的过程促使中国人民思考，希望世界也从中有所感悟。关于火炬护跑手问题，科勋爵跑完他那一程后我还和他碰了面，并没有听他抱怨什么。在伦敦的护跑手是北京奥组委从全国范围遴选的5000名志愿者的一部分，许多人都是在校大学生。伦敦护跑手的行为完全符合国际奥委会的规定，没有丝毫违反。他们还都是孩子。在我进行火炬传递时，身边的护跑手看上去也就是十八九岁吧，非常阳光、开朗，充满活力。在这里一些人如此看待、对待他们，这太糟糕了。这些孩子多是独生子女，他们的父母知道了该多伤心啊。

1. Lord Sebastian Coe: Chair of the London 2012 Olympic Committee 塞巴斯蒂安·科勋爵，伦敦2012奥组委主席
2. International Olympic Committee

スノー：最後に、オリンピック聖火がロンドンでリレーされたことについて質問させてください。中国は、警察官を選手に偽装させ、聖火ランナーの護衛として伴走させたことに対して、後悔をしていないのでしょうか。このようなやり方は間違っていたのではないでしょうか。セバスチャン・コー卿[1]に至っては、彼らのことを「無頼漢」だと言っています。

傅瑩：私はそのような表現に対して全く同意できません。聖火は世界の5大陸でバトンタッチを行うのです。これは、中国の国民から世界の国民への挨拶でもあります。しかし、色々な人が、この機に乗じて中国の人々を傷つけようとしています。この様なことをすべきではありません。聖火リレーの過程で、中国の人々はいろいろ考えさせられました。一方、世界の人々も、何かを悟って頂ければ、有り難いと思っております。コー卿が聖火ランナーとして伴走者と共に、最後まで完走した後、私は彼とお会いしました。その際、彼が何か不満を漏らすことなど何もありませんでした。ロンドンの聖火ランナーの伴走者は、北京オリンピック委員会によって全国の5000人の志願者たちの中から選ばれた一部分の人たちです。選ばれた多くは在学中の大学生でした。ロンドンでの伴走者の行為は、国際オリンピック委員会の規定に適合したもので、ルールに違反した点は何もありません。彼らは皆まだ子供です。聖火ランナーであった私のすぐ側で走っていた子はせいぜい17、8歳位のとても明るく、生き生きとした子でした。ここロンドンの地で、彼らをそんな風に扱うのは、あまりにも酷いことではないでしょうか。これらの子供たちはほとんどが一人っ子なので、もし、彼らの親たちがこのことを知ったら、どれほど傷つくかわかりません。

---

1. Lord Sebastian Coe ロンドン2012年オリンピック組織委員会主席。

斯诺：傅大使，感谢你接受采访，这很有意义，也是我们在这里第一次就此听到来自中国的观点。

傅莹：谢谢，乔恩。我最后想说的是，即将召开的北京奥运会将成为中国与世界发展美好关系的新起点，我对此持乐观态度。

Snow: Ambassador, I'm grateful for you coming in. It's been, I think, very interesting to talk to you and it's the first time we've had a Chinese perspective on the matter.

Fu: Thank you, Jon. Just let me add the Olympics is coming, and I'm sure it's going to be the start of a beautiful relationship between China and the world—I'm optimistic.

スノー：傅大使閣下、本日は大変お忙しいところ、改めて感謝申し上げます。大変意義の深いお話でした。私たちにとっても、初めて中国からの観点を直接にお伺いすることができました。本当にありがとうございました。

傅瑩：こちらこそ、ジョー。最後に申し上げたいのですが、間もなく迎える北京オリンピックは、中国が世界との美しい絆を深めて行くための新しいスタートになることでしょう。私は楽観的に北京オリンピックの開催を楽しみに致しております。ありがとうございました。

中国は協力するために来たのです
BBCテレビ局アンドリュー・マー氏との対談

2009年3月29日

China Comes for Cooperation
The Andrew Marr Show of BBC One
29 March 2009

中国为合作而来
BBC电视一台安德鲁·马尔访谈
2009年3月29日

Andrew Marr: Now the Chinese President also hasn't met President Obama, and that'll be another important meeting at this G20. The Chinese economy is so vast, some observers have declared that only two countries really matter this week: Obama's America and China. *The Economist* magazine said it's not the G20 we should be worried about, it's the G2. Well, the Chinese Ambassador to London, Madam Fu Ying, is here with me. Good morning, Ambassador…

Fu Ying: Good morning.

Marr: …and welcome.

Fu: Thank you.

安德鲁·马尔：中国国家主席迄今还没有会晤过美国总统奥巴马，两位领导人在伦敦金融峰会期间的会晤将是本次峰会的又一大亮点。中国经济规模巨大，一些评论家认为，只有中国和奥巴马领导下的美国才能在本周峰会上发挥举足轻重的作用。《经济学人》杂志也发表文章说，本次峰会最需要关注的不是G20，而是G2。今天，我们邀请到中国驻英国大使傅莹女士参加我们的节目。早上好，傅大使……

傅莹：早上好。

马尔：欢迎你接受采访。

傅莹：谢谢。

アンドリュー・マー：中国の国家主席は現在に至って、アメリカのオバマ大統領との会談を行っていないのですが、今回、ロンドン金融サミット（G20）期間中に両国指導者が会談すれば、今回のサミットのもう一つの大きなハイライトになるはずです。中国の経済規模は巨大ですので、一部の評論家は、オバマが統治するアメリカと中国こそが、今週行われるサミットで重要な役割を果たすと思っているようです。『The Economist』誌にも次のような内容が書かれています。今回のサミットで最も注目すべきはG20ではなく、G2であると。本日は、この番組に中国イギリス駐在全権大使の傅瑩女史をお招き致しました。おはようございます。傅大使……

傅瑩：おはようございます。

マー：この度の取材をお受け頂き、ありがとうございます。

傅瑩：いいえ、こちらこそ。

Marr: Do you expect there to be a specific deal at the G20 when it comes to a fiscal boost for the world, something that we haven't heard before?

Fu: Thank you for having me here, Andrew. The London Summit is very important. I'm sure the countries, the leaders who come here all have an objective—to bring the summit to a success—and they are bound to have an agreement about how they speak in one voice to the world and how to tell the world that they are going to stimulate the economy; they are going to boost the market; they are going to restore the confidence; they're going to help people in difficult situations and continue to provide aid to the poor countries, for example. Although they may not be able to fix the whole thing in one day, it's going to be an important process in the global effort to tackle the crisis.

马尔：你觉得伦敦峰会上各国是否将就一项新的全球经济刺激计划达成具体协议？

傅莹：谢谢你邀请我参加这个节目，安德鲁。此次伦敦金融峰会非常重要，我相信与会各国领导人都是带着推动峰会取得成功的目标而来的，相信他们会发出团结一致的信息，向世界表明他们将采取刺激经济的措施，振兴市场，恢复信心，帮助处于困境的人们，并继续向贫困国家提供援助。虽然短短一天难以解决所有问题，但此次峰会将是全球应对危机努力中的重要进程。

マー：早速ですが、ロンドン・サミットで、新たな一つのグローバル経済のエキサイティングな計画について各国は具体的な協議に達せるかどうか、大使はどうお思いになりますか。
傅瑩：先ず、アンドリュー、本日お招き戴きまして、ありがとうございます。今回のロンドンの金融サミット会議は大変重要なものだと思います。会議の参加国のトップは皆このサミットを成功させようという目標を持って参加しているはずです。経済を刺激する措置をとることを合意し、それを世界に向けて表明することで、市場を振興させ、自信を回復し、困難な状況に直面している人々への支援を行い、貧困の国々に対し援助を続行していくことを確信しております。たった1日しかない会期では全ての問題の解決は無理ですが、今回のサミットは、危機に対してグローバルに取り組むための重要な一つのプロセスではないでしょうか。

马尔：如果说世界上还有一个国家坐拥大量可以自由支配的资金，那非中国莫属。人们在猜测中国可能打算建立西方式的医疗体系、福利制度，或出台什么大手笔。中国是否会在峰会上宣布一个大的支出计划？

傅莹：当人们给中国戴上"富裕"、"有钱"和"有大量储备"等等各种高帽的时候，中国民众会感到这是在吹捧中国，甚至是在忽悠中国（马尔笑）。外界对中国的外汇储备也存在误解。这些储备并不是财政资金，不是总理可以拿来开支票的。这些钱是中国人民和企业存在银行的外汇，央行有责任保障储备的安全。虽然外汇储备的规模看起来很大，但是中国有13亿人口，人均一平摊就很少了，只有大约1000英镑。人们不应该忘记，中国仍然是一个发展中国家，虽然GDP总量排在世界第三位，但人均GDP只有3000（美元）。

Marr: If there is one country in the world which has still got money, big amounts of money, to spend if it chooses to, it's China. And people have speculated about China deciding to build a Western-style health service, or a welfare system, or something really big. Could we see that coming out or being announced at this conference?

Fu: I think we in China feel very much flattered, over-flattered (Marr laughs), when we were given all these big hats of being rich, being wealthy, having huge reserves. And also there is a misunderstanding of the reserves in China. The reserves are not the money of the government. The Premier cannot write a cheque on it. It's the money that the Chinese people and the Chinese businesses left in the safekeeping of the Central Bank, and the Central Bank has to look after them and take good care of them. As for the reserves, the size is big. But if you remember, there are 1.3 billion people in China and when you divide with that number, it comes to a very small number. It's about 1,000 pounds. So, people should remember that China indeed is still a developing country, and our GDP per capita is only 3,000, although we are number three in the world in aggregate terms.

マー：もし、世界の中で自由に使える大量の資金を擁する国があるとすれば、それは、中国をおいて他にはいないでしょう。人々は、中国が西欧式の医療体制や福祉制度を創る可能性や何か莫大な資金を出すのではと推測しています。これに関連して、このサミットで中国は多くの支出計画を公表するのでしょうか。

傅瑩：人々が中国のことを「裕福である」とか「金持ちである」とか、また「大量の貯蓄を有している」などと言って、いろいろとおだてる時、中国の民衆は、「これはただ中国を持ち上げているだけだ」と感じ、更には「中国をからかっているのではないか」と思うでしょうね。（マーが笑う）。世間では中国の外貨準備高についても誤解があります。外貨準備高は国の財政資金でもなく、総理がすぐにこれで小切手をきることができるものでもありません。これらの金は、中国の国民と企業が銀行に預けている外貨であり、中央銀行は貯蓄の安全を保障する責任があります。一見、外貨準備高の規模は厖大に見えますが、中国は13億もの人口を擁しており、それを1人当たりで割れば、とても少ない額となり、約1000英ポンドしかないのです。忘れないで頂きたいことは、中国は相変わらず発展途上国であり、GDP総量は、世界第3位であっても、1人当たりのGDPの平均は僅か3000米ドルにしか過ぎないのです。

马尔：那中国就是不打算推出新的大规模支出计划了？

傅莹：关于增加支出，中国政府认识到金融危机对中国产生了巨大冲击。虽然中国的银行业因监管完善并未受到太大影响，但是危机对老百姓、对普通的家庭造成了冲击，许多外向型企业倒闭，造成农民工失业。因此，中国政府迅速采取了措施，出台了高达4万亿元（约4000亿英镑）的经济刺激方案，其中大部分将用于基础设施、农村发展、医疗体系、教育、生态等方面的建设。中国总理也宣布，一旦有需要，将随时追加投入。这也使中国的财政赤字达到20年来的最高点。

马尔：中国显然希望在国际货币基金组织等机构中发挥更大的作用，也有报道说，中方希望终结美元国际储备货币的地位，中方是否确有此意？

傅莹：你的问题涉及到两个方面。关于国际货币基金组织，中国履行了自己根据份额应尽的责任，目前中国份额不足4%。如果希望中国多出资，就应该对国际货币基金组织进行改革，提高中国的份额，我们愿意据此作出更大贡献。

Marr: So people shouldn't be looking for a big extra spending boost from China?

Fu: For spending boost, I think the government of China has realised that this is hitting China hard. Although it's not hitting the banks—our banks are fairly well regulated—it's hitting the people, the families. The migrant workers have lost their jobs because the factories which have been producing for export are closing down. So the government moved very quickly to come up with a huge stimulus package of 400 billion pounds, most of which will go into areas like infrastructure, rural development, public health, education, and ecologically related projects. And the Premier announced that he is ready to come up with more if we have to, which means we are running the largest fiscal deficit we've ever seen in 20 years.

Marr: Now you would like China obviously to take a bigger role at organisations like the IMF[1]. Do you also want… Is it accurately reported that you'd like to see an end to the dollar as the world's reserve currency?

Fu: There are two parts to the question. On IMF—China is fulfilling its quota in the IMF, which is under 4%, but if people want China to contribute more, we hope there is going to be a reform to increase our quota. We'll be happy to do more.

[1]. International Monetary Fund

マー：そうすると、中国は新しい大規模な支出を行うつもりはないと理解しても宜しいでしょうか。

傅瑩：支出増加に関して、中国政府は金融危機は中国にとって巨大なショックを与えたと認識しております。しかし、中国の銀行業は完全に管理されていたため、あまり大きな影響を受けませんでした。が、庶民や普通の家庭にとっては、やはりショックでした。多くの輸出向け企業が破産したために、大量の農民工が失業してしまいました。そのため、中国政府は、迅速な措置を採用し、4万億元（約4000億英ポンド）に達する経済刺激策を打ち出しました。その大部分がインフラ建設、農村の発展、医療体制、教育、生態などのプロジェクトに使われるものです。更に中国の総理の発表によると、いざ必要とあれば、随時、追加の投入を行うというものです。逆に、これは中国の財政赤字が20年間で最高に達することになります。

マー：中国が国際通貨基金などの機構の中でより大きな役割を果たしたいと思っていることは、はっきりしているのですが、報道にもありましたように、中国は米ドルの国際準備通貨の位置を終結したいと思っているというものですが、中国側としては、確かにそのような意思をお持ちなのでしょうか。

傅瑩：ご質問は、2つの面に関わっております。国際通貨基金については、中国は分担額によって中国なりに果たすべき責任を行使しております。当面、中国の分担額は4％足らずです。しかし、もし中国により多く出資して欲しいというご希望があれば、先ずは国際通貨基金の改革を行い、中国の分担額を高めて行くべきです。それに沿って、私たちは更に大きな寄与をしていきたいと思っております。

Marr: So your voting power in effect, yeah?

Fu: That's right, that's right. And we also announced when the Vice Premier wrote an article to *The Times* that we will take an open attitude if the IMF is looking for alternative contributions, and maybe if the IMF issues a bond, we'll see how good it is, and we'll see if we can contribute.

Marr: And on the dollar?

Fu: And talking about the dollar, there has been a very interesting debate about the reserve currency and the replacement of the reserve currency, and this topic has become very hot on the Chinese web at this moment, too. But it has been a long debate in the world. There is nothing new. And China is not calling for a replacement. It's an article written by the Governor of the Central Bank on his bank's website and I think he's joining the debate. And it's not… it's natural that China is having a debate of this type because we're experiencing a global crisis we've never seen.

Marr: Yes, sure.

Fu: People are asking questions. We are trying to understand the situation.

马尔：你是指增加中国的投票权吧？

傅莹：是的。中国副总理在《泰晤士报》上发表的文章中表示，如果国际货币基金组织寻求替代性增资计划，比如发行债券，中方将持开放态度，视债券的具体情况决定是否认购。

马尔：那么关于美元的问题呢？

傅莹：谈到美元，储备货币和储备货币的替代问题一直是一个很有意思的话题，最近在中国的网络上受到热议。不过，这在国际上已经是老生常谈了，并没有什么新意。中国也未主张取代美元。中国央行行长不过是以在央行的网站上发表文章的方式加入了这场讨论。中国参加此类讨论也是很自然的事情，因为这还是我们第一次经历这样一场全球性的危机。

马尔：没错。

傅莹：人们还有很多疑问需要解答。我们在努力判断形势。

マー：つまり、中国の投票権を増やすことを指していらっしゃるのですね。

傅瑩：その通りです。『The Times』紙に掲載された中国の副総理の発表によれば、もし、国際通貨基金が代替的な増資計画のため債券を発行するならば、中国は開放的な態度を取りたい、しかし、それを引き受けるかどうかについては具体的な状況を見た上で決めていくと表明しました。

マー：それでは、米ドルの問題についてはどうなるのでしょうか。

傅瑩：米ドルについて言及するならば、準備通貨とその代替通貨の問題は、長い間の興味深い論争がありました。最近、この話題は、中国のインターネット上でホットな議論となっています。しかし、この議論は国際的には、既にありふれた話となり、あまり新鮮味のない話ですね。中国は、米ドルの代替通貨の主張は一切しておりません。中国の中央銀行の長は自らの銀行のホームページへの投稿という形で、この議論に参加したに過ぎません。中国では、このような議論に参与することはごく自然なことです。なぜならば、私たちにとって、このようなグローバルな規模の危機は初めての体験だからです。

マー：仰る通りですね。

傅瑩：人々は、きっとたくさんの疑問を抱えているのでしょう。私たちとしては、それに対して回答しなければなりませんし、一生懸命努力して情勢判断をしているところです。

马尔：你肯定常常被问到中国的人权问题。如果中国要成为这个国际体系的一员，并且大大增加银行业等领域的透明度，那么，你是否认为，再对报纸、互联网和境外新闻实施审查不但难以为继，而且完全错误？中国是否将在各方面都成为一个开放性体系的一员？

傅莹：安德鲁，西方一些人认为，中国的人权的进步只能由西方来包办，他们想当然地认为自己的制度至高无上、优越无比，其他国家必须拷贝。我不得不说，这种态度在许多中国人看来是傲慢的。

马尔：这听起来像是个否定的回答，是这样吗，傅大使？

傅莹：在人权问题上，我认为重要的是进行平等对话，应该看到和承认中国在人权方面已经取得的巨大进步。至于开放问题，中国已经成为一个非常有活力和开放的社会，到过中国的人都会看到这一点。

马尔：非常感谢大使今天接受我们的采访。

傅莹：谢谢。

Marr: You face of course many questions about human rights in China. If China is going to become part of this global system and there's much more transparency in banking and so on, do you accept that it's going to be impossible and wrong for China to carry on screening newspapers, screening the Internet, censoring news from outside? That you're going to have to be part of an open system in every way?

Fu: Andrew, I have to say that we in China often find it arrogant of the West to think that the human rights development in China has to be taken care of by the West—an assumption that you have a supreme, superior system everybody has to copy from. I think that…

Marr: That sounds like a no to me. Is it, Ambassador?

Fu: I think it's important that we have an equal dialogue on human rights and also acknowledgement and acceptance that China has made huge progress regarding human rights. And as far as the open society is concerned, China has become a very, very lively, open society, and everybody who has been in China will see it.

Marr: Ambassador, thank you very much indeed for joining us this morning.

Fu: Thank you.

マー：大使は常々、中国の人権に関しての質問を受けていると思いますが、もしも、中国がこのグローバル・システムの一員となれば、銀行業などの領域の透明度が益々増大していくことになり、新聞やインターネット及び外国からのニュースに対するチェックは、もう難しくなり、そのやり方さえ間違っているとお思いになりますでしょうか。また、中国は、いろいろな方面で開かれたシステムの一員となれますでしょうか。

傅瑩：アンドリュー、西欧には、中国の人権の進歩は西欧のみが一手に引き受けて実行すべきなどと思う人たちがいます。彼らは当然のごとく自分たちの制度こそが至高のものであり、これに勝るものはなく、他の国々はそれを模倣しなければだめだと思い込んでいるのです。私は敢えて申し上げざるを得ないのですが、そのような態度は、多くの中国人からすれば傲慢なのです。

マー：お話からすると否定的なコメントのようですね。そうなのでしょうか。

傅瑩：人権問題で最も重要なのは、平等に対話を行うことです。中国が人権問題において、大きな進歩を成し遂げたことを認め、そして受け入れるべきです。開放の問題については、中国は既に活力の溢れる開放的な社会となっているのです。この点について、中国を訪問した人々は誰も異議がないはずです。

マー：本日は、お忙しいところ、お越しいただき改めて感謝致します。本当にありがとうございました。

傅瑩：こちらこそ、ありがとうございました。

中国の新しき物語
FT(『ファイナンシャル・タイムズ』紙)との昼食会にて

2010年1月30日

China Is a New Story | Lunch with the FT
30 January 2010

中国是个新故事
与FT共进午餐

2010年1月30日

"Lunch with the FT" is a weekly interview in the Life & Arts section of the *Financial Times* with leading cultural and business figures over the lunch. This is an excerpt of an interview that lasted nearly two hours.

"与FT共进午餐"是英国《金融时报》周末生活版著名专栏,采访对象多为文化界、商界名人,采访过程在午餐的交谈中完成。这篇采访进行了近两小时,本文为节选。

"FTとの昼食会"とは、イギリス『Financial Times』紙の週末生活版の著名な欄であり、取材対象の多くは文化や商業界の著名な人たちである。取材は昼食をとりながら座談するという形で行われる。本文は、2時間にわたった取材内容から抜粋したものである。

Lionel Barber[1]: The questions will be in three sections: firstly, your impression about Britain, secondly, yourself, your background and thirdly, China and the world.

Fu Ying: First of all, thank you for choosing this restaurant. I read of its background. It's very good, very English.

Barber: Yes, this restaurant is very British. Well, you have been very helpful and kind during your tenure here. I have talked with many people about you and they are very positive about you. They said Madam Fu Ying is the first ambassador to use wit and charm as a weapon. And you do have a sense of humour.

Fu: I think there are some stereotyped views about the Chinese. A lot of Chinese are witty and humorous. The Chinese are very humorous people. There seems to be a barrier between us. And when I was a student here, I found that I couldn't get all the British jokes either.

1. Editor of the *Financial Times*
《金融时报》总编辑

莱昂内尔·巴伯[1]：我的问题将分三个部分：首先是你对英国的印象，其次是你的个人经历，最后是中国与世界的关系。

傅莹：感谢你选择这家餐馆，我看了介绍材料，这里很有英国特色。

巴伯：这家餐馆的确很有英国特色。你在任内总是乐于提供帮助。我跟很多人谈起过你，他们对你的评价都很正面，说你是第一位善于发挥智慧和魅力攻势的大使，有幽默感。

傅莹：我认为外界对中国有不少陈旧观念，实际上，许多中国人都是非常机智、幽默的。也许是因为中西方之间有一些隔阂，我在英国留学时，对英式幽默也不能完全理解。

ライオネル・バーバー[1]:私の3つの質問についてお答え頂きたいと思います。先ず最初に、大使のイギリスに対する印象について、2番目に大使個人に関する経歴について、最後に、中国と世界との関係についてです。

傅瑩:最初に、このレストランを選んで下さったことに対し感謝致します。紹介の資料を拝見したところ、とてもイギリス的な特色のあるレストランだそうですね。

バーバー:確かに、このレストランはとてもイギリス的な特色を持つところです。大使はイギリスでの任にあたって、いつも寛容で熱心に人を指導されているようですね。多くの人が大使の話題に触れると、肯定的評価がほとんどなのです。知的で魅力的であり、なおかつユーモアたっぷりの方だと評されております。

傅瑩:私は、外国は中国に対して時代遅れの認識を持っている人が少なくないと思います。実際は、多くの中国人はとても機智に富みユーモアがあります。恐らく、中国と西欧の間に存在している距離のせいかも知れませんが、私もイギリス留学していた頃、イギリス的ユーモアに対してどうもピンと来ないことがありました。

1.『Financial Times』編集長。

巴伯：你即将离任，是否会怀念英国呢？

傅莹：当然会。对任何一个大使来说，离任总是最困难的一项工作。履新时需要时间适应，但相对容易；告别时，所有美好的记忆都会涌上心头。

巴伯：你最欣赏英国什么？

傅莹：我喜欢参观文学家的故居，像简·奥斯汀和勃朗特姐妹的故居。

巴伯：原来你还是西方古典文学的忠实读者。

傅莹：中国人对英国文学巨匠耳熟能详。举个例子，参观简·奥斯汀故居时，解说员说有许多中国人去参观，请我帮忙翻译博物馆的宣传册，你想不到会有这么多中国人去一个英国小镇参观简·奥斯汀故居吧。

巴伯：谈谈你对英国其他好的印象吧。

傅莹：我非常喜欢英国的文化生活，例如伦敦西区的剧院，还有足球赛。

Barber: Well, you are leaving at somewhat short notice, will you miss this country?

Fu: Yeah, very much. I think leaving is probably the most painful part for any ambassador on the post. Coming in, it takes time, but it is relatively easy; when leaving, all the good things would come out and hold you.

Barber: What did you like most about your time in Britain?

Fu: Personally, I really enjoy visiting the house museums of the great writers, such as Jane Austen, the Brontë sisters.

Barber: I see. Yeah. It is because you are a great reader of Western classics.

Fu: Most Chinese know the British writers. At Jane Austen's, for example, the curator told me that a lot of Chinese visited the museum and asked if I could help to translate the brochure. It is amazing so many Chinese are visiting that small town for Jane Austen's.

Barber: Please tell me other positive things that you would like about this country.

Fu: Really, the cultural side of the UK, the West End theatres, the football matches. I love them every much.

バーバー: 大使は間もなく離任されますが、イギリスを懐かしくお思いになる事がありますか。

傅瑩: もちろんです。どんな大使にとっても、離任というのは、いつでも一番辛いものです。赴任の時は、その周りとの適応に時間がかかりますが、案外対応し易いものです。けれども、離任の場合は美しい思い出が次から次へと、脳裏に浮かんでくるので辛いものです。

バーバー: イギリスの滞在中で最も素晴らしいと思ったことはどんなことでしたか？

傅瑩: 個人的には文学者の旧居の見学でした。たとえば、ジェーン・オースティンやブロンテ姉妹の旧居です。

バーバー: やはり西欧の古典文学の熱心な愛読者でいらっしゃるのですね。

傅瑩: 中国の人々はイギリス文学の巨匠をよく知っています。たとえば、こんなこともありました。私がジェーン・オースティンの旧居を見学した際、説明担当の方が、中国からの見学者が多く来られるので、展示館の資料や案内のパンフレットの翻訳を手伝ってくれないかと頼んできました。イギリスの小さな町のジェーン・オースティンの旧居にまで見学に来る中国人がこんなに多いとは、想像も出来ませんでした。

バーバー: イギリスについての他に良い印象はありますか。

傅瑩: 私はイギリスの文化が非常に好きです。たとえば、ロンドンのウエスト・エンドの観劇やサッカーの観戦などです。

巴伯：你喜欢足球？

傅莹：是的，很喜欢。一位要好的朋友向我推介阿森纳队，在他的感染之下我也成了阿森纳的球迷，还有一件阿森纳的8号球衣。

巴伯：我原谅你，但我讨厌阿森纳队。

傅莹：你喜欢哪支球队？

巴伯：热刺队。

傅莹：热刺呀。我看过热刺对曼联的比赛，可惜热刺输了。我告诉你一个有意思的故事，我称之为足球场上的"外交失误"。你知道，在球赛中，颜色对球迷来说非常重要，可我是后来才知道的。[2]

巴伯：是啊，阿森纳队是红色，中国红。

傅莹：那是去年11月份的最后一个周日，我去观看阿森纳对切尔西队的比赛。天冷极了，我穿上羽绒服，是亮丽的蓝颜色，配浅蓝色牛仔裤和湖蓝色围巾，很漂亮，我对这身装束非常满意。但当我抵达赛场的时候，发现不对劲了。

巴伯：怎么了？

傅莹：我意识到自己犯了错误，穿蓝色衣服给（红色的）阿森纳队加油！太尴尬了。我的朋友接我去看比赛，一路上也没提醒我。这就是英式礼貌吧？

巴伯：你应该带一面小红旗。

Barber: You are trying to tell me you like football?

Fu: Yes, very much. And a friend of mine introduced me to Arsenal. He was so keen that I started to support Arsenal; I even have a T-shirt of Arsenal, number eight.

Barber: I forgive you. I hate Arsenal.

Fu: Which one do you like?

Barber: Spurs.

Fu: Oh, Spurs. I watched Spurs once, against Manchester United, and Spurs lost. I am going to tell you a story about my "diplomatic faux-pas" in the football stadium, as I later learnt that the colour is very important for football fans.[2]

Barber: Yeah. Arsenal is red, Chinese red.

Fu: That was the last weekend of November, Sunday, and it was very cold. And Arsenal was playing with Chelsea. I had a down coat, which is light blue. And I matched it with light blue jeans and bright blue scarf beautifully. I was satisfied with the outfit. But when I arrived, it was terrible!

Barber: Yeah?

Fu: I knew I made a mistake. It was awful, cheering for Arsenal in blue. My friend picked me up and he did not mention it, he did not say anything. British courtesy, isn't it?

Barber: You should have brought a little red flag with you.

---

2. During football matches, fans wear the colour of their team to show their support. 足球比赛中，球迷往往身着象征自己支持的球队颜色的衣服，以示区别。

バーバー:サッカーの観戦も?

傅瑩:そうです。とても好きです。仲の良い友人がアーセナル・チームを勧めてくれました。彼の影響を受けて、私もアーセナルのファンになりました。そしてアーセナルの背番号8のユニホームを持っています。

バーバー:許してあげることにしましょう。実は、私はアーセナルが嫌いです。

傅瑩:そうですか。では、貴方はどのチームがお好きですか。

バーバー:スパーズです。

傅瑩:スパーズですか。スパーズとマンチェスター・ユナイテッドとの対決を観戦したことがあります。残念ながら、スパーズは負けました。一つ面白い話があります。そのことを、私はサッカー場での「外交失策」だと言っています。ご存知の通り、サッカーではチームの色がファンにとって非常に重要な意味を持ちます。しかし、私が、そのことを知った時は「後の祭り」でした。[2]

バーバー:そうですよ。アーセナル・チームはまさに紅色で、中国の紅ですよ。

傅瑩:昨年11月の最後の日曜日のことでした。私はアーセナルとチェルシーとの対決を観戦しに行きました。とても寒い日だったので、私は鮮やかなブルー色のダウンのコートに薄い紺のジーパン、そして、水色のマフラーでコーディネートしたのです。色合いがとても美しく、自分では満足していました。しかし、サッカー場に着いた途端、何となく気になりました。

バーバー:どうしたのですか。

傅瑩:自分が大変な誤りを犯した、と気づいたのです。ブルー系の服のいでたちで、紅色のアーセナルを応援するなんて！何て気まずいことをしてしまったのだろうと思いました。友人が私を迎えに来てくれたものの、途中、一言も注意してくれませんでした。これは、やはりイギリス的礼儀なのでしょうか。

バーバー:小さな赤い旗でも持って行くべきでしたね。

2. サッカー競技中、応援団は区別を付けるため、応援チームと同じ色の服を着ることを指す。

483

Fu: As to the bilateral relationship part, I like the work I have done; I like the people I work with. British politicians, in my impression, have a good world vision. It is not by training; it seems to be part of them. They have a very strong sense of responsibility for the world. It is always pleasant talking with British politicians; their global vision makes you think big.

Barber: That is true to the Tories as well?

Fu: They all have this very strong sense. I read some of the books about past politicians, and I think they always thought a lot about the world; the global map was always there when they were thinking about politics, which is good. I think this country sets an economic example. You have very strong services, a leading financial sector, and a dynamic creative sector. China is a late comer, which is just entering industrialisation, fast but still at an early stage. I feel there is a lot we can learn from this country. With the help of UKTI[3], I visited about a dozen companies. I was amazed at your high-end manufacturing. What amazed me is that almost every company I visited is either trying to expand exports to China, or wanting to enter China.

傅莹：关于中英关系，我喜欢自己的工作，也喜欢与我共事的人们。我欣赏英国政治家的全球视野，这种视野不是作出来的，而是内在的，他们对世界有强烈的责任感，与他们交谈可以促使人去思考一些大问题。

巴伯：保守党也这样吗？

傅莹：都是。我读过一些过去的政治家写的书，他们总在思考国际性问题，善于把政治问题放在全球大背景下去看，这很好。我认为英国经济有很多可取之处。服务业、金融业、创意产业发达。中国是后来者，发展虽快，但仍处在工业化初级阶段，可以向英国学习的东西很多。英国贸易投资署给我安排参观了几十家企业。英国的高端制造业给我留下了深刻印象。令我欣慰的是，这些公司要么正在努力扩大对华出口，要么准备进军中国。

---

3. UK Trade & Investment

傅瑩:中英関係についてですが、私は自分のこの仕事が好きですし、同じ仕事に携わっている人たちも好きです。それに、イギリスの政治家の持っているグローバルな視野はとても素晴らしいと思います。なぜなら彼らのその視野は、教育されたものではなく、彼らに元々備わったものであり、世界に対して強い責任感を持っているからです。彼らと交流をすることで、私たちはいろいろな問題を考えさせられるのです。

バーバー:保守党もそうでしょうか。

傅瑩:そうです。何人かの過去の政治家が書かれた本を読んだことがあります。それを読むと、彼らは常に国際問題とからめて思考を行い、政治問題をグローバルな見地から考えていました。これはとても素晴らしいことです。私はイギリス経済には、学ばなければならない点が非常に多いと思います。特に、サービス業、金融業、創造産業が発達しています。中国は後発者であり、発展は速いですが、まだ工業化の初期段階です。従って、イギリスに学ぶべき点が非常に多いのです。イギリス貿易投資総省のご手配で、私は何十もの企業を見学する機会に恵まれました。そして、イギリスの先端製造業から深い印象を与えられました。特に嬉しかったのは、丁度、これらの会社は対中国の輸出を拡大しようか、或は、中国そのものへの進出を検討するという段階だったことです。

Barber: If you have to list two or three things that you found less appealing about our country?

Fu: We Chinese believe in *yin* and *yang*, two sides to everything. There is always an upside for everything and a downside, not necessarily bad, but it may be called the other side.

Barber: I heard of a great story that you came up with. It was in London after the Tibet unrest, there were some comments about the protectionism and taking actions. You looked around the room and said with a sweet smile, "Yeah, you should be a little bit careful, because you know, if you start restricting China's export, look around at your clothes—you will be naked."

Fu: Did I say that?

Barber: Yes, you did. It is very good, that is what I meant using humour to make an important point.

巴伯：如果要你指出两三点不太欣赏英国的地方，你能想到什么呢？

傅莹：我们中国人有个"阴阳"的概念，认为每个事物都有两面性，有积极面和消极面。消极面也不一定就不好，不过是与积极面相对照的另一面。

巴伯：我听过一个关于你临场应变的轶事，发生在拉萨"3·14"事件后，当时伦敦有很多保护主义的言论。你在演讲时环顾四周，带着甜美的微笑说："小心噢，如果要抵制中国出口，你们可能很多人身上的衣服就没有了。"

傅莹：我这样说过吗？

巴伯：是的。说得真好，这就是幽默攻势，一语中的。

バーバー:何かイギリスについて気づいた点がありましたら2つ、3つご指摘戴ければと思います。

傅瑩:私たち中国人には、「陰陽」という概念があります。つまり、全ての物事には何れも相反する両面性があるということです。積極的な面もあれば、消極的な面もあります。消極的な面というのは、全く良くないという意味ではなく、ただ積極的な面の裏側のもう一つの面に過ぎないのです。

バーバー:大使の臨機応変な行動についての逸話を伺ったことがあります。それは恐らくラサ「3・14」事件発生後のことです。当時、ロンドンでは多くの保護主義者による言論が飛び交っていました。貴女は、講演の本題に入る前に、まず周囲を見回し、素晴らしい微笑みを見せながら仰いました。「皆さん、気を付けて下さい、もし中国からの輸出を排斥することになれば、皆さんをはじめ大勢の方々は、その身につける服がなくなってしまうんですよ」と。

傅瑩:そんなことを言ったかしら?

バーバー:確かにおっしゃいました。よく言った、と思いますよ。これこそが私の言うユーモアによる反撃です。つまり、ズバリの一言ですね。

Fu: For the British, I wish they could think about the other side of everything. For example, I was attending a seminar on the rainforest, a very good seminar. I totally agreed with the speakers about the protection of rainforest against over-logging. The trouble for me was that it was held in a room with many wooden panels. It was in such sharp contrast with the theme that it gave people a bad taste in the mouth. Other ambassadors from the developing countries shared my feelings. We do not understand how come the speakers sitting there do not realise that there is also another side of the problem—the market, the demand for timber, the consumers. It is good to lecture people not to cut down the trees, but you need to see how the people who have been lectured feel. Some people have such beliefs in their own way of life, background and values that they think they have the best and would love to measure others against them, even demanding their adoption. That's the feeling I often get, not only at lectures, but also at dinner tables. In China, Confucius said, "If there are three people walking together, one of them must have something to teach you." Be modest; look around before you make a judgement. That's the Chinese way of being. Confucianism is almost in our blood. We joke among ourselves about the British—maybe for some, not for all—if there are three people walking together, you must be their teacher.

Barber: Right. I see.

傅莹：我希望英国人多想想事物都有另外一面。比如，我参加过一个关于保护热带雨林的论坛。当时我完全赞同演讲者发表的观点：不能过度砍伐雨林。但问题是，举办论坛的大厅四周是用大量木质墙围装饰的，与主题形成强烈反差，让人不快。参加论坛的其他发展中国家大使与我有同感，我们无法理解为什么演讲者意识不到问题还有另外一面，也就是市场、需求和消费者。告诉人们不要过度砍伐是好事，但不能只是说教，不顾受众的感觉。一些人总以为自己的生活方式、背景和价值观都是最好的，并以此衡量别人，甚至要求效仿。这种感觉我经常会有，无论是听演讲还是在餐桌上。孔子说，"三人行，必有我师"。中国人一向谦虚谨慎，考虑方方面面的因素才作判断，儒家精神几乎融入我们的血液。我们有一个关于英国人的笑话，当然指的是部分英国人而不是全部英国人，对他们来说，"三人行，我必为师"。

巴伯：明白了。

傅瑩: イギリスの方々には、物事の裏の一面までじっくりと考えていただけるようお願いしたいのです。一例を挙げると、熱帯雨林保護をテーマとしたフォーラムに参加した時のことでした。私は、森林の乱伐をしすぎてはならないという講演者が主張した観点に全面的に賛成でした。しかし、問題はフォーラムの会場の周囲の壁が大量の木材で飾られていたことでした。それが論題と強烈なコントラストとなっていたので、嫌な感じを与えていました。参加していた他の発展途上国の大使たちも、私と同感でした。なぜ講演者は、その裏に潜んでいる問題を考えつかなかったのか、私たちにはどうしても理解できなかったのです。それは市場、需要、それに消費者のことでもあります。過度の乱伐があってはいけないことを強調することはよいのですが、ただの説教ではなく、聴衆の受け取り方も考慮しなければならないのです。一部の人たちは、自分たちの生活様式やその背景そして価値観が何れも最上だと思い込んでいます。なおかつその物差しで他人を判断し、更には、自分たちを模倣すべきであるとさえ要求するのです。私は、講演会や食事会などに参加した時に、常々、そう感じさせられました。孔子曰く「三人行えば、必ず我が師有り」とあります。中国人はいつも謙虚に慎重に行動し、常にあらゆる方面の要素を考慮した上で、物事に対する判断を行うのです。儒家精神はほとんど私たちの身に染み込んでおります。私たちにはイギリス人に関する一つの笑い話があります。「三人行えば、必ず我は師である」というものです。勿論、これはイギリス人全体のことではなく、ごく少数の人たちのことです。

バーバー: わかりました。

Fu: But you are also capable of a great sense of justice and very strong compassion. I was so touched after the earthquake in Sichuan—the donation box of the Embassy received 2.3 million pounds in one month. There were 13 policemen who rode bicycles all the way from Birmingham to our Embassy, 114 miles, to send their money. There was a boy; I still remember his name is Lewis, Isaac Lewis, like Isaac Newton. I think he was 19 years old, and he walked from Wales, over 200 miles, collecting money all the way. As Ambassador, I will never forget that.

I think the outpouring of international understanding and assistance to China during the earthquake is not only helpful, it is educational. It opened the Chinese people's eyes wider to the world. Now, after the earthquake in Haiti, the Chinese rescue team got onboard the plane and left for Haiti only hours after they got the news and has become an important part of international relief efforts.

Barber: What about this notion, I don't know what it is in Chinese, but it's the notion that, they say, you can be sleeping in the same bed, but you have different dreams. China and the Western world, while sleeping in the same bed, we have different dreams.

傅莹：但你们有很强的正义感和同情心。让我非常感动的是，四川地震后使馆设的捐款箱一个月收到230万英镑捐款，有13名警察从伯明翰骑自行车114英里来捐款，还有一个男孩，我记得他叫艾萨克·刘易斯，和艾萨克·牛顿同名，只有19岁，从威尔士步行200多英里到伦敦，一路募捐。作为一个大使，这种事让人终身难忘。

我觉得地震期间国际社会对中国的理解和援助不仅是雪中送炭，也使我们学到了很多，开阔了中国人民的国际视野。后来海地地震发生后，中国救援队在得到消息后几小时就飞赴灾区，成为国际救援行动的一支重要力量。

巴伯：有一种说法，不知道中文怎么说，就是睡在一张床上却做着不同的梦。中国和西方，同床异梦。

傅瑩:しかし、皆さんは強い正義感と同情する心を持っておられます。私が深く感動したのは、四川大地震の後のことでした。四川大地震後、大使館内に寄付金箱を設置しました。最初の1ヶ月で230万イギリスポンドの寄付金をいただきました。その中には13名の警察官がはるばる114キロ離れたバーミンガムから自転車を漕いで、大使館まで寄付金を届けてくれたものもありました。また記憶に鮮明に残っていますが、アイザック・ニュートンと同じ名前のアイザック・ルイス君というまだ19歳の青年が、ウェールズからロンドンまで200マイルの道のりを徒歩で、途中の行く先々で募金を行いながら、辿り着きました。そして彼はこの募金を全部寄付して下さいました。私は、大使としてこの事を一生忘れないことでしょう。

地震後の、国際社会からの中国に対する理解と援助は「雪中に炭を送る」がごとき暖かさを実感致しました。それだけではなく、私たちはたくさんの事を学び、中国の人々の国際的な視野もより広がりました。その後、ハイチ地震が発生しました。その情報に接した中国は数時間の内に、震災地域へ救援隊を派遣したのです。そのため国際救援活動の中で重要な役割を果たすことが出来ました。

バーバー:一つの諺があります。中国語でどう表現すればよいのか分かりませんが、同じベッドで寝ているのですが、それぞれが違う夢を見ているというものです。つまり、中国と西欧は「同床異夢」ですね。

Fu: There is certainly more awareness in China about the Western world, Africa, and the Eastern world. And there is an awareness that China is now very much part of the world. What happens in China is reported in the world. When I was a student in the UK, I spent hours in the library reading the newspapers and couldn't find anything about China. And now, hardly a day passes without news about China. So China is on the world's centre stage, that's for sure. There is awareness of this reality on the part of China, not only among the leaders but at the public level as well. And I think we also realise whatever decision we make, we now need to think what kind of impact it will make on the world. Even for domestic issues, they still can affect the world. And likewise, whatever happens in the world can concern China and the Chinese. And Chinese are everywhere and Chinese interests have spread beyond its borders. We have 45 million Chinese travelling abroad every year. But on the other hand, there is also this frustration of not being understood.

傅莹：中国的世界意识明显增强了，关注西方、非洲和东方，外界也认识到，中国是世界的重要组成部分，中国的事情在全世界都有报道。当年我在英国留学时，在图书馆翻几小时的报纸也找不到一条关于中国的消息，而现在，几乎每天都有关于中国的报道。中国的领导层和公众都认识到，中国已经站在世界中央舞台上，我们的任何决策，即使是针对国内问题，都需要考虑对世界的影响。同样，世界上发生的任何事也会影响中国和中国人。中国的利益也延伸到了国界以外，中国人无处不在，每年有4500万中国人出国旅游。但另一方面，中国人也有得不到理解的挫折感。

傅瑩:中国では、世界への意識がとても強まってきました。西欧やアフリカ及び東洋への関心と同じレベルで、世界も認識できるようになりました。既に中国は世界に不可欠で重要な一国となり、中国の事情についても世界に報道されるようになりました。私がイギリスに留学していた当時、図書館で新聞などを数時間かかって調べていても、中国に関する情報は一つも見付からない有様でした。けれども、今は一変しています。中国についての報道は殆ど毎日目にすることが出来ます。中国の指導層も、民衆も、何れも中国がもはや世界の舞台の真ん中に立っていること、私たちの如何なる方針も、たとえそれが国内の問題に対応する場合であったとしても、それが世界に与える影響を考えなければならない、という認識を持つようになったのです。それと同様に、世界で発生した如何なる出来事も中国や中国の人々に影響を与えます。中国の利益も国境を超えて世界に伸びているだけでなく、中国人は世界の至る所にいるのです。毎年、中国人の海外への旅行者は4500万人に達しております。しかし、一方では、中国人はなかなか理解してもらえないという挫折感も味わっています。

Barber: Not being accepted?

Fu: Yeah. And coming back to the point we were talking about, you have your standard, and you use that standard to measure China, but China has such a long history of its own. We are the only continuous culture for thousands of years. When we talk about things, we easily go back to Confucius, to the ancestors. And China had over a century of a very sad history of foreign occupation and humiliation. That hurt China. That's why the Chinese remember the suffering more than the victory. So, China has become a country that has a strong sense of crisis and adversity, or what we call "*youhuan yishi.*" We always think about the possible bad side and get prepared for the challenges.

I think the main reason for not being accepted is the political differences. The political system is like a roof. The Palace of Westminster has a Gothic roof that looks beautiful, but if one wants to place it on top of every house, one should first understand whether the building underneath can sustain it. One may need to have the same building before having that roof. Going ahead without that due diligence is what generates the sense of being imposed on from time to time in China's relations with the West.

巴伯：不被接受？

傅莹：对。你们习惯于用你们的标准衡量中国，但中国有悠久的历史，中国文化传承了数千年。我们谈论事物时常常提到孔子和祖先。中国也有一段不幸的历史，在一个多世纪的时间里遭受外国人侵和欺凌，这伤害了中国，所以中国人对苦难的记忆似乎比对胜利的记忆更加深刻。因而中国是一个有强烈忧患意识、悲情意识的国家，做最坏的打算，随时准备迎接挑战。

我认为，不被接受的主要原因是政治差异。政治体制就像屋顶，英国威斯敏斯特宫是哥特式建筑，屋顶很漂亮。但其他国家可能有不同的建筑，如果想把这个屋顶放到其他地方，首先要确认建筑本身能否承受得住，屋和顶是否搭配。不顾实际到处照搬，就会造成强加于人的感觉，这在中国与西方国家的关系中屡见不鲜。

バーバー:受け入れられていませんか。

傅瑩:そうですね。あなた方はあなた方固有の基準によって、中国を判断するのを当たり前のことだと思っているようですが、中国は悠久の歴史を有しており、中国の文化は数千年にわたる伝承もあります。私たちは、物事を議論する時、常々孔子や先祖の話を鑑としております。中国にも、一時期不幸な歴史がありました。1世紀余りの期間、外国の侵略や屈辱を受けたことにより、中国は深い傷を与えられました。そのため、中国の人々の記憶には、勝利より寧ろ苦難の方がより鮮明なのです。従って、中国はやはり危機意識や非常意識が何よりも強いのではないかと思います。中国は常に困難を考え、それをのりこえる準備をしているのです。

　私は、受け入れられない主な原因は、政治の違いによるものではないかと思っております。政治体制というのはちょうど屋根のようなものです。イギリスのウェストミンスター寺院はゴシック式の屋根がとても美しい寺院です。けれども他の国にはそれと違う建築物があります。もし、ウェストミンスターの屋根を他の建築物に載せようとするならば、先ずは、その建物がその屋根に耐えられるかどうか、その組み合わせが似合うかどうかを確認すべきではないでしょうか。実際の状況を考慮せずに無理矢理に嵌めさせることは、人に押し付けられたという感じを与えます。このようなことは中国と西欧との関係では珍しいことではないのです。

The second is the big gap between how you see China and how China sees itself. You may see China as probably the second in the world after the United States, but most Chinese do not see China as a power. So the issue is the gap between the expectations of China from the word "power" and the Chinese people's readiness of playing a role in the world as they do not see the country as a power. People on the outside tend to see China from the aggregate numbers, from total GDP and from Shanghai, from the big cities, and from the fast growth of economy, but the Chinese see in everyday life the pollution, all those domestic challenges, creation of jobs—millions of them—and the challenge of the sheer size of the country.

Barber: It's crucial. I mean I just wonder there's so much to talk about here. Let's take a contemporary example. It's found out from Google, where Google says, it wants to be in China, but it's under cyber-attack, and it's also been obliged to follow admittedly the local regulations, but it's censoring materials. And the Western world does not understand: Why is Google under attack? Why are other companies around the world under attack, cyber-attack? What is the issue here?

第二点是中西方对中国的认识存在差异。在你们看来，中国或许是仅次于美国的第二大强国，但大多数中国人并不认同，外界对中国的期待以及中国对自身地位的认识存在差距。外界往往倾向于从 GDP 总量、从上海、从大城市、从经济快速增长来看中国。但中国人从日常生活感受的角度出发，看到的是诸如污染、就业、地域辽阔等内部困难和挑战。

巴伯：这点很重要，这里有很多东西要谈。举当下的谷歌事件为例，谷歌称希望开拓中国市场，但在中国受到黑客攻击，并且被迫遵守审查制度。西方不理解，为什么谷歌和其他跨国公司遭受黑客攻击，问题在哪里？

受け入れられないもう一つの原因は、中国と西欧の間には中国に対して認識における差異があるからです。皆さんからすれば、中国はアメリカに次いで第2の強国だと思っているかも知れません。しかし大多数の中国人は決してそう思っていないのです。中国に対して、外国の期待と中国自身の地位に関する認識には、ギャップがあるのです。外国の方は、往々にしてGDP総量や上海などの大都市、経済の急速な成長の角度から中国を見ているのです。しかし、中国人は、やはり日常の生活感覚から中国を見ています。彼らが目にしているのは、たとえば汚染、就職、地域の広大さなど内部が直面している困難と課題なのです。

バーバー：これはとても重要なことですから、話すべき内容がとても多いと思います。当面、話題のグーグル事件はその一例です。グーグル側が言うには、中国の市場開拓を願っているが、それに対して、中国ではハッカー攻撃を受け、なおかつ審査制度を強制され、遵守せざるを得ないというものです。こうした状況は、西欧世界にとって理解し難いことです。なぜグーグルと他の多国籍企業がハッカー攻撃を受けるのでしょうか、問題は何なんでしょうか。

傅莹：我没太多关注谷歌事件。谷歌开展在华业务已近四年了。四年来，中国一直在进行改革，网络透明度和服务都有明显改善。如果谷歌四年前可以在华经营，现在情况改进了，反而做不下去了？我不知道这个问题为什么要被如此政治化。中国处于改革进程中，各方面都在逐步改进。政府要对发展负责，也要对保持稳定负责，这是中国实现持续增长的必要条件。

巴伯：你是说，政治稳定对中国持续改革至关重要，所以在某种程度上，需要做一些西方不喜欢的事，但这对中国不断改革、提高民众生活水平很重要，对政府很重要？

傅莹：在中国，政策的正确性必须由实践和发展来检验，而不以个人主观感受为转移。改革开放30年来，中国找到正确的道路，找到保持政治稳定与改革之间的平衡点，这往往是发展中国家政府普遍遇到的最艰巨的挑战之一。

Fu: I'm not following this Google thing too closely. Google has been in China for four years. And I've seen the continuous reform in China in those four years, and there's definitely a further improvement in the transparency and in the services for Internet. So if Google could come in four years ago, and now there's continuous improvement and Google is finding fault, I don't think it's a clear picture. I don't know why it's being so politicised. But China is in the middle of reform, and most of things in China are in a process of being gradually improved. And the key thing is that the government has to respond to both development and maintaining stability, which is the key, which is really an essential condition for China to continue to grow.

Barber: Indeed. But that's the critical thing, you said, which is what you respect, which is that political stability is crucial for the continuation of Chinese reforms, and so in a sense, we may have to do certain things that you don't like in the West, but this is essential we keep reforming, raising living standards, and that's important for the government?

Fu: The correctness of policies in China has to be tested by the reality, not by how you feel, but by the development in China. I think over the past three decades since its reform and opening up, China has found the right path and is finding the right balance between maintaining political stability and making changes, which is one of the most difficult challenges for the governments of the developing countries.

傅瑩:大変恐れ入りますが、グーグル事件に関して、あまり気がつきませんでした。グーグルは中国で業務を始めて既に4年間近くになります。その4年間、中国は持続して改革を行って来ており、ネットの透明性やサービスなど、いずれも改善は顕著なものです。もしグーグルが4年前、中国で経営ができたとすれば、その間、改革がどんどん進んでいる環境の中で、逆に経営が難しくなっているということでしょうか。しかし、この問題がなぜこんなに政治化されているのか、理解し難いのです。中国は改革の途上にあり、各方面で、徐々に進歩が見られます。政府は発展して行くことに対して、何よりも、責任を持ち安定を維持するための責任も持たなければなりません。これは中国経済の成長を持続させる為の必要条件なのです。

バーバー:つまり、政治の安定は中国の持続的改革に極めて重要だと言うことですね。だから、ある程度は西欧の好まぬこともしなければならないということですね。これは中国の絶え間ない改革や民衆の生活水準の向上にとって大事なことですし、政府にとっても大事なことなのではないでしょうか。

傅瑩:中国では、政策の正しさは、決して個人の主観的な実情による判断ではなく、必ずや実行と結果による検証が必要なのです。改革開放の30年間、中国はもはや正しい道を探り出し、政治の安定と改革との間にバランスの取れた正しい点を見い出しました。これは、発展途上国の政府にとって、よく直面する最も大きくそして極めて厳しい挑戦の一つでした。

Barber: One China expert said to me the other day that it was really very important to understand that the present leadership experienced the Cultural Revolution, the absolute chaos, first hand, and nobody wants a repeat of that.

Fu: That's definitely true. Democracy without the rule of law, or freedom without the rule of law, is anarchy.

Barber: Do you think you have the rule of law in China?

Fu: I think a well-developed legislative framework is there. We have not seen such intensive law building before. The Property Right Law and the Labour Contract Law took long years of debate, but were adopted after all. The opinions of the public were collected. So I think the rule of law and the democratic decision-making process have also facilitated the development of human rights. I remember in the 1980s when I was an interpreter, human rights were a constant subject and the issues that people came to China and raised were made into long lists, but most of the issues do not exist any more. I don't think the outside world realises how much progress we are making.

巴伯：一位中国问题专家曾对我说，现在中国的领导人亲身经历了"文化大革命"那场浩劫，没有人愿意这样的灾难重复。

傅莹：一点不错。没有法治的民主，或者没有法治的自由，就是无政府状态。

巴伯：你认为中国有法治吗？

傅莹：我认为中国已经基本建立起比较完备的法律体系。中国从未经历过如此大规模的法制建设，例如《物权法》、《劳动合同法》，几经辩论，征求公众意见，最终通过。法治和民主决策也促进了人权进步，我在上个世纪80年代当翻译时，西方人谈中国人权，总是提出长长的单子，现在单子上大部分的问题都不存在了，而外界并没有充分认识到中国所取得的进步。

バーバー：一人の中国の専門家が私に言ったように、現在の中国のリーダーたちは「文化大革命」を自ら体験したからこそ、誰もあのような大災害は二度とは繰り返したくない、と言っております。

傅瑩：おっしゃる通りです。法の下の民主あるいは法の下の自由がなければ、それこそ無政府状態となるわけです。

バーバー：中国には法治があるとお思いになりますでしょうか。

傅瑩：私は、中国では、ほぼ完備した法治の基本的な体系が作り上げられたと思います。中国として、このような大規模な法整備の体験は今まで皆無のことです。たとえば、『物権法』、『労働合同法』に関して、何回も議論を行い、民衆の意見を求めた上、採択したのです。法治と民主的な政策決定の過程は人権の進歩も促しました。私が、1980年代に通訳を担当していた時、西欧の人々は中国の人権問題を議論する際、いつも長いリストを持ち出したのです。今現在、そのリストに挙げられた大部分の問題はもはや存在しません。しかし、外国では、中国が成し遂げた進歩を決して十分に理解しているとは言えません。

记得那时候，我陪同一个美国人在上海参观，他对我讲："你们中国人没有自由，比如你就不可能到上海生活。"我想了想，是不能，因为我必须有钱买火车票，还要有当地的粮票才能在上海生活。当时中国人的迁徙自由是受到条件制约的。但看看今天的中国，两亿多农民工在城市打工生活。这说明，人权的进步与经济发展、生活水平提高是不可分割的。

巴伯：如何让人们相信，中国领导人没有称霸世界的秘密计划，相信他们关注的是国内大量的挑战，就像你提到的那样？中国取得了巨大成功，为什么还有不安全感？是担心领土完整与邻国关系，还是其他原因？

傅莹：谁感到不安？是中国感到不安还是外界担心中国统治世界而不安？

巴伯：美国肯定对中国感到不安，这是继苏联后他们遇到的第一个严峻的挑战。中国的军事力量是防御性而不是进攻性的，美国需要努力适应，但同时你也提到，中国人也有点不安。

I was accompanying an American visiting Shanghai, when he said, "You don't have freedom in your country. For example, you can't come and live in Shanghai." I thought about it and indeed, I could not. I need the money to buy the train ticket. I need proper food coupon to survive in Shanghai. The freedom of movement of the Chinese people back then was limited by our means. But now, look at China, over 200 million Chinese farm workers are living and working in the cities. That shows human rights progress cannot be separated from economic development and a higher standard of living.

Barber: Yeah. Why do you think that people should stop thinking that the leadership in Beijing has no secret plan? There are enormous domestic challenges that you have outlined. China is such a big success story. Why do you get the sense of people being insecure sometimes? Is it due to worries about territory integrity, worries about the neighbourhood, worries about…?

Fu: Who is insecure? China insecure or outside world insecure as if China has an ambition to rule the world?

Barber: The Americans are definitely insecure about China. This is the first serious challenge since the Soviet Union. China doesn't have an offensive military power; it is defensive. The Americans are having to adjust to this, but at the same time the Chinese, as you say, they are a bit insecure.

その時代のことで記憶に残っていることがあります。一人のアメリカ人の上海視察に同行していた時のことです。彼は、私に「貴方たち中国人には自由がない。たとえば、貴女は上海に移住し、そこで生活することは不可能です」と言いました。私は少し考えてみました。確かにそれは不可能です。何故なら、上海への汽車の切符を買うお金が必要ですし、現地の食料配給券もなければならないからです。当時、中国人が自由に移住することは確かに制限がありました。しかし、今日の中国を見て下さい。2億人以上の農民工は都市で稼いで生活しているのです。これは言うまでもなく、人権の進歩は経済の発展と人々の生活水準の向上には不可欠で切り離す事ができないということを示しているのではないでしょうか。

バーバー：貴女の仰った通り、中国の指導者が世界を制覇しようとする企みがないことや、彼らが関心を持っていることは国内の多くの課題である、という申し開きを、どうやって人々に信じさせる事ができるでしょうか。中国は大いなる成果を収めたのに、どうしてまだ不安なのでしょうか。領土の統合と隣国との関係についてのご心配があるからでしょうか、それとも他に原因があるのでしょうか。

傅瑩：不安感を持つのは誰なのでしょうか？果たして中国なのでしょうか、それとも中国の世界統治に対して世界が不安なのでしょうか。

バーバー：アメリカはきっと中国に対して不安を持っている筈です。それはアメリカにとってソ連の次の厳しい問題ではないかと思います。中国の軍事力は攻撃的ではなく、防御的です。ですから、アメリカはそれに適応する努力をすべきです。しかし同時に、貴女も言及されたように、中国人も少し不安を抱えているようです。

傅莹：不是不安，而是挑战，对中国和世界而言都是挑战。直到19世纪初，中国都是世界制造业大国，但中国从未有过做世界大国、在国际上发挥主要作用的经历。中国总体上是一个人口众多的内向型大国。现在中国将初次担当真正意义上的世界大国角色。对中国来说，了解世界，了解游戏规则，甚至参与修改和制定规则，认识并且胜任这一角色，向世界说明自己，这些都需要时间，也需要大量人才。

巴伯：中国需要能向世界说明中国的人。

傅莹：对世界来说，中国是新模式、新故事。中国可能是世界上第一个通过经济发展而非通过武力扩张、用枪炮打开市场或将政治制度强加于人而成为世界大国的国家。中国靠劳动为世界生产电器、玩具、鞋、领带、衬衫，与世界开展贸易。这样的大国要想持久，要想成功，需要和平友善的环境，需要公平的国际贸易规则。中国外交致力于推动和平与合作，只有实现和平，我们才能发展，只有通过合作，我们才能共建繁荣的世界。

Fu: I wouldn't call it insecurity. I think it's a challenge, a challenge both for China and for the world. China was a strong manufacturer of the world until the early 19th century, but China was never a global player. China never operated on the world stage, but was more of a domestic power, introverted and populous. So it's the first time China has been assuming this role of what you may call a world power. We in China need time and competent people, many of them, for greater understanding of the world and stewardship of China's new role, and to present our case to the world. We need to understand the rule of the games and strive to be part of their adaptation and making process.

Barber: You need interpreters; I mean the big word "Interpreter," to interpret China to the rest of the world.

Fu: To the world, China is a new paradigm and a new story. It's probably the world's first power that has assumed that role through economic growth, by making electronics, toys, shoes, ties, shirts for the world, instead of military expansion, or politically imposing its system around the world, or using gunboats to open markets. We are trading with the world. For such a power to be lasting and successful, we need a peaceful and friendly environment, and we need fair trade. So China's foreign policy is for peace and cooperation. Because only in peace, can we grow and only through cooperation, can we work towards a prosperous world.

傅瑩:それは不安ではなく、課題です。中国と世界の何れにとっても課題です。19世紀初頭に至るまで、中国は世界の製造業の上では大国でした。しかし、中国は世界の大国になりましたが、国際的に主要な役割を果たした経験は一度もありません。中国は総じて、人口の多い、内向的な大国でした。今、中国は初めて真の意味で世界の大国の役目を担う時でしょう。世界に対する理解、国際間の規則に対する理解、更にはその規則の改正・制定への参加、なおかつ、その役割の認識と十分な担当能力、世界に向けて自分をどう説明するのか等において、何れも中国にとって、十分な時間と能力のある多くの人材も必要です。

バーバー:中国はやはり世界に向けて中国人とは何かを説明する必要があると思います。

傅瑩:世界にとって、中国は新しいモデルであり、新しい物語ですね。中国は、世界の大国となる可能性が十分あります。それは、武力による拡張や武器による市場開拓、あるいは政治制度の強制というやり方ではなく、経済発展によるものです。経済発展によって世界の大国となることは世界において初めてのケースでしょう。中国は労働力によって電化製品、玩具、靴、ネクタイ、ワイシャツなどを生産することで、世界との貿易を展開しています。このような大国は、それを継続し成功させるためには、平和的、友好的な環境と公平な国際貿易の規則が必要です。中国の外交は平和と協力への促進に力を入れております。平和を実現させてこそ、私たちは発展することが出来、協力を通じてこそ、私たちは共に世界を繁栄させることが出来るのです。

For the other side of the world, they haven't seen such a power. They are used to the stereotype of great games and great wars and one power rising at the expense of another. I have discussed with Western scholars, and to them, this new paradigm of China does not exist, can't be proved, and can't succeed this way. For China, there's no other way.

China has a very heavy domestic agenda. Only less than half of our population live in cities, and the total population of the disabled in China, 83 million, is larger than the population in the UK. According to domestic standard, nearly 40 million Chinese are living in poverty, but if we use the UN standard, it triples to 120 million. So this country will for a long time, mainly focus on itself. And that's why China, for thousands of years, never has an ambition for world domination. It is so busy with itself.

And China is halfway through its reform, which is going to take another several decades. I don't think the world truly understands China. People on the outside don't see China the way we see it, perhaps due to the language barrier and many stereotypes.

但外界从未见过这样的大国，历史上常见的是大国相争、生灵涂炭、相互取代的强国老路。我和西方学者讨论过，他们认为新模式不存在，无法成立，不会成功。但对中国来说，没有其他路可走。

中国的国内事务很繁重，城镇化率还不到50%，残疾人口比英国总人口还多，有8300万。按照联合国的贫困标准，中国的贫困人口是1.2亿；按我们国内的贫困标准计算，也有近4000万。在未来很长一段时间内，中国都将集中精力搞好国内的事情。中国几千年来都没有统治世界的野心，而是忙于自己的事情。

中国的改革还在继续，还需要几十年的努力。我认为世界并不真正了解中国，外界对中国的看法和我们自己的看法不同，或许和语言障碍、思维定势等都有关系。

しかし、外国からすれば、このような大国を未だかつて目にした経験がありません。歴史の上で目にして来たのは、大国同士が争い、人々が生き地獄の苦しみを嘗め、強国が互いに取って代わるという古いプロセスばかりでした。私は西欧の学者たちと議論をしたことがありますが、彼らの見方は、新しいモデルの存在はあり得ない、成立しようがない、成功するはずはない、というものでした。しかし、これは中国にとっては、ただ唯一の道なのです。
　中国では国内に重要課題が山積しています。都市化率は50％にも満たず、身体不自由者数はイギリスの総人口よりも多く、約8300万人です。また、国連の貧困の基準によれば、中国の貧困人口は約1.2億人ですが、中国国内の貧困の基準によって推算しても、4000万人になります。従って、将来にわたって、中国は国内の課題の解決に力を入れて改善していかなければならないのです。中国は過去数千年、世界を統治しようとする野心は一度もなく、国内の改善で精一杯でした。
　中国の改革は相変わらず続けられています。この先何十年間の努力が必要でしょう。世界の、中国への真の理解はまだまだですし、中国に対する見方についても、外国と私たちの間には相違があります。これは恐らく言語の違いや思考方法などに関わっているかも知れないと思います。

A British scholar once commented that the West has been dominating the global culture and politics for hundreds of years, so they don't see there are other possibilities for success, so they have difficulties accepting China. That's what I said—they always believe their roofs are the best.

Barber: That is a good image. What do you think the Western stereotype is of China? Arrogant?

Fu: Not entirely. I try to understand the issue by conversing with Westerners. I think they probably see China from a Cold War perspective. The Cold War has become something of a basket. Every negative Western perception of Eastern Europe, or the former Soviet bloc, is thrown on the head of China.

Barber: I see that. I understand that. Let's go back to China as a world power. This is the Martin Wolf piece. China says we don't want to be hegemony. First question: but no country wants to tell the world they want to be hegemony. The second point is as China's economic interests grow, and its presence overseas expands, it would have more people on the ground...what happens if there is a problem? As in Sudan, China would need to be able to come to the help of its citizens on the ground. So inevitably, China's presence would expand, and there will be a military presence, too, as China's interests outside its own country grow. Do you accept that piece?

一位英国学者说过，西方统治世界文化、政治领域几百年，不承认其他成功模式的存在，因而很难接受中国。就像我说的，你们总认为自己的屋顶最好。

巴伯：这个比喻很好。你认为西方对中国的思维定式是傲慢？

傅莹：不完全是傲慢。我从与西方人谈话中常感到，他们还在从冷战思维的角度看待中国。冷战成了一个筐子，所有对于苏东集团的负面看法都往里装，然后扣到中国头上。

巴伯：我明白了。咱们聊聊成为世界强国的中国吧，这是马丁·沃尔夫文章的话题。中国说不称霸，但第一，没有哪个国家会告诉世界我想称霸；第二，随着中国海外经济利益和存在的拓展和人员流动增长，发生问题后如何处理？比如在苏丹，中国需要在当地帮助自己的公民。因此随着中国在海外的存在和利益的延伸，中国军队将不可避免走向海外。你赞同这个观点吗？

あるイギリスの学者がかつておっしゃったことなのですが、西欧はここ数百年、世界の文化と政治を統治して、他の成功したモデルの存在を認めてこなかったので、中国を受け入難いのだというのです。私が申し上げたように、あなた方はいつも自分たちの屋根が一番よいと思っているわけです。

バーバー：この比喩はとてもいいと思います。つまり、中国に対する西欧の思考方法は傲慢だと思っておられるでしょうか。

傅瑩：全てに傲慢だというものではありません。西欧の人々とお話して常に感じることは、未だに冷戦思考の角度から中国をみているということです。冷戦というものが籠のようなものとなって、旧ソ連や東ヨーロッパグループに対する負のイメージをむやみにその籠に入れて、その籠を中国の頭に被せようとしているのです。

バーバー：分かりました。では、「世界の強国となる中国」についての話題に移りましょう。これはマーチン・ウルフ氏の文章にあった話題です。中国は覇権を唱えないと申しています。しかし、第1に、世界に向けて、我々は覇権を唱えたいという国は何処にも存在しません。第2に、中国の外国への経済利益とその存在感の拡大、また、人口流動の増加に連れて、問題が発生した場合、それをどう処理するのか。たとえば、スーダンでは、現地に滞在している自国民に対して、中国は助けにいく必要がありますが、中国の外国での存在感と利益の拡大と共に、中国の軍隊の海外への進出はもはや避けようもないこととなります。貴女はこの見方に、ご賛同なさるでしょうか。

Fu: Deng Xiaoping said many years ago that China would never be hegemonic. Hegemonism is not an option even if China becomes much better developed. This is very deep in our hearts. Every Chinese diplomat knows that.

Barber: It would be too late; once you become a hegemony, that would be too late for people to stand up.

Fu: I think your view comes from your history, comes from your belief that there has to be a hegemony in the world. Years ago, I remember, in the 1990s there was an American journalist who came to interview me, and his first question was, "What do you think if Asian people do not accept China as a leader in Asia?" It took me a while to understand this question. I asked back, "What makes you think Asia needs a leader, and China wants to be the leader?" For me, that question was out of the blue. China does not have that in our culture, in our political genes. That's number one.

Number two, what should China do? China should work with the world. In Darfur, we have over 300 peacekeepers. We send naval ships to protect ships against pirates in the Gulf of Aden and off the coast of Somalia with the UN mandate. China will not invade other countries precisely because we suffered from foreign invasion. We don't believe in invasion. We don't believe in sanctions. We don't bully others or treat them anyway but as equals.

傅莹：邓小平早就说过，中国永远不能称霸，即使发展了，也不搞霸权主义，这深深烙在了我们心里，每个中国外交官都知道。

巴伯：当你们成了霸权，别国再站起来就晚啦。

傅莹：你的看法源自你们的历史，你们相信世界需要霸权。上个世纪90年代，有个美国记者采访我，他上来就问：如果亚洲人民不接受中国成为亚洲领导者怎么办？我花了好一会儿去理解这个问题，然后反问：为什么你认为亚洲需要领袖、而且中国想成为领袖呢？他的问题太突兀啦，在中国的文化和政治传统中没有这个概念。

第二点：中国应该做什么？与世界各国合作，中国向达尔富尔派出了近四百名维和人员，根据联合国授权派遣海军舰艇赴亚丁湾和索马里海域执行护航任务。中国不会侵略他国，因为中国饱受侵略之苦，我们不相信侵略，不相信制裁，不会欺压和歧视他国。

傅瑩:鄧小平は早い時期に、中国は永遠に決して覇権を唱えない、と述べております。たとえ発展したとしても、覇権主義は唱えないと。この事はすでに、私たちの肝に深く銘記されております。どの中国の外交官も皆承知致しております。

バーバー:あなた方が覇権を唱えたら、他の国は立ち上がろうとしても、もう手遅れですよ。

傅瑩:あなたの見方はやはりあなた方の歴史の拠り所で、世界には必ず覇権が必要であると信じているのですね。1990年代に、1人のアメリカ人ジャーナリストが私に取材に来ました。彼は冒頭、もしもアジアの人々が中国がアジアの指導者になることを受け入れないとしたならば、あなた方はどうされますか、と私に質問しました。私は暫くその質問を考えて、逆に彼に質問しました。貴方はどうしてアジアが指導者を必要とし、また中国が指導者になりたいとお考えになるのですか、と。彼の質問があまりにも唐突だったからです。中国の文化と政治的伝統の中には、そのような概念がないからです。

　その2点目は、中国は何をすべきか。世界各国と協力する中で、ダルフールへ400人近くの平和調停者を派遣しました。国連の要請によって、海軍の艦隊をアデン湾及びソマリア海域へ派遣して、護衛任務を実行しました。中国が他国へ侵略することはあり得ません。何故なら、中国は侵略されたその苦しみを嫌というほど体験したからです。私たちは侵略もせず、制裁もしません。他国に対し抑圧・差別することもしません。

Barber: Martin Wolf has lots of interesting views. But in that sense, there is another reason why he will have lots of articles in the *Financial Times* about G2. I keep talking to people: China has no interest in G2 arrangement because it is not interested in co-managing the world or the rest of the world with America; also, you want to be able to have more scope to pursue your own interests; you don't want to be tied to some G2. That was the case in Copenhagen, wasn't it?

Fu: No, I think you are leading me away from my course. China does not believe in bullying, but we do support international issues being settled through dialogues by the countries concerned. We do believe in finding the consensus. In Copenhagen, for example, every country tried to seek consensus. So, there should not be one country playing the role of a headmaster with everybody else only following instructions. And if the EU could do 30%, why would they come with 20%, and then condition the other 10% on other countries? You cannot say I am polluting just because you are polluting. And China can do a 40%-45% cut in emission intensity—it's based on our calculations. We can do more if we have better technologies. So all countries should do their best. That's negotiation; that's global solution.

巴伯：马丁·沃尔夫经常有一些有意思的想法，他在《金融时报》上有不少关于G2的文章。我不同意他的观点，我常常说，中国对G2不感兴趣，对与美国共管世界不感兴趣，不想被G2捆住手脚，希望有更多空间追求自身利益。这在哥本哈根会议上得到很好的印证，对吗？

傅莹：不对吧，你把我引得跑题啦。中国不相信欺压，但支持相关国家通过对话解决问题，相信能够达成共识。在哥本哈根，各国都努力寻求共识，不应该有哪个国家充当老大、发号施令。如果欧盟能减排30%，为什么只提出20%的目标，然后拿另外的10%和其他国家讨价还价？不能说你排放我也排放。中国提出碳排放强度降低40%至45%是经过计算的，如果获得更先进的技术，我们可以做得更好。所有国家都应该尽全力，这才是全球协作解决问题之道。

バーバー:マチン・ウルフ氏は常々、面白い考え方を持っています。彼の『フィナンシャル・タイムズ』紙に掲載されたG2に関する文章が少なくありません。私は、彼の観点に同意しません。私はよく申し上げるように、中国はG2、またアメリカとの世界の共同管理の何れにも関心がなく、G2に手足を束縛されたくない。その代わりに、もっと広い空間の中で自身の利益を求めていきたいのではないでしょうか。これは、すでにコペンハーゲン会議で実証されているのではないでしょうか。

傅瑩:そうではないと思います。貴方は本題を外されているように思われます。中国は如何なる抑圧も支持しません、しかし、関係国が対話を通じて問題を解決し、それによって共通認識に達することを支持します。コペンハーゲン会議では、各国はその共通認識を探っていく為に努力しました。兄弟の年長者として指令を出し、それに皆が従うというような国になるべきではないのです。もしEUが30％の排出量の減少ができるならば、なぜたった20％の目標を持ち出して、あとの10％を他の国々との駆け引きに使うのでしょうか。貴方が排出しているから、私も同じように排出しているのだ、ということで果たして筋が通るのでしょうか。中国が排出量40％〜45％減少を持ち出したのは計算に基づいた上で、提出したのです。更に先進的な技術が得られたら、私たちは更に一歩進んでいくことができるでしょう。国々はその為に全力を尽くすべきです。これこそがグローバルな協力による問題解決の道です。

What will the world be like? It's a very interesting question. As a Chinese diplomat, I start to think more and feel closer to the global issues now than before. For example, in the past, if G8 or G7 had a meeting, I thought that's thousands of miles away. We read the news, that's all. Now China is part of G20. We are in the meeting and are expected to do part of the discussion on solving many global issues. In that sense, global issues are concerning us, increasingly so. That's why I think it is more important for us to solve this barrier as soon as possible. I think the West really needs to change its view of China. They need to have a cooler mind, and more, a kind of open mind. Open it up to differences. China also needs to understand the world better.

Barber: By the way, just one quick comment about bully. There is one exception. You don't like this, you disagree with this, but when you come to China's thesis, China's territory integrity... Taiwan, no doubts that it is yours. China is very very tough and reacts very strongly to any country selling arms to Taiwan.

Fu: Arms deal, arms deal itself is bullying tactic. I think that's the legacy of the past. It should long have been removed.

未来的世界会变成什么样子？这是个非常有意思的问题，作为中国外交官，我也思考得很多，感觉比过去更接近国际事务。以前，七国或者八国集团开会，我会觉得离中国很远，当作新闻看看。现在中国是20国集团成员，我们不仅参加会议，而且正在解决全球性问题上发挥作用，国际问题与中国日益相关。这就是为什么我认为应当尽早消除中西方在相互认知上的隔阂，西方确实应该改变对中国的看法和方式，需要以更加冷静、更加开放的心态包容差异，中国也同样需要更好地了解世界。

巴伯： 关于欺压，有个例外。你们不喜欢也不同意欺压，但中国在台湾这个涉及领土完整的问题上非常强硬，对售台武器的国家表示强烈反对。

傅莹： 售台武器本身就是欺压中国，这是个历史遗留问题，早该解决。

未来の世界はどのように変わって行くのでしょうか。これは非常に興味深い問題です。私は中国の外交官として、今まで以上に深く考え始めました。そして、グローバルな問題をかつてよりはるかに身近に感じるようになりました。たとえば、以前は、G7或はG8の会議が開かれても、議論された内容が中国にはとても遠い出来事のような気がして、それらをただ新しいニュースとしてみるだけのことでした。しかし、現在の中国はG20の一メンバーとして、会議に参加しているのみならず、グローバルな問題を解決する上で議論する役割を果たしているのです。グローバルな問題は日増しに中国と密接な関係を持つようになり、また増大しているのです。それゆえに、私たちにとって重要な事は、1日も早く中国と西欧との間に存在する認識における誤解を取り除くべきだ、ということです。西欧は中国に対する見方を変えて、もっと冷静に、心を開き、差異に対して寛容になっていただけたらと思います。勿論、中国も同様に、世界を理解していくことが必要ですが。

バーバー:ところで、「抑圧」について、一つの例外があると思います。あなた方は抑圧を好まず、それに同意もしないものの、台湾という領土保全に関わる問題に対して、非常に強硬な態度を持ち、台湾に武器輸出する国に対して激しい反対を示しています。

傅瑩:台湾へ武器輸出する行為それ自体が中国に対する抑圧です。これは歴史が残した遺物ですので、早急に解決すべきと思っております。

Barber: Anyway, let's talk about the question of cooler minds. My own judgement—the world in a slightly, not dangerous, but difficult period because it's a period of adjustment where we have to get used to the fact that China is bigger, more important, confident, and willing to flex its diplomatic muscles. This is a period of adjustment for us, yeah?

Fu: See, you can't say China is flexing its diplomatic muscles just because China disagrees with you. It's again based on your own standards. You are in the right. You are the headmaster. If China is defying, if China is disagreeing with you, China must be wrong. And your expectations of China are contradictory. You want China to have economic prosperity and political stability, but you disagree when we are working for China's stability. You want China to be economically prosperous to keep on making for the world and keep on consuming. And then you ask China to cut down the emissions, drastically. How can we do both at the same time? You see, China is making lots of things for you, and you have less manufacturing emission, but you still emit more than China averagely speaking, and you are still reluctant to go faster in emission reduction.

巴伯：让我们谈谈如何冷静看待中国。我认为世界正处于一个略为困难的调整期，但并不危险。西方需要习惯中国已经是个更强大、更重要、更自信的大国这一现实，中国现在更愿意炫耀外交实力。这是个调整期，对吗？

傅莹：不能因为中国不同意西方的观点就说中国炫耀外交实力，这又是拿自己的标准衡量。西方总自以为是，当教师爷，凡事中国若反对、不同意，就一定错。西方对中国的期待常常是矛盾的：一方面希望中国经济繁荣，保持稳定，另一方面又不赞同中国保持稳定的方式；一方面希望中国为世界生产，扩大消费，同时又要求中国大幅减排。但中国很难同时做两件方向相反的事。中国为世界承担了大量生产和排放，西方制造业排放少了，但人均排放量还是比中国多，还不愿意加大减排力度。

バーバー:それはさておき、どうすれば中国に対して冷静に対応できるかを、お話しをしたいと思います。私は、世界は今、やや困難な調整を求められていますが、危険ではないと思います。西欧は、中国はもはや強大で、更に重要でもあり、自信を持った大国になったという現実に慣れていく必要があると思います。一方、中国は外交的実力をより誇示したいのではないでしょうか。これを調整していく必要があります。そう思いませんか。

傅瑩:中国が西欧の観点に賛成しないが故に中国は外交の実力を誇示する、というわけではないのです。これもまた、自分の基準を用いて、他を判断することではないでしょうか。西欧は、自分を師にして、中国の反対や同意しないことがあるとそれを間違っていると位置づけるのです。西欧の中国に対する期待は常々矛盾に満ちています。中国の経済繁栄、安定維持を願っている一方、中国の安定保持の方法には賛同しないのです。中国に対して世界の為に生産を行い、消費を拡大することを願っていながら、排出量の大幅減少を要求するのです。しかし、中国にとってその背反する両面を同時にうまく運んで行くことはとても難しいことです。何故なら、中国は世界規模の大量生産及び排出量を背負っているからです。従って、西欧の製造業では排出量が少なくなりましたが、その排出量の1人当たり平均は中国に比べて、やはり大きいのです。それにもかかわらず、排出量減少のために努力を惜しまない点では、あまり積極的ではないようです。

Barber: I'm sympathetic to that argument. Actually I want to ask—I am truly honest—you have negotiated quite difficult issues. We had the Olympics, the host of Olympics. Was there a boycott? Was the Prime Minister gonna go or not to the opening ceremony? This kind of stuff linked to Tibet. Do you think that's the most difficult thing you handled here?

Fu: Yeah, these past two years probably were the most difficult years of my career. The ups and downs and the things I had to face. The Olympics was something from which I have developed many of my ideas, many of my thoughts, even till today. I was very surprised that those people in the West made such a misjudgement about the Olympics and China. The Beijing Olympics is what the whole country wanted and had waited for 100 years. So, the support and enthusiasm is 100% at home, with selfless support and volunteering. Boycotting was hurting the national pride, and more than that, it was very insulting. Some of the journalists who were very insensitive kept using the word "humiliation." That's the last word you use on China. Humiliation refers to what happened to China 100 years ago, not now.

巴伯：我与你的观点有共鸣。坦率地讲，你在这里碰到过很多难题，比如在中国主办奥运会的问题上，是否抵制北京奥运会，首相应不应该出席北京奥运会开幕式等。这与西藏问题有关。这是你在这儿处理的最大难题吗？

傅莹：过去两年的起起伏伏也许是我职业生涯中最困难的一段时间，有很多事情要面对。直到今天，我的一些认识和看法仍深受围绕北京奥运会发生的风波影响，我惊讶当时西方一些人那样严重地误判北京奥运会和中国。北京奥运会在中国是举国期盼、百年期盼，全国人民热情支持、倾情奉献。抵制奥运不仅伤害了我们的民族自尊心，甚至是一种侮辱。当时一些缺乏敏感性的西方记者曾经使用"耻辱"这样的词讲中国，这个词可用在100年前，而绝非现在。

バーバー：私も同感です。正直に申し上げますと、貴女は、この地で数多くの難題に直面されたかと思います。たとえば、北京オリンピック開催の問題についてですが、北京オリンピック開催に対する排斥で、首相がその開幕式に出席すべきかどうかなど、何れもチベット問題に関連していました。恐らく、貴女がこれらを処理されたことは、最大の難題でしたでしょうね。

傅瑩：そうですね。過去の2年間、いろいろありましたが、これは、多分私の職業人生の中で最も困難な時期だったと言えるかも知れません。非常に多くの思いがけない問題に対応しなければならなかったのです。今日に至っても、私の認識や見方は、北京オリンピックを巡る騒動によって深い影響を受けています。当時、西欧の一部の人々が北京オリンピックと中国に対して、あれほど厳しく誤った批判を行ったことに大変驚きました。オリンピックが北京で開催されるのは、国を挙げて心待ちにしてきたことでした。100年も前からの期待でした。全国の人々は熱烈に応援し、心血を注いでボランティア活動をしました。オリンピック排斥などは、間違いなく、私たち中華民族の自尊心を傷つけただけでなく、一種の侮辱でした。当時、一部の西欧の配慮を欠いた記者たちは、中国を批判する時、かつての「恥辱」という言葉を使ったのです。この言葉は、100年前ならば分かりますが、現在では決してあり得ません。

但外界为什么不理解中国？我们自己也应该反思一下为什么会这样。我觉得还是缺乏沟通，冷战年代无法沟通，政治上缺乏互信，充满猜忌，现在不能再这样下去了。我们应当学着去沟通，告诉人们中国人所想所为，从哪里来，要到哪里去，为什么不会称霸。在中国，没人认为我们会成为霸权，甚至使用"大国"这个词都存在争议。我们真的需要走出来和西方世界对话，以一种西方能够理解的方式进行沟通。

另一方面，西方也应该冷静下来，认真看一看中国的实际情况，而不是继续猜测，不要总想在中国这幅图画中加入自己的主观色彩。中国这幅画是水墨画，如果你把各种油彩都加上去，就看不到原画本身了。

这对双方都是挑战，我们面临的挑战可能更艰巨，所以应当加倍努力。

巴伯：你在北京的新职务将是副部长，据我所知，你是中国历史上第二位女副外长。

My question is why—why people don't understand China. We should reflect on ourselves. We should think why. And I think we are not doing enough in terms of communication. Before, there was a Cold War. We couldn't communicate. Then, there was the political disbelief, political suspicion of each other. And now, I think, we shouldn't wait any more, and we should learn to communicate. We should tell the people what we think about, why we do things in the way we do them, where we came from, and where we are heading for, and why we are not going to become hegemony. No Chinese would ever believe that we will become hegemony. Even using the term "power" among the Chinese is a very debatable issue, and we need to really come forth and communicate with the West in a way that the West can understand.

On the other hand, I think the Western world should also calm down and learn to see China for what China is, and not to keep on speculating. Chinese painting uses water colour, fresh and very light. If you pour thick oily paint on it, you won't see the original painting any more.

It's a challenge for both sides, probably more for us. We should work harder.

Barber: In your new job in Beijing, you are going to be a vice minister, the only second female vice foreign minister of China, as far as I know.

外国はどうして中国を理解してくれないのでしょうか。その原因について、私たち自身も反省すべきかもしれません。主な原因の一つはやはりコミュニケーション力が乏しいからでしょう。冷戦時代には、互いのコミュニケーションが不可能な状態でした。当時は、政治的に相互不信があり、猜疑心があったからです。そして、現在再びこのようになってはいけません。私たちは、どうコミュニケーションをすればよいのかをしっかりと学ぶべきです。中国人は何を考え、何をしたいのか、何処より来て、何処に行こうとしているのか、なぜ覇権はあり得ないのかを、しっかりと伝えなければなりません。中国では、覇権を唱えることなど誰も思ってもいません。更に「大国」という言葉遣いにも論争があるのです。私たちは、真摯に殻を抜け出して西欧世界と対話をしなければなりません。そして、西欧の理解し易い方法でコミュニケーションを行うべきです。

　一方、西欧には、猜疑心を持ち続けて中国という絵にいつものように自分の主観的な色を加えようとするのではなく、中国のありのままの状況を、冷静になって真摯に見て戴きたいのです。中国画は水墨画ですので、もし洋画の各種の油彩を加えていけば、その本来の姿が見えなくなるわけです。

　これは、双方にとって何れも課題です。おそらく、私たちの直面している課題は、更に困難なものでしょう。共に何倍の努力を払わなければなりません。

バーバー:貴女が北京にお戻りになると、副大臣という新しい職務を担当されると伺っていますが、貴女は、中国の外交史において、2人目の女性の副大臣だそうですね。

傅莹：我希望有更多女副部长。副部长与大使的职责有所不同，是部长的助手，需要去协助发现问题、解决问题。

巴伯：非常感谢你接受采访，这次午餐对话非常有趣。

傅莹：的确是，也谢谢你。

Fu: I hope there will be more women vice ministers. Being a vice minister and an ambassador is different. A vice minister is expected to help the minister to identify problems and solve problems.

Barber: Thank you very much. I really enjoy this lunch and our conversation.

Fu: Me, too. Thank you.

傅莹：もっと多くの女性の副大臣が生まれることを願っております。職責から言えば、副大臣は大使との違いがあります。つまり、大臣の補佐役です。大臣に対し問題の発見やその解決などの協力を行うのです。

バーバー：長時間の取材に応じて頂き、誠にありがとうございました。とても興味深いお話で、楽しかったです。

傅莹：私もです。こちらこそ、ありがとうございました。

講演技術に関する
いくつかの体験について

中華人民共和国駐イギリス大使館の座談会での講話

2009年6月16日 ロンドンにて

On Speech Techniques
Remarks at an Embassy Workshop
London, 16 June 2009

关于演讲技巧的几点体会
在驻英国使馆座谈会上的讲话
伦敦，2009年6月16日

Today, I would like to share with you some techniques I have found effective when giving speeches. But first, I would like to explain why making a good speech is so important and then, what makes a good speech. Lastly, I will talk about some of the problems we might encounter.

Why are speeches important?

Good speeches can help to shape a better international image of China. In Britain, listening to speeches is as common as listening to an opera or a concert; it is part of people's social and cultural life. Almost every association, academy, think-tank, and university hosts regular speeches. It is a platform that no one can afford to ignore.

Of late, a book titled *Say It like Obama* has become a best-seller. Though coming into office only recently, President Obama has spoken on several important occasions, which has enabled him to achieve one of his big ambitions: "to change the image of America." Looking back, we see that at key moments and turning points in history, great speeches that altered the course of history and changed people's hearts and minds are always remembered.

Though not every diplomatic speech has to be historically insightful, it plays an important role in sending out China's messages to the world and changing stereotypes and misconceptions about China, which also calls for a strong sense of mission. So it's our compelling responsibility to deliver good speeches, get our messages across, and enable new understanding and insights among our foreign audiences.

今天跟大家谈谈外交演讲的方法和技巧，分享一些心得，一是为什么讲，二是讲什么，三是怎么讲，最后谈谈演讲中常见的问题。

为什么讲

在国外演讲是我们塑造中国形象的重要平台。在英国，听演讲与听歌剧、听音乐会一样，是整个社会文化生活的重要组成部分，几乎所有的行业协会、学术机构、智库和大学都有定期的演讲，是不能忽视的平台。

最近国内出版的《跟奥巴马学演讲》一书很火，奥巴马上台时间不长，实现了一个重要目标：改变、重塑美国的形象，而他正是利用几场大型演讲来实现的。在一些重大历史关头或者变革时刻，历史上记录下来的往往是影响了时代方向或者改变了人们看法的著名演讲。

外交演讲虽然不是每篇都要着眼于历史的大视野，但是在当今形势下，去介绍宣传中国，去设法改变外界对中国的成见和错误看法，同样需要有使命感和责任感。好的演讲应该能够实现这样一个目的，就是让听众得到关于中国的新信息，产生新认识和新看法。

本日は、外交の講演に関しての方法とその技術についてお話をし、幾つかの体験を皆さんと共有したいと思っております。内容は先ず、なぜ話すのか。その次は、何を話すのか、3つ目はどう話すのか、最後に、講演中に、よくぶつかった問題は何か、についてです。

なぜ話すのか

外国で講演を行うことは、中国のイメージ造りのための重要なステージです。イギリスでは、講演を聞きに行く事はオペラや音楽会を楽しむことと同様、社会文化全体の重要な一部分です。あらゆる企業・協会や学術機関・シンクタンクそして大学は何れも定期的に講演会を行い、それを重要視しています。

最近、国内で刊行された『オバマに講演を学ぼう』という本がベストセラーとなっています。オバマは大統領になって間もない頃に、重要な行事の折に何回もの講演を行い、彼の大きな目的の一つを実現しました。アメリカのイメージを変え、イメージを造り直したわけです。振り返ってみると、歴史的な記録に記された偉大な講演は、歴史の重要なポイント或はその転換期に当たり、時代の方向或は人々の見方を大きく変えて来たのです。

しかし、外交的講演の全てが、必ずしも歴史的な大きな視野に着目していたとは限りません。しかし、現在の情勢の下で、様々な工夫を重ね中国の紹介・広報を行い、中国に対する偏見や間違った見方を変えるためには、同じような使命感と責任感を持つ事が必要です。素晴らしい講演は、この目的を実現させることが出来るでしょう。すなわち、聴衆に対して中国に関する最新情報を伝え、新しい認識と見方を植えつけることが出来るのです。

So, what makes a good speech?

A good speech should have a specific purpose, like answering some questions the audience may have, or providing information of interest. Whatever the occasion, it is always important to stick to the most popular topics about China backed up with relevant facts and figures and, if possible, quotations.

There are two equally important components of a speech. One is what we want to say, and the other is what the audience want to hear. If we only focus on what we want to say, it will become a lecture, not a speech. The audience will sit through uninterested and go home unimpressed. However, if we only focus on the interest of the audience, the speech will miss its purpose. It works best if one can combine the two aspects to make a speech that the audience can relate to. In preparation, we should first learn the educational and professional background of the audience, as well as their age group, and how much they are likely to know about China. Then, we can decide what we want to include in the speech and how sophisticated we want the messages to be.

Give you an example here. I was invited to make a three-minute speech for Lang Lang's solo concert in London to a very learned audience. It is hard to write and deliver a great speech of only three minutes, but it was such a valuable opportunity that I would hate to miss. So, I began my preparations by searching for stories about Lang Lang and his father, where we found the grip of the speech. When the moment came, I started with their story and then moved on to the changes and development of China. I then concluded that it was the opening up and reform policy that had provided young talents like Lang Lang the great opportunities for self-fulfilment. Whilst it was a short speech, I am pleased to say it received a long applause. We found the right grip of the speech. From this case, we can see that we do not necessarily need big stories to present China's case. We can develop any point, however small, to be convincing enough to get our messages across.

讲什么

每场演讲的目的性必须很明确，一般是解答听众心中的某种疑问或者满足大家的一些信息需求。演讲内容最好与当时大家最关心的关于中国的热门话题相关联，演讲中的引经据典亦应围绕这个主题。

演讲内容的选择有两个基本要素，一是自己想讲什么，二是听众关心什么，这两个要素同等重要。如果只关注自己想讲的内容，就有可能成为宣教，不容易抓住听众的注意力，更难影响他们的看法。如果只想迎合听众，则不一定能达到设定的目标。最好能使自己想讲的与别人想听的内容有机地融合起来，形成共鸣。为此，演讲之前应了解听众的职业背景、知识和年龄结构以及对中国的熟悉程度，据此来确定演讲的内容和繁简、深浅。

举个选择演讲内容的例子：伦敦交响乐团邀请我为郎朗的独奏音乐会做三分钟致辞。听众是来听音乐会的文化界人士，三分钟讲出点名堂不大容易，但这又是非常宝贵的机会。我反复推敲切入点，在网上查到郎朗和他父亲的故事，决定从这里讲起，引出中国的发展变化，结论是中国改革开放给郎朗提供了成才的社会土壤。虽然这个致辞很短，但鼓掌时间非常长，说明这个切入点是成功的。所以宣传介绍中国不见得一定要讲大道理，从任何一个小的点都可以引申扩大，实现传播信息的目的。

何を話すのか

　毎回の講演の目的は必ず明確にしなければなりません。一般的には、聴衆の胸の内にある疑問に答え、あるいは彼らの知りたい情報を満足させなくてはなりません。講演の内容としては、人々がその時期に一番関心のある中国のホットな話題に関連するものがよく、典故の引用などでテーマを掘り下げるのもよいでしょう。

　講演の内容を選ぶには、基本的な要素が2つあると思います。一つは、講演者は何を話したいのか。2つは、聴衆は何に関心を持っているのか。この2つの要素は同等に重要です。もし自分自身が話したいことばかりに関心を払うとすれば、それこそ説教する事になりかねませんので、聴衆の気持ちを掴むことは難しく、その上聴衆の考え方に影響を与える事はできません。また聴衆の趣向に迎合するばかりでは、当初設定した目的に達することが出来なくなるでしょう。一番良いのは、自分が話したい内容と聴衆の聞きたい内容とを融合させ、共感を呼び起こさせることです。そのような効果を高める為には、講演前に、聴衆の職業やその背景・知識・年齢層及び彼らの中国に対する理解度などを調べた上で、それに基づき講演の内容を選択し、簡潔に明瞭でありつつ、どの程度深い内容のものにするかを設定して行きます。

　講演の内容の選定における経験として、一つの例を挙げてみたいと思います。ロンドンオーケストラの要請に応じて、朗朗さんの独奏会で3分間の挨拶をした時のことでした。コンサートを聞きに来た聴衆は殆どが文化人の方々でした。彼らの前で、たった3分間で、何を話したらよいのか、決して容易なことではありません。しかし、話すチャンスは非常に貴重なものです。私は内容について推敲に推敲を重ね、またインターネットで朗朗さんと彼の父親との物語を調べました。そして、彼の親子の物語から話し始め、中国の発展と変化へ話題をつなげ、結論として、中国の改革開放政策によって朗朗という優秀な人材が生まれた社会的土壌について話しました。挨拶の時間は極めて短かったのですが、長い拍手が続きました。話の内容の要点が成功させたと自負しております。中国を紹介・広報する場合、必ずしも建て前を話すのではなく、如何なる些細な小さな事柄からでもその意味を拡大し、それによって情報を伝えていくことがより効果的ではないかと実感したのです。

As to the techniques of speech, brevity is its soul. We first have to decide on a consistent position we want to pass on to the audience, then try to answer or reason it out, step by step until finally coming to a conclusion that strengthens our stance or our call for action.

The British make very simple and clear speeches, without forking out too much. Soon after I was assigned to work in London, I was invited to speak at the Royal Society of Arts about China's development. I prepared plentiful materials and a slide show, and the audience seemed to be interested. However, when it was over, a friend came to tell me that he had found it hard to follow me or to remember what had been said.

People go to listen to a speech because on one hand, they want to learn new knowledge and information, and on the other, they hope to enjoy the process just as they enjoy a concert. So instead of including a laundry list of topics, it is better to have a main point, which is to be repeatedly explained and reinforced. In Britain, the routine time for a speech is between 20 and 25 minutes, so forking out too much means that you are unlikely to serve any of them well.

A good beginning means your work is half done. A number of sentences into your speech, whether or not you have engaged your audience is a foregone conclusion. I have used both good and bad opening remarks. Once I was invited by the Political Society of Eton College to speak to students aged 17 or 18. I struggled to decide on what to begin with. So, my opening eventually started like this, "Before coming here, I searched for 'Eton' on the Chinese search engine 'Baidu' and it produced 68,000 search results." The atmosphere was immediately warmed up, as the young students were so curious to know how Eton was described by the Chinese on the Internet. I believe this is a successful opening that engages the audience well.

The earlier you get to your point, the better. One should know better than to stray too far away from the core message. By raising a question first, even a controversial one, you can arouse the interest and curiosity of the audience. You can ask, for example, "Is China a power?" or "Is China's economic growth sustainable?" A rhetorical question can also get the job done.

怎么讲

演讲的布局一般要简洁，有一个贯穿始终的思路或者观点，先提出问题，然后一层层作说明，自然地引出结论措施。

英国人演讲线条都很直接和清晰，不大会在一场演讲中谈许多不同的问题或者太多的观点。我初来伦敦时在英国皇家艺术学会作关于中国发展变化的演讲，用的材料很翔实，PPT演示内容丰富，讲的时候似乎也抓住了听众的注意力。但下来有朋友评论说，这个演讲让人听得很累，记不住内容。

人们来听演讲，一方面是学习、吸取新知识和信息，另一方面跟去听音乐会一样，希望享受一个愉快的过程，灌输很多东西效果反而不好。最好只有一个鲜明的贯穿始终的观点，不断加以说明和强化。在英国演讲的例行时间是20—25分钟，内容太多了难以有充分的时间一一展开。

从讲的方法上看：第一，要有一个好的开场白，开篇的几句话能否与听众形成沟通很重要。我有过很不成功的开场白，也有效果比较好的。例如，去英国伊顿公学政治学会演讲时，听众多是十七八岁的年轻人，如何一开始就和他们建立起沟通呢？我说，"来这里之前，我在中文搜索引擎'百度'上搜索关于'伊顿'的信息，得到6.8万条结果"，气氛一下子就活跃起来了。对孩子们来说，在中国的网络上如何描绘伊顿是个引人入胜的话题，这个开场白的设计很成功。

第二，要尽早切入正题，最好不要上下五千年地讲与主题没有直接关联的话。可以采用提出问题的方式切入，可以带点争议性，调动听众的兴趣和兴奋点，例如：中国是强国吗？中国的经济发展能持续吗？正面的问题也可以反过来问。

どう話すのか

講演内容は、一般的に簡潔さが必要です。考え方の筋道または観点は終始一貫させるべきです。先ず問題提起をして、次にその説明を漸次展開して行けば、結論は自然に引き出すことができます。

イギリス人の講演は本筋が単刀直入で明晰です。1回の講演であまり多くの異なる問題や複数の観点に言及することは殆どありません。私はロンドンに着任して間もなく、イギリス王立芸術院の要請で中国の発展と変化についての講演を行いました。使った資料がとても正確で、PPTのスライドによる説明の内容も豊富でしたので、講演で聴衆の心を掴めたと感じていました。しかし、講演終了後に、この講演を聞いてどっと疲れが出て、内容をよく覚えていないと訴えてきた友人がいました。

人々が講演を聞きに来るのは、勉強の為に、新しい知識や情報を吸収する一方、音楽会を楽しむことと同様に、楽しい一時を過ごそうとするわけですから、堅苦しいものをむやみに聞かせるのは、逆効果となります。一番良いのは、一つの観点を鮮明にして、終始一貫してつなげて行き、内容は周知のところから奥深いところへと丁寧に説明していくことです。イギリスでは、通常の講演時間は、20～25分間が恒例です。従って、内容が多すぎると、時間の配分が難しくならざるを得ません。

講演の方法について言うならば、第1に良い前口上がなければならないことです。冒頭の二言三言によって聴衆と意思疎通出来るかどうかがとても大事です。これまでの講演で、私は前置きがあまり理想的でなかったものもあれば、成功したのもありました。たとえば、イギリスのイートン校の政治学会で講演をした時のことですが、聴衆が皆17、8歳の若者なので、どのような出だしで話をすれば彼らと意思疎通出来るのだろうか、と考えました。私は次のように申し上げました。

「貴学校に参ります前、私は「イートン」について、中国のサーチ・エンジンである「百度」を検索したところ、6万8千件のアクセス結果が得られました」と言った途端、会場の雰囲気が一転して活気を呈しました。若者からすれば、中国のインターネット上で、イートンがどう描かれているのか、非常に興味深い話題だったのです。この前置きの設定はとても成功したと自負しております。

第2は、出来るだけ早く、主題に入ることです。中国5000年の歴史とかいうような、主題と直接に関連のない話しは避けることです。むしろ、問題点を提出する方法が重要です。また、議論のある話題の方がよいでしょう。それによって、聴衆の興味や共感を呼び起こすことが出来るのです。たとえば、「中国ははたして強国でしょうか」、「中国の経済発展は持続していけるのでしょうか」など、正面的問題を反問の形で表現することですね。

Facts speak louder than a thousand words, and personal experience and examples are far more convincing than abstract concepts. Yiwu is one of my favourite examples, with which I would explain why the massive Chinese manufacturing sector is only producing thin profits, and therefore drastic appreciation of the RMB is out of the question, and emission cuts have to be introduced gradually for it to be economically viable at all. The more solid the case, the more convincing it will turn out to be.

The conclusion is crucial to the whole speech. The best way to build to the conclusion is to let the audience realise it for themselves with sound reasoning and logic.

In 2009, at a commemoration for Shakespeare held at his former residence, I was invited as a representative of all the guests to make a five-minute acknowledgement speech. The guests included fans of this great playwright from across Britain. My key point was that the British did not know China anywhere near as well as the Chinese knew Britain. I told them that on a rainy day in Beijing, to shelter myself from the rain, I went into a bookshop and found shelf after shelf of imported books in English, whereas in the bookshops of Britain, I had seldom found books about modern China, let alone any original Chinese books.

Then I talked about the familiarity of the Chinese with Shakespeare. I told them that during diplomatic negotiations, I usually quoted "To be, or not to be," and it was a really helpful phrase. My audience was obviously amused. But then I said, I wonder how many in this country have heard of the Chinese playwright Tang Xianzu, who actually passed away in the same year as Shakespeare, or of Tang's work *The Peony Pavilion*. The audience was silent. I said that now it was time for the West to learn more about China. It was a pointed remark, in fact critical, but when I paused, I heard loud and long applause from the audience.

第三，用事实和例子回答提出来的问题，最好由浅入深，少讲道理和概念，多用实例去强化自己的观点，能够结合个人的经历会更好。我经常用自己参观义乌小商品生产的观感为例子，从中国产业的薄利讲到为什么人民币不能大幅升值、为什么在节能减排上要循序渐进等。用实实在在的例子说服力比较强。

演讲的结论是通篇的关键，最好通过推论把听众引向结论的方向，让人自然而然地得出这个结论。

莎士比亚故居2009年纪念会邀请我作为来宾代表讲五分钟的答谢词，在场的有来自英国各地的莎翁迷，我想讲的核心思想是，英国人对中国的了解不如中国人对英国的了解深。我从在北京避雨的一个经历讲起，进到一个书店，看到一排排书架上摆满了原版的英文书。我说，在英国进过很多书店，很少看到关于现代中国的书，更不要说原版中文书了。

然后我讲到中国人对莎翁和他的戏剧的了解，举例说，在外交谈判中，我经常借用哈姆雷特的名言"是生存还是毁灭"，这是一个非常好使的谈判语言，大家都乐了，但是我话锋一转，问：英国有多少人听说过中国的大戏剧家汤显祖或他的作品《牡丹亭》？你们是否知道汤显祖和莎翁是同一年逝世的？现场特别安静。我接着说，现在应该是西方作出努力来了解中国的时候了。这话比较尖锐，实际上是批评性的，我顿了一下，竟然满场长时间鼓掌。

第3は、聴衆からの質疑に対して、事実と実例を用いて回答することです。皆の周知のところから奥深いところへと、説明を進めていくのがよいでしょう。建前や抽象的概念の話を少なくして、実例で自分の観点を表明します。勿論、その中で個人の経験も交えて話せば、更に効果的です。私は常々自分が義烏市の小製品の生産企業を視察した印象を例にして、中国産業の薄利からなぜ人民元を大幅に切り上げできないのか、なぜ省エネ及び排出量減少を徐々に進めるべきなのか、等の実例を挙げて説明を行っています。結果的に説得力がその分強くなります。結論は講演全体の中核です。一番良い方法は確かな論法で、聴衆自らが納得しながら自然のままに結論が得られるように導いていくことです。

　2009年シェークスピア旧居での記念会へ招待を戴き、私は来賓代表として、5分間の答礼の挨拶を致しました。列席者にはイギリスの各地から集まってきたシェークスピア通のファンがいるわけです。私が話したい趣旨は、中国人がイギリスに対する理解と比べて、イギリス人が逆に中国に対する理解があまりに浅すぎるということです。私は、北京のある雨の日に、雨宿りをするという経験から話を始め、1軒の本屋さんに入り、そこで本棚にびっしりと並べられた英語版の原書を目の当たりにしました。そして、私は申し上げました。イギリスで非常に多くの本屋さんに行きましたが、そこでは現代中国に関する本は殆ど見出す事が出来ず、中国語版の原書に至っては言わずもがなでしたと。

　その続きで、私は、中国人のシェークスピアと彼の戯曲作品への理解に触れ、例として外交交渉の時に、私は常にハムレットの「生きるべきか、死ぬべきか、それが問題だ」という有名な台詞を借りて、「前進すべきか、後退すべきか、それが問題だ」と言い換えます。在席の方々は皆喜びます。このような言い換えは、外交交渉の表現において、非常に効果のあげられるものだと実感しました。その次に、話題を変えて、イギリスでは、中国の大劇作家である湯顕祖、あるいは彼の作品の「牡丹亭」を知っておられる方がどれ位いらっしゃいますか、彼はシェークスピアと同じ年に亡くなったことをご存知ですかと尋ねました。会場はしーんと静まりかえりました。私は、続けて言いました。今こそ、西欧は努力を惜しまず、中国を理解すべき時が訪れたのではないでしょうかと。これは比較的きつい言い方であり、実際には批判性の強いものですが、暫くすると、意外にも満場の拍手が長い時間止みませんでした。

Now let's discuss some problems we might have in making speeches.

The first is being nervous. One feels nervous mainly due to a lack of self-confidence or the fear for failure or mistakes. In fact, I am still nervous from time to time even after giving so many speeches. I guess most people have experienced nervousness, which is likely to be the pathway to readiness. The question is: how to control it, and how to transform it into a driving force and passion for success. When we feel nervous, we should speak louder and concentrate more. Be careful not to let nervousness disturb our thinking, not to go from nervousness to arrogance, and not to use a stern expression to cover your uneasiness.

It is important to show respect to the audience, no matter who they are and however different your views are. Their presence is a respect to us, so they deserve our sincerity. Speak nothing but the truth. If we want others to believe in what we say, we have to have faith in the first place.

A good tip to dispel nervousness is to handle it as early as possible. Standing before the audience, one shall be lucky to have 70% of his usual aptitude in the face of emergencies. Thorough preparation is very important, and the earlier the better. Practice makes perfect. Speech is no exception. In his memoirs *The Gathering Storm*, Winston Churchill told us that he would fully prepare and practice even for a small question he would put forward in the Parliament. I am used to practicing before I go to the podium. I may not recite the whole text, but I will read every line at least once and try to learn them by heart. And for unfamiliar words, I will simply read more times. It turns out to be effective for me to ease nervousness when the moment comes.

The second problem is dullness, which is, more often than not, due to the presence of too many points, not too few of them. A good speaker should know how to choose materials, or drop them, to make his or her points clear. When drafting a speech, we are inclined to write it gorgeously. But when we speak aloud, it might not sound nearly as gorgeous. Don't make beautiful language too big a deal. Any unnecessary words or ideas should be dropped. As a result, you will get a text that is both concise and clear.

The third problem is taking much more time than assigned. It is common among speechmakers to use over seven minutes for a three-minute speech or over 30 minutes for a 20-minute one. Time-abiding is also one dimension when judging a speech. It's better not to exceed 10% of the requested time limit.

与演讲相关的几个问题

一是紧张、胆怯。人紧张最主要的原因恐怕是缺乏自信,担心讲不好,担心讲错。我经历了这么多演讲仍然有紧张的感觉。恐怕谁都会有紧张的情况,也许这是进入竞技状态的必然过程。关键是怎么控制紧张的情绪,让紧张转化为讲好的动力和激情。紧张的时候一定要注意调整,让声音更洪亮,态度更认真,而不是让紧张情绪影响自己的思路,更要防止将紧张情绪转化为傲慢的态度,为了掩饰自己的紧张反而绷着脸去讲话。

无论演讲面对的是什么人,哪怕是立场观点完全不同的人,也应该怀着敬畏的心,尊重来听讲的人,毕竟人家花了时间坐在这里,这本身就是对演讲人的尊重。演讲要有诚心和诚恳的态度,要讲真话。要人信,己先信。

缓解紧张的一个经验是尽量提前处理压力。在全场听众面前,处理能力、机智和反应速度能有平常的70%就非常不错了,关键靠事前的准备。成功的演讲一个非常重要的环节就是练习。丘吉尔在回忆录中谈到,哪怕是在议会里提一个问题,他都要作充分的准备和练习。我喜欢在演讲前反复练习,虽然不能把整个讲稿背下来,但每一个句子都背过一遍,不熟悉的词多念几遍,这也有助于现场克服紧张。

二是内容乏味。演讲枯燥大多不是因为没有内容,而是内容太多。要学会选择和取舍,成功的演讲不在于讲的内容多丰富,而在于能否把一两个问题说得透彻、明了。写讲稿的时候往往考虑文字如何漂亮,但讲起来,漂亮的文章不一定有漂亮的效果。写讲稿时,不要太追求语言表达,可要可不要的就删去,可有可无的就舍弃,结果往往会更清晰。

三是超时的毛病。演讲者一个常见的问题是,3分钟的演讲,7分钟讲不完,给20分钟,讲了半小时还没完。其实遵守时间规定特别重要,也是一般情况下听众判断演讲是否成功的依据之一,通常最好不要超过预定时间的十分之一。

講演に関連した幾つかの問題について

　1つ目は、緊張と臆病です。人が緊張するということの主な原因は自信が欠落しているからです。講演がうまくいかなかったり、間違って言ってしまったらどうするかなどを心配するわけです。私自身も、これまでの数多くの講演の経験をしてきましたが、それでも緊張します。緊張するという現象は恐らく誰にもあるでしょう。これは当然のことかも知れません。しかし、大事なことは、緊張感をどうコントロールするかです。つまり、うまく演説しようとする原動力と情熱に緊張というものを転化させることです。特に緊張している時に、その心情を調整する為に、先ず声を大きくし、更に慎重に対応して行きます。緊張の影響によって、考え方の方向が乱れないようにします。緊張することによって、傲慢な態度を示したり、緊張を隠す為に仏頂面をして話すことのないようしなければなりません。

　聴衆の1人1人はわざわざ時間を割いて講演を聞きにきているので、講演者に対して尊敬の気持ちを込めているわけです。従って、彼らがどんな人であっても、あるいは、たとえ自分と全く違う観点や考え方を持っている人であっても、講演者としては、彼らに畏敬と尊重の意を込めて対応しなければなりません。講演者は誠意と謙虚を持って、真実を話さなければなりません。即ち、人に信じさせるより、先ずは自分を信ずることです。

　緊張を緩和するいい方法は、早い内にプレッシャーを解消することです。満員の聴衆の前に、機智に富む能力や臨機応変な迅速さが普段の7割位あれば、とてもよい方だと思います。しかし、大事なことは、事前に十分な準備を行うことです。成功した講演の裏には、大切なことは他でもなく、練習を行うことです。チャーチルの回想録には、たとえ会議でたった一つの質問を出すとしても、その為には十分な準備と練習を行わなければなりません、と書いてあります。私は講演の前には、常に繰り返して練習をします。原稿の全部を暗記することは出来ないかもしれませんが、少なくとも、センテンス毎に暗記はしました。言いにくいことばや単語については何回も練習をしました。これも現場の緊張を緩和する方法の一つでしょう。

　2つ目は、内容がつまらないことです。講演の内容が無味乾燥なのは、その殆どの原因は内容がないからではなく、内容があまりに多すぎるからです。つまり、内容の精選が必要です。成功した講演は内容が豊富だからではなく、1つか2つの話題について行き届いた説明を通して、明快に出来るかどうかにかかっています。原稿を書く時に、往々にして、奇麗な言葉遣いを考えることが多いようです。しかし、実際は、奇麗な言葉遣いの文章は必ずしも奇麗な効果が得られるとは限りません。従って、原稿作成の時、言語表現だけを追求せず、簡潔明瞭な表現を推敲すべきです。あってもなくてもよいというような部分は惜しまずにカットします。こうすれば、内容の全体がすっきり見えるのでしょう。

　3つ目は、時間をオーバーすることです。講演者によく見られる欠点は、即ち、3分間の講演が7分間たってもまだ終わらず、20分の講演時間が30分を超えてもまだまだ終わらないというものです。しかし、時間を守ることは特に重要なことです。これによって、聴衆はその講演が成功したかどうかを判断するのです。一般的には、せいぜい、講演の予定時間の9割までに抑えなければならないのです。

Avoid speaking too fast or too monotonously. Some pauses and changes of tone will work well. There are lots of things to learn in controlling the speed and tone of speech, which will require some training. Eye contact and gestures are necessary. Eye contact is both a way of communication with the audience and a display of your self-confidence. Gestures, natural and proper, can be used to support your voice. After all, all you need for success are in the details.

Fourth is the difficulty in making people laugh. I once translated a book named *Techniques of Speech*, which said that if a speech couldn't make the audience laugh within the first two minutes, the speaker should be cautious, and if the atmosphere was still dull up to the fifth minute, the speech could be counted as a failure. In Britain, a speaker's sense of humour is essential. According to my observations there, a 20-minute speech usually makes the audience laugh three or four times, and some even make the audience laugh all through.

The fifth problem is about answering questions, which is an important part, sometimes even more important than the speech itself. If we accept the invitation to make a speech but refuse to answer questions, we might give the impression of being rude or cowardly. Answering questions is a challenge to the speaker's wisdom, preparedness and ability to rise above the situation, but at the same time, a good opportunity to settle some sensitive issues. If a sharp question is raised for you, don't get negative, but use this chance to speak out loud your own disagreement and equally, if not more, incisive opinions.

If you have no idea how to answer the question, say you don't know and, if necessary, promise to provide a written response afterwards. If the questions are provocative, you have to identify and steer clear of the traps and speak your mind in your own way. It calls for a lot of efforts off the podium. Dig deeper into the news about China you read every day in the newspapers. It is very likely that they will come back to you on some later occasions.

Generally speaking, whether a speech has engaged the audience, has solved one or two of their questions, or has passed on new messages are critical standards for measuring its failure or success. I believe that with more and more successful speeches, we are contributing increasingly more to building up a better international image for our country.

In conclusion, I would like to stress that there are no secret shortcuts to giving successful speeches but diligence, full preparation, practice, and confidence.

Thank you.

另外，语速不宜太快，也不要太平，最好要有一些停顿、起伏，语速和音质的控制是一门学问，需要一定的训练。演讲配合一定的眼神和手势也是必要的，眼睛保持住与观众的沟通，这是自信的基本表现。手势能起到强化声音的作用，但不能勉强。这些细节也是重要的。

四是讲笑话的困难。我翻译过一本叫《演讲技巧》的书，里面写道，开讲两分钟之内不能逗引观众笑起来，演讲者就应该考虑调整了，如果到了第五分钟气氛还很沉闷，演讲基本上就失败了。在英国演讲，幽默感是必不可少的，据我观察，通常二十分钟左右的演讲要让大家笑三四次，有的甚至让听众笑贯始终。

第五个是关于回答问题。回答问题是演讲过程中特别重要的环节，有时甚至比演讲本身还重要。如果接受邀请去演讲但又不愿回答问题，会显得不礼貌或者胆怯。回答问题是对演讲人的智慧、心态和掌控能力的挑战，但也是就敏感问题做工作的好机会。如果对方的问题很尖锐，不要反感，可以借机把自己的一些与他们有明显分歧的、同样尖锐的意见讲出来。

如果对提出来的问题确实不了解、不知道，可以说老实话，必要时事后提供书面的答复。但如果问题是挑衅性的，就要靠平常的积累绕出来，讲自己想讲的话，不掉进对方设置的陷阱。回答问题的基本功在于平常积累，每天在报纸上看到与中国有关的新闻都尽量搞清楚，这些问题很可能会在日后的场合出现。

总而言之，检验演讲是否成功的标志在于，是否抓住了听众的注意力，是否解答了他们思想上的一两个问题，是否传递了新的信息。这样日积月累，就能对国家的形象建设作出一份贡献。

最后，我想强调，演讲成功的秘诀就是勤奋，充分地准备，大量地练习，大胆地去讲。

谢谢大家。

また、話し方が速すぎてはいけないし、語調も終始単調でもいけません。語句の区切りや起伏が必要です。話しのスピードと声の音質をコントロールするには、技巧があり、一定の訓練の必要があるでしょう。それに、眼差しと手振りを講演の勢いに合わせることも大事です。常に視線は聴衆とのコミュニケーション、これは自信を持つための基本的表現です。手振りは声を助ける役割として良い効果があります。しかし、無理はしなくてもよいでしょう。

　4つ目は、ユーモアの欠如です。私はかつて『講演技法』という本の翻訳をしたことがあります。その本の中で、講演開始後の2分間以内に、聴衆を笑わせることが出来なければ、講演者は内容や表現の調整を考えなければなりません。もし5分間経っても会場の雰囲気に活気が生まれなければ、基本的にはこの講演はもう失敗したことになると書いてありました。イギリスで講演を行う場合、ユーモアは必要不可欠のことです。私の観察では、通常約20分間の講演では、少なくても3、4回ユーモアで笑わせる必要がありますが、中には、終始、笑わせている講演さえもあります。

　5つ目は、質疑に対する解答についてです。質疑の応答は講演の進行過程の中で特に重要なポイントです。時には、講演そのものよりも更に大切です。もし、依頼を受けて講演した場合、質疑の応答を断われば、それは失礼であり、或は臆病なことになります。実は、質疑応答は講演者にとって、知恵を発揮したり心理的コントロール能力の訓練になる一方、敏感な問題について説明を行う良いチャンスともなります。もし、相手から出された問題が鋭いものであれば、反感を持たずに、そのチャンスを活用して、相手との考え方の分岐点における自分の見解を詳しく表明することができます。

　もし質問されたことの詳細に関して、詳しくなく、或は知らない場合、素直に示すべきです。必要であれば、後日、書面により回答を与えたらよいのです。もし挑発性な質疑であれば、自分の普段に積み重ねた知識などを発揮して、そこから何とか「脱出」する為に、誠意を込めて話したいことを話せばよいのですが、しかし、相手の罠にはまらないように注意しましょう。実は、質疑応答では、一番基本的な技量はやはり普段の学習とその蓄積によるものです。毎日、新聞で読んだ中国に関するニュース・情報などについては、出来る限り全てその経緯や詳細を徹底的に糾明するのです。なぜならば、これらの努力は、いずれもいつか必ず役に立つからです。

　要するに、講演が成功したかどうか、その検証は先ずは聴衆の心を掴めたかどうか、次は彼らから提起された問題に対して、1つでも2つでもよいから満足させる回答が出来たかどうか、また、最新の情報をきちんと伝えられたかどうかにあります。こうした日々の地道な小さな積み重ねが、国のイメージ作りに、微力ではあても、必ず役に立つことになるのです。

　最後に、一つ強調しておきたい事は、講演を成功させる秘訣と言えば、それは他でもなく勤勉です。十分なる準備を行い、繰り返して練習をして、堂々と話しをするということです。

　ご清聴、ありがとうございました。

跋文（エピローグ）
Epilogue 跋

This book is a collection of my speeches, interviews and published articles whilst I was China's Ambassador to Australia and then to the United Kingdom between 2004 and 2010, selected from among over 200 pieces in all. The usual practice in both Australia and the UK is 20 minutes for the speech and 40 minutes Q&A. The Q&A part is dropped from this collection lest it become too bulky. The idea is to give examples of passing on and driving home a message or two about China in plain language within limited time and space.

These were not just my own words. In fact, they were often the result of team work, a process of collective efforts, which involved hard work from many of my colleagues and friends, and I can more or less recall the process through which each speech was written and rewritten. Sometimes we had to abandon a draft entirely and start over from square one.

Every time there was a specific speaking engagement, my team would study the expected audience and their interests. On that basis, they would then carefully craft the messages to be communicated and collect relevant materials to back them up. I would usually discuss the outline of a speech with my team, and out of the discussions the first draft, usually in Chinese, would be born. The English draft carries largely the same messages but is in a plainer language and customised as appropriate for the occasion. I would then revise it over and over again, and more often than not, down to the last minute.

2004年至2010年，我先后任中国驻澳大利亚和英国大使，这本集子收录的文稿就是从我在此期间作的两百多篇演讲、采访和在报刊上发表的文章中挑选出来的。澳大利亚和英国的通例是，演讲时间为20分钟，回答问题40分钟。受到篇幅的限制，这个集子没有包括回答问题部分。主要着眼于表现如何在一段有限的时间或者篇幅内，以简朴直接的语言传递一两个信息，说明一两个观点，帮助听众对中国增加一两分了解。

这些文稿不全都是我个人的成果，有不少篇是集体创作的，凝聚了团队的智慧和力量。在创作的过程也饱含很多同事和朋友的心血与投入，我几乎可以回想起每一篇的成稿过程，有时几度推翻方案。

通常，在确定题目后，我们的团队就行动起来，根据听众的构成和兴趣，思考和研讨需要传递的信息，有针对性地收集各种资料。在此基础上，我们一起讨论演讲的主线。一般是用中文起草初稿，然后根据需要删繁就简，形成英文演讲稿，最后我还要反复推敲修改，大部分讲稿在去现场的途中还在修改调整。

2004年から2010年に掛けて、私は中華人民共和国駐オーストラリアとイギリスの特命全権大使として相次いで赴任いたしました。この本は、その期間中に行った200回以上の講演やインタビュー及び刊行物に掲載された文章の中から選んだものを編集したものです。オーストラリアとイギリスの慣例からすると、何れも、講演時間は20分間で、質疑応答は40分間です。本書では紙数の都合で、質疑応答の部分は残念ながら割愛せざるを得ませんでした。編纂の着眼点は、主に限定された時期、或は限定された頁数の中で、如何に、簡潔明瞭で、率直な言葉を用いて、一つか2つの情報を伝え、一つか2つの観点を提示し、聴衆に少しでも中国に対する理解を深めて戴くことでした。

　これらの原稿は、全て私個人の成果ではなく、少なからぬ部分は団体チームで創作したもので、チームワークの知恵と力量が凝縮されていると言えましょう。原稿制作の過程の中で、多くの同僚や友人達は心血を注いで助けて下さいました。原稿案の提案の度ごとに、繰り返し細心の推敲を行って来たその経緯は脳裏に鮮明な記憶として焼き付いております。

　普通であれば、テーマが決定されてから、私達のチームのメンバーはそれぞれ動き出します。聴衆の構成や彼らの持つ関心によって、伝えて行くべき情報は、何がよいのかを考え、議論を行い、各方面の的確な資料を収集します。この準備の下に、私達は一緒に講演内容の主眼についての討論を行います。一般的に、初稿は中国語で起草し、次に修正添削をしながら、英文の講演原稿を作成するのですが、私は、最後に、更に又何回も修正・推敲を重ねて成稿します。大部分の原稿は、講演現場への移動途中にも修正・調整を行ったものです。

Speech writing is hard work, and I am very grateful for the efforts of my colleagues, particularly An Gang and Tang Jian at our Embassy in Australia and Liu Jinsong and Dai Qingli at our Embassy in the UK for their contributions.

One of the major difficulties when delivering a speech in English is in finding the words and expressions most compatible with the target audience, without losing the essence of the speech in Chinese or weakening the messages to be conveyed. I remember revising the English draft of a speech on my laptop during a flight from Canberra to Perth, when the Australian gentleman in the next seat volunteered to help. It took him less than ten minutes to give it a thorough facelift, with notable improvements in the flow and texture of the language. It was such an inspiration that, since then, each time I am to make a speech, I would always try to have the draft polished beforehand.

Certain expressions have different connotations in Chinese and English. The expression "looking at things through coloured glasses," for instance, implies prejudice in Chinese, whilst an English friend suggested to me that coloured glasses may mean a rosy outlook and the tendency to idealise things, as in their expression of "looking at things through rose-tinted spectacles." Such nuances are not easy to grasp if English is not one's native language. So I feel very fortunate to have the help and support of many friends.

Whilst I was working in Britain, my friend Bryan Lamb was a big help to me. My packed diary often meant that I couldn't finish drafting my speech until very late the night before. But no matter how late I sent him the speech, I could always count on him sending it back carefully revised the next morning. I feel very grateful to him even today.

The training at China-i Ltd. helped me a lot in improving my oratorical and presentation skills. Sameh and his younger sister Samah gave me a lot of good advice on how to develop and deliver messages in a professional way, with the right timing to ensure I kept the audience's attention. Equally importantly, I learnt how to take critical questions and turn them into opportunities.

This collection of speeches spanning so many years would not have been possible but for the efforts of my Embassy colleagues who worked hard putting them together. I owe my thanks to Professor Liu Jianfei and my colleagues Fang Hong and Xiao Qian, who helped edit and seal the final texts of the Chinese translation and Chang Jian for his many hours checking the English and Chinese texts. My thanks also go out to Wu Hao and Yi Lu of the Foreign Language Teaching and Research Press for their contribution and professional assistance.

我对参与撰稿这件"苦差事"的同事们心怀感激，在这里尤其想提到驻澳大利亚使馆的安刚、汤健和驻英国使馆的刘劲松、戴庆利等人。

用英文演讲的主要难题之一是如何找到符合语境习惯的表达方式，同时又不削弱要传递的信息。记得一次在从堪培拉到珀斯的飞机上，我正在手提电脑上修改英文演讲稿，坐在旁边的一位素不相识的澳大利亚人主动提出帮我看看。他用了好像不到十分钟就把稿子通改了一遍，语言一下子顺了许多，表达明显更加自然。这对我启发很大，此后，每次演讲前我都尽量请人把英文稿子核一下。

在中文和英文中对一些词汇的理解是不同的。例如"有色眼镜"，中文是"带有偏见"的意思，而一位英国朋友却提醒我说，有句话叫"透过玫瑰色的眼镜看世界"，他理解"有色眼镜"的意思是"将事物看得更加美好"。凡此微妙差异，没有母语的基础是不容易把握的。在这方面我很幸运，得到不少外国友人的帮助。

在英国期间，一位朋友林博恩（Bryan）对我帮助很大。我经常在演讲前夜才将英文稿子处理好，发到他的信箱，第二天清晨打开电脑的时候，总能看到他仔细修改好的文稿，对此我一直非常感激。

英国华誉公司的培训使我在演讲技巧和表达上有所进步。沙学文（Sameh）和沙舒华（Samah）两兄妹从专业的角度指点我如何布局演讲的内容，如何把握释放信息的节奏，如何抓住听众的注意力，如何从容利用回答尖锐提问的机会表达自己的立场和原则。

能将这些年的演讲收集成册，还要感谢使馆同事们孜孜不倦地收集文稿，感谢中央党校刘建飞教授以及我现在的同事方虹、肖茜等对中文内容的审核和整理，感谢常健花费大量时间审校英文和中文文本，感谢外研社吴浩和易璐的专业指导和参与。

私は、「撰稿」という苦しい作業をコツコツとしてくれた同僚達に対し、心からの感謝にたえません。ここで特に、中国駐オーストリア大使館員の安剛さん、湯健さん、そして、中国駐イギリス大使館員の劉勁松さん、戴慶利さん及び皆さんに感謝しなければなりません。

　英語で講演する際難題だったのは、的確な意味を表す語彙の使い方と慣用表現でした。同時に、その情報の本来の味が失われないようにすることでした。記憶に残っておりますが、キャンベラからパース行きの飛行機の中のことでした。私が自分のノートパソコンで英文講演原稿を修正していたところ、側に座っていた、1人の見知らぬオーストラリア人の方が、原稿を手伝うよ、と自ら言ってくれました。彼は、原稿全体を十分もかからずに目を通しながら修正してくれました。彼のお陰で、確かに文章の流れが良くなり、表現も明らかに一段と良くなった、と感じました。このことによって、私は大きな啓発を受けました。つまり、それ以後、毎回の講演の原稿は、事前になるべく現地の方に校正をお願いしたのです。

　中国語と英語との対訳では、いくつかの語彙の理解に対する違いが見られます。例えば、「色付きの眼鏡」という語には、中国語で「偏見がある」という意味ですが、イギリスの友人はこの語について注意してくれました。彼は、「バラ色が付いている眼鏡を通して世界を見る」という諺によれば、「色付きの眼鏡」の意に対する理解は、「物事を更に美しく見る」にすべきではないか、というのです。このような微妙な相違を見付けるには、母国語の基礎がなければ、把握が難しいと思われます。私は幸いにも多くの友人に助けて頂いたお陰で、表現上の瑕がなく、よかったと思っています。

　イギリス滞在中、友人のブライアン・リーさんに大変お世話になりました。私は常々講演前日の晩、時間ぎりぎりまでに仕上げた英文の原稿を彼にメールで添付送信しました。次の朝、パソコンを開けてみると、そこには必ず、彼が丁寧に修正して下さった原稿が目に飛び込んで来るのです。この事に、私はいつも感激し、彼に対し非常に感謝致しておりました。

　イギリス華誉会社の養成訓練クラスのお陰で、私は講演における技法や表現で、大きな進歩が得られました。サマー兄妹からは、専門的角度から講演内容をどう構築すればよいのか、情報のリリースのタイミングをどう把握すればよいのか、聴衆の心をどう掴めばよいのか、鋭い質問へ堂々と回答していく上で自分の立場及び堅持すべき原則をどのように表明すればよいのか等のコツについて貴重なご指摘とご教示を戴きました。

　これらの講演原稿を冊子に纏め、原稿を集める為にコツコツと働いてくれた大使館の同僚の皆様に感謝します。中国語の内容の校正・整理をして下さった中国共産党中央党学校の劉健飛教授、現在の同僚の方虹さん、肖茜さんらに感謝します。多くの時間を割いて英語及び中国語の原稿の校正・内容の確認などをして下さった常健さん、又、専門的なご指導とご協力をいただいた外語教学与文献研究出版社の呉浩さん、易璐さんに感謝を申し上げます。

For the Japanese edition
Fu Ying
July, 2015

I'm very pleased for this collection of speeches to meet the Japanese audience.

China and Japan are close neighbors separated only by a strip of water. We are also two countries of influence in Asia and the world at large. The people of the two countries have maintained a historical friendship of over 2000 years. Jianzhen, the Chinese monk who visited Japan some six times, Abe no Nakamaro a Japanese scholar who became well versed in Chinese culture and served as government official in China, and countless other moving stories bear witness to this relationship. From the ancient times to the present, the people of the two countries have shared deep cultural ties that cannot be broken.

In the 1970s, China and Japan normalized diplomatic relations, creating a new era for China-Japan relations. Since then, cooperation and exchanges between the two countries have grown increasingly strong. However, at the public level, mutual knowledge and understanding need to be further promoted. From my interactions with Japanese counterparts, scholars, and journalists, I feel that we need to provide more information about China's development and the thinking of the Chinese people to the Japanese people. There is also a need for more in-depth understanding of Japanese culture and society by the Chinese side. At the 2015 China-Japan Friendship Exchange Conference, President Xi Jinping quoted, "A man of virtue will never stand alone." I believe that as long as people of both countries cherish and safeguard the friendship, peace and friendship will remain the major theme for the two countries.

Presented in front of the reader is a book of selected speeches I made as Chinese Ambassador to Australia and the UK from 2003 to 2010. They include information about China, as well as thoughts on contemporary international relations and the world today. Since China is developing and changing fast, some data may not be up to date, but the main content and ideas of the speeches reflect the reality of China as it is now. I hope this will provide a window for the Japanese readers who are interested to know more about China.

This edition is published in the year marking the 70th anniversary of the victory of World War II and therefore is of particular significance. The people of China suffered greatly from the war of aggression by a Japan ruled by militarism, and the Japanese people were also victims under the shadow of war. However, despite these unfortunate episodes, the prevailing trend of peace, friendship and cooperation between the two peoples has remained unchanged. The future of the China-Japan relationship is in the hand of the people of the two countries. I sincerely hope that the two peoples will make joint efforts to enhance people-to-people exchanges and cooperation in pursuit of the China-Japan friendship from generation to generation.

I would like to express heartfelt thanks to the translator, Ms. Zhang Lili, who has devoted great efforts to this edition. My thanks also go to Foreign Language Teaching and Research Press and Kanrin Shobo for their hard work in making this edition possible.

『在彼处』日文版后记

非常高兴这本演讲集能和日本读者见面。

中国与日本一衣带水,是搬不走的近邻,也都是在亚洲乃至世界上具有影响力的国家,两国人民有2000多年友好的历史,鉴真东渡、日本遣唐使阿倍仲麻吕等动人故事就是见证。从古代到现今,两国人民有割不断的文化渊源。

上世纪70年代中日实现外交关系正常化,两国交往开启了新纪元。进入新世纪以来,双方合作与交流更加广泛。但是,在民间层面,两国人民之间的相互了解依然是有限的。我从与日本同行和学者、记者交往中感觉到,我们需要更多地向日本人民介绍当今中国的发展和中国人的理念,也需要更加深入地了解日本文化和人民。习近平主席在2015年中日友好交流大会上说到:"德不孤,必有邻。"相信只要中日两国人民真诚友好、以德为邻,就不难实现世代友好。

呈献于读者面前的这本书主要收录了我在2003年到2010年在澳大利亚和英国担任中国大使期间的一些演讲,有对中国的介绍,也有对当今国际关系和世界的想法。由于中国发展变化很快,有些数据已经不同,但是演讲中的内容和思想反映了中国的现实,希望能给日本读者增添一扇了解中国的窗口。

本书日文版的出版时值中国人民抗日战争暨世界反法西斯战争胜利70周年,更有特殊的意义。近代以来,日本军国主义对外侵略扩张和发动的战争给中国人民带来了深重的灾难,同时也让日本人民深陷战争阴影中。但是,尽管中日关系历经风雨,两国人民和平、友好、合作这一基本方针始终没有改变。中日未来的命运掌握在人民手里,真心期待两国人民更加深入地相互沟通和了解,把和平友好关系延续下去。

我想专门对翻译家张利利付出的巨大努力表达衷心的感谢。也要感谢外研社的执着推动和翰林书房的真诚协助。

傅莹
2015年7月

あとがき

　本書を日本の読者の皆さまのお目にかける機会を得られ、非常に嬉しく存じます。
　中国と日本は、一衣帯水の隣国であり、遠く離れたくても離れることの出来ない間柄にあります。両国はいずれもアジア、そして世界に対して影響力を持つ国です。両国には2000年という交流の歴史があります。鑑真和上の東洋渡りや遣唐使の阿倍仲麻呂などの心を打たれる物語はその証であります。古代から現在まで、中日両国は切り離すことのできない深い文化の淵源があるのです。
　1970年代に中日の国交正常化が実現し、両国の交流に新しい紀元が開かれました。新世紀に入ってから、両国の協力と交流はさらに幅広いものとなりました。しかしながら、民間レベルにおける相互理解はまだまだ十分だとはいえません。私は、日本の同業者や学者、そしてメディア関係の記者の方々とのお付き合いの中から、日本の国民の皆さまに中国人の物の考え方・感じ方について、より多く紹介していくことの必要性と、私達もまた日本の文化と日本人に対する理解をさらに深めて行くことの必要性があると強く感じております。習近平国家主席が2015年中日友好交流大会で、「徳不孤、必有隣(徳は孤ならず必ず隣あり)」と述べたように、私は中日両国の国民が真摯に向き合い、「徳を以て隣と」接していけば、必ずや世世代々への友好が実現するに違いないと確信致しております。
　本書は、私が2003年から2010年まで、中国特命全権大使として赴任致しましたオーストラリアとイギリスで行われた講演の中から収録したものです。その中には、中国に関して紹介したものもあれば、現代の国際関係及び世界についての自分なりの考え方も入っております。ここ数年、中国の変化や発展が大きく、本書の中のデータが現在と些か違っているものがあるかと思いますが、全体の内容とその趣旨については中国の現状をそのまま反映していると思っております。本書が日本の読者の皆さまに対し、少しでも中国の理解の為にお役に立つことがあれば、これほど嬉しいことはありません。
　ちょうど中国人民抗日戦争及び世界反ファシス戦争勝利70周年記念の年に当たる本年、日本語版の刊行が叶いましたことは、特別の意義があるのではないかと思っております。近代以降、日本の軍国主義の対外侵略の拡大とそれによる戦争は、中国国民に深い災難をもたらし、同時に日本の国民にも戦争の辛酸を嘗めさせました。その歴史の中で中日関係は様々な風雨に曝されました。しかし、両国の国民が願ってきた平和・友好・協力という目標は、変わることがありません。中日両国の未来の運命は国民の手の中にあります。私は、両国の国民の更なる深い理解と交流が、そして両国の平和と友好関係がいつまでも続いていきますよう心より念願致しております。
　最後に、本書の日本語版翻訳に大いなる努力をして戴いた翻訳家の張利利さんに心から感謝を申し上げます。そして、本書の日本での出版について、ご尽力戴いた中国外語教学与研究出版社の皆さまに、また真摯にご協力戴いた翰林書房の皆さまに衷心より感謝致します。

2015年7月北京にて
傅　瑩

【著者略歴】
傅　瑩（Fu Ying）
蒙古族。現在中国全国人民代表大会外事委員会主任委員。中華人民共和国駐フィリピン特命全権大使、中華人民共和国駐オーストラリア特命全権大使、中華人民共和国駐イギリス特命全権大使、中国外交部副部長（外務省副大臣）を歴任。1977年、北京外国語学院（現北京外国語大学）卒業。1986年、イギリスケント大学を卒業、修士学位取得。

【訳者略歴】
張利利（Zhang LiLi）
桜美林大学准教授、博士（文学）。中国作家協会会員、翻訳家。1978年、北京外国語学院（現北京外国語大学）卒業。2003年、広島女学院大学大学院言語文化研究科日本言語文化博士課程修了。研究書には『方丈記に於ける日中文学の比較的研究』などがあり、翻訳書には、『蒼き狼』『紅花物語』『鉄と火花』など多数ある。

異国の地にて
傅瑩元大使講演録

発行日	2016年3月20日　初版第一刷
著　者	傅　瑩
訳　者	張利利
発行人	今井　肇
発行所	翰林書房
	〒151-0071 東京都渋谷区本町1-4-16
	電　話　(03)6276-0633
	FAX　(03)6276-0634
	http://www.kanrin.co.jp/
	Eメール●Kanrin@nifty.com
装　釘	須藤康子＋島津デザイン事務所
印刷・製本	メデュームー

落丁・乱丁本はお取替えいたします
Printed in Japan. © Fu Ying. 2016.
ISBN978-4-87737-394-8